# 她所承載的一切

## 艾希莉的布包及其所見證的奴隸時代

# *All That She Carried*

## The Journey of Ashley's Sack, a Black Family Keepsake

緹雅·邁爾斯 著
Tiya Miles

張葳 譯

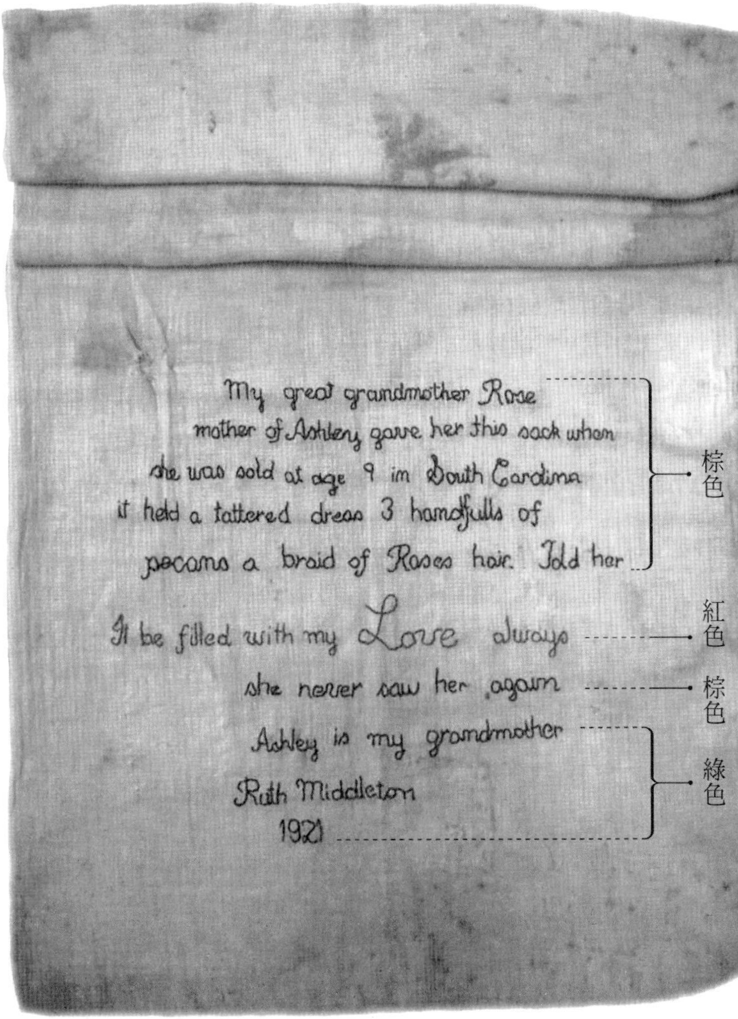


**艾緒莉的布包**

棕色是過去，紅色是愛，綠色是未來。陳舊布面上的污漬（也許是污垢，也許是血）隱約構成心型，框住了文字。來自蘿絲的布包，由艾緒莉攜帶著通過時間的長河，茹思則在其上留下刺繡，使人不禁開始思考家族的意義。（出自：米朵頓基金會。）

## 凱莉・米契爾（**Kelly Taylor Mitchell**），《沿河而上》（***Up River***），二〇一八年

手工紙上的凸版印刷，有花生的氣味。二〇一八年於明尼蘇達圖書藝術中心印製。米契爾使用感官材料來重新創造非洲離散族裔的儀式——帶有氣味記憶的詩歌，用亞麻、乳草和麻蕉葉製成的紙張。艾緒莉的布包聞起來會是什麼味道？（出自：凱莉・米契爾。）

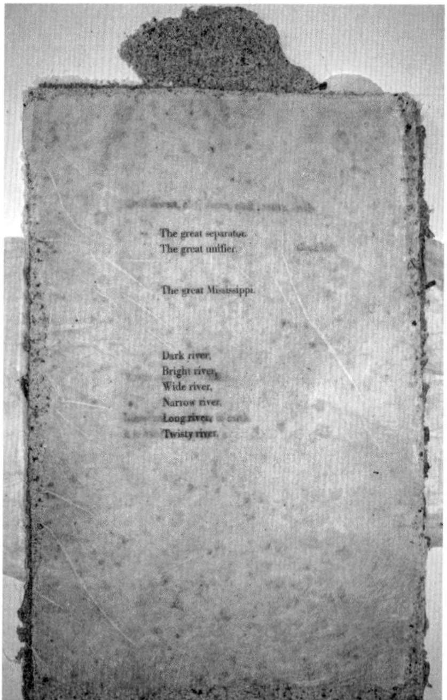


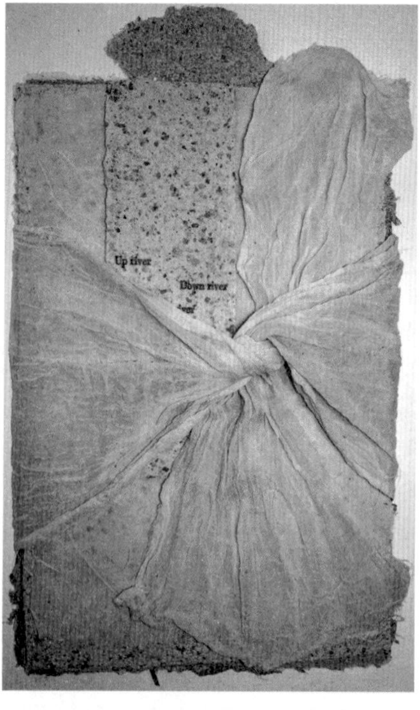

**瑪格麗特姨婆的被子，**
**粉色和綠色的圖案，藍色圓點襯底和鑲邊。**
**一九二〇至 一九四〇年代左右，密西西比州。**

瑪格麗特．史翠布林（Margaret Stribling）是一名業餘的製被者，她似乎是以各種布製品的多餘部分來製作這條被子的。雖然被面上沒有任何文字，但它承載著一個家庭堅忍不拔的生存故事的回憶。不同地區、不同經歷的非裔美國女性——事實上，來自各個背景美國女性——都會使用布料來表達藝術想法和親情連結。（出自：緹雅．邁爾斯，攝於二〇一九年。）

**蘿西・湯普金（Rosie Lee Tompkins），**
**《無題》（*Untitled*），二〇〇四年**

五十二個「溜溜球」般的絎縫貼花飾物，模樣像是小小的種子袋，自由排列於十字架旁邊，其數目代表著絎縫藝術家蘿西・湯普金的年齡。湯普金原名為艾菲・馬丁（Effie Mae Martin），她相當虔誠，也在數字命理學中獲得力量，並將《聖經》經文與其他日期相互結合，如她自己的生日（9-6-36）或地址。湯普金把每個小袋想像成各別、多彩的禱告，她即興的絎縫技術讓我們想起茹思的刺繡和蘿絲快速為艾緒莉準備好布包的行動。（出自：加州大學伯克利分校美術館和太平洋電影資料館〔UC Berkeley Art Museum and Pacific Film Archive〕，艾麗・黎恩〔Eli Leon〕贈，蘿西・湯普金的遺產，經上述單位許可使用。）

**德賈・米蘭妮（Deja Milany），**
**《未完成》（*Undone*），二〇二〇年**

米蘭妮將人造髮辮以一種彎曲而不規則的方式織入粗麻布內，這是種經常用來做布袋的布料。一排排的髮辮宛若構成血脈連結的脆弱線索，髮辮最下方延伸出鬆散的捲髮，也有紮緊的辮子掛在框架外。纖維、麻布和頭髮——藝術家選擇的媒材具多功能性，提示著我們蘿絲送出這份禮物時未言明的動機。（出自：德賈・米蘭妮。戴洛・特洛〔Darryl DeAngelo Terrell〕攝。）

**索尼雅・克拉克（Sonya Clark），**
**《家傳珍珠》（*Heritage Pearls*），二〇一〇年**

克拉克將頭髮形塑成珍珠的形狀，她對於頭髮的珍視就像是人們對於珍珠的重視一樣：珍貴而能代代相傳的珠寶。我們遠離了匱乏的境地，手中握著以頭髮鑄成的精緻禮物。艾緒莉的布包本身也是件傳家珠寶，在幾代人的手中傳遞，曾失落於寶物堆中，又被人尋獲。曾經出現在布包裡的髮辮，本身就是一顆貴重的珍珠。（出自：索尼雅・克拉克，蘇珊・卡明斯〔Susan Cummins〕的藏品。）

**索尼雅・克拉克，**

**《髮束》（*Skein*），二〇一六年**

克拉克將一位不具名女性的頭髮纏成小束，就像一球毛線。捲髮比直髮更容易受到陽光、水、汗水和梳理的影響，所以將頭髮編為髮辮（dreading，locking）通常是為了保護頭髮並使頭髮的質地變得強壯。克拉克所編髮束的粗細反映出頭髮材料的健康程度，以及作為藝術品的材料的耐久程度，暗喻黑人之間在極端壓力下的親情連結，這份連結使他們彼此照料、極具韌性。（出自：索尼雅・克拉克。）

# CONTENTS

CONTENTS

Chapter

# 7



「茹思．米朵頓就站在這列長長的女性倖存者隊伍的末端。她顯然意識到這條血脈的存在，以及自己在其中的特殊地位，她甚至對此心存敬意。就像幾個世紀以來的女性一樣，茹思以布製品作為紀念物之舉不僅是『紀念家族』而已，更是在『創造家族』。」

獻給

我的愛麗絲祖母、莉莉安祖母、

康妮莉亞祖母、柏莎祖母、艾妲貝爾曾祖母、

瑞秋曾祖母、密蘇里曾祖母、

安娜・克莉絲汀曾祖母、瑪格麗特姨婆，

以及所有的女性先人，

她們手中的工作使我們得以在這世上存活。

「愛與同理並行，才能通往正義。」

——強納森・華頓（Jonathan L. Walton），
《愛的透鏡》（*A Lens of Love*），二〇一八

「在愛裡，恐懼至關重要。」

——黛安・艾克曼（Diane Ackerman），
《愛的自然史》（*A Natural History of Love*），一九九四

導讀

# 愛——穿透時空，照亮黑夜，療癒為奴之苦難

作家／許菁芳

如果有一天，你必須要跟至親永久分離，你會為他們準備什麼東西？

《她所承載的一切》從這個簡單而憂傷的問題出發。尤其令讀者難以忘懷——甚至不忍卒睹——的是這個問題的提問脈絡。與至親分離已是憾事，但本書的背景卻是一對黑奴母女，她們不僅被迫分離，尚且受人奴役。母親準備一個舊布包，裝有一件破衣服、三把胡桃與一縷自己的頭髮，是她全心的愛，送給從此再也不曾相見的女兒。

本書主角便是這個來自近兩百年前的陳舊布包。在舊貨市場輾轉流傳，最終落入歷史學家眼前。布包看似平凡無奇，但對於懂得識讀的人來說，它所承載的意義非凡。

布包的非凡意義，第一個層次是它作為實物的存在，為歷史上難以留下記錄的一大群人，留下真實而見微知著的見證。身在二十一世紀的我們恐怕難以想像，數百年前的美國黑

奴如何被抹滅在歷史之中。我們每日每夜吃穿用度無一不留下紀錄，實體與數位足跡處處可見，身外之物之多使斷捨離成為顯學。但在十九世紀的南卡羅萊納州（South Carolina），布包的主人蘿絲，本人就是被視為財產的奴隸，如何能擁有、保留、罔論傳承財產？沒有財產，沒有任何物品能夠擁有，又如何留下證據證明她的存在，以及她勞心勞力創造的任何事物？而她與她的黑人同胞所經驗的苦難有該如何被世人所承認？甚至，令人髮指的是，即使後人能在任何檔案資料當中窺得她與其他黑奴的身影，這些紀錄無一不是「染血」的文件：出生紀錄、買賣帳單、食物或衣服配給、死亡數據——每一項紀錄都是以為奴之人的生命與苦痛作為代價。他們的生活、關係、感受乃至於愛，不會留下紀錄。

這也是為什麼這個布包如此重要。在文字空白之處，我們異常地需要物質的痕跡來輔佐。因為有了這個布包，我們因而可以描繪、想像蘿絲與她的女兒艾緒莉，她們不只是財產清單當中的一行字，不只是一項買賣，當然也不只是又一個受苦的女性。她們是愛的主體：去愛，以及被愛，布包因母親愛的行動而存在，因女兒被愛的感受而留存。布包曾經包裹一份愛，乘著一份愛來到後人手中。

若說，布包第一個層次的意義是為母女之愛與人類歷史做見證，它第二個層次的意義，則是物質的。布包之意：首先是塊布，其次是「包」，包裹數項物品。這兩項物質都值得讀者細細品味。

布的特性是柔韌、脆弱，但延展性強，往往承載許多家庭記憶。人人大約都擁有過一塊安撫巾、一條午睡小毯毯，或者一件童年鍾愛的洋裝或泳衣。布織品的構造也象徵連結，從線、面到一個整體，多項元件交織而成，覆蓋人的身體，給予保護與裝飾。這使得布品在各個時代與各種文化中都發展出代表性。布品的這些特性也與陰柔的母性相和諧，讓本書主角——蘿絲為女兒準備的那個布包，以及她打包的一件破衣服——特別具有穿透人心的力量。衣物覆蓋女兒小小的身軀（艾緒莉與母親分離時年僅九歲），布包包裹來自母親的支持與保護。這些布織品流傳至艾緒莉的孫女手中，又由孫女茹思親手繡出物品清單。母系的能量，在棉線與布料之間綿延悠長。我作為新手媽媽，閱讀本書，才意識到為何家裡在小孩出生後各種衣物、毛巾、被褥以指數倍速成長——因為布就是愛。若有人愛你，那人便想用一塊布，將你包起來。

布包之「包」，其內容物是破衣服、胡桃與一縷母親蘿絲的頭髮。其中，那三把胡桃（three handfulls of pecans），尤其值得讀者注意。胡桃的營養價值高，儲存蛋白質、纖維、脂肪、營養素與維生素，「天生就是為冬季準備的食物……是艱困時期的安全保障」（p.248）。這是給女兒的緊急布包，體積小而熱量高的食物，對於剛被拍賣而飽受驚恐的小女生而言，不僅要為她舒緩飢餓，也要為她帶來情緒安慰。在那個時代，身為奴隸，飢餓與食物匱乏是常態，因而這幾把可以握在掌中的胡桃，確實傳遞了無比的關心。在十九世紀中葉的南卡羅萊納州，胡桃並不常見，還是具異國風情的舶來品。蘿絲應該是因為在廚房工作，才有機會接觸到這特殊的堅果。很可能這正是她暗中收藏的原因：這是母親小心翼翼積攢下來的食物，讓女兒緊急時刻能夠依賴。想及此，這深褐色、堅硬而不起眼的果實，令人肅然起敬，它恰好忠實反映一位黑人女性堅實、平常卻非凡的母愛。或許這也是為何非裔美國人的傳統食譜中，胡桃向來是熱門的甜點主角——透過食物，將甜蜜而豐腴的愛傳遞下去。

翻閱書中的胡桃食譜，軟餅乾（cookie）、奶油球餅（nut butter balls），除了胡桃外，再加奶油、酥油、紅糖、楓糖、砂糖與香草糖，光看都牙痛。我想到我到美國讀書的第一年，落腳芝加哥，在黑人大媽掌廚的餐館（diner）中首次領教了胡桃派（pecan pie）的厚重甜膩；那時我不喜歡胡桃派，嫌它熱量太高，但我現在興起一份尊敬。是我不懂非裔美國人的歷史。太甜太胖正是重點，胡桃系的點心本來就該又甜又胖——這是黑人母親們溫厚的風度，因為曾經受難，所以愛要加倍。這塊土地使其為奴、投以苦痛，然母親們以糖與蜜加倍奉還。這個版本的以德報怨，令人熱淚盈眶。

作者緹雅・邁爾斯（Tiya Miles）專精美國史研究，她從平凡無奇的布包出發，寫了這本關於女性、奴隸與種族、物質乃至文明的書。本書是史學者的嚴謹之作，架構完整，洞見獨到，考究詳實。優秀的史學者也必然是高明的說書人，全文流暢，其規模雖龐雜，但章章扣緊主軸，娓娓道來，引人入勝。奴隸的歷史其實是巨大的悲劇，信手捻來的細節令人心驚膽跳，但作者有一種溫厚之風——或許因為邁爾斯本人也是一位黑人母親，也有可愛的女兒。這是一位心中有愛的母親，為另一位心中有愛的母親的書寫。讀者可以感覺到，她的忠實紀錄並非為了指責或復仇，而是為了在毫無人性的災厄當中尋求愛。

為奴的歷史苛待非裔美人，但非裔美人不只是奴隸。他們真實活過、受難過、愛過。愛能夠穿透歷史暗夜，在黑色大陸上留下見證。曾經有一位母親名為蘿絲，她與她的小女兒被拍賣。她為女兒準備了一個布包，打包她的愛。這份愛能夠穿透時空，超越限制，來到臺灣的讀者面前。

這份愛與其所照亮的一切，也就是：她，所承載的一切。

序章

# 緊急避難包

「我覺得我們應該準備緊急避難包——拿了就走的那種背包——以免我們必須匆忙離開此地。」

——奧黛維亞·巴特勒（Octavia Butler），《播種者的寓言》（*Parable of the Sower*），一九九三

那個多事之冬，蘿絲陷入了生存困境，因為本應成為她主人的羅伯·馬丁（Robert Martin）去世了。那是一八五二年的南卡羅來納州沿岸地帶。我們不知道蘿絲的姓氏，也不知道她的出生地或逝世年份。絕大多數遭到買賣與剝削的美國非裔與原住民女性的情況都是如此，人數成千上萬。我們可以確定的是，蘿絲面對的是當代人無法想像的大麻煩，是除了

為奴的女性之外無人曾面臨的麻煩。蘿絲知道，她或她的小女兒艾緒莉可能會淪落到奴隸拍賣場，這是奴隸主在經濟拮据時會採取的冷酷手段。

這是個能合法奴役被視為次等群體之人的社會，社會結構亦仰仗此制度維持，而在這樣的社會裡，拆散骨肉至親很常見。被賣掉並不是蘿絲唯一擔心的事，也不是她最擔心的事。她害怕的肯定是在這趟遷徙途中和之後可能發生的事：身體虐待、性侵、營養不良、精神崩潰，甚至是死亡——這是許多年輕女性奴隸的命運。蘿絲和艾緒莉原先的生活早已充滿痛苦，現在更可能因為某些人大筆一揮而瞬間灰飛煙滅。失去了親情連結，她們分開後的生活只會更糟。蘿絲深愛著這個女兒，拚了命想保護她的安全。可是，在這個人們可以合法地將不到十歲的小女孩關在籠子裡販賣的年代與社會，什麼叫作安全？蘿絲會做什麼來保護孩子？身為毫無社會地位、政治權利、經濟手段、文化貨幣（cultural currency）與人身自由的女性，深陷在這條無可預測且無法逾越的深溝之中的蘿絲能做什麼？

在長達兩個多世紀的時間裡，和蘿絲一樣的美國黑人女性，持續面臨著危及性命、摧殘靈魂的困境。十九世紀的為奴女性之中，有少數人設法逃脫並開口講述了這個故事；後來的黑人女性思想家與藝術家，從這些文化先人與其後代所寫下的文字中汲取養分，她們也講述著相同的故事。被視為他人財產的人，如何表現與實踐人類倫理？被深深貶抑之人堅持著什麼樣的價值觀？受到恐嚇而失去尊嚴的女性，在深淵之前如何堅持去愛？蘿絲的行動浮現在這個單一、不尋常、幾乎消失於歷史洪流的文本之中，讓我們能稍微瞥見上述問題的答案。當她的小小家庭即將淪落至奴隸拍賣場時，蘿絲集中自己所有的資源——物質、情感與精神上的資源——準備了一個未來能派上用場的緊急避難包。她將這個布包交給女兒艾緒莉，艾緒莉則帶著這個布包，一代代傳了下去。

當災禍臨頭，蘿絲仍擁有內在的力量與創造力。拯救他人的生命意味著在絕望之中起身行動，而蘿絲憑空變出了生存方式與精神寄託。[1]她肯定曾擔心自己做得太少、行動得太遲。她肯定曾擔心這個破舊的布包最終會不夠用。但她堅持行動，以她閃爍發光的意志來對抗根深柢固的奴隸社會。我們雖無法確切知道事件的發展，但我們能得出結論：無論蘿絲準備的這個布包在當時看來有多微不足道，她的這份禮物確實影響了兒孫的人生。因為三代之後，她的曾孫女茹思．米朵頓（Ruth Middleton）製作出一份非凡的「文字」紀錄，見證了蘿絲的作為。茹思的紀錄證明著蘿絲本人無法見到的深遠影響：她的女性血脈在逆境中存續了下來，傳承著她堅定的愛。

蘿絲不知道事態會如何發展，但她緊緊抓住這份願景：她看見女兒活了下來，她得為女兒的未來做準備。這個想像對一八五〇年代的黑人母親來說相當激進。蘿絲的女兒艾緒莉確實活了下來，使這份願景得以成真，而曾孫女茹思則在這個布包上刺繡文字，保存了這段歷史。在二十一世紀二〇年代，我們面對當代社會中的心魔，這些魔鬼在某些層面上與後來遭到消滅的奴隸制度相一致。我們感到世界十分黑暗，蘿絲一定也有這種感覺，我們和她都不知道未來將會如何。我們能拯救孩子的未來、恢復我們的民主法則、救回我們殘破的地球——這些事有時不過像是幻想。在無望而極端的時刻，過往的黑人女性能替我們照亮前路。當未來的希望受到威脅，有誰比蘿絲這樣的母親（或是一整群勇敢的、地位卑微的為奴女性），更能告訴我們該如何行動？按照她們那個年代的主流標準，她們誰也不是、她們一無所有，但這樣的人卻拯救了自己所愛的人事物。蘿絲和她悠長的血脈知道，救贖在於擔起自身包袱的重量，與其背後的承諾。我們也應作如是觀。

正如蘿絲和艾緒莉被迫在奴隸制度中流徙時所發現：我們已沒有可逃往的安全之處。四面高牆正步步進逼，我們得趕緊離開這裡。我們得擺脫認為宰制優於同情、分裂優於連結、貪婪優於關懷的思考框架與情緒狀態，因為這些將我們彼此分開、將我們囚禁其中。在這種困境中，在這種政治的、地球的危急狀態中，我們唯一的選擇是率先起身行動，否則將在無作為中奄奄一息。我們是自身後代的先人，他們是我們所創造出來的世代。如果我們懷抱著同樣「激進」的願景，希望他們能活下去，我們會替他們準備什麼樣的緊急避難包？[2]

# 導論

## 以愛為己任

「在非裔美國人的生活中，黑人女性總是以愛為己任。」

——貝爾．胡克斯（bell hooks），《黑人文化中的愛與救贖》（*Salvation: Black People and Love*），二〇〇一

我們忘了，愛是革命性的舉動。「愛」這個字在美國文化中成了討人喜愛的浮濫字眼，有時感覺像是沒有靈魂的填充布偶，更糟的情況下則成了毫無生命的字彙，僅用來於社群網站上閒聊。但愛確實具有深刻的意義，是人們對於社會生活所做出的激進重整。愛是選擇把自我擺在後面，甚至是把自身所屬的特定黨派或群體擺在後面，優先為他人奉獻，將狹隘的「我」轉化為寬廣的「你」或是「我們」。這個單音節的字眼要求我們去完成生命中最為困

難的任務之一：為了他人的利益而將自我去中心化。面對這樣的任務，我們需要榜樣，在這個充滿紛爭的年代尤其如此。本書探討的是一個安安靜靜的故事，關於一份改變一切的愛，由尋常的非裔美國女性蘿絲（Rose）、艾緒莉（Ashley）和茹思（Ruth）以其生命及言語娓娓道來。她們的故事跨越十九與二十世紀、橫亙美國南北、由奴隸時期綿延至自由年代。這個充滿愛的故事述說著犧牲、苦難、悲痛，以及這支歷經考驗而深具韌性的血脈如何勉力存續。

那個年代的人們相信人可以被當作財產、財富比榮譽更加珍貴、而某些人的性命不過是資本及利潤，除此之外毫無價值，但蘿絲卻透過愛來拒絕這一切。在黑奴女性的集體經歷中，蘿絲只是一個鮮明的例子。這些女性在一切希望似都破滅時仍懷抱著愛，維護著生命。即便蘿絲在違背自身意願的情況下將女兒交付奴隸交易，她仍堅持愛著女兒。儘管血肉分離，蘿絲的愛仍凌駕其餘價值觀之上。母女之間的情感連結持久而深具韌性，一路穿越奴隸時期的最後十年、混亂的南北戰爭以及解放前的血色黎明，然後在二十世紀初找到新的語言——蘿絲的第五代後裔，艾緒莉的曾孫女在此時出生了。

這個女性不畏一切堅持去愛的故事非同凡響，同樣令人驚嘆的是這個故事出土的過程。蘿絲的遺囑由茹思所記下，繡在一個曾裝過穀物或種子的古老布包上頭。在這個獨一無二的布包上，有曾受虐待與曾蒙鍾愛的痕跡，有遭到貶低與獲得拯救的痕跡，更有丟失與尋見的痕跡。母親不得不犧牲女兒，而女兒在難以言喻的失落之中前行，她們的後裔將這個令人心痛的故事帶進二十世紀，最終，因為聽聞這個故事，我們有機會成為更好的人。透過布包這個媒介，我們看見成為母親的為奴黑人女性那份極具遠見的堅毅，看見黑人女性對於親人不可思議的愛，看見這個國家的黑人女性如何以激進的態度保存了人性，也看見物質文化對於邊緣族群的珍貴價值。套句作家柔拉・賀絲頓（Zora Neale Hurston）的話，儘管黑人女性被當作「全世界的騾子」，但艾緒莉的布包讓我們看見黑人女性所展現出的榜樣。若以林肯（Abraham Lincoln）在南北戰爭情勢

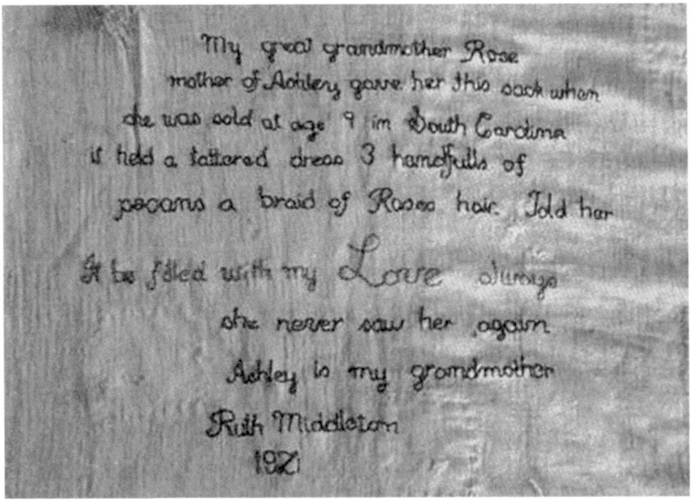


茹思・米朵頓在艾緒莉的布包上刺繡，
這個布包是蘿絲送給艾緒莉的禮物。
照片由米朵頓基金會提供。

險峻之際所說的話來形容：她們展現出「我們天性中更好的一面」。1

蘿絲的直系後代茹思．米朵頓指出，這正是蘿絲裝東西交給女兒的布包，茹思在布面上繡了這段話：

我的曾祖母蘿絲是艾緒莉之母
艾緒莉九歲那年在南卡羅來納州被賣掉時
蘿絲將這個布包交給她
內有一件破衣服、三把胡桃、一縷蘿絲的頭髮
她告訴她
裡面裝著我永遠的愛
兩人從此再也不曾相見
艾緒莉是我的外婆
茹思．米朵頓，一九二一

茹思身兼孫女、母親與縫紉者，她以這段話為一塊布料注入了戲劇性與感染力，宛如繪

出女王與女神的古老織錦。她將先人的記憶保存下來、尊崇這兩位女性，並為後人描繪出其形象。沒有茹思，這些事不會留下紀錄。沒有紀錄，就沒有歷史。茹思的創作映照出曾祖母蘿絲的創造性之舉。透過刺繡，茹思確保了受忽略女性的英勇事蹟能為人所記得，並成為受人珍視的寶貴遺產。

這個沾染了污漬的棉布包曾被茹思握在手中，如今則掛在華盛頓史密森尼學會的國立非裔美國人歷史和文化博物館（National Museum of African American History and Culture）地下室的一個櫃子裡。這項文物目前的擁有者南卡羅來納州查爾斯頓（Charleston）的米朵頓基金會（Middleton Place Foundation），將其出借給該博物館，成了極為引人注目的展品。茹思以自身才智來詮釋蘿絲與艾緒莉的故事，並發揮手藝，以多彩繡線將故事繡在布包上，使這件複合物具有醒目的視覺效果與情感力道。單薄線條繪出的內容見證了國家的往昔，比起近來那些支持奴隸制的政治家與邦聯將軍廣受爭議的紀念碑，這個布包的力量更隱微也更動人。邦聯紀念碑是為了掩蓋國家的罪行而打造，其尺寸大過真人，以便在國家記憶中占有一席之地。但於此同時，這類紀念碑也破壞了美國志向遠大的建國原則：自由、平等與民主。艾緒莉的布包沒有這類虛榮的偽裝，因為沒有必要。這個布包安靜而堅定地表示，即便身處底層的人也有權利擁有生命、自由與美。它藉由指責美國之失敗，有力地捍衛著美國的理想。

艾緒莉的布包清楚勾勒出人口販賣、拆散家庭等道德危機如何撕裂一個國家、一塊土地的場景。不過，這個布包也散發出實實在在的親密感與個人感，在觀者的心中勾起一縷對於自身家族情感的回憶，令人不禁要問，自己的家族擁有哪些物品能使我們與過往有所連結？而我們對於這份連結的思考又能帶來何種收穫？艾緒莉的布包是如此深而廣闊，足以喚起人們的注意，蘊藏著當地歷史、區域歷史與國家歷史。儘管布包裡的物品早已不復存在，但其源頭——母親對於女兒的愛——留存至今。一八五〇年代用來盛裝物品、一九〇〇年代初被細心保存、一九二〇年代成為刺繡材料——幾位女性使用不同方式展現了家族天賦，描繪了這份天賦如何在奴隸制所孵育出的冷酷資本主義中開闢出另一條路。在人們以卑劣手段將她們的身體商品化時，這些黑人女性照顧著自己的親人，透過她們的堅強、透過紀念努力捍衛自身生命權的前幾代人，她們保護著自己的後代。幾十年來，蘿絲的女性後裔保存著這個布包，包中承載著對於奴役、勇氣、天賦、慷慨、愛與安享天年的記憶。

## 故事織錦

風吹在俄亥俄州辛辛那提一條坡面起伏的小路上，我聽見外婆的聲音穿越了溫暖的風，那一年我九歲、或十二歲半、或是二十一歲。

「天知道如果她沒救下那頭牛，我們家會變成怎樣。」

這些年來，外婆多次向我這個入迷的單人聽眾講這個故事，也私下說給家族中的其他女性聽。她的黑眼睛透過特大號的男用鏡框看著我，眼裡帶著鍾愛——這種眼鏡是她的健保方案所提供的眼鏡中最便宜的一種。她不需要粉墨登場或樂隊奏樂，美國工匠式平房的紅磚門廊就是她的舞台。她坐在金屬邊框的躺椅上，躺椅的靠枕換過很多次，形狀和圖案如今已不再相配。她的皮膚有著蜂蜜的光澤，柔軟多褶如同縐紗。她的頭髮像是一圈壓實的棉花，褪去了曾經的烏黑，如今透著灰白。她身著淡藍色的無袖連身罩衫，長度垂到小腿，露出替別人家做了一輩子家務與農活的腫脹腳踝。她向後靠，雙手交疊在寬寬的肚子上。她在密西西比生了六個孩子，在俄亥俄又生了七個。夏天時，她會在門廊牆上的壁架放瓶冷飲——裝在寬口玻璃瓶裡的檸檬汁或冷泡茶。她伸手拿那瓶清涼的飲料潤潤喉，然後繼續講故事。她是我的第一個說書人、我生病時的照顧者，是會烤我最喜歡的米布丁的烘焙師。她是我心所愛之人。

「如果不是我姐姐瑪格麗特，」外婆說道，「我們家將會一貧如洗。」

這是我外婆在密西西比度過的童年中最關鍵的一段故事，說的是一個處境危殆的家庭與一位勇敢黑人女孩。我的外婆愛麗絲・艾琳（Alice Aliene）生於李郡（Lee County），她的母親比父親年輕很多。她的父親普萊斯（Price）如同橡樹般高大，膚色也像樹皮般黝黑。據外婆說，他的眼睛「就像老鷹一樣」，並表示這是因為普萊斯的父母之中有一位「具有一半印地安血統」。普萊斯出生的年代正值奴隸時代的尾聲。他是被母親賣掉的——他如此告訴外婆，而外婆如此告訴我。也許這就是為什麼一八七〇年的聯邦人口普查名冊中，只記載著普萊斯是一位八歲的孩子，而未記載其監護人或家人。

外婆的母親艾妲貝爾（Ida Belle）與普萊斯是天生一對，年輕的她擁有淡黑膚色和在背後擺盪的烏黑長髮。外婆對母親的深愛讓敘事染上了浪漫色彩。出於某些原因，艾妲貝爾過得還不錯。她生於聖路易，能讀能寫，也懂算術。她的父親是白人，我外婆未曾提及他的名字。對於這段親密關係，艾妲貝爾的母親沒有選擇。「當那些白人想找你的時候，你只能去。」外婆向我解釋。艾妲貝爾有一點錢、一套金邊餐盤（現在躺在我母親的展示櫃裡），甚至還擁有二十五英畝的土地。普萊斯、艾妲貝爾和他們的九口之家就在密西西比鄉間的家庭農場裡湊合著過活，日子還過得去。密西西比州曾孕育出最惡劣的棉花帶奴隸制：一九六四年的自由之夏（Freedom Summer），三位民運人士在此地慘遭殺害。普萊斯家照料著一百六十五英畝的土地，每年產出二十五至三十包棉花，每包棉花能賺進一百至一百二十五美元。外婆說，他們家在一九二〇年代時「食物多得很」，在自己的土地上過著「舒適的生活」。她記得家裡的白色房子裡有著寬廣的走廊，長長的門廊上懸吊著雙人鞦韆，他們擁有「十五到二十頭牛」、閃閃發光的綠色菜園，還有正在廚房裡放涼的水果餡餅。

然後家裡欠了錢，欠了某人五、六十美元。鎮上的白人騎著馬來家裡，堅持要普萊斯在他們帶來的文件上簽名。這是陷阱。艾妲貝爾讀得懂那份契約，但普萊斯不識字——外婆說故事的時候特意補上這個細節，彷彿穿著長裙、圍著麵粉袋製圍裙的艾妲貝爾本有可能快步走到路上、揭穿那些人的計謀、阻止家裡的經濟垮台。不過，花了二十五年時間研究黑人女性史的我知道（而外婆在說這個故事時必定也已從人生經驗中學到），在民權運動尚未萌芽的密西西比，如果家裡出現白人男性，黑人女子最好是躲起來而不是露面。「我看到她站在走廊上哭。」外婆談到她母親時這樣說。那些人於幾週後再度造訪，宣稱普萊斯已經把農場讓給他們了。誰知道那些文件上的黑色標記究竟是什麼意思？在白人帶著槍再度出現的那一刻，真相已不重要。

外婆越說越快，語句似乎互相追逐；或者，是我的記憶模糊了細節。一切陷入慌亂。誰跑去躲起來？誰站在一旁目睹一切？普萊斯和那些人吵起來，艾妲貝爾飛奔去找最小的幾個孩子。孩子們蜷縮在一角。狗發出警戒的吠聲。驚慌轉變成恐懼，這家人匆匆逃離家園。

南方的法律把他們趕走，也就是說，白人至上主義者憑著心中隨意的念頭把他們趕走。他們幾乎沒有時間思考或做出計畫並打包生活用品。他們匆忙中拿了碗盤、毯子、衣服，卻失去了他們真正的財產——土地、農舍和牲口。那些人把艾妲貝爾的牛牽走了。「我永遠不會忘記那些牛，他們用馬車載著牛，沿著路越走越遠。」外婆這麼說著。但外婆的姐姐瑪格麗特相當精明，動作又快。在前門發生衝突的時候，她從後門溜出去，把草地上的一頭母牛牽到羅斯老頭的牧場裡。羅斯老頭向他們伸出援手，後來還把一間屋子租給他們家住。外婆沒提過羅斯的膚色。2

除了他們自身的性命之外，那頭牛就是我的先人從農場裡救出的唯一有價值之物。這次事件令外婆家陷入貧困之中。這份貧困、這種壓力以及對於失去的深深恐懼，使得外婆後來早早便結了婚、離開受吉姆克勞法（Jim Crow）箝制的南方，移居實施種族隔離的北方。儘管麻煩纏身，但瑪格麗特那天展現出的堅強與膽識在精神上鼓舞了全家人。這就是我印象中外婆所說的故事：當年才十來歲的瑪格麗特姨婆挽救了大局。而外婆以說書人的巧妙技法重構了這個關鍵時刻。

我沒機會認識這位姨婆，甚至沒看過她的照片，但我曾將她的縫紉作品拿在手中檢視、把玩與欣賞，這同樣是種強大的連結。外婆的臥室裡有一條棉被，是瑪格麗特在他們被趕出家門之後的歲月中縫製的。被面上有扇形的花紋設計：玫瑰色與薄荷色的圓與橢圓交替出現，色調的濃淡有所變化。另一面則是鈷藍和粉藍色的圓點遍布在香草色的布料上，令人想起冰淇淋店的香甜氣味。瑪格麗特還替扇形花紋的那一面縫了藍點的邊框，在粉彩色調的扇形之外又加上完全不同的風格，有點現代主義味道的圓點和斑點。她把毫不相配的圖案放在這張視覺畫布上，標誌著她的創造力與叛逆性格。這位我只能透過口述故事來認識而永遠無緣碰面的女孩既是創作者，亦是拯救者。家族故事紀念著她，也反映出帶有原始神話色彩的當地歷史。

外婆在十五年多前過世了，我繼承了姨婆的棉被。這條棉被對於外婆和我來說都是相當珍貴的織品，其布料似乎吸收了過往歲月的無形精華。當我細看這條色彩鮮豔的被子（以及某位先人留在上頭的血跡）時，我看

姨婆瑪格麗特・史翠布林的被子，特寫，
一九二〇至一九四〇年代，密西西比州。
托比・荷蘭德（Tobi Hollander）攝於二〇一八年。

到了還是個女孩的外婆，也想像著她家人的臉龐是何模樣。我感受著那個多眼怪物[1]的每個音節——密西西比，那個高溫、恐怖與愛交織之地。瑪格麗特救下母牛的故事與這條棉被的材料融為一體，外婆童年中最痛苦的事件也被織入其中。非裔人口在美國的歷史極其殘酷，但我們以痛苦創造出藝術，以生命中偶然閃現的美作為精神支柱，學會如何起身迎接明天。

我出生在一九七〇年代，那個年代相當混亂，但比外婆與她的姐妹們成長的一九二〇年代更有希望。我從未經歷過奴隸制或合法的種族隔離制度，但此刻的我比以往任何時候都更喜愛瑪格麗特、那頭牛和那條棉被的故事。這件被子連同我寄託的故事一起蓋著我，使我安定，提醒著我這份保存下來的尊嚴，以及悲哀年代裡的希望——到頭來，保護與鼓舞生命的所需之物仍有可能被保存。

那頭牛的故事有無數寓意。我思考這個故事時也想著艾緒莉的布包，最令我印象深刻的是，這樣的敘事強調了女性的存在、救援的行為，以及挽救承載著生命至深意義的重要事物之事蹟。這個家族故事講述著女人與女孩的足智多謀，即便她們屬於承受最多惡意的最邊緣族群。這故事講述著世上背負著艱困重擔的人，如何挺過突如其來的困境。這個故事指出，堅持不懈地牢記過往能為人帶來多大的啟發，尤其是當這份記憶被寄託在能幫助我們回憶與連結之物上時。

我把先人受到驅趕的事與這條棉被連結起來，因為兩者的主角相同。至於艾緒莉的布包，事件與物品的連結更加實在——茹思將過往的故事直接繡在布包上了。正如經常被引用的美國女性史學者羅蕾・烏爾里希（Laurel Thatcher Ulrich）在其著作《手織世代》（*The Age of Homespun*）中所說的那樣，十八和十九世紀的人有時會在物品上頭賦予故事：把寫著起源或當時事件的小紙條塞進編織籃中，或把有關物品主人的訊息用別針別在羊毛襪的腳跟，甚至在木櫃子的抽屜裡塗寫長長的文字。這份對於物品做出敘事性解釋來保存過往知識的衝動，烏爾里希稱之為「物品的記憶力」。[3] 物品成為回憶與訊息的承載者，如果還加上能擴充其承載能力的故事更是如此。[4] 若物品本身是紡織品，那纖纖布料上所承載的女性人生故事似乎具有特殊的韌性，雖然紡織品容易破損、常常無法找到製作者，所以歷史學家在試圖了解歷史事件、經過與原因時並不怎麼關注這樣的材料。

對於這條家傳棉被的感情，使得我與非裔美國人的沉重歷史緊緊相繫。當然，自家歷史是吸引我探究艾緒莉的布包的部分原因，讓我想去了解物品背後的女性，並深入探究非裔美國人的手工藝與家傳物品之傳統。其他黑人女性、南方女性、農村女性或家中有手工藝傳統的女性（男性亦然）必定能懂這份心情。許多人在生活中總深受布料吸引，那就像一股繩

① 譯註：喻密西西比（Mississippi）多次重複的字母與音節。

索，使我們與歷史本身得以相連。[5]有人會在跳蚤市場裡尋覓復古織品，有些人則投入學習傳統縫紉和製被技術，以重現女性祖先的經驗與藝術。往日時光似乎透過這些織品和未遭歷史洪流淹沒的紡織技術向我們伸出手來。就像剛洗好的棉布兩端俐落地彼此相疊，過去與現在似乎也在此聚首。我們感到和女性先人有種連結，我們不禁好奇，若能了解她們的人生，是否也就能以新的眼光來看待自己的人生。當我們看見這些來自和我們如此不同年代的女性時，我們也更有能力跨越種族與文化、階級與地位、健全與殘疾、青春與老邁等差異。在這個織物摺疊處形成的暫時空間中，我們不僅看見了先人的生活，也看見了他們的盟友與敵人。我們開始留意到這些人們交會的世界之構造，並細細體會這種幅員更廣的經驗交織，這便是從自我到他者，從個人歷史、家庭歷史到地方歷史、國家歷史的移轉。這份萌芽的意識引導我們去追蹤所有交織的線，去看見這個地球、這個人類群體、這個層層疊疊社會結構是多麼有待修復。

我們在古老建築的閣樓或古董店裡細細審視經過歲月洗禮的布料，並感受到這份自我的擴張，此事並非巧合。紡織品是承載社會訊息的重要媒介，能傳遞資訊（常與社會地位有關）、觸發回憶（與事件及人物有關），甚至能施展保護魔法（透過其中的神聖材料與共同信仰）。在打字機、印刷術和木漿紙出現之前，女性工匠製作的布料保存了人類群體的神話歷史（mythohistories）。貴族女性用金銀紡錘編織出有宏偉視覺敘事的織錦。在古希臘、歐洲和地中海等地，女性用布匹來述說遙遠親族的故事，「以紡織品記錄著宗族的事蹟神話」。這些織錦滿載著關於歷史事件和神話象徵的訊息，成了保留紀錄與文化功能的重要「故事布」。[6]雖然在古代，有幸能以金紡錘紡出自身故事的女性寥寥無幾，但古代故事布的傳統藉由拼布被、棉格子涼被、刺繡圖繪，以及阿富汗針織毯等得以延續，我們以這些織品將家族故事傳承下去。

考古學家伊莉莎白・鮑伯（Elizabeth Wayland Barber）說，早期女性史也許難以捉摸，但女性無需「憑空替自己變出一段歷史」。我們不需要像是變魔術般從空氣中變出我們的集體過往。「古代文學紀錄中少有關於女性的內容，」鮑伯說，「不過，我們能在這些織品裡找到一些我們需要的明確證據。」[7]同樣的，歷史學家艾莎・布朗（Elsa Barkley Brown）也在其著作〈非裔美國女性絎縫〉（African-American Women's Quilting）中強調，如果我們「遵循非裔美國婦女留下的文化指南」，我們就能「理解她們的世界」。[8]古代史專家鮑伯與近代史學者布朗都認同先人將信仰、文化價值與歷史知識織進了她們的亞麻、羊毛、絲綢和棉布之中。先人的手織品能引導我們回到她們的歷史中，並成為我們費力理解過往時的嚮導。在此，與你一起，我試著對黑人女性在奴隸制度、重建時期與吉姆克勞隔離時期進行一次難以預知結果的考察。我們將追尋故事布上的一針一線，將這些女性放回社會的動態脈絡之中。我試著揭開一項神秘物品與其製造者的故事，探索各樣事物在黑人女性生命、黑人生命、女性生命中的歷史意義，並將蘿絲所信仰的主要價值——愛、希望與救贖——縫合進我們的文化記憶中。

## 作為一項文物

艾緒莉的布包擁有多重意義，也是非裔美國女性的文化與手工藝品中的一件特殊文物。我們不曾在世界各處的行李箱、衣櫃或博物館中看見類似物品。這個布包不僅是一件物品，更是一項文物，由不同的材料與訊息組合而成，是容器、載體、織品、藝術品，也是過往事件之紀錄。[9]就像其他文物一樣，我們不能假定這個布包承載著直截了當、無庸置疑的事實。若要透過這項文物進行歷史調查，負責任的作法是提出疑問，並且願意指認其上的瑕疵——儘管這可能會令人不太舒服。和其他文物比對，並將各種歷史脈絡納入考量，使我們得以測試可信度以增進歷史知識，並尋找超越實質證據的象徵性事實（symbolic truths）——這樣的事實承載著人類集體生活中的抽象意義。[10]

若要細心處理這個單一而幾乎沒有任何紀錄的物品，我們得謹慎詮釋不完整的紀錄，有時得打斷自己的敘事去檢視重建此文物的元素，我們也得釐清一些常見的故事線——關於布包、南方，甚至關於這個國家的故事線，以便建構出另一些故事線。[11]本書將提出奠基於證據、比較和脈絡之上的解釋，但也容納假設與想像，並承認有太多過往之事是我們無法確定的，特別是有關那些人生少有紀錄而常遭誤解的族群的事。在這份共同研究、閱讀和書寫的努力之中，黑人女性主義歷史方法是可運用的工具，其中歷史學家瑪莉莎・富恩特斯（Marisa Fuentes）所使用的文物研究方法足稱典範。富恩特斯指出傳統文物檔案中的「暴力」與「扭曲」，她拒絕把黑奴女性遺棄在這個沒有重點的深淵中。她使用嚴謹的文獻收集與分析方法，在奴隸主、奴隸販子和巴貝多（Barbados）的奴隸看守者的紀錄中尋找黑奴女性的蹤影，並沿著歷史與地理領土尋找線索，彷彿在尋找麵包屑般。富恩特斯以織物為隱喻，稱其文物研究策略是「沿著偏見的紋理」閱讀。這也是我在這場探索之旅中採用的方法，在第二章中尤其如此——尋找蘿絲的旅程便始於該章。[12]

我還採用了文化理論家莎迪亞・哈特曼（Saidiya Hartman）的寫作方法：在敘事時將奴隸制年代當作我們身處的時代。哈特曼主張，對奴隸制做出歷史詮釋時，應將當時與今日時代仍未能確保黑人享有充分自由的事實融入其中，藉此說明「我們與逝者的人生經驗之相近」。哈特曼堅信，「針對奴隸制度做出反對式歷史（counter-histories）敘事的作者」和當代繼承了奴隸制遺緒之人，有責任牢記我們與前人的密切關係。文物無法忠實地揭示或紀念為奴之人，所以我們需要新的方法來處理這份我們與前人的密切關係，包括跨時空的意識與克制的想像力。[13]

我也使用了哈特曼所提出的概念：過去與現在的毗連、特許的想像力，以及承認文物檔案永遠無法完整。在一些文物有所闕漏的時刻，我在書頁中寫下對於蘿絲、艾緒莉和茹思之樣貌的想像。也有些時候，我採取完全相反的方法，在紀錄中標明她們的缺席，如此我們才能意識到真實的困境是如何猝不及防地帶來身體與心理上的創傷，甚至連物品紀錄都來不及留下。在這趟探索之旅中，我試著將過去與現在，甚至是未來連在一起，盡力讓這幾位女性在我們的腦海裡栩栩如生，同時將她們的處境與得來不易的智慧連結至我們當前急迫的重大問題，如聯邦政府不當對待移民孩童、人們在文化上忽略非裔美國人的珍貴傳家物品、美國政治悖離民主原則、貧富之間的經濟鴻溝，以及全球面臨的生存危機——對這些女性而言，危機是動產奴隸制；對我們而言，危機是氣候變遷。要應對這場危機，需要長期的、視野遠大的合作行動。

最後，我在本書中採用的第三種方法是藝術史學家與考古學家的專業方法。除了盡可能挖掘歷史文件的意義、彎曲時間，以及想像出另一種現實以填補文物闕漏處之外，我也希望能尋找真實的材料（為奴之人所接觸、製造、使用和攜帶的物品），以助我們了解過往。正如專攻加勒比海研究的學者米歇爾-羅爾夫·特魯洛（Michel-Rolph Trouillot）在談到一切生命最基本的物質基礎以及對此的探究時所說的：「第一刻的物質性是如此明顯，以至於有些人認為此事理所當然……歷史始於身體與物品。」[14]所以，我們也從手工製成的、如今已故之人曾久久擁在懷中的一項文物著手。在本書中，這趟探詢黑人女性之物品的旅程是環狀之旅，從茹思的年代開始，進入蘿絲的年代，再到艾緒莉的年代，然後再回來。往日時光得以存續，被包裹在有故事的被子中、裝進我們的棉布袋裡、銘刻在我們的回憶之中。往日即為今日，也將繼續流傳。

## 創造愛

米朵頓基金會莊園的導覽員稱艾緒莉的布包為一份「啟發」，因其訴說著黑奴女性的經歷、她們生存所需的情感、她們生存所需的物品、她們珍視而傳承之物。[15]如果沒有這些物品，黑人女性（正如世間其他人一般）便無法存活下去，無法表達其生命。雖然乍看之下也許違反直覺，但對於實質物品的關注，尤其是對於附有文字或圖像解釋的物品之關注，確實能開啟一條通往無形情感與欲望的道路，文獻常難以忠實記錄這些情感。[16]人是複合式的存在，由物質構成並注入了靈魂。我們總是在收集物品、製造物品、用物品妝點自身，以表達我們無可言喻的內在。正如一位環境史學家所說的：「與我們產生互動之物也無可避免地成為我們自身的一部分。」因此，物品成了我們人生中的「旅伴」。[17]前人留下的物質痕跡，使我們能夠得知他們覺得什麼值得製作與保存，也藉此得以揣測他們覺得什麼值得珍惜。

蘿絲珍視並加以保存、打包、攜帶的物品是什麼？她如何在行動中實現自己對於生命中重要之物的信念？根據蘿絲的曾孫女所言，蘿絲替女兒打包的東西展現了她的想法與行動原則。她立刻試圖處理不同層次的問題：食物、衣服、住所、血脈身分，與最重要的價值肯定。我們在奴隸制時代的非裔美國女性之證詞中，也可看見與蘿絲相同的明智價值觀。證據顯示，蘿絲準備的布包雖獨一無二，但她對於生存、生存所需的物質，及情感資源之信念，與其他處境類似的女性相同。蘿絲蒐集、儲存物資來使艾緒莉得以活下去：一件衣服、三把堅果、一綹頭髮，以及棉布包本身，這些便是由南方的生活方式與文化所形塑而成的物品。接著，蘿絲將布包緊緊封上，這些物品便成了神聖之物，帶著情感承諾的力量，保證母愛矢志不渝。

艾緒莉的布包上繡了字，字句中列出的物品等同一份生存指南。這份物品列表使我們得以了解對於淪為奴隸的女性而言，什麼是必要之物、什麼是她們有能力獲取之物，以及什麼是她們決心挽救之物。人們最先拯救的物品，必然是最重視之物。蘿絲決心拯救女兒，她就像其他身處失去人性、徹底貧困之深淵邊緣的黑人婦女一樣，知道下一代的生存有賴她們結合自身物質與情感上的一切，以此創造出愛。[18]藉著曾孫女茹思的話語，蘿絲所創造之物闡明了物質與情感兩者在黑人女性的生存策略中至關重要。

你現在大概已經知道，這不是傳統的歷史著作。這本書傾向喚醒人們而非做出論證，比較像是沉思之語而非專題論文。正如科幻作家娥蘇拉・勒瑰恩（Ursula Le Guin）在談到小說時提及的，一部歷史作品就像是一個袋子，「書裡裝著文字，文字承載事物、具備意義。」[19] 這本書所訴說的是活在無人性的世界裡的人們所肩負的重擔，是我們所繼承和攜帶的財富、創傷與能力，是我們如何回憶與認可女性前人的集體智慧。第一章介紹了這份織品記錄文物背後的主腦茹思，以及故事場景：殖民地時期的南卡羅來納州。據茹思所述，南卡羅來納州是罪行發生之處。第二章直指美國奴隸制的紀錄如何貶低像蘿絲這樣的女性，並探問我們該如何彌補這些深受忽略與剝奪之人。第三章探究的是蘿絲所準備的布包，我們在此看見她的有意之舉與她細心挑選的物品，如何成了母愛與親情連結之明證。在第四章中，我們會檢視蘿絲放入布包中的衣服，探討女奴所珍視之物，了解她們如何以衣服等個人物品來維護尊嚴並加固關係連結。第五章討論的是一位即將進入奴隸拍賣場的母親之情感世界——這樣的拍賣場為查爾斯頓和南卡羅來納的內陸地區帶來鉅額的不義之財。第六章揭示了以大自然為根基的生存文化，像是艾緒莉在被賣離母親身邊時所擁有的那幾把胡桃。第七章裡，我們會跟隨南北戰爭後的布包持有者之腳步，探討創傷與癒合的女性故事，以茹思的刺繡為例。末章做出總結，並衡量織品與布袋等物對美國黑人歷史的價值，對美國人有關未來之想像的價值。

除了三位一體的蘿絲、茹思和艾緒莉之外，許多黑人女作者與故事講述者也會出現在書頁之中。有些是人們熟悉的、大學課堂上指定閱讀的經典奴隸敘事作家，如哈麗葉・雅各布斯（Harriet Jacobs）、伊莉莎白・凱克利（Elizabeth Keckley）等；有些是不那麼出名但所說的故事同樣具啟發性的女性，如路易莎・皮克（Louisa Picquet）、艾莉莎・波特（Eliza Potter）、梅爾妮雅・卡斯（Melnea Cass）和瑪咪・費爾茲（Mamie Garvin Fields）。

哈麗葉・雅各布斯是北卡羅來納州奴隸制的生還者，她策劃的艱困行動使得自己和孩子得以脫身，她也是奴隸敘事領域中分析最為細膩的作家之一。伊莉莎白・凱克利是來自維吉尼亞州的奴隸女性，被奴隸主帶到北卡羅來納與聖路易。她曾是第一夫人瑪莉・林肯（Mary Todd Lincoln）的裁縫師，也是南北戰爭時期的自傳作家。路易莎・皮克在幾個不同的州都慘遭性虐待，但她堅定深愛著因奴隸制度而與她分離的家人，也愛著她與奴隸主所生的孩子。她將自己的故事寫下出版，以贖回母親的自由。艾莉莎・波特給自己的稱號是美髮藝術家，她同時也是位業餘的歷史學家。精通美髮技藝的她以自由黑人女性的身分在辛辛那提和南方各城工作，同時出版了一本詳盡的回憶錄，內容記錄著她那些蓄奴的富裕顧客。梅爾妮雅・卡斯是波士頓的社區工作者與婦女社團領導人。她在第一波非裔美國人大遷徙時與家人移居北方，貢獻了一己之力創造出一個彼此支持、具政治意識的都市黑人社群。來自南卡羅來納的瑪咪．費爾茲在查爾斯頓當老師，她與其他人共同創立了一個黑人女性社團，並與孫女一起出版了一本回憶錄，展示了黑人的家族故事如何被講述、聆聽與流傳。[20]

這幾位作者都表明自己對於家人、對於被囚黑人有著深刻而忠誠的愛，也堅定擁抱符合道德、在關係中誕生的行動原則。這些女性和其他許多人以奴隸敘事、訪談與信件的形式發聲，共同為蘿絲、艾緒莉與茹思的故事譜出了佐證之和聲，照亮了分離、生存與愛等黑人女性經驗之中的關鍵元素。[21]曾淪為奴隸的女性常將自身最慘痛的經歷與最私密的感受埋藏在心中（尤其是關於暴虐的奴隸制度所催生的性暴力），因此我們也會在當代黑人女作家的文字中尋找情感脈絡，這些作家的小說與詩詞所觸及的情感領域，是歷史敘述所不能及的。[22]在此為我們引路的女性，在血緣上是由南方遷居北方的非裔美國人之直系先人，在文化上是曾遭逢歷史性苦難的黑人家庭的先人，在更廣大的國家層面上，則是社會、經濟與政治身分之根基被深埋在奴隸制泥淖中的美國人之先人。如果說人類是一個大家庭，因我們都了解日益增長的恐懼與破碎幻滅的希望是何模樣，那麼這些女性也可說是所有人類在情感上的先人。

在撰寫書稿時，我常求助於那些懂縫紉的同事，向她們提出我糾結許久的問題。有位與我感情甚篤的朋友會自己製作衣物、研究監獄服裝，並將家人之間的關係描寫為織物，我向這位朋友提出了一個我在研究茹思所繡的字時產生的疑問：「在縫紉術語中，針腳之間的空白地帶有名稱嗎？」朋友想了一會，跟我說沒有，讓我自己繼續在左支右絀間尋找詞彙。[23]我在這本書中試圖講述艾緒莉的布包的故事，這故事有其薄弱處與漏洞，但同時也指出實質物品如何幫助我們重建邊緣族群的豐富歷史。本書講述的是一位黑人女性踏上的冒險之旅，正如她的曾孫女所說的，這位女性的信念與行動塑造出一個家庭在困境之中的堅韌樣貌。本書也是一份請柬，旨在邀請那些希望尊崇失落之人的歷史的人們，前來擁抱針腳之間的空白地帶。

# Chapter 1

# 茹思的紀錄

「曾祖母將她自己經歷過而祖母沒經歷過的事告訴祖母，祖母將她和曾祖母都經歷過的事告訴母親，而母親將她們三人都經歷過的事告訴我。我們應該像這樣代代相傳，永誌不忘。」

——蓋兒．瓊斯（Gayl Jones），《珂瑞朵拉》（*Corregidora*），一九七五

「然後我發現了奴隸名冊。一捆一捆的、厚厚的名冊，每一捆都有好多本。種稻人分發鞋子的時候，他會記下分得鞋子之人的名字。繳稅時，他會清點名下的人類財產、列成清單。如果他買了布料給奴隸做衣服，他會記下誰拿了幾碼的布。如果有女人生了孩子，他會記下孩子的生日與姓名。」

——愛德華．波爾（Edward Ball），《家裡的奴隸》（*Slaves in the Family*），一九九八

身為一名經濟拮据、前途黯淡的年輕女性，茹思．米朵頓決定搬到北方，而這大大改變了她的人生。一九一〇年代裡，只有勇氣十足的黑人女性敢向未知的世界縱身一躍。當時的茹思不過是個十幾歲的孩子，在南卡羅來納州的哥倫比亞（Columbia）當家事工。[1] 她也許已認識了日後會成為她未婚夫的亞瑟．米朵頓（Arthur Middleton），他是來自南卡羅來納州

康登郡（Camden）的輪胎工人。茹思必定透過所聞所見、也許透過生活中的一些事情了解到，在新世紀初，南方地區對於非裔美國人來說仍舊充滿危險。第一代的自由非裔美國人幾乎找不到別的工作，只能和他們的先人一樣從事農活。佃農制度導致他們容易背債，在日常生活中也常遭遇公眾羞辱和不可預期的暴力事件。也許，茹思和亞瑟評估過自己的處境，心知唯有徹底改變才有可能改善生活。所以，他們才會和許多同樣厭倦了充斥偏見的南方的非裔美國人一樣，收拾行囊、前往北方，尋找安全之所與工作機會。

當時一戰情勢未明，而流感疫情肆虐，茹思和亞瑟在此刻離開了南方，加入歷史學家稱為「第一波非裔美國人大遷徙」的行列。這場大遷徙使美國在一九七〇年代時的人口與政治地圖已全然不同。此前，非裔美國人多半生活在南方鄉間，如今，為了確保人身安全、尋找經濟機會，他們成千上萬地移居至南部、中西部、西部和北部的城市。茹思是在一九一四年至一九二〇年間遷居北方的，在這段期間，有五十萬人像她一樣離鄉背井北上。他們打包行囊、動身離開，將熟悉的一切人事物留在背後。[2]遷居北方的人們必定得做出困難的決定：哪些東西能帶著上路？哪些東西得送人或留在原處？鍋碗和衣裙等日常物品、手縫棉被等自身珍視之物、工具和書等貴重物品，每一件可能都得細細審視、衡量、考慮。我們手上沒有任何清單記錄非裔美國人在向北與向西遷徙時身上所攜帶之物，而茹思的案例是個珍貴的例外。

茹思於一九一八年抵達費城，身上帶著蘿絲交給艾緒莉的棉布包。茹思對於布製品的情感，反映出歷史上女性對於物品之經驗的一個重要層面。雖然就歷史觀點而言，自由人擁有「真正」的財產，也能將財產代代相傳（尤其是以土地的形式），但女性通常只擁有動產可供支配，像是家具、布製品，還有奴隸（如果這位女性剛好是奴隸主的話）。儘管美國女性所擁有的財產形式有限，但她們有意識地運用自身財產來「維護身分、彼此結盟、建立起因婚姻、死亡或遷徙而斷裂的親情連結」。[3]舉例而言，一位於殖民地時期出生在新英格蘭的女子十分珍惜她所繼承的漆繪木箱，這不僅是因其實用，更因這個木箱使得她與家族中的女性先人有所連結，強化了對於家族女性血脈的歸屬感，而與男性祖先較無關。婚後將會按法律慣例冠上夫姓的茹思，在移居北方時帶著傳承自祖母與母親的棉布包。而當她自己也即將成為人母時，她決定在布包上說點什麼。

茹思所繡的字句見證著黑人的愛與女性的堅毅，這樣的證詞從未存在於任何的文物檔案中（或許也無法存在）。儘管歷史文物在我們理解過往時不可或缺，但這些文物有其限制，是一座可能引人誤入歧途的龐大資料庫。擺在磚造、玻璃、鋼製結構中的文物也許氣勢不凡、正式而嚴謹，但這些都是在事故中倖存下來的紀錄，是當時或其後某個年代的人認為重要而值得保存之物。這些紀錄是由如同你我般的凡人所創造出來的，他們在潦草寫下字句時可能會犯錯，語句中也許透露出自身的心煩意亂，或是有意無意曲解了眼前所見。即便在最井井有條的狀況下，文物紀錄也僅能以破碎的形式來描述過往事件，我們為了描繪出過去的社會，竭力將這些「現實的碎片」拼湊成章。[4]

即便與這些已相當破碎的歷史文物相比，我們面前這個來自十九世紀的布包也顯得格外破舊。關於蘿絲與艾緒莉的命運，[5] 茹思所繡的字句就是唯一詳細而確切的初步資訊。此外，由某種角度看來，茹思繡在布面上的句子更像是詩句而非紀實文字。這段文字輕輕帶過事實與細節，只點出三個名字（蘿絲、茹思、艾緒莉），一個地點（南卡羅來納）和一個年份（一九二一年）。學界在重建奴隸制歷史時常參考的資料中，也未曾直接提及這個布包的製造過程或取得過程。沒有哪位女主人在手寫信件中表示自己認識蘿絲，沒有正式的交易紀錄列出是誰買下了艾緒莉，沒有任何奴隸敘事作品提及這個家庭與她們所遭逢的苦難。這個布包本身來自一八四〇或一八五〇年代，但上頭的文字是在一九二〇年代繡上去的。最明顯（也最令歷史學家憂心）的事情是：關於事件原貌是否真如描述，以及布包是否曾盛裝所述物品，我們只有一個人的說法可以參考。

茹思．米朵頓應該是按自身回憶來描述這些細節。我們雖可以推測她的確誠實描述了所知道的事實，但茹思的故事在成形前經過了回憶與敘事欲望的濾鏡，承載了茹思在有意無意間希望這個家族故事背負的意義。考量到茹思選擇的敘事形式（一位業餘者在當時毫無商業價值的個人物品上的刺繡），我們沒有理由認為茹思杜撰了這個故事。「艾緒莉是我的外婆」，這句話的親密、占有與直截了當，顯示出茹思曾見過這位外婆，也記得她。[6] 她為自己繡下的這段故事顯然不是想像之物——無論如何，這個故事對茹思來說都十分真實。然而，記憶作為還原歷史的工具就像紙本紀錄一般容易出錯。茹思有可能（很有可能）誤解、記錯或重新編排了這段充滿感情的家族敘事的各個面向。我們在回憶中探尋、思考時都是如此，因為回憶是極具可塑性的資訊儲藏庫，「我們在提取資訊的同時也將其重塑」。[7]

不過，我們的手若足夠穩定，便能將這條細線對準針眼，仔細探究茹思留下的紀錄能告訴我們什麼關於黑人女性、黑人家庭、女性工匠、黑人的物質世界與黑人社會的事。如此一來，我們便不至於撇下歷史中那些沒有（也沒辦法）留下成堆紀錄的人。拋棄這些從階級、種族與社會地位之縫隙中跌落、「在紀錄中不存在的無名者」，等同是任由他們從歷史中被抹除而經歷「第二次死亡」。[8] 而此舉也意味著我們不願面對關於國家與自身的一份更全面、也許並不受歡迎的真相。茹思的故事也許全由主觀出發，也許並不完整，但這起碼是一份反駁，駁斥奴隸主所留下的那些將人描述為物品的成堆清單。茹思的清單列出了衣服、髮辮、胡桃和無聲的母愛，這些物品使生命得以存續，而非將生命視為物品。即便這段文字的意義，僅僅是以蘿絲這份美麗耀眼的清單來取代我們文化中的「奴隸清冊」，也依然意義重大。不過，茹思繡在布面上的文字意義更深。她將蘿絲、蘿絲的人生與她出於愛的行動放回歷史之中，澄清了真相。

## 耀眼的布包

茹思在一九二〇年代時留下刺繡文字的這個布包，充滿了「痛苦與希望共存的力量」，[9]證明了一條堅韌的女性血脈之存在，以及在美國奴隸制度的運作邏輯與枷鎖之下，有一幅本不可能存在的激進願景出現了並存續下來。母親在無望的奴隸生活中，預先為女兒做出準備的舉動，逐漸演變成這個家庭「具象徵意義的盔甲」，代表著女性相信親情得以存續的信念，代表著她們在愛的承諾中能得到庇護，更代表她們在面對美國二十世紀嘲弄、羞辱黑人的文化時，有能力捍衛這段無疑十分神聖的記憶。[10]作為一項由好幾代非裔美國女性手製並保存之物，以及一項歷經奴隸制與時光洗禮的織品與刺繡作品，這個布包本身就經歷了一段驚人的生存之旅。我們尋獲這個布包、令其重獲新生的曲折過程也揭示出當代族群議題的變革張力，並間接反映出蘿絲、艾緒莉和茹思的生命與時代中的權力關係。若意識到物品對於身分認同的價值（尤其是對於非裔美國人這個在歷史上遭到貶低的群體的價值），那麼我們在得知艾緒莉的布包後來成了某座前莊園的收藏品時，很難不感到沮喪甚至憤怒。像這樣的無價之寶，怎麼會出現在一個過往由奴隸付出勞力來維持、如今則由莊園主的後代負責代管部分區域的前莊園裡？

我們可以追溯到由美國公共廣播電視公司（PBS）拍成一整集的《巡迴鑑寶》（*Antiques Roadshow*）。[11] 二〇〇七年，這個有數十年不見蹤跡，且除了家族內部之外大概也無人知曉其存在的布包再度出現了。在田納西州納許維爾（Nashville）附近的跳蚤市場，有位白人婦女發現這個布包躺在一整箱的二手織物中。這位婦女是三個孩子的母親，固定挑選二手物品在 eBay 上轉售以貼補家用。如果不是意識到布包上那幾個字的意義，她大概也會把這個布包轉售出去。但她意識到自己「偶然發現了一件珍貴物品」，於是以二十美元的價格向該名攤販購買個這個布包和一些其他織品。這個布包可能有多少價值？她根據布面上的字句注意到了茹思．米朵頓的名字，決定上網搜尋並請人估價。她搜尋到米朵頓基金會，該處曾是查爾斯頓地區富裕奴隸主亨利．米朵頓（Henry Middleton）和瑪莉．米朵頓（Mary Williams Middleton）的家，現在則成了非營利基金會。她與基金會的人談過幾次話、夢到布包上提及的那幾位女性，也許還想到了自己年僅九歲的女兒，然後她決定將布包捐給米朵頓基金會，基金會則回贈一筆數目很小的金額與終生會員資格。[12]「剛好是我接到這位捐贈者的第一通電話，我聽到她對於這個布包的描述，以及她是如何在跳蚤市場找到這個布包。」米朵頓基金會的負責人兼執行長崔西．陶德（Tracey Todd）說，「她在花了幾個星期和我們通電話之後，決定把布包捐給基金會，我永遠忘不了我那時的心情。我們知道這會是基金會所擁有的最重要文物之一。」[13]

這位田納西婦女發現了令人難以置信之物，這是個鼓舞人心的例子，是歷史學家口中所謂在「平凡無奇之處」發現的「耀眼之物」。[14]她就像許多跳蚤市場的常客一樣有著敏銳的洞察力，能夠看見被其他人歸類為垃圾之物背後的罕見可能性。幾個月後，兩名負責為布包進行解說的米朵頓基金會策展人也得出了相同的結論。雖然這個原屬於奴隸女孩艾緒莉的布包上只有十行刺繡文字，但這個物品的許多層面——物質層面、歷史層面、情感層面——都透露出豐富故事。誰製造了這個布包？上頭提到的人是誰？為什麼母女兩人被硬生生拆散？這個布包是如何在無聲無息中流傳了一個多世紀？得花上三年研究才能確定此物的原始細節，而十多年後，米朵頓基金會和國內許多博物館及大學都仍在研究這個布包。[15]

專攻布織品研究的學者瑪莉・蘇麗文（Mary Edna Sullivan）和她的資深同事、熱中研究手寫字跡的芭芭拉・杜爾（Barbara Doyle），兩人仔細檢視了這個早已空空如也的布包。蘇麗文將其命名為艾緒莉的布包，強調艾緒莉在這個家族中的角色。策展人為這個布包寫下的說明文字如下：

茹思・米朵頓（日期不詳）
艾緒莉的布包
查爾斯頓，南卡羅來納州

一八五〇年左右，布袋；一九二一年，針線刺繡
平織棉布底；棉布平縫技法
三股棉刺繡線，來回針法刺繡，高二十九又十六分之十一英寸，寬十五又四分之三英寸

隨著工業用縫紉機的發明，這種以平織棉布製成的布袋在一八四〇年代開始被用來裝麵粉、種子和各類主食。不像手縫的袋子，機器以雙鍊縫線（double locking chain stitch）縫成的堅固布袋可以盛裝重物。艾緒莉的布包正是以同樣的工法縫製。在茹思繡字前，這個布包已經被使用了很多次，許多破損處都有人以長方形的布塊仔細手縫修補。

十八與十九世紀遺留下來的米朵頓家族遺囑文件中，至少有九位名為蘿絲的女性奴隸，可是，找不到叫作艾緒莉的人。[16]

策展團隊已確定了這個布包的製造日期與細節，但他們調查了莊園的文件紀錄後，仍無法對這個布包的來源做出確定結論，也無法獲得布面上提及的幾位女性的資訊。基金會能夠得到這項物品純憑幸運女神眷顧，正如這項物品本身得以重見天日一般。

這個身世神秘的棉布包才剛被放在米朵頓莊園的接待大廳裡展示，替美國國家博物館協會尋找藏品的策展人就正好造訪南部地區，尋覓可收入館藏的物品。當時是二〇〇九年，新

的國家廣場上的國家博物館尚未建成，米朵頓的策展人向史密森尼博物館（Smithsonian Institution）的策展人展示了這個重獲新生的棉布包，而史密森尼博物館決定向該基金會借用此物，長期展出，但物品所有權仍歸米朵頓莊園基金會。這個宛如九命怪貓般的棉布包就這樣透過一連串純屬偶然、很可能失之交臂的事件與關聯被保存下來，成為歷史的見證。史密森尼博物館的策展人瑪莉・艾略特（Mary Elliott）解釋道，這塊布料是在一八五〇年代出土的，推測是來自南卡羅來納州的艾敘利河（Ashley River）地區，但與米朵頓莊園無直接關聯。[17]崔西・陶德也承認此點：「我們珍惜這個棉布包是因為背後的故事和可能性，而不是因為布包與米朵頓莊園的米朵頓家族有任何具體關聯。我們採取的立場向來都是布包與莊園可能有關聯，也可能沒關聯。」[18]

米朵頓莊園基金會之所以能擁有這個布包，是因為人們假定茹思・米朵頓與這個查爾斯頓的富裕家族有關。也許就像是人類學家馬克・奧斯蘭德（Mark Auslander）所說的，茹思的丈夫亞瑟和米朵頓莊園的某一名奴隸有親戚關係。[19]這個上面有莊園名字的布包曾展示於米朵頓莊園修復後的客房圖書館（或稱側廂房圖書館）裡，而這座莊園是美國歷史的地標與南部地區著名的旅遊景點。在銅色磚塊與綠色植物的映襯之下，米朵頓莊園令人想起珍・奧斯汀小說中的英國鄉間大莊園。此地的粉色杜鵑花沿著石子路兩旁盛開，灰白的松蘿鳳梨垂掛在橡樹的龐大枝枒間。艾敘利河在莊園邊彎曲流過。泥土小路通往石製建築廢墟和蝶翼狀的美麗映像池（reflecting ponds）——這些池子是為奴之人在熱氣蒸騰、蚊蟲肆虐的泥岸上徒手挖鑿成形，成為查爾斯頓地區眾多的奢華裝置之一。美國獨立革命時期，此地是全國最富裕的城鎮之一，合法的奴隸制度讓他們能用稻米與棉花賺進大把鈔票。

外面的蝶翼池塘泛起漣漪，而房子裡頭展示著的棉布包公然譴責著奴隸制度。二〇〇七年至二〇一〇年間，艾緒莉的布包在莊園展出，接著在紐約市首度亮相——紐約市與十八世紀殖民時期的查爾斯頓並無二致，都是蓄奴大本營。淪為奴隸的非裔與原住民後代常在紐約被賣出，然後被關進商界大佬的家中與工廠。布包接著在二〇一一年的紐約冬季古董展上重磅登場，是由歷史悠久的查爾斯頓莊園所呈現的經典傑作。這個與富麗堂皇沾不上半點邊的棉布包令人目不轉睛、掉下眼淚。[20] 回到查爾斯頓的莊園之後，布包繼續公開展示，直到二〇一五年移至史密森尼博物館展出為止。史密森尼博物館將由米朵頓基金會借來的布包放入貯藏室，然後在二〇一六年秋季國家博物館的盛大開幕式上與其他珍貴物品一同亮相。[21]

這個布包外表雖黯淡無光，卻令人驚嘆。見過的人無不心情激動，許多人忍不住落下淚來，以至於米朵頓莊園的策展人蘇麗文養成了隨時在旁準備遞上面紙的習慣。[22] 布包的強大吸引力在於，它將所有父母與孩子最擔心的事個人化、具象化，透過直截了當的語言和平易近人的媒材講述了親人離散與存活的私密故事。美國內戰歷史專家史蒂芬·貝瑞（Stephen Berry）在談到這個布包時曾簡明扼要地說：「這是世上最短的奴隸敘事篇章，去蕪存菁之

米朵頓莊園的蝶型映像池是由奴隸徒手挖掘的，
位於主屋廣場與艾敘利河之間，緹雅．邁爾斯攝。

後，像瓶中信那樣經過時間的長河抵達我們手中。」[23]

這個布包的迷人之處不只在於形式，也在於其所訴說的故事。這是個看似簡單的功能性物品，目的是保護幼小的孩子，其上精細的做工則是業餘裁縫者以針線寫下的整齊文字。這個布包在人們心中喚起了感傷之情，是米朵頓莊園和高級古董展上的其他物品所做不到的，由奴隸主的角度記錄奴隸制度的文物檔案更是如此。事實上，這個布包的原始意圖、語言表達與形式似乎有種清白純真的氣質，使它既令人著迷又與眾不同。[24]

不過，艾緒莉的布包的意義，不只是反映出觀者心中潛藏的憂慮以及與生俱來的同情心，更指出了一系列人們不常有意識地去思考或充分理解的常識：美國奴隸制之殘暴、美麗的深南地區之醜陋、專制莊園的無形之手、黑人之愛所獲得的勝利。這個布包不只是表面上看來那麼簡單、那麼甜美無害。它自出廠後曾被運至都市與農村，跨過州界與地區邊界，承載著複雜而強大的意義，深具象徵性與戲劇性——這個小小的物品承載著龐大的整體風景。

布包在莊園建築中展出了好幾年，被多半是白人的遊客細細檢視與投射情感。還有一個巧合令這一連串的事件更不可思議：除去通貨膨脹的因素，米朵頓莊園基金會付給捐贈者的那一小筆錢，金額幾乎等同奴隸主羅伯·馬丁於一八五二年的財產清單中一位名為艾緒莉的奴隸的價格：三百美元。蘿絲會如何看待這個意料之外的結果？艾緒莉若看到自己賴以存活的布包成了展示品，她會怎麼想？茹思若知道她親手縫製、上頭記載著奴隸制度所造成的心靈傷痛的布包，如今落在誰手中，她會怎麼說？對於這幾位女性來說，此處的諷刺之情可能會像一場悲劇，甚至是一場背叛。這個由最黑暗的奴隸制末期和初代自由人時期的黑人女性代代相傳的家族珍寶，一路向北來到費城，卻又被送回南方，直接回到很有可能是這個故事起點的罪惡之地。這個布包在二十世紀中後期離開茹思的後代親屬手中之後，持有布包與詮釋布包意義的人多半都是白人。白人接連持有布包、黑人傳家物品出現在當代市場、「承載奴隸制度遺痕之物如今在各博物館間流通」，我們難道不該對這些事感到不安嗎？[25]

在博物館收藏展品、慈善捐贈與文物管理的過程中，族群議題的複雜張力也成了故事的一部分，就像這個布包所經歷的豐富歷史一樣。非裔美國傳奇紉縫藝術家哈莉葉·鮑爾斯（Harriet Powers）和她的織品也是這樣。她以剪裁與縫紉圖案的方式創作出上有《聖經》故事圖像的被子，且不願意出讓自己做工精細的作品。哈莉葉曾於喬治亞州的鄉間為奴，之後與丈夫一起打拚，買下了一小塊地務農養家。在一八九〇年左右，她很不情願地把也許是她製作的第一條大尺寸圖案被子，賣給白人收藏家兼藝術家珍妮·史密斯（Jennie Smith）。哈莉葉並不想賣掉被子，但她的丈夫不斷催促她這麼做，因為家中的財務相當吃緊。當她乘著牛車把被子送到史密斯手中時，她「把棉被包在乾淨的麵粉袋中，外面再套上番紅花袋，然後將這個珍貴而沉重的包裹放在腿上」。[26]

哈莉葉其實無意讓自己的被子在美國兩座最著名的博物館中展出（《聖經》故事被於史密森尼美國歷史博物館展出，上有《聖經》故事與當時事件的圖案的被子則展出於波士頓美術館）。是因為富裕而背景良好的白人婦女渴望擁有哈莉葉的藝術作品，並體驗被子上的浪漫感受（源自種族差異、性別與宗教信仰的感受），後人才得以看到這些保存完整的作品。不過，哈莉葉細心口述了創作意圖，所以仍保有日後詮釋的影響力。收藏家珍妮·史密斯本身亦為藝術家與老師，她記下了對於作品上每一幅圖像的解釋，想當然耳是哈莉葉本人向她解釋的。有群亞特蘭大大學（如今的克拉克亞特蘭大大學）的白人女性，將哈莉葉的另一條被子當作禮物送給一位新英格蘭的牧師，這位牧師寫下了哈莉葉對於每幅圖像的描述，大致捕捉到哈莉葉的談話，並將這些文字寫在按各圖像位置設計的索引卡上。為了讓更多人了解自己的作品並保有對於作品的詮釋權，哈莉葉留下了能通往作品的鑰匙。我們可以說，茹思在布包上刺繡的舉動也是如此，她為母輩的故事留下了一把鑰匙。透過附加於作品上的文字，茹思也像哈莉葉一樣傳遞著意義，雖然她在世時並不打算與世界分享她的作品，但她留下了一件慷慨的禮物。[27] 她的字句如鑰匙般開啟了歷史之門。

艾緖莉的布包經過了兩個世紀終於出現在世人面前，這段時間，有許多人的手曾觸摸過它。這個布袋很可能是在一八五〇年代中期，由南卡羅來納州棉花工廠中的黑奴或貧窮白人勞工（甚至可能是童工）所製造的。在蘿絲拿到這個布袋之前，不知道有多少人拿它作為工具，盛裝種子或生食。蘿絲把手邊可得之物裝進這個袋子裡，包括由不同人所種植、採收或縫製的物品。艾緖莉從母親那得到了這個袋子，也許還與其他人分享了裡頭的物品，讓別人的手指抓握著上頭堅韌的布料纖維。然後，這個布包陪伴著她一路走向自由，她隨後設法將布包傳給女兒與孫女。茹思以繡線裝飾這個袋子，將背後的故事牢牢縫在布面上，然後才將其傳承下去並離世。在賓州與田納西州（也許還有其他地方），不知名的陌生人將布包由箱子裡拿出來，放到車上，運到跳蚤市場的攤位。逛市場的人發現了布包，付了錢買下它，將布包拿在手裡，然後交給了米朵頓莊園基金會。基金會的董事會成員收到了布包，承諾妥善

波士頓美術館取得旁人為拼布大師哈莉葉・鮑爾斯的圖案被謄寫的口述解釋文字時，也同時得到了這張拍攝年份不明的肖像照。請留意鮑爾斯的圍裙，上頭點綴的太陽與星光花紋也出現在她留存至今的作品上。由波士頓美術館提供。

管理此物。基金會博物館的策展人照料、調查、保存此物。學者對其進行了研究、分析與書寫。在被無數人以手指觸摸、以想像力捏塑（包括你和我）之後，這件物品如今掛在宏偉的國家級機構的牆上。若想要挽救這個布包，助其抵達能共同反思之處，就必須在族群政治的難題跟前仍保有一種攜手共進的精神。這個布包雖承載著層層疊疊的權力關係，但它在保存歷史的同時，也保存了其歷史中的一個模式，即當人們跨越種族與區域邊界，為共同目標努力時，便能使過往改頭換面、使關係重獲新生。這肯定也是我們在這個世紀與未來數個世紀的挑戰中所需要的寬廣價值。

比起從前不恰當地被擺在莊園的大堂裡，比起現在被擺在曾默許奴隸制存在的聯邦政府所掌控的文化機構中，也許最適合存放這個布包的地方，是時光長河中的現下此刻。也許蘇麗文在為這個布包命名的時候，憑直覺知道「艾緒莉」（Ashley）和「布包」（sack）兩詞毗連之處有某種深意，某種音節在呼吸中彼此摩擦時會產生的聲音或感受，一如餘燼之袋（sack of ashes）、犧牲（sacrifice）、火圈（circle of fire）、葬禮火堆（funeral pyre）。若有人看到布包時，不禁想起舊約《聖經》的人披麻蒙灰悔罪時身披的麻衣（sackcloth，一種以山羊毛織成的粗布），也不算是聯想得太遠。也許米朵頓莊園將艾緒莉的布包披在身上如同麻衣，靜靜見證著昨日莊園主的罪愆。如今，美國人在大眾吸收知識的殿堂（國家廣場上的史密森尼博物館）中親眼見證了這件麻衣。黑人與原住民所蒙受的苦難與恆久的堅毅支撐著這個國家，以今日仍可回溯的深遠方式，形塑了美國的地圖邊界、社會結構、財富分配、建國文獻與日常活動。

茹思在一九二〇年代刺繡的布包，證明了一條悠長黑人女性血脈的存在，考量到奴隸制的狀況與運作邏輯，這場勝利原本不可能存在，因為這個制度打算斬斷親子間的連結。蘿絲、艾緒莉和茹思在人生中艱困掙扎，面對著許多人難以想像的巨大威脅與切身恐懼。歷史學家海瑟．威廉斯（Heather Williams）寫道：「布包是他們存放脆弱與悲傷回憶的地方。」不過，布包內也盛裝著在社會中改頭換面的希望，因為「新一代的茹思替布包繡上了字句，使家族以外的人也得以接觸這個故事」，最終使布包得以留存下來並公開展示。28

## 黑人與白米

物品本身是由什麼構成的、誰曾碰過它、誰曾為它感動——若要思考布包曾經歷過的旅程，這些事是很好的起點。不過，茹思寫下的字句讓我們能夠以另一種方式進入這個故事。她以繡線寫下的註腳給了艾緒莉被賣掉的關鍵事件一個地點和一個時期，將這個家庭所經歷的巨大轉變，置於更寬廣的地理與時間脈絡中：南北戰爭前，富裕的美國東南部地區。販售孩童而拆散骨肉的這份罪行，是由促使其發生的環境、經濟、政治和社會條件所決定的——也就是說，是這個特定地區近兩世紀以來的歷史，導致販賣黑人小女孩的事件可能發生，且稀鬆平常。茹思所講述的家族故事前面還有個序章，可追溯到殖民時期的南卡羅來納州，這是海岸地帶的莊園主鍾愛之地，以及該州最繁華而耀眼的海港城市：查爾斯頓。[29]我們的故事就始於此地此刻，始於這個深南地區奴隸制社會的歷史演進之中，布包與主人的故事就此展開。

如果說這個陳舊的棉布包代表著美國的奴隸制度，那麼查爾斯頓代表的就是十八和十九世紀初的南方奴隸制度，那是稻米產業的全盛時期、棉花產業正蓬勃發展中，糧食作物的耕種仰賴著南方的沃土和充裕的勞力。在短短幾十年裡，法律視之為物品的人們，成了支撐這個殖民地與大都市的基底。正如南卡羅來納州的嬌貴女兒安潔莉娜．格林凱（Angelina Grimké）在一八三六年時呼籲基督教社群婦女起身反對奴隸制時所解釋的那樣：「美國奴隸制度將人類貶為物品，成為『個人財產』，剝奪了這些人身而為人的權利，用枷鎖束縛身心，以保護奴隸主極違常而無理的巨大權力。」[30]在格林凱的故鄉，這種視人為物的無人性手段牢牢深植在當地文化中。南卡羅來納州查爾斯頓的內部差異極大、現實極為扭曲——這是尚未進入二十世紀的昏暗地帶，這是「美國南方」。[31]

卡羅來納是南方大地上最古老的殖民地之一，到了十八世紀初，此地已成為黑人最多、最為富裕、最不平等的地區。[32]米朵頓家族的祖先，也就是茹思．米朵頓的布包後來落腳的莊園過去的主人，也貢獻了一己之力，將這片原屬原住民的土地打造為富裕殖民地。愛德華．米朵頓（Edward Middleton）與亞瑟．米朵頓於一六七八年與一六七九年先後抵達卡羅來納，那是移民潮的開端。他們的家族從倫敦出發，途中經過了巴貝多——這是位於英屬西印度群島（如今的小安地列斯群島〔Lesser Antilles〕）中的一個陽光普照小島，地主在此也靠著「糖與奴隸」建立起北美最富裕的殖民社會。[33]一六二〇年代，清教徒於麻薩諸塞建立心目中的基督教天堂；一六一九年的維吉尼亞海岸，第一批為奴非洲人被拿來換取食物；二十年後，英國殖民者踏上巴貝多的土地，試圖在此種植菸草與棉花，然後大量種植甘蔗作為主要作物。在英國投資人的贊助下，有點本事又於早期抵達此地的家族得到了土地與廉價勞力，其中也包括一六三〇和一六四〇年代抵達此地的英國與愛爾蘭窮人。巴貝多很早便已出現奴隸制，第一批抵達這裡的英國人，帶來了美洲原住民與非洲奴隸。[34]隨著時間推移、地主階級的財富與權力增長，巴貝多人開始偏愛更容易到手、也容易更換的非洲奴隸，使得原住民奴隸和有時間限制的歐洲裔契約工數量開始下降。越來越多來自非洲的勞力投入種植甘蔗與製作蔗糖，因為糖是當時西歐市場上的奢侈品。到了一六八〇年代，巴貝多擁有英國所有殖民地中最龐大、最全面、利潤最高的奴隸制社會，他們大發蔗糖財的背後全仰仗貶損人類的奴隸制。正如一位著名的巴貝多歷史學家所說：「這是現代社會中最充斥暴力、最殘酷、以最為非人的方式對待他族的社會。」[35]

巴貝多是英國殖民地中第一個蓄奴之地，也是手段最無情之地。[36]奴隸制的系統、作法與邏輯已滲入島上居民的心靈深處。富裕的中產階級英國裔巴貝多人，從他們認為不配過好日子的族群那裡盜竊勞動力，還合法化並嚴格控制此事。要違反這些不自由的暗色皮膚民族之意願、榨取其勞動力，暴力成了最為關鍵的手段。巴貝多在一六三〇與一六四〇年代開始發展時，英國人的腦海中早已出現了貶低黑皮膚非洲人的好理由：宗教信仰中「黑色」與「罪」的關聯、不符合民族中心主義所認定的美之概念，以及將非洲視為蠻夷之地的文化刻板印象。[37]敵視黑人的種族主義尚未完全成形，「黑人」背後相關的負面意義（被視為無可改變、可遺傳、決定性的生物族群本質），還要經過兩個多世紀才會收攏並完全成熟，成為十九世紀裡科學種族主義（Scientific racism）的狂熱論點，與二十世紀裡美國吉姆克勞法的兇惡政策。不過，被稱為「黑鬼」（Negro）或「印地安人」的族群，在十七世紀中期所遭到的貶抑，已經讓越來越多人能粗暴對待膚色較深、文化不同的人們，將他們當作機會主義式、可藉以獲利的虐待對象。巴貝多的英籍富人和背後的倫敦投資者奴役著大都是有色人種的奴工，他們在產糖、販糖及甘蔗的擴大種植中找到了黃金公式，不僅使經濟收益一飛沖天，也鼓舞了南卡羅來納殖民地的建立與蓄奴風潮。

巴貝多是個小島，農業以及由奴隸身上榨取的勞動力成為了不可或缺的經濟基礎。最後，特別是當富裕地主確實鞏固土地所有權之後，耕地達到了自然產出的上限。人們開始對於土地的縮減與殖民統治的變化感到焦慮，導致許多地主階級在一六八〇年代撤離此地、返回英國。於此同時，有個由八名倫敦貴族組成的團體，從國王查理二世（King Charles II）那裡獲得了使用北美大陸東南海岸大片土地的特許狀，他們與巴貝多殖民地並無太大關聯。查理二世在一六六三年將他們稱為「南卡羅來納真正而絕對的領主」，並頒布法令使他們有權完全控制這片後來被分割為北卡羅來納、南卡羅來納與喬治亞的廣闊大地。身為資本主義投資者，這群領主矢志在新領土上創造財富。他們多數絕對不會親自踏上美洲大地，但會招募勤奮的殖民地居民。巴貝多人是歷經考驗的開拓者，他們知道如何製造財富，也渴望得到更多可耕土地，他們是領主心目中的完美人選。[38]

至於查理二世大方授予（也因查理得名）②的這片廣袤大地，領主們分配、出售與出租了由海岸線一路向內陸延伸的區域。早期承租與購買土地的居民中，有些人採用熟悉的加勒比海種植園的社會模式，以極為殘酷的手段（鞭打、截肢、閹割、處決）來管理在田間的奴隸。[39]技工和契約工也前來此地，希望建立新的生活。巴貝多的地主約翰·柯勒頓爵士（Sir John Colleton）是其中的一位領主，策劃了第一波由巴貝多向美洲大陸搬遷的大規模移民潮。一六七〇年，兩百名巴貝多人航行跨越加勒比海向北遠航，來到卡羅來納的岸邊。其中有一百五十多人是英國權勢階級，「渴望效法舊世界裡溫文儒雅的地主，或許想追求今日已消逝的、昔日地主和家臣情同父子的情景」。[40]移入的富人帶來了至關緊要的不自由勞工：歐裔契約工和被俘虜的非洲人。在早期，甚至連一些收入中等的農民和工人階級的英國人都帶著一兩名黑人奴隸來到了卡羅來納。[41]

到了十七世紀末，這些由巴貝多轉往卡羅來納及百慕達或重返英國的移民可不只是大賺一筆，而是大賺了三筆。領主們為了讓殖民地趕快上軌道，使用了一種叫作「人頭權」（headright）的制度：每位承租或購入土地者，可按家中人頭數再分得更多土地，每個人頭

②譯註：卡羅來納（Carolina）一字源自拉丁文中的Carolus，即查理（Charles）。

一百五十英畝，隨同前來的工人或奴隸也算在內。[42]卡羅來納的奴工光是被迫前往殖民地就讓他們的主人更富有了。獲得土地的莊園主和農民一開始便擁有經濟基礎，只要工人和奴隸開始在肥沃的土地上耕作、生產，財富便會飛速累積。領主以土地為誘餌，並承諾「無論看法或信仰為何，卡羅來納的每一位自由人對於家中的黑奴都擁有絕對的權力與權威」，成功吸引了開拓者定居卡羅來納，而那句掌控黑奴的承諾，便寫在哲學家洛克與南卡領主之一的第一代沙夫茨伯里伯爵安東尼・古柏（Anthony Ashley Cooper）所撰寫的「殖民地基本憲法」（Fundamental Constitutions）之中。[43]

殖民地初代領主和他們慷慨招攬的有權有勢莊園主，希望此處成為農業寶地，比照十七世紀英國獲利最豐的巴貝多殖民地模式來經營卡羅來納殖民地。[44]一六七〇年代末，愛德華和亞瑟・米朵頓及其他巴貝多莊園主的年輕兒子開始前往卡羅來納，在這個氣候近似熱帶、土地應亦肥沃的地方挖掘新的財富。來自巴貝多的富人帶來了按種族與階級支配的想法，以及賺快錢、擺貴族架子、端出經夢幻島嶼的奢靡風氣催化過的英國紳士風度。[45]南卡羅來納的第一批奴隸和他們的主人一樣來自加勒比海，他們有些與殖民者一起從海島移居，有些則是後來才透過英國殖民地間蓬勃發展的奴隸交易被賣至此地。[46]

米朵頓家族用巴貝多的模式在南卡羅來納深獲成功。愛德華的兒子亞瑟後來成了政界的傑出領袖。一七二〇年代，亞瑟是卡羅來納幾位出身巴貝多的首長之一。他的兒子亨利・米

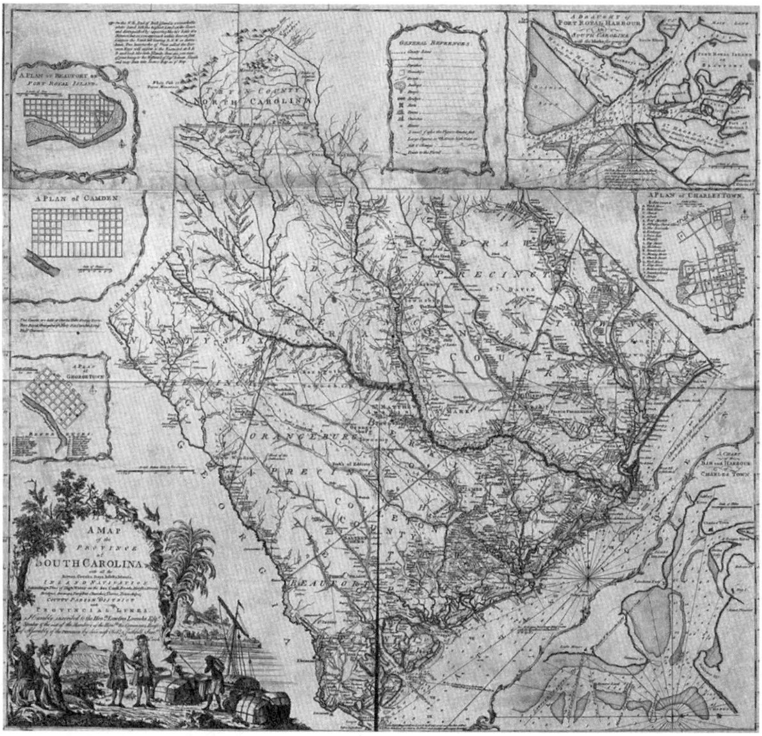


這張南卡羅來納地圖標示出所有的河流、小溪、海灣、島嶼、道路、沼澤、渡口、橋梁、窪地、教區、教堂、城鎮、鎮區和郡區、教區、行政區和省界，還有內陸航行、水深點和海岸漲潮的時間。請留意挑著擔子、只穿有下著的非洲人之形象，以及形象高貴、頭戴羽毛、抓著武器的原住民。原住民和黑人是卡羅來納殖民地以及後來南卡羅來納殖民地與南卡羅來納州的經濟發展中不可或缺的角色。畫家將這些人物放在兩位健壯的白人男性殖民者的兩旁，進一步透露出殖民地的建立與維持完全仰賴美國原住民和非裔人口，以及白人對於他們的種族意識形態。一七七三年於倫敦繪製、出版。倫敦國會圖書館。

朵頓和瑪麗・威廉斯結婚，藉此搭上了另一個權大勢大的卡羅來納莊園家族。瑪麗的嫁妝包括一塊地和一棟房子，也就是今天的國家級地標——米朵頓莊園。亨利・米朵頓是南卡羅來納州的白米大亨，擁有五萬英畝的土地，由八百名黑奴負責耕種。[47]隨著卡羅來納殖民地的建立，「巴貝多風格的奴隸制」也正式登陸北美洲。[48]

巴貝多的英國殖民者並不是非得要與當地原住民打交道不可。該地的加勒比人多半住在小安地列斯群島的西部島嶼，如聖克里斯多福島（St. Christopher）——一六二九年時，英國人與法國人聯合攻擊並殺害了該島上試圖保衛家園的原住民。[49]巴貝多沒有太多原住民，意味著此地更適合歐洲人開墾定居，這也是英國人選擇此地作為西印度公司第一個重要據點的部分原因。英裔巴貝多人（與英裔百慕達人）所擁有的原住民奴隸多半來自其他地區，包括維吉尼亞州、新英格蘭，以及後來的卡羅來納，因為此前的殖民地戰爭導致成千上萬的佩科特人（Pequot）、萬帕諾亞格人（Wampanoag）、納拉甘塞特人（Narragansett）等族群死亡或被俘。[50]與巴貝多相較，卡羅來納的人口眾多，經常有幾十個小型原住民族，雖然對英國人來說這是一個問題，但也是一個機會。

一六七〇年，第一批歐洲人在卡羅來納艾敘利河以西定居，擅自占領了基窪人（Kiawah）、桑蒂人（Santee）、西威人（Sewee）和幾個其他族的原住民社群所居住的區域。殖民者隨後稍微南移與西移，占領位於艾敘利河和庫珀河（Cooper River，兩河皆以安東尼・艾敘利・庫珀為名）之間的半島。英國殖民者將這個半島稱為查爾斯頓，以紀念他們的國王。不過，為了占領這塊遠方皇室難以掌控的土地，他們得對付周圍的二十多個原住民部落，包括部落領地由岸邊延伸到內陸的奇羅人（Cheraw）、切羅基人（Cherokee）、坎格瑞人（Congaree）、卡托巴人（Catawba）、庫索人（Kussoe）、馬斯科吉人（Muskogee）、皮迪人（Pedee）、桑蒂人、別名蕭尼人（Shawnee）的薩凡納人（Savannah）、斯托諾人（Stono）、蘇格人（Sugeree）、瓦特里人（Wateree）、沃克斯華人（Waxhaw）和雅瑪西人（Yamasee）。[51]

有些新來的英國人發現商業來往大有好處，隨即與沿海及內陸的原住民展開繁忙的交易。殖民者以英國製品（如鐵鍋、槍枝、毛毯與珠子）向原住民換得毛皮（尤其是鹿皮）以及原住民奴隸（落入敵對部落手中的俘虜），穩定了殖民地的初期發展。[52]但這最終也削弱了原住民的部落，被更深地捲入殖民行動的軌道之中，並開始依賴交易來的商品，也依賴在貿易中處於相較於其他部落更有利的地位時，能獲得的政治與地域優勢。卡羅來納的原住民商人利用這樣混亂的局面，向殖民者提供他們最想要的珍貴「商品」：人類。

原住民社群和英國人做生意時，權力關係不斷變化，主要取決於原住民部落的地理位置、人口規模，以及與英國人結盟的程度。舉例而言，卡托巴人的社群相當龐大，他們居住在內陸的山麓沖積平原和丘陵交會的河岸邊。到了十八世紀初，由於人口眾多且處於地理和文化邊界的有利位置，他們成為南卡羅來納和維吉尼亞商人與其他原住民部落間的重要中介。[53]但卡托巴人被捲入了無法控制的不穩定貿易裡，位於風暴核心。和英國人做生意成了原住民在政治與經濟上的出路，但卻不可靠（我們得記住英國人會囤積與販售武器）。英國人的結盟對象不斷改變，有時會導致曾與他們有貿易來往的族群，如韋斯托人（Westo）和雅瑪西人，遭到個人與軍事襲擊。那些與英國人頻繁往來的人，也更容易受到殖民地的諸多要求，例如追捕逃亡的黑奴並交給英國人，以及交出更多部落交戰時淪為俘虜的他族原住民。一七一九年，卡羅來納議會中，包括大會主席亞瑟（巴貝多殖民者愛德華的兒子）在內的當地大老起而反叛貴族領主，他們控制民兵、選出自己的首長，然後向皇室請願自治。隨著領主權力縮減、莊園主控制殖民地，政府對於英國商人的控制也逐漸放鬆。[54]

除了與原住民貿易之外，卡羅來納的殖民者也越來越愛買賣原住民，他們常在各族之間挑起衝突，然後購入在部落交戰中被俘的原住民俘虜。[55]隨著原住民對於英國商品的需求越來越大，殖民者對於價錢低廉、數量充足之勞動力的胃口也越來越好。無論是來自於哪個地方的奴隸，卡羅來納人照單全收，而原住民則設法獵捕他族原住民以換得英國商品，或是支付累積的債務。一六七五年，在殖民地建立僅僅五年後，殖民者就開始向西威人和其他鄰近部落的人購買原住民奴隸。當地的殖民官與原住民奴隸販子沆瀣一氣，攻擊拒絕效忠殖民地的庫索人等部族，並冷眼旁觀英國奴隸獵人湧入墨西哥灣沿岸與西屬佛羅里達部分地區，獵捕住在天主教傳教士建立的村落中的原住民。不論原住民部落是否曾與英國人來往，都有可能遭到武裝英國人或敵對部落突擊而淪為奴隸——部落人民為了與英國人展開交易或維持交易，自己也成了奴隸獵人。[56]

這是一股由方向各異的惡劣暴行所構成的混亂旋風。在一七二〇年之前，已有約三到五萬名原住民（文獻記載不全，無法得知確切數字）遭到英國殖民者和他們在北美洲南方的原住民盟友俘虜、販賣。在貴族領主控制殖民地的時期，有百分之二十五的奴隸是原住民。到了一七一〇年代，卡羅來納已超越新英格蘭，一躍成為擁有最多原住民奴隸的地區。許多早在英國人抵達前便已存在的原住民部落如今人丁零落，居民不是被俘就是逃離。卡托巴人的部落成了複合文化區，有些弱小部落倖存者也住在此地。在這場獵捕奴隸的風暴之中，正值戰鬥年齡的原住民男子通常都慘遭殺害，婦女和（尤其是）孩童則遭到俘虜，世代受苦。這些婦女和年輕孩子（通常是孤兒）從原本的村莊和家族中被擄走，與來自西非、中非與加勒比海的非洲人一起被丟到稻田和木藍田裡。[57]

儘管啟蒙時代裡常以浪漫的修辭來描述美洲「高貴的野蠻人」，但非洲人和原住民遭到囚禁是卡羅來納的常見景色。[58]進入一六八〇年代，英國人在卡羅來納沿岸進行的這場實驗運轉了十年之後，他們想出了二度剝削原住民奴隸的方法。當地的原住民仍然離他們的家鄉太近，奴隸主擔心他們會逃跑或叛亂，所以滿腹計謀的商人就把原住民奴隸從殖民地賣到維吉尼亞，以換取黑奴、白人雇工，甚至是牛群。[59]我們不禁要想，在這些被拆散的原住民家庭之中，有哪家的母女如蘿絲與艾緒莉，能使他們的故事流傳至未來？

南卡羅來納的殖民者認為，竊取太多原住民人口可能會傷害兩方的貿易關係，所以有所克制，寧願用現成的非洲人作為奴隸。隨著時間過去，他們逐漸減少奴役原住民，並在十八世紀中期宣布此為非法行為。隨著白人殖民者的人口增加，原住民的人口因疾病、奴隸獵捕以及與白人作戰而減少，英國殖民者對於這片土地的控制權增加了，也開始招攬原住民獵捕非洲奴隸，並將不再興旺的原住民部落當作攔截點來阻擋逃跑的黑人。[60]卡羅來納白人不需要再繼續奴役桀驁不馴的原住民，他們可以進口數以萬計的非洲奴隸，這些奴隸當然更便宜，但也更容易感染大西洋彼岸的疾病（像是致命的流行病：黃熱病），不過有些非洲人已經接觸過這些疾病，所以擁有免疫力。[61]

就在同一段期間，卡羅來納的開拓者發現有一種奴隸可以照料和加工的糧食作物有利可圖。殖民者對於什麼作物在哪裡生長得最好的頓悟，往往來自於其他族群所擁有的知識，例如早在一六〇七年來自詹姆斯敦（Jamestown）的維吉尼亞人抵達前，波瓦坦部落聯盟（Powhatan Confederacy）的原住民便已開始種植煙草。在卡羅來納這片到處都是水域和沼澤的低地上，能使人發大財的神奇作物原來是水稻。在地勢較高的內陸利用白人雇工和有色勞力種植水稻之後，南卡羅來納的開拓者於十八世紀中期意識到，河流和濕地所供應的潮汐水流，為沿岸水稻種植提供了理想環境。他們找到辦法複製巴貝多的伊甸園，因為「在這裡，水稻就像西印度全島的糖一樣，是一種利潤豐厚的重要產品，種植者靠著這種利潤建立了富裕、舒適的地方文化」。當殖民者了解到木藍會在水稻植物的休眠期蓬勃生長時，便實施了輪作制度。稻米和木藍都成了賺大錢的作物（前者供食用、後者為織品染料），在當地市場及世界各地深受歡迎。[62]

在這場沿岸種植實驗的早期階段，不同種族的歐洲移民便已發現卡羅來納是發大財之地。巴哈馬白人和愛爾蘭旅者很快就加入了巴貝多白人的行列。法國新教徒（又稱胡格諾派〔Huguenots〕）從法國趕來，加拿大新斯科舍（Nova Scotia）的法裔阿卡迪亞人（Acadians）也來了。大量的猶太移民從伊比利半島（西班牙、葡萄牙和安道爾）移居此地，因為殖民地的法律保護宗教自由，還有許多來自日耳曼、荷蘭、瑞士和蘇格蘭的西歐人。無論語言、宗教信仰（大家最初幾乎都上新教教堂）或文化習俗如何，這些卡羅來納的開拓者都有機會獲得土地與有色人種奴隸，從而累積可傳家的財富。[63]進入一七六〇年代，包括南卡羅來納和喬治亞在內的南方低地農業區成了「北美最富裕的地區」。[64]整整一個世紀後，這些頂級的貴族莊園主與上層階級的莊園主兼商人在經濟與政治上仍影響甚鉅。正如某位士兵在描述威廉・薛曼將軍（General William Tecumseh Sherman）的部隊占領查爾斯頓的情景時所說：「該州的統治者是一個由古時興旺至今的富人家族所組成的小集團，他們以犧牲他人為代價來確保自己擁有特權。」[65]

卡羅來納的莊園主癡迷於種稻，幾代以來，「水稻都是沿岸地區的主要作物」，並以豐厚的報償養肥殖民地，直到一八六五年奴隸制度廢除，才削弱了這個成功模式的關鍵要素：不領薪水、技術純熟的工人。[66]水稻也是勞力密集型作物，在某些生長週期時段需要利落的手法與細緻的管理。除此之外，還得有足夠的水源來灌溉作物，同時又避開破壞收成的洪水，因此種植者需要有水渠、水壩、水閘、足夠的人力和明智的操作者來控制潮水的方向、強度和灌溉時機。他們的解決方法是增加非洲奴隸，包括從非洲迎風海岸或種植穀物的海岸地帶（例如獅子山）進口有水稻種植經驗的非洲人。[67]遵循著巴貝多糖業的誘人模式，卡羅來納的富人以「黑人與白米」的恐怖鍊金術煉出了他們的天堂殖民地。[68]在他們最大的港都查爾斯頓可以見到同一種令人不安的反差：「一個不穩定、開朗愉快、喜愛炫耀的社會，充滿了舊世界的優雅和邊疆的喧鬧，與一個世紀前的巴貝多氣氛相似。」[69]

查爾斯頓是海岸線上的搖籃，蜷臥在艾敘利河和庫珀河交會之處的溫柔水灣裡。搖籃在大西洋的微風中輕輕搖晃，這片海洋上偉大的世界貿易管道，遭到無人在乎的人類貨物之屍體所污染，而查爾斯頓有近兩個世紀，就靠著這片苦海上所承載的奇怪黑色果實把自己養得滋潤豐滿。在這裡，在散發出垃圾惡臭和海水腥氣的泥土路上，躺著一個反差極大的城市，一個長出了許多桃金孃和許多殘忍惡毒的都市、一個充滿鑽石也充斥糞便之處。[70]人們親暱地稱呼查爾斯頓為「聖城」，③因為此地擁抱宗教多元，每個鋪設鵝卵石的街角都有尖頂耀眼的教堂——但查爾斯頓的本質正好與此相反。[71]查爾斯頓的白人將稻米與棉花視為神祇，將大地上的植物視為黃金。然而，正是在這個也充作監獄、如珠寶般的美麗城市裡，有位名喚蘿絲的堅毅女子懷抱著不可能存在的願景：她為奴的非裔女兒可以擁有未來，她的人生能擁有滿滿的愛。我們本不會聽聞蘿絲或艾緒莉之名，也不會知道在卡羅來納奴隸制度的荒涼地景上，我們該從何處開始尋找母女二人，但我們有茹思繡下的字句，有她以「雙鍊縫線」在奴隸種植的棉花所製成的棉布上（此事的諷刺之意實在令人痛苦）繡下的線索。

③作者註：查爾斯頓被稱為聖城（Holy City）由來已久。此說可能可以追溯到十九世紀末，就在二十世紀初期該市出現文化復興之前。當時，有位歷史教授葉茨·史諾登（Yates Snowden）與一位當地作家約翰·班奈特（John Bennett）通信，信中比較了查爾斯頓和波士頓。許多人都推測，這個別名的出現：（1）是因為這個古老城市的每條街上都能看得到一座教堂的尖頂；（2）因為由領主創立的第一屆卡羅來納政府接納各種不同宗教信仰的開拓者。

Chapter

# 2

# 尋找蘿絲

「我們得根據這些並不充分的紀錄來為她書寫歷史。」

——瑪莉莎．富恩特斯，《無依之人》（*Dispossessed Lives: Enslaved Women, Violence, and the Archive*），二〇一六

「仰賴如此零碎的紀錄時，我們必須非常謹慎。然而，即便闕漏之處也有話可說。」

——吉兒．萊波爾（Jill Lepore），《真理的史詩》（*These Truths: A History of the United States*），二〇一八

關於茹思之曾祖母蘿絲的資訊如此之少，少到足以令人心臟病發。我們希望用歷史紀錄、圖片、地圖、網路和我們所擁有的行動自由來找出蘿絲是誰，卻非常困難。不過，蘿絲和艾緒莉希望在被販賣、離散後能重新聚首，這又豈止是困難而已。蘿絲誓言永遠深愛艾緒莉，並將諾言寄託於布包之上。艾緒莉將這份諾言與她們的故事傳給了後代。茹思則將故事繡在袋子上，加固了物品與故事的連結。雖然外人貶低她們之間的親情連結——強行販售與缺乏正式書面紀錄，在在證明了這點——但這兩位女性視彼此為至親，並理解血脈的珍貴價值。為了以適當的方式見證這個故事、為了拾起這個家族故事的收穫，我們將跟隨茹思的腳步。茹思寫於布包上的紀錄強調了幾位女性的個別存在，並指出了一個地點、一個事件，和

蘿絲裝入袋中之物。我們將努力替茹思的紀錄補足細節，證實她對南方暴行的敘述，並書寫其家族先人的故事。

蘿絲是誰？我們忍不住要直截了當的詢問，但卻被困在歷史檔案的迷霧之中。正如一位專攻南卡羅來納、性別與南北戰爭時期的南方歷史的著名歷史學家所說：「在歷史中的能見度永遠都與社會權力有關。」——[1]想釐清為奴之人的歷史卻得仰賴合法奴隸主留下的資料，因無論是在當年或是今日，奴隸主的能見度都遠大於為奴者——此事即便不說諷刺，也是荒謬至極。想要了解那些無法逃脫、無法活下來講述自身故事的人，我們唯一擁有的書面資料，往往只有俘虜他人者所留下的文件和政府紀錄。奴隸主越富裕、越有影響力，他們的莊園與宅邸的紀錄就越有可能留在私人辦公室和後來的研究史料庫中，保存好幾個世紀。

卡羅來納是美國獨立革命前最富有的殖民地，也是十九世紀經濟起飛的重要地點，此地擁有太多充滿污點但至關重要的文件資料。這些紙張極薄，處處剝落泛黃，褪成比月光還淡的白色，邊緣更破爛不堪。成千上百頁的資料，整齊歸類放在檔案夾中，或編成厚重且龐大的書，以皮革裝訂，年代久遠。這些紀錄被保存在僻靜之處：國家檔案館、圖書館的特別藏書區、市立地政資料室、莊園閣樓，以及私人家中的檔案資料。因此，我們很難（有時甚至是無法）獲得檔案中人們的資訊，只知道他們如何被統計為財產、如何以家眷的身分獲得食物與衣物配給、如何付出勞力完成所有必要工作以支撐南方風格的生活——他們是工人、廚師、僕傭、助產士、木匠、鐵匠、船夫與農人。為了找到蘿絲，我們必須在檔案的洪流中捕捉她的身影，撒下最寬廣、最細密的網。為了找到蘿絲，我們必須潛入南卡羅來納州的河流之中，執行歷史救援任務。這項任務相當類似茹思以針線將蘿絲之名縫入記憶中的舉動，卻也不盡相同。我們尋找，是因為我們非得記住不可；我們尋找，是因為我們非得找到不可。正如愛麗絲．沃克（Alice Walker）所寫的：「我們有責任將先人放在心上、扛在肩上。」[2]不過，我們首先必須在過往文獻的荊棘地中尋找她們。

## 不叫玫瑰的玫瑰[①]

從古至今，查爾斯頓都是卡羅來納的明星城市，是東南部大西洋海岸線上的皇冠寶石。低地區最早的莊園主以奴隸種植的稻米為基礎，獲得了經濟、種族、社會和文化上的卓越地位，並將在此世襲。十九世紀初的幾十年中，大約就是在蘿絲出生的時代，到查爾斯頓旅遊已是相當流行的休閒活動。在這座閃亮的城市裡，熱情的遊客流連忘返，他們在日記和信件中描述的景色，通常也包括像蘿絲這樣被剝奪自由的人——這類文字有意無意地承認了在建立與維持這個具排他性的社會時，非裔美國人被迫扮演的重要角色。英國作家哈莉葉．馬提紐（Harriet Martineau）於一八三〇年代前往美國旅遊。她雖反對奴隸制，卻在看見查爾斯頓的市景後陷入了幸福的沉思之中。馬提紐站在看守所對面的教堂尖塔頂樓裡，看著閃閃發光的眾家屋頂、河流與海灣，而看守所裡的士兵們則看管著行為不端的奴隸：

「城市在我們腳下扇形展開，街道向港口匯聚。炎熱潮濕的氣候在建築上留下了歲月的痕跡，以至於此地的外觀沒有任何美國式的整潔氣息。塵土飛揚的街道、成群的黑白混血兒，以及戴著頭巾、頭頂水壺與水果籃的女子；房屋窗戶上的小格玻璃；我們腳下昂首怒放的絲蘭；透過熱騰騰的霧氣，我們看到了藍色汪洋與其上的島嶼，這些事物是如此深具東方色彩，令人驚嘆不已。」[3]

馬提紐將查爾斯頓描繪為令人眼花撩亂的存在，渾然天成的異地風光融合了古老宏偉的市景與「異國」情調，這是奴隸創造出的風景——從他們種植的水果、照料的植物，到頭上

①譯註：蘿絲之名意為玫瑰（rose）。此語典出莎士比亞名句：「玫瑰不叫玫瑰，亦無損其芳香。」（A rose by any other name would smell as sweet.）

纏著的頭巾。如果沒有付出勞力的奴隸，連馬提紐站立其上欣賞風景之教堂的地基都不會存在。為了在十八世紀初建造城市，殖民地早期的莊園主得先開墾土地，填平這個亞熱帶半島上植物叢生的濕地。他們命令自家或租來的苦力來完成這項骯髒的工作。整個十八世紀和十九世紀，他們成功填平大片濕地作為城市地基，半個查爾斯頓便坐落其上。規劃這座城市的人使用土壤來鋪設富人區，而窮白人和窮黑人常出沒的北部外圍地帶的街道上，則充斥著「廉價、有機」的材料，像是垃圾與動物屍體。[4] 南卡羅來納的社會階級制度在查爾斯頓的市區規劃上表露無遺：舊城牆內側的小路上有著一棟棟華麗的豪宅，而外圍地區遍布污物的街道則散發出難以錯認的惡臭。

迷人的查爾斯頓就這樣建立在極不穩定的地基上——實際和象徵意義皆然。這座城市留下有關奴隸制的紀錄，就如同這座城市底下的濕泥一般，滑溜而不可靠。那麼，在這個地基持續下陷的海港城市裡，我們要如何找到一位特定的奴隸女子？茹思以迴路結針法所紀念的這位蘿絲，很可能是由母親或照顧者所命名。也許是擁有她的某位奴隸主，以這種源自古英語的花朵名稱來稱呼她，也許是因為她很喜歡在夏季綻放的玫瑰而獲得此名……也許，她細嫩的背部肌膚上有個玫瑰形的疤痕。這樣名字典故成謎、父母成謎、背景成謎的蘿絲，也不只有一位。還有許許多多名喚蘿絲的為奴女子，共同浮現在南卡羅來納的奴隸制度檔案中，這是座悲傷滿盈的花園，住著許多不得自由的花朵。

蘿絲在莊園的檔案冊裡是常見的名字。南北戰爭前，南卡羅來納的奴隸中有許多名為蘿絲的女子，有許多莊園都曾擁有過一或數位叫作蘿絲的女性奴隸。在清查南卡奴隸主的遺囑、財產清單、財產交易紀錄，以及檔案管理員稱為「毯子書」的家庭布織品分配清冊等紙本與電子化紀錄後，我們會發現近兩百位（一百九十八位）名喚蘿絲的女子——包括這個名字的其他變化型：蘿茲（Roze）、蘿西（Rosie）、蘿瑟塔（Rosetta）和蘿瑟拉（Rozella）。[5]蘿絲的身影浮現在成群的為奴之人中，她們的名字也許來自一週之中的某天、一年之中的某個季節，如同西非傳統一般，她是週一、是十一月，或是秋天。她是年幼的女孩、育齡的女子，或是老奶奶蘿絲。[6]

舉例來說，在一七三八年至一八六五年間，整個米朵頓家族留下的十九大項財產清單中，就列出了十六位蘿絲。從一七七六年開始，有許多標價由零美元（表示這是個老到無法再工作的人）到二百二十五美元不等的蘿絲出現。除了年齡和金錢價值之外，關於這些婦女和女孩的紀錄少得可憐。第一位出現在米朵頓家族文件紀錄中的蘿絲是名二十二歲的女孩，在一七〇〇年代裡與其他七十九位奴隸同住在米朵頓莊園。還有一位小女孩蘿絲，於一七四二年至一七八七年間待在米朵頓莊園，價格二十五英鎊。紀錄中也列出了這孩子的家人，他們同樣擁有與大自然有關且如詩一般的名字：父親是溫特（Winter），負責園藝；母親叫芙洛拉（Flora），負責洗衣；還有兩位手足，包括一名標價八英鎊的小男嬰。撇除年齡與身價，米朵頓莊園的一八五四年紀錄中，標示了唯一一名具辨識性特徵的蘿絲，她和其他九十四名奴隸一同被關在一座名為馬之原野（Horse Savanna）的莊園裡，「負責照顧孩子」。亨利・米朵頓在他的狂嘯莊園（Weehaw Plantation）裡，按年度詳盡記錄了所有奴隸的出生、死亡、工作內容、食物配給、零用錢和毯子配給，這座狂嘯莊園中也有另一位名為蘿絲的嫻熟保母，無薪的辛勤工作。其實，這兩位蘿絲可能是同一人，因為米朵頓家族也和其他殖民者家族一樣，很愛把奴隸在名下的莊園間調來調去，像是在移動棋子一般。[7]

米朵頓家的鄰居德雷頓家族（Drayton family），也擁有至少一位名為蘿絲的奴隸。德雷頓大宅（Drayton Hall）是座帕拉第奧式的莊園，這座於一七三八年完工的建築，至今仍矗立在艾敘利河邊。一八六〇年，德雷頓家族的「黑人衣物與毯子配給清單」中，詳列出在「鄉間」和「城裡」豪宅中的每個奴隸被配給的布織品。在城裡的為奴女性得到了種類眾多的布料，如花布和法蘭絨——似乎是為了在查爾斯頓街坊鄰居間維持德雷頓家族的形象。相較於鄉間的田地人煙稀少、動輒數百英畝，城裡的奴隸更容易被人看見，富人也才情願奢侈的讓這些奴隸打扮體面。德雷頓家的織品配給清單裡也有一位蘿絲，她在一八六〇年得到了五碼半的布，勉強夠做兩件衣服。[8]

艾敘利河畔的莊園主吝嗇到令人心痛。從這些人的作為便可以看出，為奴的婦女根本無足輕重。在這些冰冷而乏味的清單所列出的蘿絲們之中，只有一位蘿絲帶著極為稀薄的故事輪廓，但背後的原因卻相當可怕。一八五三年，巴奈特．布朗（Barnett H. Brown）向南卡羅來納政府提出賠償請求，希望獲得「奴隸蘿絲」的賠償金，這名奴隸因「犯下謀殺而遭到處決」。這位在其他文件紀錄中被稱為蘿莎娜（Rosanna）的蘿絲是誰？她是否真犯下了導致她被判死刑之罪？又是什麼導致一名為奴女子下手殺人？

與此案類似的案件中，最聳動、紀錄也因此最完整的案件發生在密蘇里：一八五五年，一名十九歲的女性殺害了年紀大她很多的一名男性。為奴女子西莉婭（Celia）就像大多數的女性奴隸一樣沒有姓氏紀錄。西莉婭殺了主人羅伯特．紐森（Robert Newsom），在她小屋的壁爐裡燒掉屍體，並付錢請紐森的孫子清掃並協助處理骨灰。西莉婭的罪行出於衝動，宛若一聲痛苦的哭喊。六十歲的紐森在西莉婭十四歲時買下她，並在此後幾乎整整五年裡持續性侵她。西莉婭所經歷的性啟蒙很可能極為暴力，在暴虐的紐森手裡，她過的生活肯定沒人能忍受。後來，她遇見一名黑人男子並愛上了他，才看見世間原來存在自主選擇的親密關係與家庭。她求紐森的家人幫助她、求紐森別再侵犯她，最後以猛烈的方式結束了這場虐待。西莉婭出於絕望的自我防衛之舉，讓她背上了判刑，並遭到密蘇里政府處死。

至於南卡羅來納文件紀錄中這位也遭判死刑、可能也殺過人的蘿絲（蘿莎娜），只剩幾句簡短的話可說。因她之死而尋求賠償的人，以及南卡羅來納立法機關的公職人員（當中有太多人是奴隸主），都對此案的真相不感興趣。蘿莎娜是巴奈特．布朗的財產，而政府願意承擔她被處決所導致的損失。一八五五年，財政處支付了布朗兩百美元，以補償蘿莎娜性命的「價值」。[9]而在南卡羅來納的「收割者花園」之中，擁有著那麼多名「蘿絲」，[10]每一位都擁有無價的生命，卻被埋藏、淹沒在冷漠的奴隸制檔案中。她們每個人都承載著關於價值判斷與誤判的故事教訓，希冀在我們的見證之下再度被訴說。

每一位為奴的蘿絲都散發出屬於自己的價值與光芒，而她們的生命也共同照亮了更大的整體，指出了俘虜女性並以花朵命名一事對這個社會是如此稀鬆平常，也指出雖然這個社會極為殘酷，非裔美國人仍在此地扎根、以此為家。在眾多蘿絲之中，我們該如何找到某位特定的蘿絲並忠實講述其生命故事？一項由後代繡上字句的歷史文物，拯救了這趟冒險，鼓舞我們向奴隸制度之花園中的所有玫瑰致敬，並繼續尋找一朵特定的玫瑰。茹思口述的故事，幫助我們認出傳統檔案文件中的偏見之處，或是說具延展性之處——我們能深入探討、看見更多內情之處。[11]

茹思的曾祖母蘿絲身上戴著識別的記號：她深愛著一個名叫艾緒莉的小女孩。也正是因為米朵頓莊園博物館的職員，在莊園文件中並未同時找到艾緒莉和蘿絲，所以他們決定從莊園早期的文件紀錄裡刪掉一小段與布包有關的文字：「從十八世紀末和十九世紀倖存至今的米朵頓家族遺囑紀錄中，可以找到至少九位名為蘿絲的為奴女性。」在布包開始展出之後，他們便把這句話刪掉了。[12]米朵頓家族的紀錄中找不到任何名為艾緒莉的奴隸女孩，所以博

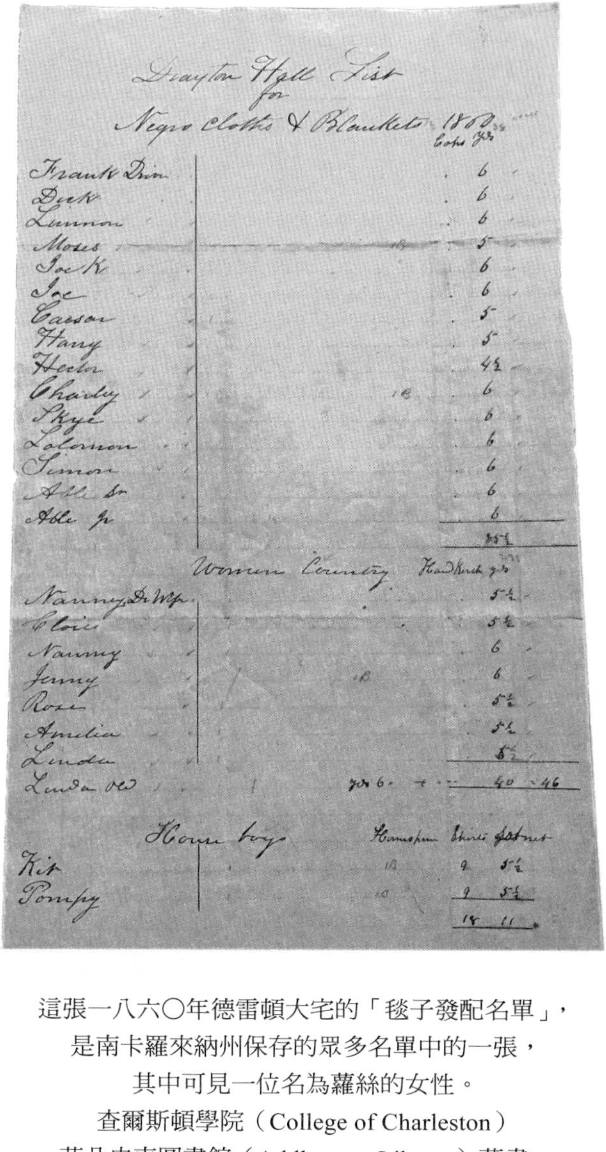

Drayton Hall List
for
Negro Cloths & Blankets 1860
Cloths yds

| | |
|---|---|
| Frank Driv | 6 |
| Dick | 6 |
| Lunnon | 6 |
| Moses | 5 |
| Jack | 6 |
| Joe | 6 |
| Caesar | 5 |
| Harry | 5 |
| Hector | 4½ |
| Charley | 6 |
| Skye | 6 |
| Solomon | 6 |
| Simon | 6 |
| Able Sr | 6 |
| Able Jr | 6 |
| | 85½ |

Women Country　Handkerch yds

| | |
|---|---|
| Nanny Dr Wife | 5½ |
| Cloie | 5½ |
| Nanny | 6 |
| Jenny | 6 |
| Rose | 5½ |
| Amelia | 5½ |
| Linda | 5½ |
| Linda old　yds 6 | 40 - 46 |

House boys　Homespun Shirts Jackets

| | | |
|---|---|---|
| Kit | 9 | 5½ |
| Pompy | 9 | 5½ |
| | 18 | 11 |

這張一八六〇年德雷頓大宅的「毯子發配名單」，
是南卡羅來納州保存的眾多名單中的一張，
其中可見一位名為蘿絲的女性。
查爾斯頓學院（College of Charleston）
艾朵史東圖書館（Addlestone Library）藏書，
緹雅・邁爾斯攝。

物館的職員不認為這位蘿絲曾是米朵頓家族的奴隸。出於謹慎起見，他們選擇刪除這段提及蘿絲二字的句子。博物館的策展人不希望在人們心中留下錯誤的印象，認為這幾位蘿絲之中有一位是茹思．米朵頓的曾祖母。艾緒莉的存在就像是一道指向蘿絲的箭頭。沒有與艾緒莉同時出現的蘿絲依然珍貴，但大概就不是我們正在尋找的蘿絲。在南卡羅來納為奴的女性之中，蘿絲是個常見的名字，但艾緒莉則是相當罕見的名字。查找所有曾出現蘿絲之名的文件後，我們會發現曾於南卡羅來納殖民地與南卡羅來納州為奴的艾緒莉只有三個。在文獻資料稀少的情況下，艾緒莉這個名字不只成了指示方向的箭頭，更被許多光束所照亮。

在這幾位艾緒莉中，有一位艾緒莉是桑特郡（Sumter County）的艾奇博．麥唐納（Archibald Conturien McDonald）的合法財產，記載於此人一八三八年的遺囑中。然而，在麥唐納鄉間莊園的奴隸清單中並未出現蘿絲的名字。同年代中也出現了第二個艾緒莉，隸屬一位名叫茱蒂絲．威爾遜（Judith H. Wilson）的女人。威爾遜在一八三六年移居法國波爾多，並將艾緒莉賣給富裕的莊園主約翰．柏諾（John E. Bonneau），此人最大的莊園位於聖約翰貝克利教區（St. John's Berkeley Parish），由查爾斯頓沿著庫珀河向北便可抵達。柏諾以四百美元的價格，買下艾緒莉以及另外兩名奴隸：莎芙（Sappho）與亞伯拉罕（Abraham）。紀錄中，這三人都被稱為是穆拉托（Mullatto）家的人。雖然他們之間的關係未明，但我們可以猜想這三人可能是一家人。此處並未出現名為蘿絲的女性。由於書寫這類紀錄的人除了財產易手或有人過世之外，大部分時間並不把奴隸放在心上，所以我們只能在一八四九年柏諾過世時，再度溯及這位艾緒莉的故事，此外沒有其他機會得知她的資訊。不過，柏諾的遺產清單中雖列出了九十多名為奴之人（包括一位價值零美元的盲人），但卻不見艾緒莉之名。而他的遺囑也並未提到艾緒莉。在被賣給柏諾至柏諾過世的這十年間，她可能再次被賣掉或獲釋成為自由人了。

一八五〇年，柏諾的遺囑執行人艾莉莎．柏諾（Eliza M. Bonneau）出售了他位於聖約翰貝克利教區的莊園別墅，而財產估價清單中並未列出艾緒莉。五年後，柏諾家的繼承人彼得和瑪莎（Peter and Martha Bonneau）出售了這座莊園所擁有的三十名奴隸時，艾緒莉的名字也不在其中——不過這三十人中倒是有位女性名叫蘿絲。看來，在生命中的最後幾年，約翰．柏諾確實曾擁有一位艾緒莉和一位蘿絲。[13] 柏諾死後，名下財產重新分配，蘿絲再度被出售。這樣的事件是許多奴隸共同的創傷經驗，奴隸主之死往往代表他們必須離開、與家人分離。但這位艾緒莉不太可能是茹思的祖母，因為茹思出生於二十世紀初。而且，如果這位艾緒莉是蘿絲的女兒，當艾緒莉的前任奴隸主茱蒂絲．威爾遜搬遷時，她們兩人應該都會出現在柏諾的文件紀錄中。最後一點，這位艾緒莉被賣給柏諾的十年後，南卡羅來納的棉紡織廠才開始生產蘿絲所贈與女兒的那種棉布袋。在聖約翰貝克利教區的沼澤濕地上，可能曾有位艾緒莉和一名蘿絲一起勞動、唱歌、並肩看著太陽升起，但這兩位女性的故事，就我們目前所知，已深埋在約翰．柏諾曾擁有的這片沼澤濕地裡。[14]

有時候，幸運女神會在第三次嘗試時翩然降臨。出現在文獻中的第三位艾緒莉是個年輕女孩，被列為蜜貝里莊園（Milberry Place Plantation）的財產之一，那是「查爾斯頓市民」羅伯．馬丁位於鄉間的莊園。一八五三年，馬丁名下的莊園財產清冊中有一百名奴隸，價值三百美元的艾緒莉也名列其中。一八五〇年代是棉花產業蓬勃發展的時代，清冊上其他女性奴隸的價格是五百與六百美元，這代表艾緒莉可能是個年紀還小或技巧相對生澀的工人。羅伯．馬丁以愛妻蜜貝里．馬丁（Milberry Serena Daniel Martin）來命名的這座莊園，位於南卡羅來納的巴恩韋爾郡（Barnwell District），就在查爾斯頓海濱西北方約一百英里處。在此處，馬丁命他手下的奴隸監工指揮奴隸種植、收穫短絨棉（一種花果厚實的健壯植物，比起曾讓低地莊園主發大財的海島棉，內陸地區更適合種植短絨棉）。在馬丁家族田間工作的奴隸之中，沒有人叫蘿絲，這份清冊在奴隸後方列出了騾子（以及私人寵物的名字及價格），接著是馬、小牛和豬，最後是鐵工器械與木工工具。不過就像其他的富裕莊園主一樣，羅伯．馬丁不只擁有一座由奴隸照看的宅邸。他在鄉間有座莊園，大部分的資本都是奴隸的身體，以及這些身體以勞務與心力所創造出來的價值。不過，他在查爾斯頓市區也有座莊園，這是他談生意的地方，也是確保他家在城鎮社交圈中占有一席之地的方式。馬丁死後，他在市區的莊園被單獨估價、列成財產清冊。這座莊園裡有昂貴的瓷器、時髦的馬車、兩匹馬、一頭牛、不同公司的股票與債券，以及七名男女奴隸，其中恰好有位名喚蘿絲的女奴。[15]

這位蘿絲在清冊上的價格是七百美元，是這座市區莊園中最昂貴的女性奴隸。她必定正值盛年，也有可能嫻熟勞務。無論我們多不願意面對，她的價格皆有可能是由她對白人男性的性吸引力而定。在羅伯和蜜貝里蓄奴的家中，蘿絲有可能因為上述三個特質之一而受到重視——不過她所愛之人珍視她的原因，必定不止這些。在南卡羅來納州現存的文件紀錄中，這位蘿絲最有可能是我們在尋覓的人。文件中的間接證據指向她，而她也是南

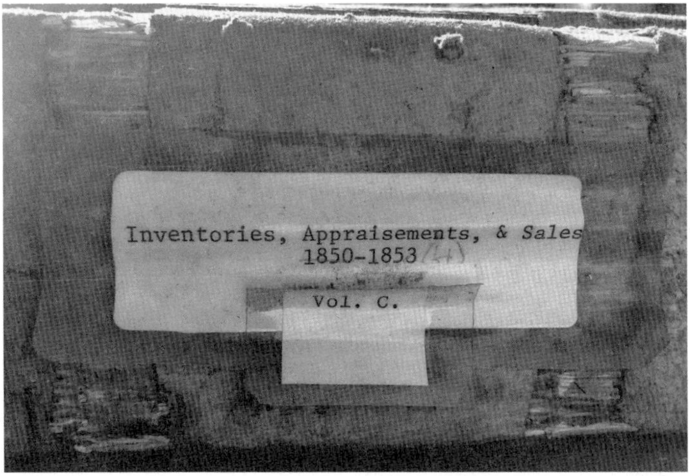


哥倫比亞的南卡羅來納州檔案和歷史部
（South Carolina Department of Archives and History）的
這本《清冊、估價和銷售》（*Inventories, Appraisements & Sales*）中，
有一名艾緒莉和一名蘿絲被列為羅伯．馬丁的財產，
緹雅．邁爾斯攝。

卡羅來納州現有且可搜尋的奴隸制度紀錄中，唯一一位在正確的時間點（一八四〇至一八五〇年代，這是艾緒莉的布包出廠的年代）與艾緒莉一起出現的蘿絲——馬丁正好也擁有一位名叫艾緒莉的奴隸。[16]

## 經驗老到的生意人

地方法院的一位法官，將這位同時擁有蘿絲和艾緒莉的羅伯．馬丁描述為「深具見識與遠見、在商業上經驗老到的人士」。[17]確實，馬丁在離世前是個相當成功的莊園主；他過世後不久（即一八五三年），他的律師自信地表示此人的財產清單「真實且完美」——正是這份清單列出了蘿絲與艾緒莉之名。不過，羅伯．馬丁是在寒微處發跡的，他曾是兜售生活用品的商販。他以生意人與商人的身分掙得了地位，而不是像米朵頓家族那樣，繼承了查爾斯頓第一批貴族階級地主的位置。以十九世紀所偏愛的敘事語言來形容：馬丁是個白手起家的人。

馬丁於一七九一年在南卡羅來納出生，父母是來自愛爾蘭的移民。一八一〇年代裡，馬丁在查爾斯頓國王大街（King Street）上經營一間雜貨店，不論在當年或是今日，這裡都是商業中心。到了一八二七年，他的店變成了兩家。他甚至有可能也經營城市與鄉間的貨物運輸——隨著內陸棉花田的數量越來越多，許多想賺錢的商人也開始經營這項事業。幾年後，馬丁已躍升為專業金融人士，在一間名為羅伯馬丁企業（Robert Martin & Co.）的公司裡擔任「地產管理人」，意即收入頗豐的會計師兼仲介。如果他在做雜貨商時已開始蓄奴，那麼他必定會以地產管理人的收益買進更多奴隸，這既是為了讓他在鎮上的宅邸顯得體面，也是為了事業需要。畢竟，在查爾斯頓，你擁有的奴隸數量，比任何其他配件都更能顯示出你的地位。[18]

一八二〇與一八三〇年代，對馬丁來說是令人陶醉的美好年代，他的公司開始拓展業務，也著手買賣奴隸。一八二八年，他與來自南卡羅來納內陸克蕭郡（Kershaw）的富裕莊園主之女蜜貝里成婚。蜜貝里出身白橡樹莊園（White Oak plantation），她的成長環境比丈夫優渥。她的父親於一八二八年去世時，擁有八名奴隸，男女孩童皆有。在他的遺囑中，他把一位名為莉安娜（Leana）的奴隸女孩留給了蜜貝里。一八二九年春天，蜜貝里繼承了來自白橡樹莊園的財產，她將一台鋼琴、一張書桌、兩張羽絨床、各式家具以及——我們可以如此推測——莉安娜都運到了查爾斯頓。[19]

這樁婚事不只對馬丁大有好處，也對蜜貝里有利。馬丁獲得了一定的社會地位和「動產」，蜜貝里則獲得了城裡的一席之地與一位野心勃勃的丈夫。馬丁繼續經營貿易與地產經紀人的事業，並將事業擴展至貿易熱絡的碼頭區，才能有效經營稻米、棉花與舶來品間的仲介生意。他的公司已經拓展成三人合夥的仲介公司。馬丁在這個時期努力囤積財富、擴展職業影響力，正是在此時，他參與了奴隸貿易。一八二四年的事件，透露出他對於販賣孩童一事毫不介意：他以二百三十美元的價格，賣掉了一個「名叫凱薩（Cesar）的黑人男孩」，他「相當清明、健全、誠實而無逃跑之虞」。一八二五年，另一名叫富群（Fortune）的奴隸便是以兩百美元的價格，成為下一個被賣掉的人。一八三一年，馬丁以五百七十五美元的價格，賣掉了「一個年約二十八、名為席薇亞（Silvia）的黑人女性與她的兒子羅伯特（Robert）」。同年，馬丁成功打進了查爾斯頓上流社會的圈子，獲聘為小威廉·艾肯（William Aiken, Jr.）的財務代表——擁有七百名奴隸的艾肯，後來會成為南卡羅來納州長（一八四四年至一八四六年）。[20]

馬丁尚未投入種植任何作物，但他是相當成功的棉花仲介商，負責替查爾斯頓的古老富裕家族打點財務。他渴望加入這個階級，這點表現在他於查爾斯頓市區打造的豪華宅邸上。大約在一八三四年時，馬丁在城北的夏洛特街（Charlotte Street）十六號，託人蓋了一座宏偉的喬治亞式磚造豪宅。幾年後的一八三九年，他起草了一份極為嚴謹的遺囑，預先設想了繼承人在人生中可能遇上的各類事件（孩子過世、女兒結婚、妻子再婚、女兒在繼承遺產後過世而其丈夫再婚等），並交代在各種情況下該如何分配與保留財產。馬丁指定「愛妻蜜貝里」為遺囑執行人，並由蜜貝里繼承他在「夏洛特街的房子、土地與所有附加物、家具、僕傭及各項財產中所有其餘及剩餘部分」。馬丁還指示妻子在他過世後清算他大部分的財產，這樣她就可以在兩人的每一位孩子年滿二十一歲時，「以最快的速度」支付他們每人兩萬美元（按今日幣值計算約為每人五十萬美元）作為收入。[21]

到了一八三〇年代末、一八四〇年代初時，馬丁已占有一席之地。根據一八四〇年的聯邦普查，馬丁在「商業」領域中耕耘有成，與妻子、四名白人孩子和八名奴隸住在家中。他有可能是在一八四〇年代中，購入一位名為蘿絲的年輕女子，因為十年後，蘿絲已被列入他在夏洛特街的財產清單中。一八四三年，馬丁開始在北部的艾肯郡（Aiken）與巴恩韋爾郡附近的艾文頓（Erwinton）購入大片土地。一八四五年，他在巴恩韋爾購買了一大批奴隸：艾咪（Amy）、明戈（Mingo）、七月（July）、愛維（Lovy）、迪娜（Dinah）、莉雅（Leah）、康尼莉雅（Cornelia）和一個孩子魯本（Reuben）——推測是為了耕作這片土地。一八四六年，馬丁購買了薩凡納河畔兩千五百英畝的相鄰土地，並與其他塊土地合併，這便構成了他在鄉間的地產。一八四九年，馬丁顯然手頭闊綽，他付了三萬美元，購買南卡羅來納里奇菲爾德鎮（Richfield）的皮迪河莊園（Pee Dee River plantation），與莊園奴隸的抵押債券。馬丁繼續在查爾斯頓的碼頭與人合夥經營仲介生意，但到了一八五二年，他的社會地位又更高了。他把銷售與仲介的盈餘變成了土地，這是許多南方自由人的夢想。現在，他是名副其實的莊園主了。[22]

羅伯・馬丁的宅邸，南卡羅來納州，查爾斯頓，夏洛特街十六號，一九三三年。在這張照片裡可以看到這棟房子被磚牆和金屬物所環繞。美國歷史建築調查（Historic American Buildings Survey），HABS SC-150。

在一八五二年查爾斯頓的電話簿上，馬丁驕傲地自稱為「莊園主」而非「地產管理人」。如此一來，他便加入了第二波致富的卡羅來納莊園主的行列，這批人錯過了第一波海岸種稻致富的風潮，但藉由後來的棉花所堆簇出的雪白船帆，輕而易舉地航向富裕之海。按照南北戰爭前的南方標準看來，馬丁是個生活舒適的富人，相當有錢，但還沒有過上以古老的白米錢、宮殿式的莊園、數千英畝的土地，和數百名為奴之人的勞力所堆砌出來的皇室般的生活。他很富有、具影響力，但還沒有重要到會留下成堆的個人文件，供後人悉心梳理。因此，我們對他名下擁有的為奴之人的了解，比對著名的米朵頓莊園或波爾莊園（Ball plantation）的奴隸之了解來得少。但儘管如此，馬丁確實在查爾斯頓社會頂端周圍，占有體面的一席之地。

他和妻子專注於累積財富、保持富裕，當年中產階級出身的奴隸主大都如此。法律文件中留下了他們交易土地與奴隸的痕跡。[23]在羅伯·馬丁躍升地產管理人與莊園主階層的十多年間，他和蜜貝里過著雅致而舒適的生活，還把兩個年紀最大的女兒艾倫（Ellen）和亨莉葉塔（Henrietta）分別嫁進查爾斯頓兩個頂級富人的家族：艾肯（Aiken）家與米恩斯（Meanses）家。正是因為亨莉葉塔嫁進了查爾斯頓古老的米恩斯家族，馬丁家的文件紀錄才得以被保存在南卡羅來納歷史學會。[24]馬丁過世後，他的繼承人得到了一小筆財富，包括奴隸、禽畜、土地、房屋、一間位於艾肯郡新建的州內鐵路沿線的旅館、家具、股票等。由於馬丁的社會地位夠高，他的財產被詳細分類紀錄，宅邸也於稍晚的一九二七年被拍照，以供美國歷史建築調查使用；因此，我們得以稍微了解蘿絲和其他受馬丁家奴役的人，在查爾斯頓的莊園裡過的是什麼樣的日子。[25]

一八三〇年代，種稻致富的莊園主，早已在炙手可熱的布洛街（Broad Street）以南地段，蓋滿了他們的第二座宅邸。馬丁別無選擇，只能在更北的地區落腳，把房子蓋在人們稱為「河頸」的地區，此地位於港口北方，因其狹長地形而得名。這並不是白人莊園主定居的首選之地，所以可見不同階級、種族之人出沒——這裡是富人與窮人在狹窄的街道兩旁相互窺視之處。有許多族群雜居於這個港都的內陸地帶：勞工階級的白人、自由之身的黑人，還有一些被允許獨立生活、出租勞力、再將工資交還奴隸主的奴隸。[26]但即便是在這樣的地區，像羅伯．馬丁這種有錢人還是找到了讓自己鶴立雞群的方法。他們在地勢較高、海風強勁的地方，買下街區轉角處的土地，安裝了水流控制系統，把家庭廢水排到山下那些窮黑人住的地方。他們也仿效查爾斯頓早期的建築手法，在自家寬廣的土地外圍建起牢固的磚牆。這些人在城北打造出如同鄉間莊園的宅邸，創造出一種查爾斯頓特有的建築形式，叫作「莊園風格市郊別墅」。這樣的市郊別墅並未仿效查爾斯頓第一批莊園主在海灣蓋的那些「獨棟」住宅（體型狹長而朝向側面），反而是蓋得富麗堂皇，正面大剌剌的朝向街道。這批建於一八三〇至一八五〇年代間的住宅，空間極大而開闊、陽台朝前敞開，有著直通外面的宏偉樓梯，還有整排吸引路人注目的優雅柱子。模仿十八世紀鄉間莊園外觀的住宅，將鄉間風格帶入城市裡，宣示著其住戶渴望擁有（有時也確實擁有）的莊園主身分。[27]

羅伯．馬丁的郊區宅邸建於一八三四年，這是座古典喬治亞風格融合希臘復興元素的豪宅，特色是「三層的寬闊門廊，沿著兩道弧形的樓梯向上走便可抵達」。藝術史學家莫妮．麥金尼斯（Maurie McInnis）表示，這樣的建築結構反映出「（馬丁）相當看重娛樂，且偏愛大膽的建築細節……從下方厚實的托斯卡尼柱（Tuscan columns），以及上方支撐著門廊、有溝槽的多立克柱（Doric columns）可見一斑」。就像其他在河頸區打造住宅的商人與莊園主一樣，馬丁「也相當重視設計精緻的寬闊花園」。[28]花園由紅磚和鍛鐵圍牆完整包圍，唯有亞熱帶綠樹的繁茂濃蔭才帶來一絲柔和之感。不過，在羅伯、蜜貝里和孩子眼裡華麗而安全之處，對蘿絲等被囚且被視為「動產」的奴隸來說，鐵定是陰鬱而令人生畏的所在。[29]

我們從馬丁留下的文件紀錄和他建造的氣派宅邸中，知道了很多細節。歷史學家追尋紙上的線索。由於蘿絲未能留下任何紀錄，她在這個由紀錄所主導的章節裡很容易淡出故事邊緣，讓當年已占據中心位置的馬丁一家再度成為本章焦點。在重建奴隸的人生時，往往會有股離心力導致我們優先講述奴隸主的故事，或根本只講述奴隸主的故事。這是一種我們必須抵抗的傾向——但如何抵抗？沒有任何紀錄曾描述蘿絲與她的人生。她的擔憂與溫柔、她的恐懼與脆弱，都消失在一道由沉默砌成的牆後。我們是否有辦法翻越這道牆？

哈莉葉．雅各布斯成為我們想像力的嚮導。雅各布斯策劃一切，讓她全家人得以從北卡羅來納逃到紐約。一八五〇年代，雅各布斯在紐約北部雇主家的房間裡寫出了一本批判社會的尖銳回憶錄。這是第一本黑人女性自傳，揭示了奴隸制度中充斥性騷擾與性侵犯的黑暗文化，並直指維多利亞時代的社會對待黑人女性和白人女性的雙重標準——黑人女性總是被視為不潔的存在。她尖刻地指出，那些從未經歷過合法奴隸制的人，永遠不可能了解「成為奴隸是什麼感覺，奴隸完全不受法律或習俗的保護，法律將你貶為動產，只能完全服從他人的意志」。我們無法窺探在奴隸制中出生、成長並產下後代的女孩的內心世界。[30]我們無法了解蘿絲，但我們可以利用手邊的資源——紙本文件、城市地景、建築紀錄、她居住其中的環境、奴隸敘事、茹思繡在布包上的字句——來描繪她可能的樣貌與日常生活的輪廓。

## 在痛苦中回望

今日，查爾斯頓的磚牆依舊美不勝收，繁茂的棕櫚樹葉、深橙色牽牛花的藤蔓、雪白的梔子花在熱氣蒸騰中裝點著牆緣。我們替查爾斯頓著名的鐵柵門拍下照片，欣賞著這座滿載故事的城裡，許許多多專屬舊世界的精緻細節。我們看見高大醒目的磚牆，就像是將花園盛裝在精心設計的盒子，是美國其他地方難以找到的美麗。我們以嚮往的心情，凝視著似乎屬於另一個年代的浪漫，海浪溫柔拍打著，陽光也不曾收回其恩澤。不過，在十九世紀早期與中期——蘿絲很可能生活在查爾斯頓的年代——這些牆的作用是隔離。一座座的郊區莊園就像是監獄一樣，每個白人都是典獄長。這些牆也是武器，奴隸主有可能叫人在牆緣的鐵架上掛滿尖銳的破酒瓶。做工精美的鍛鐵門緊連著厚厚的磚牆，門上突起的裝飾宛若刀劍。對於住在會議街（Meeting Street）的勞夫．伊札德（Ralph Izard）等查爾斯頓有權有勢的奴隸主而言，這些宛若武器的牆「替房子增添了某種舒適的氣氛」。牆代表著社會秩序，代表適切的生活結構，將各階層的人（白人、黑人、自由人、奴隸、男人、女人）和各類型的活動（商業活動與家庭事務）限制在指定的位置上。宅邸主人眼中的舒適與生活結構，對為奴之人來說卻意味著混亂和危險。牆壁將家庭住宅阻擋在街道的視線之外，也阻止為奴者自由行動、逃跑與反抗；更隱微但同樣陰暗的是，牆也遮掩了身體虐待與性虐待的景象與聲音。正如出身該市的一位藝術史學家所說，查爾斯頓的浪漫磚牆「迫使奴隸全心關注主人的世界」。[31]

位於夏洛特街十六號的喬治亞風格宮廷式建築，如今成了一間法律事務所，此地是蘿絲曾居住並服侍馬丁家的地方。在主要建築的後方，有間藤蔓纏繞的「兩層樓磚造附屬建築」。這裡在十九世紀中期是廚房和奴隸區，是大宅背後陰影幢幢之處，可能也是蘿絲度過大部分時間的地方。[32]想像一下，蘿絲穿著棉質或亞麻混紡棉的素色連衣裙，也許是藍色、灰色或印花布，前面再繫上一條簡單的圍裙。她用一塊方形的布包著頭，以便接住南方高溫所逼出的汗水，也許，還能趁機使用自己喜歡的圖案或顏色。這是當時流行的作法，正如來自新英格蘭的教師艾蜜莉・柏克（Emily Burke）在描述一八四〇年代鄰近的沿海城市（喬治亞州的薩凡納）的女奴時所說的：她們使用某種「頭巾」來「裝飾頭部」，「以只有她們懂的方式摺疊棉布而成」。[33]在色彩鮮豔的頭巾底下，蘿絲的腦袋裡想著我們無法想像的事，也許是關於早已失去的父母，也許是關於高高在上的神，也許是關於能保護受壓迫子民的祖靈。

凡是醒著的時間裡，蘿絲必定是繞著馬丁一家不停地轉。這家人手中握著掌控蘿絲的權力，能要求她不斷工作、把她榨乾，能要她滿足自身感情與身體的私密需求。蘿絲受制於這家人，正如哈莉葉・雅各布斯所說的，法律與習俗要求她遵從這些人「在所有事上的意願」。[34] 她也可能是她主人的另一項道具，另一道標誌，就像他們的雙客廳和裡頭的精緻家具一樣，標明著他們的財富和莊園主階級的身分。[35] 在蘿絲不用忙著聽從命令的短暫時光中，她可能睡在那間充當廚房、令人腰痠背痛的磚房裡的一張草蓆上，或就只是席地而睡。蘿絲可能有其他家人也在這間宅邸裡，或是與她親近的黑人、原住民或混血奴隸。然而，我們無法了解這個部分，奴隸之間的親屬關係對奴隸主來說

查爾斯頓，國王街二十七號，邁爾斯・布魯頓（Miles Brewton）
宅邸的圍墻，上面裝了刺釘。
一八二二年丹麥・維西（Denmark Vesey）密謀起義後，
他們在普通的鐵欄杆上加裝了刺釘。緹雅・邁爾斯攝，
史料來自：William P. Baldwin, ed., *Ornamental Ironwork of Charleston* (Charleston: History Press, 2007), 95。

羅伯和蜜貝里．馬丁及其家人在查爾斯頓市郊的宅邸，建於一八四〇年代，如今是一間律師事務所。緹雅．邁爾斯攝於二〇一八年。

通常無關緊要，因此並未留下紀錄。

舉例而言，我們永遠無法根據羅伯．馬丁死後的財產清單，得知他名下這些為奴之人中是否有人互為親屬？他們是否相互扶持或相互競爭？他們晚上是否會一起聊天，或在陰翳的週日下午看見形狀相同的雲朵？這間查爾斯頓的豪宅裡，價格最高的奴隸是位名為西塞羅（Cicero）的男性，他的價格是一千美元。此人應該擁有城市生活所需的特殊技能，也許他是家裡的總管、是管家兼車夫，身著西裝外套和以銅釦縫製的正式制服，以展現白人家庭的富裕。傑克（Jack）和大衛（David）的身價各是八百美元，他們兩位也許是機械工、銅匠或車輪修造工，負責確保機械正常運作，馬丁家也能將他們出租給外人以賺取外快。索菲雅（Sophia）的價格是三百美元，低於清單上大多數的成年奴隸，她負責的可能是基本的清潔、女傭活和家務。可能還有其他女性奴隸，在不同時期曾於這棟房子裡工作，卻沒有被記載在這份文件中，她們也曾貢獻己力維持家中整潔。價格只有一百美元的詹姆斯（James）一定是個孩子。還有位價格也是一百美元的老婦人，這份清單甚至沒有記下她的名字，她可能是孩子們的保母，或從事輕鬆工作的勞動者。在這份清單上，蘿絲的名字前面，多出了一個「同上」的符號，表示她也是一名奴隸。相對於西塞羅，蘿絲是這家的為奴女性中標價最高的人，根據這份清單估計，她的價值超過五百美元，這表示她具有某些方面的長才，也許是縫紉（唯一一種可以明顯提高為奴女子「身價」的手藝）、也許是烹飪。[36]

蘿絲大概會一點縫紉，這個技能對為奴女性來說相當重要。不過她不太可能是個高明的裁縫家（mantua-maker，查爾斯頓人喜歡用這個詞來形容嫻熟於縫製服裝者）。如果她是家裡的裁縫，她會在夏洛特街的房

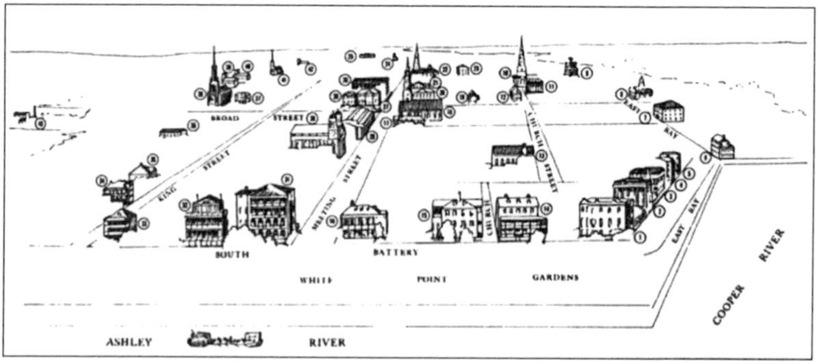


查爾斯頓鳥瞰圖，一八五〇年。
艾斯金・克拉克（Erskine Clarke）的《摔角的雅各：戰前喬治亞與卡羅萊納低地區的宗教信仰速寫》（*Wrestlin' Jacob: A Portrait of Religion in Antebellum Georgia and the Carolina Low Country*）。Tuscaloosa: University of Alabama Press, 2000.

子，或在馬丁的鄉間莊園裡，為其他奴隸縫製衣服，為馬丁家的人縫補衣服，修補破損或磨損的床單、毯子、棉被和用舊了的桌巾。[37]如果她是家裡的廚師，她會整天待在大房子後面的廚房裡、站在開放式爐灶前，面對鐵鍋，彎著腰，汗流浹背；她會走長長的路去市場購買食材，然後一路扛回家。

如果馬丁夫婦認為蘿絲所提供的勞力可以進一步細分並出售，他們可能會把蘿絲出租給認識的白人或是城裡的自由黑人（有些自由黑人持有並出租奴隸），以賺取租金。為了在擠滿其他黑人勞動者的骯髒街道上行走，蘿絲得別上一枚銅章或錫章，上面寫著「僕傭」或「家僕」。人們靠這些識別章來辨別，哪些黑人是獲得主人的許可出來跑腿、兜售水果或被出租至碼頭工作，哪些黑人又是未經許可外出。正如一位英國旅人所說的，在查爾斯頓，「所有的勞動人口都是黑人……所有的僕人、車夫、搬運工，所有的市場攤販，以及大多數行業的雇傭工。」[38]城市警衛隊來回巡視，把沒有識別章的倒楣鬼關起來。沒別識別章的人（曾有段時間自由黑人也需要識別章，住戶養的狗也需要）②和違反宵禁的人，會受到警察的騷擾與追捕，他們會被關起來，在查爾斯頓的囚犯工寮（Work House）裡受盡折磨。[39]

在她主子眼裡，蘿絲存在的目的是負責倒酒、醃肉、緩解疼痛、撫慰不適、體現價值、增加財富——總之，她得放棄自己的人生和生計，以維持馬丁家的生活與生計。她可能成為馬丁家最親近的人，照料他們也仰賴他們，使得為奴之人與所有者之間的關係，變得複雜又腐敗。身為公開的基督教徒與聖公會（Episcopal Church）信徒的馬丁夫婦，為何能把家中的某個成員視為次等人類？[40]他們怎麼能抱持著這種分裂的世界觀，怎麼能視某個人為己有、竊取她的勞力、每天仰賴她的服務，卻仍認為自己是社會中的正直成員？

十九世紀初，蘿絲在馬丁家為奴，當時南卡羅來納的上層階級已普遍存在一種人們稱為「家父長式」（paternalism）的心態，讓他們感到蓄奴沒有道德問題，甚至是仁慈之舉。在歐洲的封建制度裡，貴族與農奴之間的關係並不平等，但為雙方所接受，而文化根源可追溯至歐洲的南卡權貴，相信社會本該有階級之分，這不僅自然，且是上帝的心意。對他們來說，這世界有著嚴明的秩序，每個人都有適當的位置：頂端的少數人，主宰著下頭仰賴他們的廣大群眾，並為其負責。在這個由十九世紀初基督教復興運動所支撐的穩定有序社會裡，人們描繪出一幅十八世紀家父長式願景：持有土地的白人男子有權控制地位低於他們的人，即便是（尤其是）他們心愛的家人。

這些掌管莊園的男性（或父親）文雅有教養，不像前幾代的家父長那樣明目張膽地使用暴力，比較喜歡訴諸彼此的義務和情感操縱，還有施予小惠來使對方按己意行事。不過，他們要求他人服從的方式，最後往往會演變成心理或身體上的懲罰。[41]在這個有基礎建設來維持奴隸主統治地位的城鎮裡，奴隸主可以告訴自己他對手下的奴隸很好，同時卻「將奴隸送進監獄，命人在某段時日內每天固定鞭打奴隸多次」——這是艾蜜莉．柏克在信中所寫的情況。[42]就像上帝以天堂為甜頭、地獄為懲罰來統管祂所造的人類，白人男性家父長也依樣畫葫蘆管理家中人口。借用了英國上流社會文化的南卡羅來納權貴，對於家父長制自然相當熟悉，此外，家父長制的精神也使蓄奴顯得正當，因為其認為社會自然有奴隸階層，且理應存在。

所以，白人女性、白人孩子、為奴黑人與原住民，以及自由的有色人種，甚至是沒有能力經濟獨立的白人男性，都得臣服於查爾斯頓和南方低地區社會頂層的富豪。權貴階級的白人女性為了在這種社會結構中生活，付出了昂貴的代價，但也從中獲益。她們以自主權換取人身保護、舒適生活，以及人人崇敬的「南方淑女」的尊貴地位，也常藉由默許或積極加固種族界線的作法，來認同這種秩序。[43]艾蜜莉・柏克曾講述，她在薩凡納與鄰近地區的莊園居住的十年間，看到了女奴隸主一連串的虐待行為。例如，她描述了一名十二歲的黑人男孩被毆打致死的事件。男孩在照顧一個白人嬰兒時睡著了，他的臉不小心碰到了嬰兒的臉。女

②作者註：查爾斯頓是美國唯一一個要求奴隸主購買識別章的城鎮。這些識別章必須配戴在身上明顯可見之處，上頭寫著為奴之人的職業，戴上識別章意味著奴隸主允許此人外出從事指定的工作，甚至允許此人在工作時住在獨立的住所。留存至今的識別章上的職業別包括僕傭、技工、搬運工和小販（販售水果）。一八四〇至一八五〇年代裡，查爾斯頓每年固定向希望出租奴隸的奴隸主售出約三千七百至四千一百枚識別章。

主人發現男孩抱著嬰兒打瞌睡後「怒不可遏」，所以「在極度的憤怒中給了一頓他應得的好打」。幾個星期後，男孩過世了，「他的死令主人損失了五百美元」，柏克這麼說。[44]

為奴女性看穿了這種讓白人奴隸主得以宣稱滿懷善意的虛偽社會結構，她們以口述或文字敘述，譴責這種系統所鼓勵的情感傷害與實質暴力——在這套系統中，一小部分的人獨斷決定了大多數人的生活條件。哈莉葉．雅各布斯說美國南方的奴隸社會「對白人和黑人都是種詛咒。在這個社會裡，白人父親變得殘忍縱欲；兒子變得暴力放蕩；女兒受到污染；太太則成了可悲之人。至於有色人種，我有限的文筆描繪不出他們的苦痛與羞辱之深」。[45]雅各布斯指出，這個以奴隸制為基礎的社會在人際間出現了腐化的病灶，蘿絲可能也會同意。蘿絲可能對她的處境與社交世界有很多想法，但她的想法我們已無法觸及。

不過，即便隔著近兩百年的距離，我們仍能看出蘿絲很有自己的想法——無論她在與奴隸主互動時，是否將這些想法隱藏起來。我們看得出她很聰明、對他人的需求相當敏銳。她也十分足智多謀，獲取物品和解決問題的能力令人欽佩。除此之外，她勇氣十足，因為她願意冒險去做可能招致嚴厲懲罰的事。這些事，在茹思繡在布包上的故事字句中都看得見，從她在馬丁夫婦遺產文件中的身價之高也能略見端倪。她的奴隸主和法定代理人似乎也證實著蘿絲的才能，雖然他們是以市場價值的語言來證實。

在沒有法律保護、沒有報酬、不被重視、不可能被允許實現內心願望的情況下，我們腦海中描繪出的這位蘿絲得拆下床單、擦抹地板、為其他奴隸的工作褲縫上褶邊、為女主人繫緊束腹、攪動銀製湯鍋裡的湯，或從散發奴隸主排泄物臭味的陶瓷夜壺中把尿倒出來。身為家中兩個年輕的成年黑人女性之一，蘿絲必須兼顧上述任務並扛起其他繁重的職責，充當大多數事務的助手。她可能得擦洗瓷器和銀製鹽勺、清洗羊毛毯子和棉被、替桌子和寫字檯撢灰、拭淨欄杆和護欄、擦亮地板、清理地毯、洗熨各種衣物，日復一日地讓潑灑出來的食物、泥濘污漬和日常意外從各種平面上消失。她會用沉重而華麗的托盤端上茶和蛋糕，再把空托盤迅速收走。如果她還負責侍女與保母的工作，她可能就得協助女主人在她打來的水裡泡澡、在火旁暖和身子、然後穿上塔夫綢（taffeta）製成的衣服，這種布料所發出的聲音宛若把紙鈔攤開的沙沙聲響。她可能曾照顧過一八四〇年時住在這棟宅邸裡的四個馬丁家孩子（兩個男孩和兩個女孩），照料他們吃飯上廁所，盯著他們，追在他們身後。[46]她可能曾凝視這些嬌生慣養的小傢伙，暗自希望擁有自己的孩子，但也害怕此事發生。當蘿絲真的懷孕時，她站在轉變的巨浪尖端，改變了她的為奴人生。她會得到一個可以傾心深愛的對象，但她是被視為財產的奴隸，她的命運是持續活在可能失去所愛之人的陰影之中。

在一八四〇年代裡，蘿絲成為了母親，很可能是在一八四四年，這是根據艾緒莉遭到販賣時的年齡（九歲），和這兩位女性出現在馬丁遺產清單的年份（一八五二年至一八五三年）來推估的——為奴之人常在奴隸主死亡時與親人離散。一八四四年，蘿絲可能是二十六歲，在我們的時代裡算是年輕，但在十九世紀的美國南方可算不上多年輕了。在查爾斯頓或其他地方（我們不知道蘿絲在哪出生），蘿絲的年紀已大到足以得知淪為奴隸的黑人女性經常遭逢的性苦難——當時的文化甚至不認為性侵她們算得上是犯罪。[47]沒有紀錄告訴我們艾緒莉的父親是誰，而艾緒莉可能也不是蘿絲的第一個孩子——為奴黑人女性通常在十九歲時生下頭胎。[48]

一八四〇年代，馬丁家有兩位年紀介於十歲至二十三歲之間的男奴，以及一位年紀介於二十四歲至三十五歲的男奴。孩子的父親可能是他們之中的任何一人。他們之中也可能有一個人是蘿絲的丈夫，雖然這種可能性並不高。比起查爾斯頓的自由有色人種女性和白人女性，黑奴女性結婚比例較低，因為必須經過奴隸主許可，也因為奴隸之間的婚姻缺乏法律認可，而且為奴夫妻經常被迫分離。孩子的父親也可能是羅伯．馬丁，當我們去窺探蓄奴家庭裡頭的陰暗空間時，我們無法忽視這個可能性。幾十年的學術研究已指出，在蓄奴家庭中，性掠奪很常見。蘿絲的感受可能與哈莉葉．雅各布斯類似，雅各布斯曾隱晦提及奴隸主對她的性虐待：「我說不清這些敗德之事對我造成了多大的痛苦，也說不清我又是如何在痛苦中回望這些事。」[49]

十年一度的人口普查，記錄了居住在馬丁夫婦宅邸的黑奴成員，但我們仍無法確定艾緒莉的父親是誰，也無法完全肯定艾緒莉是在一八四〇年代中的哪一年出生。不過我們可以推測，羅伯·馬丁在一八五二年十二月過世時，艾緒莉已經被轉調到他位於棉花田間的莊園，因為她的名字出現在該莊園獨立的財產清單上。南卡羅來納的莊園主可以毫無顧忌地將為奴之人轉調至自家名下的各個地點，這是當地常見的作法，無論理由是勞力需求、懲罰，或是作為心理控制的手段。馬丁有可能只因自己或妻子喜歡，就把艾緒莉或城裡的任何一個奴隸轉調到鄉下。我們可以想像一下：蜜貝里·馬丁可能會非常希望一個出生在查爾斯頓宅邸的棕皮膚女嬰趕快被送到鄉下（馬丁夫婦的小女兒大約也在同年出生，這名女嬰與蜜貝里同名）。

雖然這只是對特定情況的揣測，但有主要和次要證據支持這個「丈夫出軌女奴、太太出手報復」的可能性。蘿絲非常有可能在艾緒莉還不滿九歲時就與她分開了，不過，蘿絲也有機會前往馬丁家位於棉花田間的莊園從事短期工作。查爾斯頓的權貴通常會在城裡度過冬日的社交旺季、在鄉下莊園裡度過溫暖的月份，然後在炎熱的夏季裡前往更北方的山脈、丘陵與城市避暑。他們會帶著自己所依賴的、親近的家庭幫傭，而這些為奴的幫傭也有可能有親人或朋友住在鄉下的莊園裡。[50] 考量到蘿絲的身價之高，馬丁夫婦在每年前往蜜貝里莊園短居時很可能會帶她同行。也許，蘿絲有機會在那裡照料艾緒莉，給她吃點爐烤麵包、把剩餘的漂亮緞帶拿給她玩，並暗自希望她有能力把孩子從這座她過於了解的無形監獄裡救出去——隨著時間過去，這座監獄也會在她倆之間降下堅不可摧的柵欄。

奴隸制度的世界裡，被迫分離的母女再度重逢的機率極低。我們在南卡羅來納的文件紀錄和舊日建築中，覓得蘿絲身影的機率還比較高一點，但也不是十拿九穩。在「可能」和「確實」之間的朦朧地帶，有道令人不安的裂隙。渴望知道真相的我們一頭栽進了文件紀錄的闕漏之中。所以，去了解空白之處的語言、去珍惜過往棄置不用之物——這樣的作法值得試試。因為在這個為奴之人亦十分了解、滿盈失落與渴望的空間裡，我們能選擇一種「豐富」（abundant）的方法來看待歷史，以抵抗因歷史之空白所滋生出、令人感到理所當然的遺忘。[51]

蘿絲是誰？我們至少知道這件事：蘿絲拒絕相信那個說她無權愛她女兒的謊言。相反的，她認艾緒莉這個孩子、試圖保護她，還給了她一份無價之禮，並將這份禮物裝進了布包裡。文物檔案無法展現出蘿絲激進的態度，但她的態度向我們揭示了人類意志在逆境中可能迸發的力量。這位為奴女性是如何讓自己的血脈「代代存續」，在不可能的窘迫情況下生產並撫育後代？[52]一個找不到合理的理由繼續懷抱希望的族群、一個眾人以惡毒待之的族群，如何讓整個國家相信平等之夢可能實現？即便我們在南北戰爭前的查爾斯頓污泥裡，只撈得出輪廓模糊的故事，蘿絲的故事也已帶領我們走向答案。

# Chapter 3

# 收拾布包

「流徙離散的年代裡，黑人所知的愛大都與被拋棄的創傷分不開。」

——貝爾．胡克斯（bell hooks），《救贖：黑人與愛》（*Salvation: Black People and Love*），二〇〇一

「一次又一次，被擄之人發展出某些倫理上和情感上的特質，將她或他與遠方之人繫在一起，這些也許有、也許沒有血緣關係的人擁有共同的記憶與靈光，卻一再被轉手賣掉。我們也許能稱這樣的關係為『家人』。」

——荷頓絲．史匹樂（Hortense Spillers），《媽的寶貝，爸爸是誰：一本美國文法書》（*Mama's Baby, Papa's Maybe: An American Grammar Book*），一九八七

蘿絲是什麼時候知道的？在夏洛特街的大宅裡，當她從蜜貝里．馬丁的失聲痛哭或西塞羅、傑克與大衛的低聲咕噥中，得知那個擁有她的男人羅伯．馬丁已經嚥下最後一口氣時，是否有種恐懼降落在她心上？在馬丁被葬在木蘭墓園（查爾斯頓的權貴下葬之處）的那天，是否有道陰影掠過她的腦海？[1] 她的思緒是否瘋狂繞著在遙遠蜜貝里莊園的女兒打轉？她是否在想能把孩子養到九歲是多麼不容易的事？許多奴隸孩子早在九歲之前就病死了。[2] 在那

一瞬間，她是否打算以愛來進行反擊？

根據貝林格（Bellinger）醫生的判斷和一名市政府職員的紀錄，一八五二年十二月十二日至十八日，一種「腦部疾病」奪走了羅伯．馬丁的性命。[3]他在成為權貴莊園主後的二十年內便與世長辭。他的死為家人也為他和蜜貝里名下的黑人家庭帶來了嚴重的後果──被囚之人的命運與囚禁他們的人緊緊相繫。奴隸主死後，財產會被重新整頓、清算或分配給繼承人，這便是為奴之人蒙受苦難之時。就像古代人習慣把奴隸和貴重物品一同送進法老或首席祭司的墳墓裡陪葬，十九世紀中葉美國南方的奴隸，在奴隸主過世時也預期自己必須經歷某種死亡。對彼此來說，這些為奴之人跟死了沒兩樣，他們會被迅速出售、被迫分離、被送到南部棉花區的深處。對於這些事，蘿絲心知肚明，她肯定在思考，羅伯．馬丁的死會為她熟識的人和深愛的人帶來什麼新的恐怖之事？

蘿絲肯定曾親眼目睹一隊又一隊淒涼而孤單的男女幼童，如鬼魂一般穿梭在充當奴隸交易場的舊商業大樓裡。隨著棉花田在一八三〇、一八四〇和一八五〇年代裡向西擴張，一波波被上銬、被監管的黑色人潮，越來越頻繁地出現在南方道路上。騎著馬、拿著鞭子和槍的白人男子，看守著這些珍貴的貨物。在路上，這些國內交易的仲介會下手侵犯弱勢的女孩和女性，再向急切的買家兜售這批人類，還會運來囚犯的新衣服──一旦他們抵達上頭飄著紅旗，以宣傳販賣特殊商品的市場時，囚犯就被迫穿上這些衣服。[4]有位曾於田納西為奴的人，在三個州被賣掉四次，他如此描述這可怕的奴隸隊伍：「我們不得不徒步跋涉這漫長的路程……他們把女的放在馬車上載走，但男的得自己走路……你可以看到許多女人因為不得不把嬰兒或孩子留在身後而哭泣。」[5]對蘿絲而言，許多來自遙遠異地的陌生人被迫遷徙至查爾斯頓，他們傷痕累累、如同破損樹幹的背上扛著骯髒的粗麻布袋。[6]在一八二〇年代之後的棉花熱潮中，成千上萬的人被迫從美國上南方（Upper South）遷往這塊由阿拉巴馬延伸至密蘇里的西南內陸地區，為奴之人背著他們的粗布袋前往下一個囚禁他們的地方。正如一位來自維吉尼亞、曾經為奴的人所記得的那樣：「他們在此、在各地販售奴隸。我見過一群又一群的黑人徒步被帶到這裡，然後再步行到南方去賣給別人。他們每個人的背上都有一個破舊的粗麻布袋，裡面裝著他們全部的家當。」[7]也許蘿絲在落入羅伯和蜜貝里手裡之前，也曾坐上這種運送奴隸的馬車。至少，她一定曾聽說過這種讓奴隸徒步跋涉的運輸系統，並相當熟悉這種殘酷手段的畫面、氣味和聲響。

蘿絲就是這樣才想到布包的點子嗎？她是不是想像自己或女兒會像許多人一樣，在南卡羅來納的沼澤地帶和松樹林裡，伴著鐵鍊的聲響，悲哀地徒步前行？或是，蘿絲早在好幾週或好幾個月前就準備好這個布包，以備不時之需？去思考蘿絲的意念、她在一八五二年冬天裡糾結的心思與情感，能帶我們走進身為人母的奴隸心裡，此處是未有地圖指引的疆域。身為一出世即為奴隸的孩子的母親，她的內心世界是什麼樣子？這個世界的邊界位於何處？主要的季節和顏色是什麼？是否曾有溫暖陽光照進這個地方？奴隸制度的倖存者與見證者告訴我們，如果我們能夠踏進此地，我們會發現自己在「悲痛與恐懼」的沙漠中艱困跋涉。8

在此地，在這個分離如此危險的悲傷國度裡，可以想像無論實際上或心理上，人人都備有一個收拾好的行囊。蘿絲替女兒準備這個緊急避難包，是為了幫助她在「令人無能為力的不確定事態」中生存，這是為奴之人當年共同的命運，而在如今這個政治與氣候極端混亂的時代裡，有越來越多人

〈愛德華・史東的奴隸工班〉，J・溫思頓・柯曼（J. Winston Coleman），《肯塔基的奴隸時代》（*Slavery Times in Kentucky*）。教堂丘：北卡羅來納大學刊物（Chapel Hill: University of North Carolina Press），一九四〇年。請注意人群中為奴女性所攜帶的布袋，他們正被押送到出售奴隸處。朔姆堡黑人文化研究中心（Schomburg Center for Research in Black Culture），紐約公共圖書館（New York Public Library）。https://digitalcollections.nypl.org/items/510d47dc-9fb2-a3d9-e040-e00a18064a99.

〈販賣奴隸到田納西的奴隸商販〉，路易斯·米勒（Lewis Miller），《維吉尼亞州的素描景色，一八五三年至一八六七年》（*Sketchbook of Landscapes in the State of Virginia, 1853−1867*）。請留意隊伍前方以棍子將布袋扛在肩上的為奴之人。維吉尼亞州，威廉斯堡，殖民時期威廉斯堡基金會（Colonial Williamsburg Foundation），艾比亞卓奇洛克菲勒民俗美術館（Abby Aldrich Rockefeller Folk Art Museum），幻燈片 84-896c。

的命運也是如此。[9] 這種不穩定的狀態，必定是蘿絲人生中唯一的恆常不變。然而，她仍找到了內心的力量，以思慮縝密的行動來應對無可估算的威脅。[10] 決心行動的蘿絲，代表著一整個族群，以黑人女性主義思想家荷頓絲・史匹樂的話來形容，這個族群「展現出即便是今天的人們，也深受震懾的勇氣與生存意志」。[11] 蘿絲的身影由陰暗之處浮現，手裡拿著救命的布包，堅信她的親人在無情的世事變幻中有權繼續生存。

## 更為悲哀的愛

成為母親的為奴之人所留下的敘事與信件告訴我們，她們生活在一種持續而尖銳的理性恐懼之中。這樣的狀態催化出了一種極為特殊的機智。哈莉葉・雅各布斯居住在北卡羅來納鎮上，她與當地一位富裕白人男子「桑茲先生」（Mr. Sands）生了一個孩子，這是她保護自己的手段，以免她的奴隸主「弗林特醫生」（Dr. Flint）持續性侵她。她告訴我們和十九世紀的讀者，成為母親為她帶來了一種「混合了愛與痛苦」的感受：「從我第一次將我的孩子抱在懷中的那刻起，我就照看著他們，心中的愛每天都變得更深，也更為悲哀。」她生下的兒子沒有姓氏、被人視為財產，這讓哈莉葉極為不安，她因此祈禱兒子能夭折於襁褓之中。可是，當兒子真的生病時，她卻又拚命祈求上帝憐憫這個孩子，留下他的性命。「唉，成為母親的奴隸，祈求她垂死的孩子能活下來是多麼可笑。為奴比死亡更糟。」哈莉葉嘆道。在哈莉葉生下桑茲的女兒之後，她陷入更深的憂懼之中。「當他們告訴我，這個新生兒是女孩時，我的心比以往的任何時刻都更加沉重。淪為奴隸的男性飽受折磨，但淪為奴隸的女性面對的則是難以想像的恐怖之事。除了所有為奴之人都背負著的重擔之外，她們還得面對專屬於她們的痛苦、屈辱與敗德之事。」

為使她的孩子不必在莊園裡為奴（這原是弗林特的承諾，但哈莉葉無意成為他的妾），哈莉葉逃跑了。哈莉葉的祖母是自由黑人，她躲在祖母家的小屋閣樓中的狹窄空間裡，同時試圖說服孩子的父親（桑茲）買下她們，確保母女自由。哈莉葉在這個藏身之處躲了近七年，這是個不比棺材大的空間，在裡面甚至無法站直。但哈莉葉躲藏在此的行動，可以打擊企圖控制她人生的奴隸主，她也可以透過她在閣樓牆上打的洞看到她的孩子。哈莉葉智取了奴隸主，北上抵達費城，然後來到紐約。經過一連串的曲折過程，她成功讓孩子從父親的家中獲釋。她幫助家人獲得自由的計畫足智多謀，且十分成功。她的故事是個驚人的案例，展現出為奴母親為了對抗這個破壞親情連結的制度，會以多具創意的方式鋌而走險。但哈莉葉．雅各布斯是幸運的。即便是再出色的逃亡計畫也常會以失敗告終。美國南方社會是一個以控制黑人行動為核心而構成的社會，他們能依據聯邦法律要求北部和中西部地區的人協助追捕逃亡者。[12]

一種特殊的恐懼驅使哈莉葉．雅各布斯進入極為機敏警醒、自我犧牲的狀態，而這份相同的恐懼也像海藻一樣，在所有為奴母親的心中擴散開來。我們只能從零星的文獻紀錄中看見她們在絕望中的行動。這些紀錄告訴我們：「為奴的母親一生都在擔心孩子會與她分離、被賣掉、遭毆打、死去。」[13]為奴的黑人母親知道孩子很可能會被從身邊奪走，因此不惜一切代價阻止別人毀掉自己的孩子——托妮．莫里森（Toni Morrison）的小說《寵兒》（*Beloved*）裡的人物塞絲說，孩子是她們所擁有過「最美好之物」。[14]奴隸主出了名的喜歡在奴隸睡覺或受命外出跑腿時，把他們的孩子賣掉。當黑人女性懷疑或聽說孩子要被賣掉時，她們會尖叫哭泣、跪地懇求、跑到樹林裡試圖把孩子藏起來，也會在商人出價和主人握手成交的這塊險地上，緊抱著孩子不放，忍受著踢打與鞭笞。為奴的母親謀劃著如何免除這痛苦經歷，也避免孩子陷入極危險的境地。

來自北卡羅來納的摩西．格蘭迪（Moses Grandy）曾經為奴，他是最小的孩子，而在他出生之前，他的母親便因奴隸販賣或幼兒夭折而失去過許多孩子。他回憶道：「我清清楚楚記得，我母親常把我們都藏到樹林裡，以防主人把我們賣掉。」[15]還有一位母親帶著孩子逃到樹林裡生活了二至四年，認識她的為奴之人都肅然起敬。「她受到殘酷的對待，於是帶著孩子逃了……逃到地下尋求庇護。在那，她又生了一個孩子。」一名曾在阿拉巴馬為奴的女子說道。[16]田納西的一位為奴母親芬妮（Fannie）則說，她寧願殺死她的嬰兒也不願與他分開，下一章會詳述她的故事。芬妮的大女兒普絲（Puss）回憶道，她的母親和父親被奴隸主出租至曼菲斯（Memphis）工作。當時，主人命令芬妮將孩子留在家裡，普絲說：「那時媽抓著寶寶的腳，兩手各握一隻，寶寶的頭便朝下一甩。她發誓，如果要逼她和寶寶分開，她會先把寶寶的頭砸碎。眼淚從她臉上不斷滑落……大家都知道她是認真的。」芬妮知道殺掉嬰兒會令她的主人破財。這次的驚險事件後，奴隸主在送芬妮去城裡工作時便允許她帶上寶寶。[17]

其他為奴母親就沒有芬妮那麼幸運了——如果我們在奴隸制的世界裡能安心使用「幸運」這個字眼的話。拯救自己的孩子有時候意味著像瑪格麗特．加納（Margaret Garner）一樣：在奴隸追捕者大力敲門要抓她的時候，她殺死了自己剛學會走路的女兒，以現下的死亡來換取來世的自由之夢。[18]而為奴的母親們也因日日面對暴力與分離而受到了心理上的傷害。一位曾於維吉尼亞為奴的女性簡單地說：「當他們把我妹賣掉的時候，我媽幾乎活不下去。」[19]有時候，母親也會認為嚇唬或毆打孩子是保護他們、拯救他們的方式。路易斯．海登（Lewis Hayden）逃出肯塔基的奴隸主家之後，在波士頓成了一位重要的廢奴運動組織者，他記得母親痛苦不穩的精神狀態，也記得她如何在他心中灌輸恐懼。在海登的描述中，他的母親「很有活力……有部分印地安血統」，擁有「長而直的黑髮」。海登的母親曾多次自殺未遂、陷入狂亂之中，偏執地反覆想著那些與自己分離失散的孩子。她因不可預測的危險行為被關起來，有一次被放出來之後，她立刻去找七歲的海登。海登回憶道：「她猛地抓住我的手臂，好像要把我的手折斷。然後她說：『我會好好修理你，這樣他們就不會碰你了。』我開始尖叫，因為我以為她會殺了我，接著，他們進來把我帶走了。」[20]另一位曾經為奴的女性，在痛苦中回想起母親是如何以白人虐待自己的方式痛毆她。「她會要我感謝她的鞭打……那就是他們希望身為奴隸的她做的事情。」[21]寧願殺死孩子也不願和孩子分開的芬妮，曾警告大女兒普絲：「如果你不為自己站出來的話，姑娘，我會殺了你。」普絲對母親既恐懼又敬畏，她以「惡魔」和「長官」來形容母親，並說她「如閃電般」敏捷機智。[22]黑人母親身上所背負的傷痕，以及她們因被囚而出現的反應與防衛機制，有時會在孩子身上劃下的傷痕，成為這個黑暗地帶相當明顯的地貌特徵。[23]

母親們默默計畫著，有時也藉由別人的幫助，以她們所知最好的方式「拯救家人，特別是拯救女兒」。[24]黑人母親珍愛兒子，也為兒子擔憂恐懼，而她們的兒子則愛戴她們——在所有兒時曾因奴隸販賣而被迫與母親分離的男性所講述的悲傷故事裡，這種珍愛顯而易見。九十三歲的查爾斯・懷塞德（Charles Whiteside）仍清楚記得母親在田納西被賣掉那天的情景，也記得「他看見那些來購買商品的莊園主推著她的身體、打開她的嘴檢查，彷彿她是一匹馬的時候，他心中如同火燒的感受」。[25]至於「維繫生命」的女兒，她們能創造出新生命來為奴隸主的資產清單加分，因此也以更為常規、更系統性的方式暴露於危險中。[26]因為她們提供愉悅與勞動生產（產出糧食作物與奴隸嬰兒）的價值，為奴女兒所蒙受的恐怖暴行與羞辱最為切身。[27]為奴母親知道女兒會需要特別保護，於是以具創造力的方式強力防禦，避開奴隸制社會的法律與慣例。黑人女性祈求並呼喚神靈與俗世的力量，養成了在「她們有人脈和手段」時「購買女兒並釋放其自由」的習慣。[28]

若為奴母親無力阻止白人偷走自己的女兒，即便缺乏資訊、路途遙遠，她們也會努力和女兒重逢。一封由北卡羅來納的為奴女性所寫下或口述的珍貴信件，讓我們看見南北戰爭末期的為奴母親如何不顧一切想與女兒重聚。據南卡羅來納的被解放黑奴事務管理局人員指出，當時「每位母親似乎都在尋找自己的孩子」。[29]一八五七年，一位名為薇萊特（Vilet）的女性寫信給以前的女主人，詢問女兒的下落。薇萊特從北卡羅來納被賣到喬治亞州，短短十一個月就換了至少三個主人。最後一個剝奪她自由的奴隸主是個男人，薇萊特在他家為奴四年。「他說他死也不會和我分開」，她在信中描述。薇萊特口中這位「名為萊斯特的男人」所使用的語言，令人在毛骨悚然中想起結婚誓言，但兩人之間的關係卻黑暗而充滿性剝削。儘管困難重重（可能也正是因為困難重重），薇萊特仍寫信給她以前的女主人帕西．派特森（Patsey Patterson），希望實現心願。她以一種既尊重又親近的語氣寫信，稱她為「我親愛的帕西小姐」，還提到兩人作為「玩伴」所共度的時光（薇萊特在帕西小時候可能曾是她的玩伴兼僕人）。薇萊特的說詞相當委婉，告訴「親愛的女主人」自己多麼希望能再見到她與她的母親，也問及其他沒被賣掉的人的情況。然後，她切入了最後也是最重要的一個話題，也是這封信件明確的目的。「我想知道我的寶貝小女兒現在怎樣了。」薇萊特懇求道，「我把她留在格茲貝羅（goldsborough）的沃克先生（Mr. Walker）那了……我真的很想見見她，而且老闆（她目前的主人）說他想知道沃克先生會不會想把她賣掉。」30

提及這場分離時，薇萊特讓人覺得她似乎是在有選擇的情況下把孩子留在身後，但情況卻恰恰相反——她被這位女主人賣掉後，在商人和奴隸主手上經歷一連串的交易、吃盡苦頭，她的女兒很可能就是在這段日子裡與她分開。關於她的寶貝女兒，薇萊特所知的最後資訊是，她被預定送往某位不知名奴隸交易商的妹妹家，這個交易商曾經手薇萊特的買賣。現在，薇萊特跟一個（出於我們應該質疑的原因）打算把她留下來的奴隸主待在一起，因此寫信到「她一向深愛的家」裡，向當時的女主人探聽消息、尋求幫助。薇萊特設法說服目前的奴隸主買下這個女孩，我們可以猜到薇萊特目前的處境，大概與她為了此事做出的犧牲有關。薇萊特的信是現存的信件中，少數幾封以現在式而非過去式來描寫為奴女性心情與盤算的信件。她很可能是為了獲得前任女主人同情與幫助，才在信中使用這種多愁善感的語氣。這封信在歷史紀錄中獨樹一幟、未有同伴，而薇萊特的「寶貝小女兒」在新的奴隸主家中也是毫無同伴、全然孤寂。沒有歷史文件能告訴我們這個故事的結局。薇萊特對於這個孩子的愛只屬於她，也無法共享失去這個孩子的痛苦，但她和其他為奴母親共享了拯救女兒的決心，還有行動失敗後永遠長存的悼念之情。[31]

為了拯救艾緒莉，蘿絲是否發展出深具創意的類似計畫？[32]她是否在離別之日來臨前，便已擬定了詳盡的逃跑或贖身計畫？被主人出租給別人的奴隸，有時能夠存到錢來替自己或所愛之人贖身，但這件事需要多年來超出負荷地工作，同時還得從每天不到一美元的收入中一點一點存下錢來——而這一美元的收入有大半會落入奴隸主的口袋。此外，此類贖回自由的交易，有時會以為奴者遭到出賣或欺騙告終。[33]

即使蘿絲被出租給別人，能夠存到三百美元以贖回艾緒莉，她該把這個孤身一人的黑人孩子送到哪個地方才安全？蘿絲至少要存到一千美元才有機會替自己和孩子贖身，兩人一起生活。在一八五〇年代，對於像蘿絲這樣的女性而言，這是個天文數字，幾乎完全不可能存到。而且，即便她真的弄到了這筆錢，也無法保證她能與奴隸主談判成功、獲得自由。南卡羅來納從一八〇〇年起就限制奴隸重獲自由，並在一八二〇年變本加厲：奴隸主必須得到立法機構的許可才能讓奴隸成為自由人。在查爾斯頓，只有為數不多的黑人婦女在一八〇〇年後讓自己和女兒重獲自由——她們與白人男性（通常和黑人婦女有性關係、且是孩子的父親）的關係，造成了這個結果。[34]如果蘿絲無法為自己和女兒買到自由，她會試圖帶著九歲的孩子徒步逃亡嗎？大多數的為奴之人都沒有機會逃跑，而那些試圖逃跑的人中，很少有人真的獲得自由。長期逃亡非常危險，在這個為奴之人受到嚴格監控、嚴密監管、嚴厲懲罰的社會中，長期逃亡也非常罕見。正如一位研究奴隸制度和資本主義的歷史學家所下的結論：「在奴隸制的年代，從棉花田和甘蔗田深處出發而成功抵達自由之地的為奴移民，數量可能不到一千人，這是所有被迫移民至此的人口的千分之一。」[35]

茹思以繡線寫下的紀錄，並未提及蘿絲是否曾試圖替家人贖回或奪回自由。我們從茹思的文字中得知的是，蘿絲懷抱著更高的目標，並採取了實際的策略。她收集物資，以滿足女兒在當前和未來會有的基本需求。蘿絲在現下此刻幫助女兒得以繼續存活，也為艾緒莉往後的生存開闢出一條路來。無論是對艾緒莉本人、還是對蘿絲的先人，讓女兒走上這條路，是一種存續的體現。蘿絲所準備的布包不僅拯救了一個備受鍾愛的小女孩，也使家族血脈得以存續。

蘿絲打包的東西凸顯出為奴女性之經驗中的關鍵元素。黑人女性是創造者，她們不斷製造出維持家庭生活所需之物，「這是非裔美國人在淪為奴隸的狀況下所達成的極高社會成就之一」。她們所製造出的東西包括衣服、掃把、棉被、餐點、藥劑，以及許多能勾起回憶之物，如鈕釦和珠子，這些東西有朝一日可能會被塞進即將離別的親人手裡。黑人女性一邊製作、收集這些東西，使其成為情感之網，證實她們對自己和他人的愛，她們透過思想和雙手來傳遞堅韌之願景，更一邊承擔著此舉的風險。[36]正如愛麗絲·沃克幾十年前在小說和散文中所闡明的那樣，過去幾代的黑人女性將她們的靈魂和創造能量傾注在她們所製造之物、所種植之物上。去尋找母輩之物，尋找她們那個年代的植物和服飾，不僅能更了解她們的經歷，也能更了解她們在幽暗之地的生存策略，同時「將血緣關係繫在感情之網上，繫在血脈存續之網上」。[37]

某天，當蘿絲凝神注視馬丁家城中宅邸的磚砌廚房，或者是他們家鄉間莊園的倉庫時，她決定把屋裡的一個布袋改造成一頂降落傘。這頂降落傘可以將母親和孩子繫在一起，也能讓孩子輕輕降落在一片嶄新而危險的土地上。我們可以想像她棕黑的手指拉開布袋的邊緣，看到她向下注視這個名喚恐懼的無底之井。當蘿絲首次為了艾緒莉拿起這個布袋時，它是空的嗎？還是裡頭裝了種子或堅果，如同茹思所述中後來會裝進的那幾把胡桃一樣？也許，蘿絲不得不把棉布袋倒過來，把穀殼、堅果殼或碎石倒在地上，以便騰出空間來裝東西。想像一下蘿絲在燭光中的模樣。她拿著粗布，手掌卻比布更粗。她把衣服塞在堅果周圍，然後舉起刀子，一刀劃下，得到一綹頭髮，宣告這具被死去的男主人和活著的女主人稱之為財產的身體，屬於她自己。我們看著她的手從那綹頭髮上移開，心知她還有最後一項行李得放進去。「我的愛，」蘿絲的低語迴盪在我們耳邊，她繫緊袋口。

## 被賦予力量之物

蘿絲把物品和話語裝進棉布包時，動用了她所有的資源。袋中所裝的具體物品組合可能專屬蘿絲，但她與所有為奴之人共享需要準備行囊的想法。在離別的慌亂時刻，大家都會準備一個袋子帶在身上，或帶著其他人為他們收拾好的袋子。有個十一歲左右的女孩已經失去了母親和妹妹，為了避免自己也被送到其他地方，她跑到樹林裡躲起來。她的阿姨向她解釋她得和新主人走，而且「把她的衣服捆成一包」，[38] 女孩如此回憶道。珍．克拉克（Jane Clark）在外祖母家長大，六、七歲時被人「帶走還債」。奴隸主將她出租給別人，「和其他兩個孩子一起為莊園的人從很遠的地方提水回來做飯」。身為年輕女子的珍在主人的農場負責掌廚，也在農場裡反覆遭到鞭打並經歷了「嚴重的情況」，她因此「決心逃跑或乾脆在逃跑中死去」。珍仔細觀察男主人和女主人的日常生活行程，然後用兩個枕頭套裝了「她能帶走的東西」。當她的奴隸主在喝茶時，她「把行囊扔出窗外」，然後「頭頂著兩袋行囊」逃出去了。珍在為奴兄弟以及「地下鐵路」（underground railway）的白人和黑人的協助下逃亡數月，並成功抵達紐約。[39]

蘿絲也像上述這些女性一樣有計畫的行動。她準備了一個布包來幫助布包主人度過難以預料的旅程。我們很少有機會能檢視，這些被賣掉或逃跑的奴隸在突如其來的變化中匆忙準備的行囊。藉由她的曾孫女留下的文字，蘿絲的布包讓我們有機會一探究竟。蘿絲為了如此重大的離別而準備的每一項物品，都是具有多重用途的必要之物。破衣服是清單上的第一項物品，可以遮蓋身體、保護為奴女孩的內心尊嚴。更重要的是，一件不同的衣服——一件她不曾穿過的衣服——可以用來變裝，改變此人外在的身分，幫助她逃亡（這就是為什麼根據許多為奴之人的敘述，他們在追尋自由的路上，都曾裝扮成另一性別或穿別人的衣服）。蘿絲所準備的衣服還有另一個潛在的功能：布料也是一種財富，對女性而言尤其如此，她們會把布料當作貨幣或商品來使用。40 雖然蘿絲所準備的這件破爛衣服，價值似乎在於個人意義，但她也一定意識到艾緒莉可以將這塊布料另作他用或拿來交易。接下來，蘿絲準備了胡桃，這是一種富含營養的食物，也是一八五〇年代低地區特有的食物，艾緒莉可以吃掉胡桃以抵禦飢餓，也能用來換取其他必需品。蘿絲還在布包裡塞進一縷自己的頭髮，這是她的關懷布包中最不尋常之物。雖然乍看之下，在這樣的急難救助包裡放進頭髮有點奇怪，但頭髮可能是蘿絲那天所準備的物品中最有力量的物品，深具象徵意義，甚至是精神意義。因為頭髮讓我們得以隱約看見蘿絲相信精神力量、相信超越一切的連結、相信心中懷抱著血脈存續之感的重要性。

蘿絲在打包時的優先順序，衣服、食物和回憶紀念物，與其他為奴之人的物質需求相同

——一如許多信件、敘事和莊園商店帳簿所揭露的。她所準備的布包也反映出人類共通的需求金字塔。食物有了，衣服也有了，只是沒有安歇之處。不過真是這樣嗎？這個布包本身長超過兩英尺、寬超過一英尺，大到足以讓一個孩子爬進去遮蔽部分身體，在艾緒莉被迫踏上的這趟旅途中，她可以把布包當作一頂迷你帳篷、一個枕頭、一條蓋毯或一個睡袋。不僅如此，蘿絲的告別之語也給了艾緒莉另一種形式的保護。她永遠的愛是一份情感庇護，裝在布包中與艾緒莉同行。蘿絲打包的物品照看著各式不同的需求——身體的、情感的和精神的——這是一套極其巧妙的裝備。

送禮的人總是預期（也期待）自己能得到收禮者的回應。送禮者揣想著，希望得到預期中的反應——小至一張謝卡，大至婚約誓言。有時，人們會藉由送禮之名行操弄之實，污染了原本清白的關係。這樣的例子在奴隸制度的紀錄中處處可見——例如，奴隸主在聖誕節當天分配多餘的食物，或者送出品質低劣的布料作為禮物，強求為奴之人的感激，並要他們因此端正行為。當我們伸手給予時，我們往往會希望甚至要求得到回饋。這兩人在世間即將永別的前夕，蘿絲希望從女兒那得到什麼回饋？蘿絲希望她贈與的食物、衣服和庇護之物能帶來什麼？在這場迫使骨肉分離的奴隸買賣中，蘿絲對女兒懷抱著一個願景：她對艾緒莉的生還抱持希望。雖然破爛的衣服穿不了太久，三把堅果可能會在某次飢餓的等待中被一口氣吃光，但蘿絲藉由這幾項特殊的物品傳遞著訊息：艾緒莉可以在愛和連結的光中繼續前行。有了這個充當救命索的布包，她能生還。

蘿絲也許知道自身的行動具有多個層面上的意義。就像她仰賴內在力量來承受這份創傷，她可能也尋求信仰上的幫助，賦予這個急難救助包神聖意義。一位曾詳細研究過布包的人類學家，訪談了南卡羅來納和喬治亞沿海地區的黑人民眾，並推斷，蘿絲準備布包之舉有可能是某種民俗信仰儀式，因為這個布包相當類似當時「該地區的醫藥包」。他也引用當代受訪者的話表示，蘿絲可能是「在做某種像是祝福之事，某種信仰儀式，像是民間咒術師（rootworker）會做的事」。若採用這個詮釋，那麼這個行囊在打包完成之後便成了具有保護力量的神靈之物，蘿絲賦予了布包法力——尤其是她放入了自己的一綹頭髮，頭髮在為奴之人的宗教儀式中具有特殊意義。[41]

在美國南方、加勒比海小島和拉丁美洲，為奴之人的日常生活中常會出現這種被稱為造術包（conjure bags）的小布包。紅色法蘭絨是人們最愛拿來製作造術包的布料，這種布包通常以繩子封口，然後戴在脖子上、繫在腰上，或是埋在住家附近。[42]製作造術包是巫師或咒術師的工作，他們是黑人傳統民俗文化中的靈性工作者，這個文化借用了非洲宗教信仰的元素，特別是中非的剛果文化。[43]雖然很多為奴之人在十八世紀末和十九世紀時接受了強勢的蓄奴社會所信仰的基督教，但也有人拒絕基督教，而認同來自非洲的信仰。大多數的為奴之人所信仰的宗教與進行的儀式，或多或少都結合了歐美和非洲信仰傳統。他們向基督教的上帝或伊斯蘭教的真主祈禱，唱受《聖經》啟發的靈歌、講述《聖經》故事，但他們同時也害怕女巫，出事時會求助於民間咒術師。[44]我們從曾為奴之人——最有名的是費德克・道格拉斯（Federick Douglass）——的敘述中得知，這些懂醫治與靈性的咒術師，會把樹根放在摺疊的布或布包中，保護對方不會被毆打或在奴隸交易中被賣掉。剛果的造術碗（minkisi）也是同樣的東西，而美國的造術包也常被稱為皮革符咒包（gris-gris bag）、手包（hand）或是魔咒包（mojo）。[45]

受到為奴黑人社群認可的咒術師知識淵博、人人敬畏，具有特殊的能力與責任。他們有占卜能力，也透過儀式來影響人際關係，並在儀式中「賦予……物品精神力量」。[46]相信的人認為，咒術師的造術包具有能在世界裡產生作用的神秘力量——治療、保護、傷害、收集訊息。雖然沒有證據表明蘿絲是受到社群認可、具獨特靈性力量的咒術師，但她所準備的布包，確實與這種民俗信仰中所使用的造術包類似。造術包以布製成，裡頭通常會放入造術對象（被幫助者或被詛咒者）身上的東西，例如從衣服上割下的一小塊布，更常見的則是一小撮頭髮。人們也會在造術包裡放進自然素材，例如樹根、藤蔓或動物的身體部位，尤其喜歡放墳墓的土——又被稱為傻子土（goofer dust）——認為使用墳墓的土有助於與祖先連結。巴西也有這種受非洲文化啟發的小布包，叫作魔法包（mandingas），內容物包含上述各種自然素材，以及手寫的小紙條。受伊斯蘭文化影響的非洲地區也有皮革符咒包，人們會放進寫有文字的碎紙。[47] 相信咒術的剛果人則在這些小包裡放進他們視為「藥材」之物，像是「粉筆、堅果、植物、土壤、石頭與木炭等」。[48] 施咒者施行儀式召喚外部神靈的幫助，或喚醒這些被塞進咒術包裡的材料所蘊含的魔力，使咒術包的內容物得到精神力量。咒術師藉由無論是書寫或口述的話語，來喚醒小布包裡的沉睡之力。藉由儀式，這些小布包在某種意義上甦醒過來，完成人們希望它完成的工作。

也許，蘿絲希望她的布包能成為艾緒莉的護身符，或是一道對奴隸買賣商或新奴隸主的攻擊符咒。根據茹思繡在布面上的文字紀錄，布包裡裝著頭髮、衣服、自然素材（胡桃），甚至也伴隨著話語。或者，蘿絲不怎麼相信源自非洲的法術，而是選擇向基督教的上帝祈禱。也有可能，她同時相信這兩種信仰體系的某些部分，並賦予了這個布包雙重的信仰意義，在她莊嚴的儀式中向布包說話，也為布包持有者祈禱。我們不用非常確定蘿絲的宗教信仰也可以看出，她準備這個布包是一種具有力量的舉動，旨在阻止奴隸主竊取女兒的生命與身分。蘿絲在收拾布包的那天做了一件喚起力量的事，一件具有效力與意圖的事。她透過手裡和心裡的工作，以具現化的精神力量駁斥了暴虐的奴隸制。

## 創造連結

蘿絲這件「巧妙傑作」所包含的物品之中，頭髮最具象徵意義。[49]若將布包視為具保護之力的法術包，那就表示放入蘿絲的頭髮，是為了讓這個布包充滿蘿絲本人的精神。當然，這一綹頭髮肯定是為了讓女兒對於蘿絲的觸覺記憶能長存且更具體，就像是一張艾緒莉可以拿在手裡的照片。對蘿絲而言，髮辮可能也隱含著與破衣服類似的意義：在奴隸主試圖貶損、控制她們的情境中，照顧頭髮是黑人女性照顧自己的方式之一。因為就像我們在下一章中會探討的衣服一樣，頭髮也是為奴者與蓄奴者角力之地，帶有政治性意義。

黑人女性有辦法從體力勞動中偷出時間的時候，她們會特別整理自己的頭髮，但事實證明這極具挑戰。鬈髮比直髮更脆弱，容易受到陽光、水、汗水和梳理的影響，讓非裔美國人常有的螺旋狀細鬈髮變得特別脆弱易斷。雖然面貌多變的黑人頭髮向來可以激發創造力且具有多種功能，照顧這種類型的頭髮仍需要耐心。為奴之人最初來自中非和西非，該地區的人十分重視以辮子和纏繞的髮束編成複雜精美的髮型，這已是種藝術形式。然而，黑奴女性沒有閒暇時間整理頭髮，也沒有最適合梳理其特殊髮質的工具（撥髮扁梳和寬齒梳）。由於缺乏梳理工具，黑人女性與男性有時會用梳理羊毛（用來分離和拉長毛絲）的金屬梳齒木質工具。在用梳子或手指「梳頭髮」後，黑人女性經常將頭髮編成平貼頭皮的貼頭辮（cornrow），並設計成引人注目的圖案，或是編成由頭皮延伸出去的辮子，與各種不同長度的辮子。不編辮子的話，她們會把一束一束的頭髮分成幾個區塊，用繩子或麻繩把每個區塊纏起來，以使頭髮不致糾結；或是把螺旋小捲拉長成更直一點的鬈髮。[50]

黑人女性在田裡或在炎熱的廚房裡度過漫長白日，她們會在頭上綁條手帕或頭巾。頭巾能保護頭髮不受灰塵和空氣影響，也常能讓她們保留她們在難得不用被迫勞動的日子裡，替自己做好或請別人做好的髮型。星期天，在參加教堂聚會或私下聚會前，為奴女性會拿掉日常頭巾，換上特意挑選過的頭巾，有時還會把頭髮放下來。[51] 非裔美國人在頭髮上塗抹油脂來滋潤和進一步保護頭髮的作法，可能是從美洲當地的原住民那裡學來的（鬈髮的髮質較乾，因此現在大多數黑人為了照顧髮質並不會每天洗頭）。根據歐洲探險家的旅行紀錄，美國東南方印地安人經常用熊油「擦亮」他們的頭髮。[52] 對許多為奴的非裔美國人來說，整理頭髮是一項社區活動，女性會聚在一起（男性也會）互相幫對方梳理、編織、盤繞或剃光頭髮。奴隸制不復存在後，以整理頭髮為核心的社交來往和相互支持之感，仍在理髮店和髮廊裡延續著，即便到了今日的黑人社群中依然不可或缺。[53]

當為奴黑人女性抓住機會以頭髮為傲時，她們也有可能被懲罰，因為白人奴隸主可能會認為她們的髮質、頭髮長度或髮型風格與自己的頭髮太過相似。由歐洲中心主義的標準看來，黑人頭上的「白人髮型」，可能會模糊人們為了支撐起階級嚴明的奴隸社會而刻意強化的種族界線。頭髮與性感美之間的文化關聯，以及某些類型和樣式的頭髮與理想歐洲女性之間的關聯，彼此產生了化學效應，使得頭髮較長、較直的黑人女性，較有可能具有跨膚色的性吸引力。奴隸敘事與證詞、白人女性的日記和信件，以及人們對於早期及南北戰爭前的美國社會中逐年增加的混血人口的描述中，都有充分的證據指出白人男性會和任何髮型的黑人女性發生性關係（這樣的關係通常都是出於脅迫或強迫，但不全都如此）。不過，頭髮較接近理想白人女性的黑人女性，以及擁有這種髮質的女性通常膚色也較淺，格外受到白人男性歡迎，並被白人女性視為威脅。[54]

在敘述、解釋她們在奴隸制度中的經歷時，非裔美國女性和她們的男性親屬，回憶起奴隸主出於報復而剃光或剪掉他們頭髮的創傷經驗。舉例而言，淪為奴隸主性獵物的哈莉葉・雅各布斯，為了抵抗主人而選擇與另一個白人男子發生關係。當她的主人發現哈莉葉即將生下這個對手的第二個孩子時，他大發雷霆地試圖控制哈莉葉並貶損她的魅力。「他衝出屋外，回來時手裡拿著剪刀，」雅各布斯說道。「我有一頭漂亮的頭髮，他經常罵我細心整理頭髮是虛榮之舉。他把每根頭髮都剪成貼近頭皮的長度，且暴跳如雷、死命咒罵我。有時我回嘴反擊，他就出手打我。」[55]

路易莎・皮克曾於南卡羅來納、阿拉巴馬和路易斯安那為奴，每次都被賣給計畫把她當成性奴的男人。一八六〇年代，因已故的最後一個奴隸主的遺囑，她獲得了自由並搬到辛辛那提。皮克的某一任奴隸主試圖以金錢換取她的性服務，她的拒絕卻換來了身上的許多傷痕；為了報復，他還把她的頭髮剪短。「庫克先生把我的頭髮剪掉了，」路易莎解釋，同時講了她遭到拍賣的故事，以及拍賣者對她「髮質優良」的評價——她的頭髮雖然還不夠長，但仍能看出髮質很好。「我的頭髮長得很快，看起來比庫克先生的女兒好看許多，他覺得我的頭髮比他女兒漂亮，所以把我的頭髮剪掉，以示區別。」[56]

一位為奴的目擊者描述了可怕事件：有個名叫夏洛特的女子因頭髮而遭遇了奴隸主可怕的懲罰，最終喪生。夏洛特「有著一頭長長的頭髮，他們剪掉了她半邊的頭髮，留下另一半」。他們鞭打她之後，「拉著她的頭髮穿過帶刺鐵絲網，她再也沒醒過來。」[57]就像我們在這幾頁中通過為奴之人的眼睛看到的許多可怕暴行一樣，這個故事的講述者不知道夏洛特為何會被如此殘酷的對待。由她被剃光的頭和她被謀殺的方式揣測，原因大概是性方面的嫉妒或裸露身體。

在哈莉葉．雅各布斯和路易莎的敘述中，將剪髮作為武器來分化貶低黑人女性的是白人男性奴隸主。然而，根據曾淪為奴隸之人的訪談和敘述，大都是白人女性奴隸主下令懲罰這些她們擔心可能會吸引（或已經吸引了）家中白人男性的黑人女子。有位父親是莊園主兒子的混血黑人女性，被命令不要把自己的頭髮稱為頭髮。她的女主人強調種族差異並堅持：

「不要說頭髮，要說『捲毛』。」有位曾經為奴的男性描述了發生在他祖母身上的事，她擁有的頭髮「細緻如同絲綢」、「長及腰部以下」。女主人發現男主人對這個女奴隸特別關注而心生嫉妒，於是命人鞭打她、把她的頭髮剃掉。「從那天起，我阿嬤就不得不頂著剃成平頭的頭髮。」這位受訪者回憶道。另一個有著「長而直的黑髮」的「漂亮黑白混血兒」，被一名法官買下並帶回家。但在家中，法官的妻子「拿起剪刀把那女孩的頭髮剪到頭皮」。[58]許多白人男性與為奴女子發生關係，導致有些黑人小女孩也擁有長而直的頭髮，她們的頭髮也是女主人的眼中釘。有位曾經為奴的女性在描述男主人讓廚子懷孕時說道：「如果廚子的小孩表現出非常喜歡男主人的樣子，太太就會對他們很刻薄，要他把這些孩子賣掉。如果女孩子有頭漂亮的長髮，她就會把它剪掉，不讓她們像白人孩子那樣留長髮。」[59]

頭髮是蓄奴者和為奴者爭奪身體和心理控制權的場域。由於奴隸主依法擁有自家奴隸的身體，他們有時會試圖透過規定頭髮長度來證明自己的權利。而像蘿絲這樣的為奴黑人女性，則透過照料頭髮、宣布頭髮是自己有權按自身意願對待的身體部位，來拒斥這種不正義的權利和對身體隱私的侵犯。當蘿絲決定放棄她的一綹頭髮——她的一部分——時，她進一步提升了這種自我權利。蘿絲為了艾緒莉剪下一綹頭髮，將一份自尊、自我照顧和相互幫助的證明交到艾緒莉手中，這樣的態度使得被囚之人得以繼續活下去，甚至有時能因自身裝扮而擁有片刻的愉悅。[60]

蘿絲將曾是自身一部分的頭髮作為禮物送給艾緒莉，因而在艾緒莉的生活中植入了蘿絲確實存在的有力提醒。頭髮可以作為回憶與社會連結的信物，敉平奴隸貿易所拉開的距離。舉例來說，曾於德州為奴的霍金・威廉斯（Hawkins Williams）在與姐姐和母親分離後，寫信給住在維吉尼亞州的姐姐，請她寄一撮外甥女的頭髮給他，作為紀念。「拜託你寄一撮茱莉亞（Julia）的頭髮給我，我們分開的時候她還是襁褓裡的嬰兒，我知道她現在已是年輕女孩了，但我希望她不會拒絕深愛她的舅舅的這個請求。」[61]也許，蘿絲想藉由她的頭髮來創造出親近感，讓女兒知道她們之間的情感連結會在回憶中長存。她也可能想透過她的頭髮來表達一份哀傷但堅毅的情感，這樣的情感也浮現在另一位為奴母親的心中——北卡羅來納州的菲比（Phebe）在隨奴隸主搬離該州的前夕如此寫道：

「我親愛的女兒，有段時間，我一直抱持著能在這世上與你再次見面的希望，但現在這個希望已永遠熄滅。我應該會在下個月沿密西西比河前往阿拉巴馬……如果我們在這世間無法再見到彼此，我希望我們能在天堂重逢，在那裡，我們再也不會分開。雖然我們的肉身分隔兩地，但我們的精神能與彼此同在。讓我們為對方祈禱，並努力保持信實直到最後。再見，我親愛的孩子……永別了，我親愛的孩子。」[62]

菲比必須告別的，不只有她在信中提到的女兒艾咪（Amy），也得離開另一個有孕在身而無法旅行的女兒，以及幾個孫子女。如果菲比隨信附上一綹頭髮，而且這封無望的信件的確曾到達艾咪手中，那麼艾咪很可能也會無比珍惜菲比的頭髮。菲比的女兒艾咪和蘿絲的女兒艾緒莉，可能都曾感覺到頭髮承載著一種意義，甚至是一種神秘感。因為頭髮存在於奇異的中間地帶，不受生物或文化分類的影響。我們頭上的頭髮既是死的，又是活的，是身體的一部分，但又不是身體的一部分，頭髮自人體中延伸出來，跨越了社會空間。頭髮甚至不會腐朽，具有使時間停滯的奇異特質。因此，髮絲確實可能被視為一種特殊的材料，代表著贈與者的生命。[63]

蘿絲和艾緒莉身處的維多利亞時代的白人也認為，頭髮能讓分離的人們重聚。十九世紀和二十世紀初普遍的文化行為顯示出，許多人把頭髮視為是親人之間的連結，即使親人已死亡而永離。嵌髮製品（hairwork），即將頭髮放入珠寶、鈕釦或花環中所製成的物品，是十九世紀感傷主義（sentimentalism）精神的產物和典範。一八五〇至一八九〇年代之間，這樣的習俗達到了流行的頂峰，白人中上層階級的成員為了紀念已故親人或浪漫愛情，會保存對方的頭髮。藝術家用人髮製作出無數奇特的飾品：用頭髮編織的項鏈和手鐲上有黃金和寶石製成的釦環；在繪有微型風景的盒式吊墜與胸針中，壓入頭髮以製造出色彩變化和紋理；戒指、耳環和手錶鏈上鑲嵌著髮辮；以頭髮為線的有框刺繡。戀人之間交換以髮束點綴、繪有對方眼睛的圖案，並將其鑲嵌在戒指或吊墜小盒上。[64]紀念珠寶（以及用死者的頭髮和乾燥花製成的花環）是最受歡迎的藝術品，人們製作這樣的物品是為了提升並表現情感。人們佩戴或留存死去親人的頭髮，「將這份悲傷具現化」。這是一種實際的提醒，持續喚起對已逝之人的情感（包括失去至親的痛苦）。[65]對維多利亞時代的人來說，頭髮是一種情感素材，能充當情感連結或情感線索。頭髮本身是一種天然纖維，具有類似於羊毛的特性，特別之處則在於其屬於特定人體——這份意義相當合理。

就像與十九世紀美國中產階級和上層社會的其他流行飾品一樣，精美的嵌髮製品是給白人配戴的。一位查爾斯頓的藝術評論家，在一九四〇年代回顧維多利亞時代的工藝時指出，「活人的頭髮……被用於浪漫和時尚，被宣傳為比珠寶更令人嚮往的製品，與細白的皮膚形成鮮明對比。」[66]生活優渥的白人女性接受過刺繡這種端莊的「女性工藝」訓練，她們是最常見的嵌髮飾品製造者。她們的作品是私人的紀念品，用於人際交流，而不是交付市場交易。比較有錢的人會雇用嵌髮製品藝術家，她們大都是女性，能將客戶所愛之人的髮絲製成精美的「刺繡品」。雖然確實有非裔美國人在十九世紀成為了嵌髮製品藝術家和商人，也遵循維多利亞時代的文化習俗，但一位歷史學家認為，他們對於與人體分離的頭髮的看法，可能與當時的維多利亞白人不同，他們認為這是奴隸貿易從他們身邊奪走的孩子仍然活著的證據。若此事為真，那麼頭髮便是希望的象徵，而不是死亡的紀念。[67]

因此，對維多利亞時代的人而言，頭髮證明了分離並不一定是最終結局。事實上，分離是不可能的，因為人與人之間緊密相連，頭髮就是明證。得獎的纖維藝術家索妮雅・克拉克在提到當代人對於頭髮這種素材的經驗時說：「頭髮是跨越時間的線，將我們與祖先連在一起。」克拉克使用人類的頭髮重製普通物品（如小提琴弦），也在畫布上以絲線重現當代非裔美國人的精巧辮子。[68]克拉克將整理頭髮視為「原始的纖維藝術」，也將頭髮視為一種充滿跨文化和跨歷史意義的特殊素材。她說：「頭髮就是力量。看看參孫（Samson）的神話、看看拉斯塔法里辮（Rastafarian dreadlocks），以及安琪拉・戴維斯（Angela Davis）在一九六〇年代時梳的非洲髮型。頭髮每年大約會長五英寸，如同希臘神話命運三女神中的拉克西絲（Lachesis）一樣，測量著我們的生活。頭髮是DNA的載體，是身分的本質。在每束頭髮的深處，都留著我們往日的根和歷史的遺跡。」克拉克的藝術源自於為奴非洲人的視覺藝術傳統，她認為頭髮是我們「認識祖先」的一種方式，這與約魯巴人（Yoruba）的信念一致：約魯巴人認為對於自我的認識來自與祖先的連結。頭髮是基因載體，在離散的家譜中一路追溯至最初的起源，若按此脈絡思索，頭髮聯繫著現在（和未來）的生活與近在咫尺的過去。[69]那麼，蘿絲的那綹頭髮可能是一份提醒，提醒艾緒莉不僅出自非洲先人的古老血脈，也出自更大的人類家族。這樣想來，頭髮的作用與歷史相同，它將不同個體連結起來，跨越巨大的時代差距和故事支線。

艾莉莎・波特是一八五〇年代的黑人髮型師，此時艾緒莉還在南卡羅來納為奴。艾莉莎明白當時種族、性別和階級的情況，導致女性相當重視整理頭髮。艾莉莎是出生在紐約的自由人，曾做過家庭幫傭，有過一段短暫的婚姻。在擔任髮型師的期間，她到過加拿大、俄亥俄州、紐約、英國、法國和美國南方各州。她曾幫助一位為奴之人逃離肯塔基的監獄，因為她相信世上有比美國奴隸法更高的律法，她稱之為「上帝的律法」。職涯早期，艾莉莎受雇於一戶人家，與他們一起前往巴黎。在那裡，她學會了法文，參觀了凡爾賽宮，並開始為一位伯爵夫人工作。她跟著伯爵夫人學會了手製假花、縫紉和美髮等「精緻藝術」。對於這些手藝，艾莉莎表示：「除了做美髮，沒有其他事能讓我高興那麼久。」她帶著法式風格的「美髮技藝」來到美國，吸引了富有的白人顧客。[70] 一八五〇年代初，住在辛辛那提的她會前往肯塔基、路易斯安那和密西西比，為南方淑女設計髮型。艾莉莎為白人權貴和一心向上的中產階級所提供的服務，在當年極受歡迎，她為宴會和婚禮設計髮型，也為當時的富人和名人做了詳盡入微的紀錄。她在一八五九年發表的著作，直白地揭露了奴隸制社會的面貌，也詳細描述了她作為髮型師和觀察記錄者的工作。

回到辛辛那提後，艾莉莎在市中心一個體面的白人社區外圍過著舒適的生活，她歡迎所有曾經為奴的女性造訪她家，也在此培訓美髮學徒。[71] 她視自己為「倚靠大眾謀生」的商人和手藝者。[72] 艾莉莎生活在「黑人女性服務白人顧客的個人需求」這個由來已久的傳統中，她細心觀察並傾聽。一八五九年的評論家對其回憶錄的評論為「敘事生動」、「暢銷作品」，顯示出她是一個精明的觀察者，具有記者的眼光與聽覺。[73]艾莉莎說，她有能力看穿虛偽的表演：「我在這卑微的位置上已看過太多的人性真相，只要看著某個男人或女人，就能知道他們是什麼樣的人。」艾莉莎以極具洞察力的目光看見，美國女性希望嫁給有頭銜的歐洲男人，但這些男人與她們交往只是為了重回富人的行列；有錢丈夫在公開場合寵愛自己的妻子，關起門來卻虐待她們；還有一位住在南方沿岸的女士，在度假時假意要幫助為奴女孩重獲自由，實際上卻欺騙了她並把她賣掉。[74]

艾莉莎以獨有的方式記錄歷史。她留意、記錄事件的能力來自於她敏銳的思路和她進入人們生命中私密空間的機會。正如她在著作開頭的「作者呼籲」中所宣稱的：

「醫生也寫日記，他發現隱藏人生奧秘的方式無疑是偉大的。投身服事的神職人員獲得人們的深深信賴……他和熱切的世界分享了他的日記，還有許許多多能記錄人們家庭生活的人存在；但美髮師在這方面不比任何人遜色……她以更簡單的語言講述故事，但故事同樣真實、同樣奇特。」

雖然艾莉莎表示她的敘事很簡單，但她也肯定其背後的智識勞動價值，拒絕「向對手認輸」，此言之意，是她拒絕將作家的權威讓給那些教育程度或階級更高的人。她更在書中直接稱呼自己為「歷史學家」。[75]我們可以說，在艾莉莎的回憶錄中，美髮和書寫歷史同樣需要詮釋人類社會生活之技巧。事實上，頭髮與歷史之間似乎有種親緣關係，因為兩者都有人類血脈深埋其中。正如維多利亞時代的人們所感受到，頭髮是人與人之間的連結；也正如我們現在所知道的，頭髮也是今昔之間的基因聯繫。這兩種象徵意義，在蘿絲決定把頭髮放進布包時匯聚一處。蘿絲把自己的頭髮送給艾緒莉，將自己的一部分傳承下去，同時也傳承了奴隸制度斬不斷的精神連續性。她的禮物也許曾提醒艾緒莉，她是在種族仇恨中生還的黑人家族的一分子，也是曾經不知種族仇恨的人類大家庭的一分子。

內有衣服、堅果和頭髮的布包，已經被小心翼翼包好放置一旁，此時的蘿絲可能已開始思索如何將布包交到艾緒莉手中。她是否曾像薇萊特在喬治亞州尋找寶貝女兒時那樣，請求莊園主幫她確定艾緒莉人在何處？她是否曾試圖通過馬丁家其他奴隸，將布包送到蜜貝里莊園？替自己或孩子追尋自由的為奴女性，總是在向盟友尋求幫助。我們已從諸多奴隸敘事中得知，有許多黑人及白人男女向求助者伸出援手。我們也從曾於查爾斯頓為奴的女性所留下的紀錄中得知，這些女性倚靠彼此、團結以追尋自由。[76]

在奴隸制的歷史中，也出現過母親為了贈物而透過別人追蹤孩子下落的案例。有個感人的故事是這樣的：一位名叫溫妮·馬丁（Winnie Martin）的為奴女子，從母親那裡繼承了幾顆珠子。後來溫妮與一名白人男子發生性關係，她與女兒因此被賣掉、被迫與她的小兒子約翰・馬丁（John Sella Martin）分離。在尋找兒子的過程中，溫妮設法獲得「一個來自鄉下、帶著一堆棉花的黑人男子」的幫助。這位男子找到溫妮的兒子時，他正和喬治亞州的新主人一起躲在一家賭博旅館裡。他遞給孩子「一塊以繩子綁起來的棉布」。後來，成年的約翰回憶起童年時這個極其震撼的時刻：「我打開布包，幾顆藍色的玻璃珠映入眼簾——這是外婆去世時送給媽媽的紀念物。所以我知道這個人是來替我母親傳遞訊息……她以前常說，沒有任何事情能讓她與這些珠子分開。」[77]溫妮找到了一種巧妙而勇敢的方式，透過物品來安慰她的孩子，使他永遠記得母親的愛和家族血脈。

蘿絲可能也曾尋求幫助，請人替她遞送這個緊急避難包。她是否曾懷疑艾緒莉會被送到市中心？查爾斯頓的奴隸販子在市中心藉著傷痕累累的血肉之軀，大賺了一筆。她是否曾冒著被武裝警衛隊逮捕的危險，在查爾斯頓的小巷裡找尋女兒？或是在艾緒莉被賣掉的前夕，她們母女倆並不像早前的歲月裡那樣相隔遙遠？布包上所繡的文字暗示，蘿絲是親手將袋子交給了艾緒莉。也許艾緒莉在離開前曾被人從鄉下的莊園短暫接到夏洛特街的房子裡。如果蜜貝里・馬丁把艾緒莉接到城裡的磚造宅邸，蘿絲可能曾找到機會與艾緒莉私下交談。蘿絲可能會在夜間行動，③因為夜晚是為奴之人製作紡織品、稍微整理簡陋住處、在鍋裡燉煮多餘食物，以及計畫並逃亡的時間。[78]也許，蘿絲在一八五三年某個黑暗的春夜或夏夜④中，曾將寶貝女兒拉到院子的角落，把她摟在懷裡，輕撫她沾了塵土的髮辮。[79]不過，我們對於這個時刻的了解只能仰賴唯一的紀錄，那便是茹思．米朵頓所記下的家族回憶。據茹思所言，蘿絲只有幾分鐘的時間能與孩子話別，並把破舊的棉布包交給孩子。在這個離別與死亡具有同等效果的夜晚，蘿絲也許相信這幾句話是她對孩子說的最後言語。[80]若果真如此，我們可以細細探究這個概念：棉布包就像是一個生前的遺囑，表達了蘿絲希望女兒在前途未卜的殘酷路途上該做什麼——以愛為盔甲，繼續前行。

小艾緒莉在收到這份沉重的禮物時有何感受？也許她的反應，與年幼的約翰．馬丁收到他母親的信差交給他裝著珠子的「破棉布」時相仿。約翰在他的回憶錄中說：「我全身都在發抖」，他與家人離散，然後又突然找到他，此事令他深受撼動。如果艾緒莉也打著顫，如果她在蘿絲的懷抱中哭泣，她可能也會緊緊抓住母親那晚遞出的救命索。蘿絲在恐懼的灌木中開創了一幅生命的願景，並將這幅願景裝進布包裡。蘿絲所展現出的母性，因其得來不易而更加堅不可摧。[81]像蘿絲這樣的為奴母親會不擇手段地為了孩子與獵犬搏鬥。她們這麼做不僅是為了拯救個別的孩子，也是為了拯救黑人家族的血脈。[82]

蘿絲是什麼時候知道的？我們必須假定蘿絲一直都知道她所生下的孩子會失去母親。因為偷竊母性就是奴隸制度的根基。自跨大西洋奴隸貿易開展的十五世紀末，到美國國內奴隸貿易加速發展的十九世紀初，再到今天，非洲人和非裔人口持續承受著失去母親的危機。曾寫下回憶錄的文化理論學者莎迪亞．哈特曼在前往迦納尋根時，捕捉到了這種影響重大的歷史狀態。她將在這趟旅途中所得的驚人見解，寫成精彩的旅遊記敘。哈特曼在這本名為《失去母親》（*Lose Your Mother*）的著作中提到，剝奪母親是奴隸貿易的強制作法，失去母親則是非裔美國人真正的經歷。[83]我們因失去母國、母語，無法獲得母親對於我們新名字的了解，而深感痛苦。甚至可以說，尋找真正歸宿和試圖修復關係，就是當代黑人意識的核心。面對失去母親這般深具毀滅性的事件，我們祖先的答案是母親之愛：一份緊抓在手中、坑坑疤疤的堅持，堅持著延續血脈、堅持著照顧後代。[84]原來，蘿絲收拾穩妥的，是一份對於黑人生命之肯定，並用愛包圍、將之藏於布包之中。

③作者註：夜晚往往令人心生畏懼，人們害怕隱身於不可見之中的東西。不過，夜晚卻能助逃亡者一臂之力，是地下抵抗運動的隱形斗篷。黑暗帶著一種特殊的緩衝感，有時也能讓為奴之人感到有力量。對於被俘虜、被追捕的人來說，把自己看作是「黑夜的一部分」可能也是種與大自然的「親緣關係」。

④作者註：一年中的任何季節都能販賣奴隸，這取決於奴隸主的需要或想法。不過，市場有其週期性，就像農作物的生長週期一樣。一般販賣奴隸的季節是九月至五月。秋天是奴隸交易的旺季，因為奴隸販子常在夏天收集「貨物」。

# Chapter 4

# 蘿絲的物品清單

「酒類：七千七，夏洛特街故居的家具：四千八百二十，瓷器與玻璃製品：兩百，兩輛馬車和鞍具：四百，一匹馬：一百五，一頭牛：一百，奴隸西塞羅：一千，奴隸索菲雅：四百，奴隸詹姆斯：一百，奴隸傑克：一百，（標記同上）蘿絲：七百，（標記同上）大衛：八百，（標記同上）老女人：一百，銀盤：兩千五……」

——羅伯．馬丁的財產估價單，一八五三[1]

「內有一件破衣服、三把胡桃、一縷蘿絲的頭髮。」

——茹思．米朵頓，布包上的刺繡，一九二一

艾緒莉的布包堪稱是前所未見的機會，讓我們能進一步了解為奴女性的生活。蘿絲準備好的布包，和茹思附加其上的描述，構成一份珍貴物品的索引清單。與理直氣壯貶低奴隸的奴隸主的財產清單相比，為奴女性裝入布包中的物品組合，就像是一份相反的清單，指出了黑人女性具深刻價值的人性，以及物品在她們捍衛自己作為人、作為女性的尊嚴時，所發揮的作用。我們發現，茹思繡下的字句中，這行短短的物品描述，是對輕視奴隸的莊園主的反擊。在本章中，我們將停下腳步、思索這樣的觀點：蘿絲為艾緒莉準備的物品之一：衣服，

可作為案例研究，探討黑人女性所珍視的物品。

羅伯・馬丁死後留下的「物品」清單，就像一把量尺在時間裡不斷延伸。我們可以推斷，馬丁相當珍惜他的好酒、花稍家具和華麗銀器，這是清單上最後的物品，接在後面的則是貸款和投資債券等詳細帳目。這張清單告訴我們，馬丁夫婦乘坐的馬車大約相當於兩個黑人孩子的價格；還有，夏洛特街十六號裡被視為財產的人們，在估價師的眼中與物品沒兩樣。[2]就像許多在宅邸客廳或拍賣市場上聽到自己「價值」的奴隸一樣，奴隸主所斷定的價值，可能也成了蘿絲自我評斷的一部分。[3]不過，她列出的清單呢？在這張清單裡，她的價值量尺為何？

我們無法取得為奴之人的財產清單。[4]不過，我們可以從他們的第一手敘述、私人信件和戰後證詞中得知，財產對為奴者和蓄奴者來說同樣珍貴，對為奴者而言甚至更珍貴。雖然一貧如洗，但為奴之人確實也擁有財產，主要是在主人不要求他們工作的時間裡拚命勞動換來的。他們會在晚上或週日的「休息」時間裡勞動，或是在低地區水稻莊園裡完成指定工作後，繼續種植可食作物或製作手工製品，換取其他東西或現金。他們有時（在主人許可的情況下）也受雇工作，得到部分的報酬，可以購買物品。一旦為奴之人獲得物品財產，他們會盡力避免因偷竊或突然搬遷而失去這些東西。一位得獎的法律歷史學家曾指出，為奴者首先考慮的是家人的安全，其次才是私人物品的安全。[5]一位維吉尼亞州的女性不但失去了一個兒子，自己和另一個孩子也即將被賣掉，她在一八五二年悲痛地寫信給她的丈夫：「我和另一個孩子也要被賣掉了……我的東西分開放在幾個地方。如果我被賣掉，不知道這些東西會怎麼樣。」[6]這封少見的信和奴隸敘事皆充分指出，為奴黑人不僅為失去親人而哀悼，也為了失去算得上是生活伴侶的珍貴物品而哀悼。

為奴之人以物質材料支撐、緩解自身的生存，並運用了驚人的想像力、勇氣和膽識來獲得這些材料。製造物品、接受物品、擁有和使用自己的物品，都具有直接的目的，也具有深刻的象徵意義。對於為奴之人而言，物品能緩和冷酷無情的日常生活——鞋子、棉被和飲料杯這樣的實用物品能降低外界影響、緩解匱乏。在一個「財產」於法律上不應擁有財產的社會裡，擁有物品的奴隸破壞了奴隸制的邏輯。擁有物品的黑人得以展示他們的性格，向內與向外反映出自身尊嚴。擁有物品使人產生自豪感，並挑戰了「黑人不配擁有財產」的概念。[7]一位來自密西西比、曾經為奴的女性如此強調：「我的老天哪，如果他們有兩個小盤子、四個大盤子、一個杯子和一個碟子，他們就覺得自己擁有很多了；然後如果有人給他們一張桌子，也許還有一個自製的保險箱，他們就覺得這些是世上最棒的東西。」[8]在一個將黑人視為物品、深深貶低他們的社會裡，擁有財產是一份安慰，能加強自我價值。

然而，十九世紀上半葉的跨州奴隸貿易，支配著絕大多數黑人的生活，所以為奴黑人所製作或得到的許多物品，最終不是丟失、被盜、被沒收，就是被留在身後。[9]有位來自田納西、曾經為奴的女性，在一九二九年或一九三〇年曾接受採訪，當談到她的阿姨時，她起身離開座位，拿了一件特殊的物品回來。「我要給你看我阿姨做的東西，她本來也要為我做一條，但他們把她帶走了。以前她什麼都會做。她本來也要為我做一條床罩，能夠把整張床罩起來，但是白人把她帶走了。」當她撫摸著阿姨縫製的床罩時，她想起了久遠之前的那場痛苦分離。她反覆重述阿姨被賣掉的那一刻，證明了這場分離造成的創傷，在南北戰爭後的幾十年裡仍深深影響著她。這位發言者很珍惜阿姨的手工製品，即便在經濟匱乏的大蕭條初期仍拒絕賣掉這件紡織品。「經濟真的很吃緊，」她在談到這條床罩時說。「有天，一個白人女子告訴我，如果我把這個東西帶到城裡去，一定能換到錢。但在我有生之年絕對不會把它賣掉，因為這是我阿姨做的。」[10]在這位發言者眼裡，床罩本身「已經帶來比金錢更有價值之物」，那便是與被從身邊奪走的阿姨的親近感。這位曾經為奴的女性長大後成了一位製被師傅，她懇求自己的孩子一起製作床罩。也許她希望這些床罩之中也會有一條具有特殊意義，有一天也能承載她們的回憶。

對於好幾代被剝奪了自由的黑人而言，物品財產具有很深的情感價值，不僅代表著夢想，也代表著彼此之間的連結——連結著他們選擇作伴的人，而不是他們被迫作伴的人。物品以這樣的方式連結至親，並體現家庭成員的奉獻精神，甚至能跨越難以逾越的距離。[11]與法律上擁有她的馬丁家相比，蘿絲擁有的極少。但茹思在艾緒莉的布包上所繡下的物品清單已告訴我們，蘿絲將自身情感貯藏於何方。蘿絲打包的物品中可能有些是為了潛在的交換價值而被選中，如胡桃。但清單上不曾標明價格或等價之物，因為這些物品在回憶中並不是被打算拿來交易的。正如蘿絲的後代所理解的那樣，對蘿絲而言，這些物品具有更深的意義，具象徵價值而非商業價值。蘿絲無比珍惜這些確立關係連結的物品，她的作法無聲斥責著奴隸主那份毫無情感可言的清單。

## 衣服的語言

茹思所繡下的物品清單中，首先出現的是一件破衣服。這樣的排序使我們理解這件物品的重量。這段文字告訴我們，衣服要不是第一件被放入布包中，就是第一件在回憶中浮現，或是家族裡在講述這個分離故事時所強調的物品。這份清單與其上的排序透露的，也許是刺繡者茹思的個人特質——我們會在後面的章節中看到，她在費城因其入時衣著而受到大眾關注。無論衣服是不是蘿絲第一個收入包中的物品，我們都能由清單中得知她立刻就想到了艾緖莉的衣著問題。蘿絲和許多為奴女性一樣，都知道衣服同時具有物質和社會意義。藉著為艾緖莉準備衣服（儘管這件衣服可能已破爛不堪），蘿絲堅定主張艾緖莉有權得到身體保護

一名或多名身分不明的為奴女性所製作的衣服。史密森尼非裔美國人歷史和文化博物館的藏品，由洛伊絲．亞歷山大－萊恩（Lois K. Alexander-Lane）創辦的黑人時尚博物館（Black Fashion Museum）所贈。

和女性尊嚴，同時也強調了這兩者之間的關係。一件破衣服對蘿絲和她的為奴姐妹來說，可以有千種意義：保護、榮譽、藝術、回憶、連結。在我們的手裡、我們的想像裡，蘿絲交給艾緒莉的那件衣服可能是一份社會關係的指引，交織了種族、基因和社會地位等複雜的因子。

在人類歷史的長河中，出身相異氣候區和文化的人們都透過衣物來展現人與人之間的複雜關係。[12]人們藉由衣服的顏色、圖案、質地、纖維類型和縫紉女工具特色的裝飾技巧來傳遞社會訊息。[13] 在美國南方，服裝是「一種語言」，奴隸主和為奴之人相當流利地使用這種語言。[14] 這兩個群體之間的關係，是建立在「一方可以控制另一方」的權力差異之基礎上，而肉眼可見的區別則能強調這種極為關鍵的差異。將黑人歸類為適合為奴的種族（殖民者先前也曾將「印地安人」歸類為適合為奴的種族），本身就仰賴視覺上的粗略劃分。如果某個階層的人具有容易識別的特徵，就更容易把他們挑出來歸類為下等人，因此膚色、髮質和臉部特徵，這些都構成了種族的要素。布料則是附加之上的表層特徵，標誌著誰主宰別人的生命、誰的生命又受人主宰。奴隸主試圖將墮落的奴隸制度具象化、戲劇化，用染成單調顏色的粗布和簡單的印花來覆蓋為奴之人的棕色身體。男主人和女主人試圖硬性規定家裡的工人可以穿什麼布料、什麼款式，顯然是想要強調這些人的低下地位。那些將奴隸制度系統化、法典化的國家，甚至將服裝禁令寫進了名為反奢侈法（sumptuary）的法律條文中。

南卡羅來納的立法者在一六九〇年通過了殖民地的第一部奴隸法：《改善奴隸秩序法》（*An Act for the Better Ordering of Slaves*），是這類法典的先驅也是最重要的一部。裡頭寫著：「英國國王的美洲殖民地引進並允許奴隸制度，那些被稱為黑人、印地安人、穆拉托人和莫士蒂索人的人們，被視為絕對的奴隸。」此法規定，除非另有其他規定，任何奴隸都不能在沒有外出許可的情況下離開奴隸主的宅邸，並承諾若國家處決這些人類財產，奴隸主將得到補償。到了一七三五年時，立法者更在奴隸法中加碼限制服裝支出。該法第二十六條詳細列出奴隸允許穿著的服裝：

「鑑於本地許多奴隸的穿著遠超出了奴隸的生活條件，他們為獲得這些衣物使用了陰險邪惡的手段……任何黑人奴隸或其他人種奴隸的主人或業主（除男性侍從與男孩侍從外）都不得允許、忍受這些黑人或其他人種奴隸擁有或穿著任何比黑人粗布、粗呢、粗羊毛布、粗紋平織布、藍亞麻布、格子亞麻布、格子粗麻布、格子花布、格子棉布、蘇格蘭格子布、蘇格蘭粗麻、蘇格蘭花布更高級、更有價值的任何衣服，否則將沒收任何奴隸主讓其黑人或其他人種奴隸擁有、穿著的此類衣物。」[15]

統治南卡羅來納的少數貴族領主知道，服裝具有強烈政治意味，展現出一個人的道德價值、社會地位和社會津貼。[16]不過，在卡羅來納開始進行奴隸制度實驗的短短幾十年後，為奴黑人就獲得了遠高於他們地位的材料和服裝。為奴之人（尤其是為奴女性）主要透過與白人男子的長期私通關係來獲得高級布料。男性與女性奴隸都會在一對一交換和典當的非正式市場或地下黑市購買布料和成品。[17]他們會用自己在奴隸主規定必須工作之外的時間，額外出租勞力所賺來的錢，購買他們覺得會令自己與眾不同的物品。

南卡羅來納的反奢侈法，指控黑人為獲得這些衣物使用了「陰險邪惡」的手段。這種幾乎不加掩飾的語言，顯示出當時的人懷疑黑人為了獲得高級衣物而出手偷竊、在性方面行為不檢。眾所周知，查爾斯頓市區就像紐奧良一樣，是白人男性權貴以相對明目張膽、刻意謀劃的方式與為奴的有色人種女性發生性關係之處。這樣的關係有時是透過脅迫或暴力來建立，有時則是透過在暗處的物質交換來建立，而且往往會有一系列複雜的動機和互動結合了上述因素。儘管法律禁止為奴女性穿漂亮衣服，但在這個迷人的港都裡，為奴女性的外表和服裝有可能比自由的白人女性還要吸睛。查爾斯頓附近的另一個沿海城市薩凡納也是如此，長期旅居該城的艾蜜莉．柏克說，在南北戰爭之前已很難區分出誰是奴隸、誰不是奴隸。「一般而言，城裡的奴隸都穿得很好，」柏克表示。「許多人甚至穿得很華麗，以大量昂貴的珠寶裝飾……我曾在街上看到過膚色淡黑、穿著極美的女士，當人們告訴我她們是黑奴時，我真的難以相信他們的說法。」這位新英格蘭教師的評論顯示出，就像膚色一樣，穿著也是辨識南方人社會地位的關鍵。住在市區的為奴之人意識到了這點，並利用了相對於鄉下更多的機會和能動性。後來，當艾蜜莉．柏克在一個莊園主家作客時，遇到了一個年老的為奴女性，她「穿著粗棉長袍走來走去」，「想偷看一下新來的訪客」，柏克承認她感到「有點好笑」。看到黑人（特別是黑人女性）打扮成她預期中地位低下之人的模樣，似乎緩解了柏克的社交焦慮。[18]

柏克的困惑和不舒服指出，服飾在南方社會是一個有爭議的領域。服裝不僅標誌出地位，也標示出地位之穩定性（一如著名的南北戰爭歷史學家所言）。[19] 誰能獲得哪些布料，誰被允許穿著哪些服裝，這些變化都預示著社會的波動。雖然有些奴隸主違法允許受寵的奴隸擁有漂亮衣服，也有些為奴男女未獲得主人允許便自己弄來這些衣服，其他白人卻強烈抗議黑人穿著高級衣物，並出言嘲弄他們認為是在模仿白人的服裝風格。一七七二年，有個住在查爾斯頓某位有錢莊園主家的歐洲旅行者，在《南卡羅來納公報》（*The South-Carolina Gazette*）上發表了一封投書，譴責市區黑人的舉止。他發現鄉下的奴隸穿著與他們相稱的服飾，「衣著適合他們的生活條件，滿足、清醒、虛心、謙遜、有教養、有禮貌」，但他認為查爾斯頓的奴隸「完全相反，他們放肆無禮、傲慢無恥，許多女奴穿得比普通婦女還要漂亮」。這位刻薄的觀察者以「異鄉人」為署名發表了指控，指責黑人女性「會向任何願意給她們一分錢的人獻上身體」，這是他從他的莊園主朋友那邊聽來的。他還譴責白人男子「身為丈夫仍與黑人女性同居……而這些女性將所有人都當成值得歡迎的床伴」。[20]

在十八和十九世紀裡，為奴女性有時會把白人性伴侶的注意力，引向她們被禁止擁有的服飾，此事確實不假。可是黑人女性的回憶錄也告訴我們，她們在這種有可能獲得更好的物質條件的性關係中，必須付出巨大的身體和情感代價。我們也可以把層層包裹黑人女性身體的絲綢和印花布視為某種「武裝」，是抵抗言語和身體攻擊的方法。將高於她們地位的衣服穿上身，是希望獲得白人所擁有的衣著安全，身體裹在蕾絲花邊、鋼圈和荷葉邊裡的白人女性身體是私密的，隔離了不速之客，並標示出「家族地位」這個可以用來保護自己的隱藏資源。上層階級白人只將為奴女性所有人都視為淫亂的「黑人娼妓」，沒有注意到她們為獲得美麗服飾所付出的無聲而隱秘的情感代價。21

這位來自歐洲的「異鄉人」問道，為什麼女奴會披著「華麗」的衣服在公開街道上閒逛？負責監管她們的「行政官、警官和看守者」在哪？那些衣著華麗、賭博喝酒，在他認為應該如水晶般潔白的城市空地上大聲咒罵的黑人，是這個殖民地裡險惡而隱秘的威脅。這位異鄉人問讀者，「我們能仰賴這些言行可怕的黑人嗎？」答案是：不行。我們不能指望被俘虜的黑人和印地安人會心甘情願地任由靴子踩在背上並維持現狀。幾乎無法想像有什麼情況，會比仰賴一個有各種理由痛恨你的階級還要更令人膽戰心驚。蓄奴者擔心奴隸穿著高於他們地位的衣服，從而展現並獲得與主人平等的感覺，這等於是在通往公然叛亂的道路上邁出第一步。南卡羅來納不得不馴化、籠絡為奴之人，以充分享用奴隸勞役，他們使用「衣服的語言」這種隱微的手段，也使用實施體罰的「囚犯工寮」這種殘酷的手段。

殖民時期的立法者在一七三五年通過了關於奴隸服裝的法案，以使人們的服裝符合社會階級。某些衣服只有某種人能穿，就像兩個世紀後，吉姆克勞法時代的浴室和飲水器一樣。在南卡羅來納，直到一八一四年才出現規範奴隸服裝的新法，查爾斯頓當時的官員通過了一項法令，禁止奴隸主讓「戴著鐐銬」或「衣衫襤褸」的奴隸出現在公眾場所。權貴統治者顯然害怕奴隸穿得太華麗，也害怕他們穿得太淒慘。他們不准奴隸穿著漂亮的衣服，但家父長制已牢固確立的幾十年後，他們又試圖藏起殘酷的景象。無論如何，以服裝來壓制奴隸的作法一直都存在。[22]

像羅伯・馬丁這樣的奴隸主為了遵守法律和節省成本，可能會要求各路供應商提供專為奴隸製造的布料。替數百萬失去自由的非裔美國人提供低人一等的服裝，可是筆大生意。十八世紀的英國紡織品製造商最早開始供應此類布料，不久後新英格蘭公司也開始生產，在十九世紀早期和中期則以麻州和羅德島的公司為主，接著南方的布料生產商也加入行列。[23]他們為了替這些被視為財產的人類製作衣服，刻意生產品質低劣的布料，有效率地以質料很差的纖維做出粗糙的布料。有幾種符合此風格的布料開始成為奴隸服裝的代名詞，也有越來越多製造商為了製造奴隸服裝而購入這些布：粗紋平織布（osnaburg，一種未加工的德國亞麻）、亞麻絨布（linsey-woolsey，一種粗亞麻布，有時由棉毛混紡而成）、自織布（homespun，家庭或莊園自行製造的布料），某種程度上花布（calico，平紋印花棉織品）和麻布（hemp）也算在內。這些製作奴隸衣物的布料常是白色的，製造商會將其染成藍色或灰色，或織成藍色和白色的條紋或格子。統一的色調和花樣旨在標記特殊族群，與監獄服裝和強制蒙頭相似。統一的服裝不但能宣傳穿戴者的次等地位，也能消滅個體性並阻擋人們透過服裝表達文化身分。[24]

製造商、銷售商和買家將這種特殊的布料稱為「黑人粗布」（有時也稱為「黑鬼布」、「莊園布」或「奴隸布」）。[25]黑人粗布不是一種特定的布料，而是一個雜亂無章的類別，只要具備廉價、粗糙、暗淡等能夠公開識別和貶低穿著者的特質，就算得上是黑人粗布。雖然形形色色的白人勞動階級和窮白人也會穿由亞麻絨等的廉價布料製成的衣服，但他們會試圖取得他們所能負擔得起的最好布料，而不願穿上市場定義為黑人粗布的布料。不過，南卡羅來納和其他地方的蓄奴者卻不遺餘力地購買這種布料，這種布料本身就是品牌，傳遞著與奢侈品恰恰相反的訊息。隨著新英格蘭的布料製造業在工業革命中蓬勃發展，這種布料變得更加容易取得。莊園主會直接向美國供應商訂購黑人粗布，特別是位於麻州的洛厄爾（Lowell）的工廠（當地工廠以奴隸生產的棉花來製造布料）、羅德島的和平戴爾製造公司（Peace Dale Manufacturing Company），還有本地的經銷商，這些經銷商還會在公布大量「逃亡」奴隸資訊的報紙上刊登廣告。[26]

黑人粗布能創造出一種違反直覺的雙重效果，令那些被迫穿上的人在社會中成了顯而易見的卑賤下等人，但卻又隱去了他們作為社會中有價值行動者的身分。[27]無論社會地位高低，任何路過某個新城市或陌生之地的自由白人只要瞥上一眼，就能根據該地居民衣服的布料、剪裁、風格和新舊而得知那個人會得到何種待遇。因為奴隸的服裝除了以粗布製成之外，品質也是粗製濫造，毫不在乎合不合身或風格問題。女性穿的是素色寬鬆長連衣裙和襯裙（寬鬆的內衣）。有些為奴之人會有鞋或外套可穿。奴隸兒童——男孩和女孩——常會穿著類似寬鬆恤衫的衣服，他們稱為套頭衫（slip）。有位英國記者在造訪南卡羅來納州的某座水稻莊園時，描述一個年輕女孩穿著毫無剪裁可言的「布袋」。[28]雖然黑人粗布是由粗糙而結實的纖維製作而成，但在美國東南沿海亞熱帶氣候日日艱苦的勞動中，這種衣服很快就會殘破不堪，使得為奴之人在多數時間看起來都衣衫襤褸。[29]

莊園主或莊園管理人每年通常會發放一到兩次衣服。夏裝和冬裝各家不同，但通常只會有一到兩套當季的完整衣物或縫製衣物所需的布料。奴隸買賣將路易莎・皮克與母親拆散幾十年，但她從未放棄尋找母親。她詳細描述了為奴之人的淒涼衣著。她回憶道：「夏天裡我們只穿兩件衣服，內衣和用藍色自織布製成的外衣。喬治亞的人專門為有色人種製造出這種上有條紋的自織布。」[30]一位曾於田納西為奴的女性在受訪時也說道：「我們在聖誕節之前都是打赤腳……春天時，他們會買棕色的家用布來做內衣，這樣你就有兩件衣服可穿。有些更慘的人只有用白色格子布做的連身裙，這種衣服很緊，有時一繃就破了。」二十世紀初，有位男性在受訪時，描述了他曾為奴的莊園裡男孩和女孩的衣服。「男孩在大到可以工作之前都穿小套頭衫。我們管它叫汗衫；他們把布縫起來呈袋狀，然後在脖子的地方開個洞讓你的頭可以穿過去……女孩和男孩的衣服沒什麼分別。成年女性也穿直筒衣裙，她們稱之為麻袋……衣服有時候合身、有時候不合身。」[31]這些毫無剪裁可言的衣服既不舒適也不合身，完全無法保護穿著者免受風吹日曬，且在廣大的社會中削弱了性別之分，但這本是個會嚴密觀察並遵循男孩和女孩、男人和女人之間可見差異的社會。[32]

自由的黑人髮型師艾莉莎走遍美國中西部和南方地區，為富裕的白人女士做頭髮（並留下詳盡紀錄），她談到了紐奧良奴隸主之虛偽——他們穿著精緻時裝在歌劇院「亮相」，他們的奴工卻衣衫襤褸。「有些奴隸沒帽子戴，有些則是衣不蔽體，身上僅存的衣物還是用包裝貨物的粗劣布料做的。」艾莉莎如此指責。她形容密西西比納奇茲（Natchez）城外的奴隸「受到惡劣的待遇」，「衣衫襤褸，食不果腹，而且處處遭到虐待。」談及她旅居南方的經歷時，艾莉莎的結論是：「我無法忍受那裡的殘酷。」[33]品質低劣的衣服（廉價、粗糙、難看、單薄、剪裁極差）讓為奴女性在他人眼中的形象符合其低下地位，奴隸主更希望為奴女性也是如此看待自己。特別是在查爾斯頓如此注重形象的社會裡，破爛笨拙的衣物，與莊園權貴所穿的絲綢、羊毛、珠寶、皮草、羽毛和精美布料，形成巨大的反差。這些黑人窮酸而凌亂的外表，有助公開「證明」他們天生就是下等人。

白人旁觀者也協助散播這種表現在衣著上的明顯缺陷感。來自新英格蘭的景觀建築師和作家費德克．奧姆斯特（Frederick Law Olmsted）寫下了幾句因充滿侮辱而難以讀懂的文字，是關於他在一八五〇年代，旅經南卡羅來納和喬治亞時看到的黑人女性：

「這些婦女用她們的鋤頭擊打地面，彷彿很強壯、有能力從事肌肉勞動。她們臉上的表情一般都很噁心，打扮也醜得不堪入目。她們之中的大多數人的衣著都很粗俗、累贅、骯髒而襤褸；正如我於前文所描述的那樣，臀部周圍的衣服捲起。」[34]

在奧姆斯特眼中，黑人女性有著男性化的形象，因著不雅觀、不得體的裝扮和她們的體能而顯得怪異。在白人女性旁觀者之中，甚至連英國堅定的廢奴主義者哈莉葉·馬提紐也受到由服裝引起的負面刻板印象的影響。馬提紐於一八三〇年代造訪了許多南方莊園，在參觀時湧起了深深的厭惡感。「看到田裡的女奴使人感到一陣難以言喻的厭惡……她穿著極為醜陋的衣服，長而暴露又骯髒的羊毛衫，頭上戴著破舊的大帽，汗水從呆滯的臉上流淌而下，外八的腳步重重踩著地面，雙手拿著犁的邋遢模樣，無法想像世上有更可怕的對象。」馬提紐承認道。在她眼裡，為奴女性穿著有辱人格的服裝以及去女性化的工作姿態，和被視為與種族相關的身體特徵融合在一起，建構出畸形的身軀。服裝所流露出的醜陋和剛毅，被視為是黑人女性本質的一部分。[35]

面對這些粗製濫造、醜化形象的衣服，為奴之人抱怨的是配給不夠，有時會向奴隸主表達不滿，並表示某幾批的黑人粗布品質比較差，甚至拒絕接受特定的布料。十九世紀的奴隸主習慣先努力哄騙奴隸提高工作產量，最後才使用暴力強迫他們工作，所以為奴之人表達不滿有時是有用的。[36] 莊園主和新英格蘭製造商之間的通聯紀錄顯示，奴隸主曾表示他們的工人厭惡某些布料，且有相對的偏好。不過，這樣的談判全都發生在一個有爭議的、不平衡的行動場域中，在這個場域裡，為奴之人可以試圖影響奴隸主的行為，但永遠無法強力使事情如其所願。奴隸主——男奴隸主和女奴隸主——掌控著經濟與施行懲罰的最終控制權，在需要用上它們時毫不猶豫。

有個相當厲害的操縱案例：一位紐奧良的女奴隸主試圖賄賂家裡的為奴女性，好讓她們生更多孩子（從而擁有更多奴隸財產）。在她寫給一名雜貨商的信裡可以看見她的心機，她如此請求這個商人：「我需要你的幫助，多給我二十八碼的廉價花布……圖案請漂亮點。我總是在每個女的……剛生完孩子後給她們一件花布衣……如果能得到點鼓勵，她們會更聽話。」有個白人女奴隸主則體罰一位名為夏洛特的女奴，然後試圖減輕她的殘忍之舉所帶來的影響。她吩咐這位受虐女子「表現得高興點」，然後「以友好的態度對待她」，並借給她一件「絲質衣裙」，讓她在禮拜天穿。夏洛特的外甥女是後來成為第一夫人御用裁縫的伊莉莎白・凱克利，她描述了這個事件，說她阿姨的女主人「在某些方面對奴隸很苛刻」。據凱克利所述，這位女主人「只有一件絲質衣裙」，而且「在那個年代絲質衣裙並不多」，這位女主人發現自己當週有個社交活動要參加，所以只得要求夏洛特把衣服還她，夏洛特肯定對這種翻臉不認人的作法一點也不意外。[37]

為奴之人對於這些心理遊戲心知肚明——用來貶低穿著者的衣物，以及用來壓榨勞動力與確保忠誠的禮物。少數幸運的人逃離了奴隸制並寫下了在南方生活的親身經歷，他們在自傳中經常道出對奴隸服裝和其社會意義的厭惡。這些作家清楚知道此事的危害：奴隸的服裝是次等人的制服，是一種同時施行身體剝奪和社會貶低的方式。哈莉葉·雅各布斯曾在憤怒中回想起她十一、二歲時所擁有的「簡陋衣物」：「我清楚記得弗林特太太每年冬天給我的亞麻絨布衣。我多麼討厭那衣服啊！那是奴隸制的標記之一。」38

一八五〇年代在聖路易，伊莉莎白·凱克利的奴隸主將她出租，她的裁縫技術吸引了客戶的興趣，其中一個客戶借她錢，讓她替自己和兒子贖身。凱克利和她被白人強暴所生的兒子一起搬到了華盛頓，政要的夫人們都向她訂製精緻的服裝。亞伯拉罕·林肯總統的太太瑪莉·林肯是凱克利最忠實（情感上也最依賴她）的客戶。凱克利在回憶錄中思考著她被囚為奴以及在華盛頓度過的歲月，以尖銳筆調寫及奴隸制度裡的權力關係，也寫及她對國家政治的看法。凱克利記得，她四歲時被要求照顧女主人的孩子，當時她被迫從母親居住的「簡陋小屋」搬到主宅邸，她的衣服也變成比較好的「簡單服裝」，「是一條短連身裙和白色的小圍裙」。由此，凱克利也寫下了她第一次被「鞭打」的回憶——她因為不知道如何以正確姿勢抱起嬰兒而被狠狠地暴打。凱克利在很小的時候就學到，他們是以懲罰和羞辱來訓練為奴兒童工作。她的制服雖然是「比較好」，卻仍將她標記為一個理應受到這般虐待的人。39

路易莎極為切身地了解了奴隸的衣服和他們所遭受的刻薄待遇。路易莎出生在南卡羅來納的哥倫比亞附近，她是十五歲的女奴伊莉莎白與奴隸主約翰・藍道（John Randolph）所生的孩子，路易莎才出生不久就離開藍道家了。藍道出售了這對為奴母女，因為路易莎長得太像家裡的另一個嬰兒，也就是藍道和妻子所生的嬰兒。正如我們先前已看到的：路易莎極淡的膚色和筆直的頭髮，是奴隸主性行為不檢的明證，眾多蓄奴家庭都因此深感困擾，尤其是白人女奴隸主。在阿拉巴馬莫比爾（Mobile）的新奴隸主庫克先生的控制之下，路易莎的母親遭受了第二個奴隸主的性剝削，使她連續懷孕幾次。這名奴隸主隨後看上了十幾歲的路易莎，這令我們看見幾代為奴女性淪為同一個男人的獵物的事實——蓋兒・瓊斯正是根據此事寫出她令人戰慄的小說《珂瑞朵拉》。40

幾十年後，路易莎的第三個主人（從庫克那裡將她買去的人）過世了，她獲得自由並搬到辛辛那提。她痛苦地回憶道，她為奴時必須穿的衣服「非常薄」而且「領口很低」。路易莎的第二任主人庫克先生因為她拒絕去他房間、拒絕屈服於他幾乎不加掩飾的性要求，而用牛皮鞭抽她；當時，她布料稀少的奴隸裝扮讓庫克得以輕易地接觸到她十三歲的身體。路易莎描述了對方的攻擊在她身上留下的痕跡，她在回憶中反覆痛苦的說道：「我穿得太少了。」為奴女性穿的單薄衣服，違反了十九世紀社會對於女性的規範，這是她們的服裝與眾不同的另一個特點，不僅是作為黑人而特殊，並且（尤其）是作為女性而特殊。在虐待和誹謗的惡性循環中，奴隸主和旅居者指出，黑人女性暴露的衣著成了她們性欲旺盛的證據。[41] 蘿絲大概也曾意識到，對於一個持續處於身體暴露和虐待危險中的女孩，一件衣服可以改變一切，所以她優先將這件衣服、也許是她唯一一件多出來的衣服，送給艾緒莉。

與為奴女性的服裝相比，《女士指南：舉止、衣著和談話的完美風範》（*The Lady's Guide to Perfect Gentility in Manner, Dress, and Conversation*）的作者艾蜜莉・松韋爾（Emily Thornwell）便曾警告有教養的女士絕不能被發現衣衫不整。此書出版於一八五六年，路易莎在同一年以自由人身分遷入的城市辛辛那提。松韋爾指的是白人女性，但她並沒有強調白人，因為黑人女性在她和她的讀者腦海中並不屬於「女士」。松韋爾表示：「由於疏忽或邋遢而讓女廁顯得混亂……這是不可原諒的。」無論是「酷暑的熱天」還是「寒冷的雨天」，「我們都不能穿著拖鞋，或者露出腿和胳膊，或者流露出冷淡不當的態度，」她說，因為這些行為是「低級人的錯誤」。[42] 為奴女性因為衣服太過暴露、在炎熱的環境中從事艱苦的勞動導致她們需要把裙子撩起來，卻因此被指控為粗魯而放蕩之人，這非常不公平。[43]

為奴女性發現，她們被迫穿著的衣服，侮辱了她們的尊嚴。更糟糕的是，甚至連「手工製作莊園布料」這個繁重而單調的勞務工作，也是由她們自己負責。雖然有些莊園主會為奴隸訂購現成的布料，但大多數莊園主更喜歡指導奴隸自行製造生活用品來節省成本。[44] 為奴女性是奴隸服裝和莊園布料製造過程中的核心角色，大多數為奴女性都懂基本的紡紗、織布和縫紉，莊園裡的奴隸才有衣蔽體、有布可用。莊園分配下去的織品和衣服有部分便是這麼來的，而她們有時也會偷偷製作多餘的布料。阿拉巴馬的某座莊園的莊園主，命令正在哺乳的奴隸母親負責紡線，以便她們在哺乳時也能替主人創造出立即可見的利益。年少時曾負責將她們的勞動成果送到主宅邸的奴隸，稱其為「嬰兒線」。在擁有更多奴隸、生產能力更高的莊園裡，黑人女性被安排到外部特定的織布房或織機房裡工作，女性在此用紡車紡線，用織布機織布。

有些女性是織布工班的工頭，在製造布料的同時也負責管理工作。她們製作的布料會被縫製成衣服，供她們的家人和莊園裡的其他人使用。許許多多曾經為奴的男女，都記得他們的女性親屬在夜裡製造布料和衣服，鮮明地回憶起織布機的聲音。來自北卡羅來納的艾達·愛金斯（Ida Adkins）回憶道：「我媽媽負責織布室的工作。我現在仍能看見她坐在織布機前工作，聽見踏板發出的咚咚聲。」還有一位男性回憶道：「我母親會紡紗。她會為我們做衣服。她會把棉花梳順然後用來織布，一塊布就這樣出現了；然後她會把布放在織布機上，開始編織。我母親也負責所有洗衣、熨衣、做飯和田裡的工作。」這位發言者也分享了這樣的回憶：「我看到我年邁的母親在紡紗，眼淚順著臉頰流下來，她是為了她被賣到阿肯色州的兄弟而哭。」我們不禁要問，莊園織布機上生產的布有多少攙進了悲傷淚水？曾於上文提及麻袋狀衣服的那位發言者回憶道：「我母親在田裡工作……女人得在田裡工作，還得在睡前紡完四捆線。」薇吉（Vergy）也記得小時候得做的織布活，這是常見的工作：「我每天得紡完五捆線，跟那些大人一樣……我必須像這樣拉著線，像這樣把它拉到織布機上，然後用繩子綁住。我告訴你，這可不輕鬆……沒錯，可不輕鬆。」薇吉的母親也在織布房工作，那家的女主人因為一些小事而叫男主人鞭打她母親，當時「媽媽還是繼續織布」。來自阿肯色的艾倫・克拉金（Ellen Cragin）記得她母親「工作時間太長太久」，「有次她在織布機前睡著了」。艾倫的母親被奴隸主的兒子毆打至醒來，她甚至曾親自哺餵過此人。[45]

奴隸主記錄了黑人女性在大莊園裡生產的布匹。伊莉莎・平克尼（Eliza Lucas Pinckney）是一位農業專家和企業家，其家族於十七世紀初由加勒比海的安提瓜島移民到查爾斯頓，她證明了為奴黑人女性出色的紡紗和織布表現。平克尼的父親在英國軍隊中服役，還擔任安提瓜（一個產糖的蓄奴殖民地）的副首長。他不在的時候，平克尼便負責管理著她家在庫珀河畔的莊園。伊莉莎・平克尼被認為是使南卡羅來納廣泛種植木藍的功臣。她讓她家的奴隸用她父親從島上送來的種子進行實驗。在一七四六年寫給父親的信中，平克尼提到了他們家在美國的莊園所生產的布匹：「在卡羅來納的低地區，聰明的女黑人和其他好幾百人都學會了紡紗，製造出品質極佳的布。」[46]這些為奴的製布者也有使用天然染料的經驗，比如主人為了盈利而讓他們種的木藍，以及從樹林中收集各種樹皮所提煉出來的染料。黑人婦女的無償勞動，提供了她們生活、工作的莊園許多所需的布料，使得鄉下的莊園主獲得了他們時常追求的「自給自足」之感。不過，即使在專制體制下，黑人婦女製作的布料也展現出她們的主人無法加以控制的創造力和內心感受。許多織布工的子女回憶道，黑人女性的手工布展現出她們的好技術、藝術性和自豪感。來自阿肯色州的蘇西．金（Susie King）溫柔地回想起她的「好媽媽」，她負責部分的織布工作，以及所有的染布工作。蘇西自己也成為了一名布藝工匠，她告訴採訪者：「我喜歡織布，我喜歡這些鮮豔的顏色：藍色、紅色、綠色和黃色。」[47]

蓄奴社會認為黑人女性必須要會簡單的紡紗和織布，這是適合她們從事的低階工作。[48]只有很少數的為奴女性曾接受過縫紉、拼布、甚至刺繡的進階訓練，訓練她們的人通常是她們的母親，不過她們有時也會在非正式的情況下師從專業裁縫。據說，南卡羅來納莊園主勞夫．伊札德曾於一七七五年與一位住在城裡、名為瑪莎．恰布（Martha Chubb）的婦女簽訂合約，請她訓練八位女奴紡紗和織布。[49]伊莉莎白．凱克利則從她的母親那裡學會了針線活，她的女主人柏維爾夫人「是個苛刻的主人」，她的母親「有非常多工作得做，不只為奴隸做衣服，還得為全家做衣服」。[50]伊莉莎白在疲憊不堪的母親跟前，學會了製造、測量、裁剪和拼裝布料的技能，後來這成了她的謀生之道。她小時候就被派去邊織襪子邊照顧嬰兒，也因此第一次被打。

為奴之人所穿的衣服大部分是這些黑人女裁縫所製作，不是用現場製作的布料，就是用進口的低劣布料。她們也製作其他家用織品，如毯子和棉被。在規模最大的莊園裡，黑人女性必須將纖維紡成線，將線織成布，並在酷熱窄小的宿舍裡製造出這些標誌著奴隸身分的服裝。[51]她們長滿舊繭的手縫製出孩子和其他為奴者要穿的奴隸制服，也縫製出蓄奴家庭在充滿光澤的桃花心木床上所鋪設的精緻圖案被子。這是個「由……為奴工匠所創造出來的隱秘世界，他們使用紡錘、織布機和縫衣針的技能，是戰前南方不可或缺的一部分」。[52]

## 染血的衣服

無情紡車的沉重勞務，壓得為奴女性彎下了腰，不過她們卻拾起了服裝的象徵意義。在這場以紡車為戰場的鬥爭中，莊園裡、農場裡和像查爾斯頓這樣的國際都會裡的為奴之人發動了反擊，他們以極具創意的方式混搭材料，設計出挑戰既定身分的服裝。他們有意且刻意地破壞了奴隸主和立法者對於服裝的控制。[53]為奴男女常常渴望拿到新的服裝與鞋子，布料柔軟的衣服和合腳的鞋子使他們的身體得到尊嚴，挑戰著認為他們這種低等人理應以破布和麻袋裹身的看法。有經濟能力的為奴之人，往往會試圖取得符合自身尊嚴的布料與服裝。莊園經營的商店之帳簿告訴我們，為奴之人如何使用他們稀少的資金。奴隸主在莊園內經營這些商店，因為他們意識到為奴者也追求物質享受，想把這些人的微薄收入放進口袋，同時試圖阻止奴隸購買遠方的商品。

維吉尼亞、卡羅來納和喬治亞等地的莊園商店紀錄告訴我們，為奴之人少得可憐的收入大部分都花在「布、衣服、縫紉用品和手帕」上頭了，在現存的六本莊園帳簿中，這占了百分之六十四點六。食物類則是第二大支出，相較之下只占了百分之十四點六。無法購買新衣服的為奴女性，有時會從女主人那裡偷拿一些布料、絲帶、鈕釦，甚至是完整的衣服，有時還會徹底改造衣服，以免被發現。黑人女性將這些得來不易的布料，變成剪裁高明、配色極美的大師級作品，這些服裝使得「以衣服來實現自我價值和社群價值」的能力再度回到她們身上。[54]

為奴女性透過偷竊、交易或購買等方式，千方百計弄到了五顏六色的布料和漂亮的飾物。她們犧牲夜間時段來為自己製作服裝，也就是利用最常被用來照顧家庭、整理小屋和從事可能掙錢的額外工作的時間。她們以專門買來的布、可自由運用的黑人布，還有自己做的自織布來製作亮眼的服裝。有位曾於北卡羅來納為奴之人描述了他母親曾受到的刻薄對待，「她的女主人不給她衣服穿」，而母親決心為自己縫製衣服。她在丈夫的幫助下得到了一個紡輪，夜裡就在她的小屋裡紡紗。女主人為了占滿她所有的工作時間，命令她每天都必須在莊園的紡紗間待上十二個小時。兒子回憶道，這位母親對此的回應是，「回家後把她的輪子固定在地板上一個能安靜運轉的地方，然後替自己紡紗，以便有衣服可穿」。[55]黑人女性以一種難以想像的方式激勵自己，為自己製作各種衣服，展現了極具創意的想像力、裝飾能力與個人風格。週日往往是不用勞動的休息日，也是莊園邊界的樹林裡舉行深夜秘密狂歡派對的日子，她們冒著被懲罰的風險，在家庭和社群於週日舉辦的宗教、社交聚會裡，穿上這些自己設計的衣服。為奴女性以自然素材妝點衣服，以藤蔓和樹枝複製出南方經典箍圈裙（hoopskirt）的飽滿外觀（箍圈裙象徵著女性之美與一八五〇、一八六〇年代的富裕奢華）。[56]值得留意的是，箍圈也在穿戴者周圍創造出一個「受到保護的空間」，替女性的身體提供了象徵性的保護。[57]清澈月光照耀的片刻，帶來為身體慶祝、歡欣與喜悅的心情，為奴女性終於奪回對自己的掌握。

黑人女孩在穿上符合當年性別規範的衣服時，也體會到一種新的快樂。有位女孩的母親在她六歲的時候就被賣掉了，她記得自己後來被人買下，搬到密西西比州，該處善良的女主人相當憐憫她（善良的女主人是重複出現在許多奴隸敘事中的人物原型，就像殘忍的女主人一樣）。新的女主人說她是「可憐的小東西……一個沒媽的孩子」，然後「找來一些家用布和一些花布，做了……一件衣服和幾件內褲」。數十年後，長大了的女孩憶起當年：「我這輩子從未穿得這麼好過……我走到樹林裡，那是座茂密的雪松林……我拉著我的衣服，就這樣看著、轉圈、再轉圈。」她的描述之生動，使我們幾乎可以看到這個無父無母的女孩獨自在森林裡跳舞的景象，她俏皮地拉起裙襬，以便能欣賞布料。無論這位新主人的動機是什麼，女孩都對自己的整潔和精心打扮感到自豪而愉快，因而經歷了這神聖的時刻。[58]

在日常生活中，黑人女性也以更引人注目的方式抗爭以維護尊嚴。有少數人出於怨恨與自我防衛，大膽地把女主人的衣服從她身上撕扯下來。在田納西州，一名被母親芬妮暱稱為普絲的奴隸女孩，看著女主人不分青紅皂白就抓起棍子毆打母親。在男主人不在的情況下，「媽反擊了，接著就打了起來……我母親的腦海中閃現：把女主人的衣服從她身上撕下來吧……她抓著、拉著、扯著、撕著。商店店主跑過來把媽媽拉走，當時，可憐的女主人幾乎已一絲不掛。」男主人回家後，保證會「根據法律鞭打」芬妮，女主人更宣稱芬妮會被修理到「像塊肉一樣」躺在地上。這次的事件之後，芬妮被出租給外面的客戶；一年後，她穿著「新衣服」，「戴著一對漂亮的耳環」回到家裡來。芬妮以衣服為象徵，讓女兒看見一幅勝利的意象。普絲「決定效仿母親的作法」。「我決定要戰鬥，」她多年後如此回憶，「如果不能戰鬥，我就踢；如果不能踢，我就張嘴咬。」[59]

黑人女性甚至在南北戰爭的混亂中翻開莊園的箱子，穿上女主人的衣服，「想讓她們的興奮緊貼自身的體態」。[60]戰後，自由的概念亦包括穿著體面的權利。伊莉莎白．凱克利講過一個與自由生活有關、希望穿著體面衣服的故事。南北戰爭結束後不久，伊莉莎白在街上巧遇一位從她以前的莊園搬到華盛頓住的女性。這位因年老而彎腰駝背的女性偷偷向凱克利說，希望她住在華盛頓時，林肯夫人會給她一件連衣裙。伊莉莎白將她的期望詮釋成奴隸制度殘留下來的想法，即主人或女主人會發放衣服；不過，這件衣服也有可能代表著爭取尊嚴和維持端莊——這位女性必定認為這些事是自由人理應享有的。61

衣著能讓人的心理與精神煥然一新，難怪黑人女性甘願冒險也要試著擺脫如污點般的黑人粗布和醜陋罩袍。她們即便在極為恐怖的情況下仍在尋找衣物，並以強烈的保護意識緊緊抓住她們獲得的衣服。路易莎·皮克的第二任奴隸主曾因她閃避性邀約而毆打她，她卻在明知對方是企圖換取她的性服務的情況下，仍冒險收下他的六塊半美元。這名奴隸主當時喝醉了，所以路易莎說服自己他會忘記這些錢和以其換取性愛的企圖。她為何會如此魯莽？路易莎以前從不曾將這麼多錢拿在手中，她知道自己要用這些錢做什麼：買件特別的衣服。這件衣服不會像她披在身上那件衣服一樣單薄、乏味、品質低劣。「我在商店裡看過幾次印花薄紗裙，」她說：「我好喜歡那件洋裝，它看起來好美。這件洋裝是完美的白色，上面有一片片粉色的小葉子。」蓬裙和柔軟白布喚起了她的想像力。路易莎的膚色白到足以被歸類為白人，但她的母親是奴隸，所以她永遠無法享有這件美麗的洋裝；也許，她渴望的是無瑕潔白能夠賦予某些女性的保護力量。這條精緻的白裙子印著帶有春天氣息的圖案，似乎映照出善良、尊嚴與純潔，路易莎也想用身體體會布料的品質，以證明她的內在價值。她拿了主人的錢，卻未依命令回到他的房間，導致對方怒不可遏。奴隸主因路易莎的不知順服而狠狠地懲罰了她，他鞭打她的裸體，在她的身上留下了錯綜複雜的疤痕。路易莎透露，其中一道疤痕會跟她進墳墓。[62]

路易莎的決定讓我們看見為奴女性多麼珍惜照顧自己的機會，在那個崇尚溫柔謙遜的時代，她們透過衣著來重建自己的女性尊嚴。那次事件後不久，路易莎的主人便將她賣給了第三個奴隸主，這個將近五十歲的男人也在尋找性獵物。在拍賣場上，這隻與舊奴隸主同一品種的禿鷹上下打量著路易莎，而路易莎求他讓她回去拿那件特別的薄紗洋裝，可以想見她大概是把洋裝藏在拍賣前關押奴隸的小房間裡了。但路易莎將會與那條幫助她重建部分自主權與尊嚴的白色洋裝分離，也將會與她的母親分離——當這位「紳士」把路易莎的價格往上喊到一千五美元時，路易莎的母親泣不成聲地祈禱。很少有為奴之人的賣價這麼高，這個數字相當於今天的三萬八千九百美元。有些年輕而有魅力的女性以這樣的天價被買走，她們之中的許多人（但不是所有人）都是膚色偏白的混血兒，買家打算把她們當作「寵兒」（fancies）——即性奴隸——來用。髮型設計師艾莉莎沿著俄亥俄河旅行時，評論了這些「美貌足以喚起一些南方買家的下流欲望」的女孩所經歷的交易，她認為這些無辜女孩「注定」要「受辱」。[63]也許路易莎確實感覺到自己注定沒有希望。她的新主人約翰・威廉斯（John Williams）不讓她回去拿那件白色薄紗洋裝，只承諾會提供她「非常多漂亮衣服」。對於那件她冒了極大風險才得到的衣服，路易莎的最後一絲念頭與揮別親人的悲傷有關。她暗自希望也許她的母親會找到那件洋裝，重新用這塊布料為路易莎的小弟弟做點衣服穿，也以這美麗之物來紀念她。64

在前往紐奧良的蒸汽船上，路易莎才明白為了得到承諾中的「漂亮衣服」，她得做些什麼。她的主人解釋「他買下她的目的」，然後發誓如果她聽話，他就會給她很多漂亮衣服，但如果她拒絕他，他就會「用鞭子把她打個半死」。抵達紐奧良後，威廉斯把路易莎當作他的「管家」和性奴隸，直到二十年後他過世時，才放她自由。路易莎拿著出售威廉斯的家具換得的一點錢北上辛辛那提，在該處嫁給了一位黑人牧師——他也是為奴女性和奴隸主所生的孩子——並出版了一本記錄她為奴生活的書，以籌錢替她的母親贖身。65

就在路易莎急著想拿回她的薄紗洋裝時，身在北卡羅來納的伊莉莎白．凱克利也正為衣服發愁。她們的主人決定，將伊莉莎白送到家族中年輕的長子柏維爾先生那裡，她與母親被迫分開。當時她寫了一封信，信中內容不斷繞著衣服打轉。她請仍在維吉尼亞為奴的母親，「告訴貝拉阿姨，我非常感謝她送的禮物，我非常珍惜，只穿過一次」。她深感苦惱，「不知道她的連衣裙是否乾淨」。在信的結尾，她懇求母親送一件衣服給她，也許是希望擁有另一件家人親手觸摸過的物品。「我希望你今年夏天能送一件漂亮的連衣裙給我，」伊莉莎白寫道，要求母親透過奴隸主家族裡的人轉交這件衣服。她在信上簽名：「再見了，親愛的母親。深愛著你的女兒，伊莉莎白．凱克利」。凱克利會寫字，這是一項罕見的技能，但無法幫助她擺脫這個貶損她、不視她為人的殘暴系統。[66]

伊莉莎白知道奴隸主會看信，但她依然向母親描述一件她獲贈的衣服、一件她想要的衣服，還有一件她正在縫製的衣服（「還有身體和袖子的部分要做，每天晚上只有一個小時可做衣服」），但對於她的「悲痛和不幸」隻字未提。多年後，她在敘述中透露，那可以「寫滿十頁」。伊莉莎白並未透露，她在長老會牧師柏維爾和懷恨在心的妻子的統治之下，所遭受的「折磨」。這位牧師打算徹底摧毀她的堅強意志，把她安置在家中，讓「村裡的校長」賓漢先生（Mr. Bingham）負責管她，他是個「嚴厲而殘忍的人」。這位校長在伊莉莎白想不出任何理由的情況下冷酷地宣布：「我要用鞭子打你……馬上脫下你的衣服。」她拒絕服從命令、拒絕在這個要攻擊她的人面前脫衣服，試圖保護自己作為「發育完全的女人」的隱私。她敘述了自己是如何「用盡全身力氣抵抗」，但校長仍「成功綁住了她的雙手，從她的身上把衣服撕開扯下」。我們對這一場景的回顧就停在這裡，停在伊莉莎白承受最糟糕的痛苦之前，因為她選擇在無法保護她的母親面前，藏起這些痛苦。被撕爛的衣服和自尊，是伊莉莎白獨自承受的傷痕。[67]

我們不知道伊莉莎白．凱克利是否有拿到那件她要求的夏日連衣裙，但我們知道她向母親要這條裙子的時候，必定是在尋求一種不同且意義更深的蔽體之物。我們也知道伊莉莎白會將承襲自母親的手藝發揚光大。多年後，她自豪地表示「身為裁縫的我已得到了一些名聲」。面對痛苦、悲傷和被弄污了的夢想，談論衣服、製作衣服和穿上具防衛之力的衣服對為奴婦女而言是一種安慰。她們決心在「最不堪」的處境中生存下來並用雙手所縫製的體面衣服，已染上了鮮血。68

在黑暗的奴隸制度中，像蘿絲這樣的女性、像艾緒莉這樣的小女孩，重溫了色彩和形狀之美，為她們的生活帶來快樂和尊嚴。不過，黑人女性在衣著上展現的主動性激怒了一些蓄奴的白人婦女，意識到這是對她們權威的無聲頂撞。曾於查爾斯頓為奴的山姆．艾力克森（Sam Aleckson）在他的自傳中提到，有位名叫西拉（Silla）的女性，「只被允許穿她的女主人讓她穿的衣服」。但西拉「很喜歡衣服」，而她為奴的兄弟也能提供她製衣材料。西拉是名虔誠的衛理會信徒，她利用夜裡的時間偷偷製作出「一件最新款的漂亮衣服、一條長長的連披肩頭巾，以及一頂不便宜的帽子」。若奴隸主允許，為奴之人可以在週日上午選擇參加各種教會聚會：聖公會（Episcopalian）、英格蘭國教會（Anglican）、公理會（Congregational）、天主教會、長老會（Presbyterian）、浸信會、路德會等等。在猶太家庭為奴的人，可能會在星期六與主人一起前往猶太教的上帝之家會堂（Beth Elohim Synagogue）。信奉家父長制的蓄奴者認為，可以用宗教來約束奴隸的行為，同時讓奴隸主以適當的仁慈態度來引導他們。衛理會的音樂敬拜風格活潑，在十九世紀初至十九世紀中的查爾斯頓很受為奴之人歡迎。69

但是，西拉的女主人只許奴隸參加她所屬教會的聚會。那個星期天的早晨，穿戴得漂漂亮亮走進衛理會教堂的西拉，打破了兩條規則。教堂聚會結束很久之後，西拉才回到女主人家，試圖穿著她那套可愛的衣服偷偷溜進去而不被發現。不過，四面圍著牆的查爾斯頓莊園是為了監視和控制而打造的，女主人奧達薇（Octavia）「就坐在門廊，可以清楚看到奴隸專屬的出入口」。她發現了西拉，並且立刻懲罰了她：她命令西拉放一把火把頭巾燒掉。對這兩名女性來說，燃燒頭巾的象徵意義不言而喻，因為頭巾是「重要」的配件——艾蜜莉．松韋爾在《女士指南》中說，「頭巾是女士的特色配件」。奧達薇從不允許西拉戴頭巾，而是強迫這個女僕「用大手帕把頭紮起來」，這是專屬奴隸的裝扮，不到一個世紀後出現的傑米瑪阿姨（Aunt Jemima）正是以這樣的打扮現身。[①] 奧達薇以最後的命令結束了這場報復。「去把這些恐怖的東西給我脫下來，再也不要讓我看到你穿這些。」西拉以無聲的方式，清楚傳達了身體歸屬和個人風格。她的女主人試圖扼殺這種危險的傾向，以及其所標示出的自我價值——事實上，是自我決定權。[70]

像奧達薇這樣的女奴隸主無法完全控制事態的時候，她們就對黑人女性的時裝嗤之以鼻，批評上頭鮮豔的顏色、對比強烈的圖案，還有用葫蘆、小紅莓或動物的角等自然素材製作的奇特裝飾，斥責為奇裝異服。英國女演員芬妮．肯布爾（Fanny Kemble）嫁入了喬治亞沿海一個種水稻致富的莊園家族，她以嘲諷的態度看待新家的女奴隸，並表示：「禮拜天的時候，教會的奴隸洗手間裡充斥著你所能想像得到最可笑的胡亂搭配——褶子、荷葉邊、緞帶；她們亂糟糟的頭毛上插著梳子……華麗的飾品、世界上全部的顏色……圖案雜亂的印花布……珠子、飾帶、誇張的腰帶，甚至還有異想天開的小圍裙。」[71] 瑪麗．切斯納（Mary Boykin Chesnut）是南卡羅來納一座莊園的女主人與議員太太，她也批評了這些服裝，她的日記成為了研究南北戰爭時期南方白人女性權貴經歷的經典文本。她對女性奴隸的花稍服飾發表了意見，拿她們單調的日常裝扮與週日的個人裝扮比較，並特意稱讚前者。「這裡的女僕在冬天穿著亞麻絨長袍和白色圍裙，夏天則穿著藍色自織布服。這些深藍色的衣服和白色的頭巾與圍裙詩情畫意，好看極了。週日的時候，她們過度打扮、怪異極了。我指的是她們在假日、教會和戶外的裝扮。」[72]

女奴隸主斷定黑人女性的原創設計粗糙而簡陋，這表示她們相當熱中於維護服裝代表的社會等級。因為肯布爾和切斯納肯定意識到了，黑人女性正透過這些浮誇的裝扮，展現她們擁有個人價值的權利，以及受非洲原鄉影響的審美觀。黑人女性的衣裝革命撕破了奴隸主強加於她們身上的粗布牢籠。蘿絲在替艾緒莉打包衣服時，可能也希望替她打包一點這樣的精神。在舊衣服的破爛碎片之中、在迫使骨肉分離之奴隸制的刺人碎片中，黑人女性繼續照顧

---

①編輯註：美國早餐品牌，製造了鬆餅粉、糖漿等產品。標示性的LOGO便是用大手帕紮頭髮的黑人婦女。

著自己和他人。

我們談到了許多件衣服，但蘿絲只拿得出一件衣服。也許這件衣服已被再三清洗過，就像下面這位曾為奴的女性保存了一輩子的那件「小洋裝」。這位在採訪中並未透露姓名的女性，被女奴隸主稱為「我的小種畜」，但她的母親珍愛她。這件洋裝是她小時候穿的，她的父親在那段歲月中死在南北戰爭的戰場上。對於這位女性和她的母親而言，洋裝與父親的回憶密不可分。父親去世後，她的母親每個禮拜都會清洗這件衣服，直到她也離開人世為止。作為這件兒時洋裝的新守護者，這位女士選擇不去修補蕾絲上頭明顯可見的撕裂處。這個瑕疵令她想起小時候穿著這件洋裝「跑去找媽媽」的情景，因為洋裝上的蕾絲正是在途中撕裂的。「我的母親已經過世四十四年了，」這位婦女在自由生活了幾十年後向採訪者表示。「我每次看著這件小洋裝就覺得開心。」[73]這件舊衣服起初承載著關於已故父親的記憶，現在也與已逝的母親連在一起。

蘿絲所擁有並且送給女兒的那件破衣服，可能是用粗棉布或亞麻絨布（極為常見的黑人粗布）所製成的。如果奴隸主曾將蘿絲出租並允許她拿走一部分的收入，那麼她可能有機會購買她喜歡的布料。蘿絲很可能在那個多事之冬來臨的好幾年前，就為自己縫製了這件衣服——考量到為奴女性對於針線活有多熟練，這樣的猜測相當合理。也許她常穿著這件衣服，留下了只有她的孩子才能辨識出的特殊氣味。也許這塊布料還承載了別的特殊意義，而蘿絲決心要將其傳承下去。我們從為奴女性的故事中知道，要得到某些特殊衣服得付出代價的。

「一件破衣服可以有一千種意義。」我那位會自己做衣服穿的朋友，在我將布包上的字句告訴她之後表示。[74]我想，我們自己的舊衣服也散發出這種感覺，這些衣服上有太多意義、太多對親近之人的回憶：祖母為穿著自己舊絲緞長袍結婚的孫女祈求幸福；父母帶著愛的驕傲神色，凝固在粉紅色的薄紗蓬蓬裙上；奴隸母親最後的擁抱、伸出的手臂，以及此後的空蕩臂彎。這件衣服先後屬於蘿絲與艾緒莉，這是一道以布織成的傷疤、一層皮膚、一面盾牌，標記出被奴隸制度深深磨損卻仍光燦美麗的女性生活。

# Chapter 5

# 拍賣台上

「我得告訴你們一些不受歡迎的真相，但我說這話是出自於愛。」

——安潔莉娜．格林凱，《對南方基督教婦女的呼籲》（*Appeal to the Christian Women of the South*），一八三六

「每天都能看見一棟棟的豪宅坐落在這地獄之中。」

——哈莉葉．馬提紐，《西方旅行隨想》（*Retrospect of Western Travel*），一八三八

「奴隸拍賣台確保他們有錢買鋼琴、買婚紗、支付蓄奴男女的學費、去歐洲旅遊、去北方度假、買度假別墅、買禮物給白人孩子、買結婚禮物，維持著南方奴隸社會的運轉。」

——塔沃莉亞．格林夫（Thavolia Glymph），《女性的鬥爭：在南北戰爭中為家園、自由與國家而戰》（*The Women's Fight: The Civil War's Battles for Home, Freedom, and Nation*），二〇二〇

心中惦記著一件破衣服和又一位遭到拍賣的黑人女兒的我們，是怎麼走到這裡來的？南

卡羅來納是如何成為一個不僅有可能買賣有色人種兒童，也經常買賣有色人種兒童的地方？答案是，整個社會願意任由一整套按照種族剝削他人以圖利的權力關係來形塑社會的樣貌。南卡羅來納販賣黑人以確保物質享受，因而出賣了自己的靈魂。正如我們在前一章中所探討的，在美國革命才開始時，查爾斯頓已由奴隸生產的白米利潤之中建立起一種奢靡、富裕的生活文化。

與維吉尼亞州的詹姆斯頓和喬治亞州剛開始發展的薩凡納不同，南卡羅來納殖民地打從成立的第一年起，就存在為奴非洲人，到了一七一〇年，南卡羅來納大多數的人口由為奴之人構成。一八二〇年時，黑人人口占大宗的現象，已蔓延到了該州內陸的「中部地區」，該處的棉花莊園主加入靠白米致富的權貴行列，肆無忌憚的蓄奴並搶奪政治權力。這種人口上的不平衡，讓卡羅來納有別於美國其他州和其他殖民地。[1] 國際奴隸貿易帶來的大量黑人人口，以及黑人家庭的自然增長，都促進農業生產和以黑人來換現金、貸款和買債券的狂熱交易。塑造與維持南卡羅來納社會的是「聯邦中最不民主的政治結構」。[2] 販賣年幼兒童的南卡羅來納歷史，可以作為一警世故事，告訴我們自我中心的統治階級如何利用種族偏見，來服務不受控制的資本主義，並毀壞自己的品德。

查爾斯頓對種族剝削的容忍明白可見。來訪者對於由人口買賣文化所餵養與支撐的白人富足、黑人慘況之對比，留下了評論。英國商人亞當・霍奇森（Adam Hodgson）在一八一九年的北美之行中，被查爾斯頓的極端情況嚇呆了。他在幾年後出版的遊記中感嘆道：「查爾斯頓真正的問題是它的奴隸人口，因為歡樂輝煌與苦難落魄的組合太不協調，即使是再不經意的人也看得出來。這令我想起在莊園裡黑奴小屋周圍綻放著的嬌嫩粉色桃花。」哈莉葉·馬提紐於一八三四年造訪此地後，得出了類似結論，她在一篇未發表的評論中表示：「在查爾斯頓看到的場景對比鮮明到難以想像——這是衛道人士想要使人留下深刻印象時，會訴諸的極端對比。」馬提紐隨後寫到了一個她在街上閒逛時「誤入」的「奴隸市場」。她看到「計算著出價的拍賣人員」以「輕浮而歡快的熱情」，兜售抱著嬰兒的黑人母親還有獨自一人的孩子。馬提紐看到一個被迫站在拍賣台上的八、九歲男孩，「無助和羞愧」的縮成一團，接著她便造訪了「一些漂亮的房子」，這些地方的人「送她鮮花」，並與她進行了「有趣的對話」。對馬提紐來說，這份對比相當令人厭惡。「如果有一種景象可能使基督信仰的精神陷入困境，」她說，「如果有一種經歷可能推翻基督的寧靜，那就是從奴隸市場走到陽光明媚、鮮花盛放、彬彬有禮、笑語盈盈的奴隸主宅邸的這段路程。」霍奇森和馬提紐都把查爾斯頓描繪成一個以奴役人類的醜惡陋習來滋養美麗鮮花的城市。在這個支持將人區分為賣家和商品的社會裡，「一切的人際來往都不再清白無辜。」[3] 馬提紐如此批評。

## 地獄裡的豪宅

查爾斯頓當然不是清白無辜。這個重要的國際港口一面引進數十萬非洲人和非裔加勒比人，一面將原住民奴隸送往西印度群島。於此同時，查爾斯頓也是美國各殖民地（及後來各州）之間的奴隸貿易再分配中心。一八〇八年美國禁止進口奴隸的規定生效後，查爾斯頓仍是「人口販賣的中心」，吸引著來自南部內陸的賣家和買家。維吉尼亞、馬里蘭和德拉瓦等邊境州的許多土地已耗竭、失去生產力，所以這些地區的奴隸主將非常多的奴隸送到查爾斯頓賣掉，讓他們去耕種白人剛從切羅基人、克里克人（Creek）、喬克托人（Choctaw）、奇卡索人（Chickasaw）、納奇茲人和其他原住民手上奪得的深南方土地——一八一〇年代至一八四〇年代，聯邦政府命令這些原住民搬遷，令原住民族陷入痛苦之中。從十八世紀初到十九世紀中葉，查爾斯頓都是主要的奴隸貿易門戶；十九世紀時，查爾斯頓向國內販運的人口數，才首次落後紐奧良和維吉尼亞的里奇蒙（Richmond），但持續位居向國外和國內販賣人口的前幾名。[4]

為奴原住民和數量日增的為奴非洲人推動經濟蓬勃發展，也催生了低地區超級富豪的浮誇形象。比起其他南方城市的居民，查爾斯頓人最有錢、繁文縟節最多、在社交方面也最愛擺英國貴族式的架子。到了十九世紀初時，查爾斯頓奴隸主的財富已占該市的百分之八十二，在南卡羅來納，多數的貸款都以奴隸作為抵押品。[5] 查爾斯頓人從奴隸生產的商品、奴隸銷售、奴隸抵押貸款，以及投資西部產棉土地的利潤中，獲得了豐厚回報。他們也愛賣弄奢華生活，打造像羅伯・馬丁家那樣的莊園，以進口布料製作精緻服裝，讓妻女戴上珠寶，並將他們的社會比作古希臘和羅馬。[6]

美國革命之前，查爾斯頓的經濟發展已至頂峰。戰爭的破壞和金融市場的波動（尤其是一八一九年棉花價格下跌和一八三七年的美國金融動盪），擾亂了這個城市所謂的一七〇〇黃金年代。[7] 蘿絲便可能於十九世紀的跌宕時期誕生。不

奴隸買賣，南卡羅來納州查爾斯頓，
摘自艾爾・克勞（Eyre Crowe）的素描，
《倫敦新聞畫報》（*Illustrated London News*，
一八五六年十一月二十九日），第二十九卷，
一八五六年七至十二月（London: William Little, [1857]）, 555。

過，在這一衰退期之後，古老錢財的銅色光澤仍在查爾斯頓閃爍著。嫁入喬治亞莊園家族的英國女演員芬妮．肯布爾於一八三八年首次造訪查爾斯頓，並對此地的優雅讚嘆不已：

「這座城市如詩如畫——美國沒有其他城鎮能以此詞來形容。雖然此地確實瀰漫著一種腐敗的氣息，但即便是這個缺點也顯得風度翩翩，就像一位略顯悲傷的優雅老女士一樣。查爾斯頓沒有北方城市那種自鳴得意的市儈氣質，而是儀表堂堂、散發出昔日的富裕與威儀，在這世間顯得有點落魄，但仍然記得昔日的榮光。」[8]

一八五〇年代，新英格蘭作家費德克．奧姆斯特造訪查爾斯頓後，也做出了類似評論，但他沒那麼多話：「查爾斯頓比北方的任何一個城鎮都更具有古老城鎮的特色——謹慎的政府，還有長年運作、具影響力的社會系統。」奧姆斯特提到的「謹慎的政府」和「社會系統」同時運作，令富裕白人奴隸主得以憑己意自由對待為奴之人。[9]

蘿絲生下艾緒莉後的一八五〇年代，卡羅來納又藉著奴隸生產的利潤再次攀上高峰。落入莊園主口袋和商人保險箱的錢，不僅來自白米，也來自引發英國工業革命的棉花。一七九三年，伊萊．惠特尼（Eli Whitney）發明了革命性的機器，能有效分離棉花纖維與種子，棉花的產量與利潤飛速飆升。如第二章所述，東南沿海的莊園主在一七九〇年代開始種植一種如絲般滑順的長顆粒棉花品種，名喚海島棉。而在一八〇〇年至一八一〇年間，也有越來越多像馬丁這樣背景平凡，但渴望富裕到足以加入沿海古老世族社交圈的人搬到內陸，開始種植短絨棉——短絨棉是全球各地布料工業中最主要的基本原料。[10]

奴隸制度繼續確保著此地富裕依舊，而大多數的自由白人堅信黑人是注定要服侍他人的低等種族，如此便能輕鬆看待蓄奴之不道德。他們告訴自己，這種不平等制度實際上改善了為奴之人的生活。廢奴主義者安潔莉娜．格林凱在一八二九年的日記中，描述了奴隸社會內部的矛盾。黑人男孩約翰因安潔莉娜的哥哥威脅要鞭打他而逃跑了，在花時間了解黑人男孩約翰經歷的苦難之後，安潔莉娜銳利地表示：「天啊，奴隸制度的恐怖難以描繪，然而人心是如此冷硬，不斷有人告訴我，他們過得很好，比他們的主人過得好多了。」安潔莉娜「出於人性」試著為這個害怕的男孩辯護，讓她哥哥怒火中燒。[11]不過，建立在他人苦難之上的收入，也帶來了額外的風險——此事雖與查爾斯頓白人對於本地種族張力的理解有出入，他們卻也強烈意識到了這件事。華麗的查爾斯頓上空，籠罩著哈莉葉．馬提紐所說的「道德陰霾」。這片陰霾「使外地人感到抑鬱」，並令居民惴惴不安，因為他們活在這個「由兩個強烈恐懼彼此的階級所構成的社會」裡，「永遠無法安心滿意」。[12]

遭到虐待、商品化而且占多數的黑人群體，令白人權貴感到焦慮，因此，在十八世紀末到十九世紀初，他們實施一套精心設計的監視和懲罰機制，以摧毀抵抗並確保服從。迫使人類屈服的唯一方式是使用暴力——身體暴力、心理暴力，以及由磚石與鐵所構成的環境之威嚇力。正如我們已看到的，查爾斯頓打造出一整套「種族控制建築」，包括高牆環繞的私人宅邸以及城鎮瞭望塔與囚犯工寮。[13] 當地官員打造出類軍事化的公共空間，雇用奴隸巡邏隊來騷擾那些沒有書面通行證或在宵禁後上街的黑人，甚至是那些被奴隸主出租到城裡為他人工作，卻未依法在明顯處配戴「奴隸識別章」的奴隸。一八二二年，曾經為奴的木工師傅丹麥．維西組織的叛亂行動失敗後，查爾斯頓的領導人下令打造一間軍事級別的兵工廠，裡面儲存武器，並有士兵駐守——今日，堡壘軍校（the Citadel military college）的校園便坐落於此。[14] 這就是費德克．奧姆斯特在旅遊日誌中特別提到的具威嚇感的基礎建設，他強調了「頻繁的鼓聲……城堡、警衛室……頻繁巡邏的民兵……尤其是人數眾多、軍紀嚴明的武裝警衛」。[15]

查爾斯頓也細微地調整了政府提供的酷刑手段，奴隸主付錢便可使用。十九世紀初，該市對於為奴之人的暴力懲戒已然制度化，在當地一間被稱為「囚犯工寮」的拘留設施中進行。惡名昭彰的囚犯工寮，是隨著時間推移發展成形的奴隸懲處所，查爾斯頓市民、鄉下的莊園主和北方的廢奴運動家都熟知。查爾斯頓的工寮最初於一七三八年出現在該城郊區，目的是安置那些為生活而工作的貧困白人、年長白人和殘疾人士，後來才染上了懲罰與低等種族的色彩。十八世紀中期，住在工寮裡的，是所謂的罪犯和病人以及「品德優良」的窮人，此地開始為不同的目的服務。[16]當白人市民開始抱怨白人、黑人、窮人和被拘留的罪犯都混雜在一起時，市政府便出資在瑪格沁街（Magazine streets）和皇后街路口的現成四英畝土地上，建了一座獨立的建築，用於「監禁和糾正逃亡的水手、逃跑的奴隸、流浪漢和不守規矩的人」。一點一點地，查爾斯頓逐漸打造出一座多功能的社會服務和囚禁園區。這座設施與收容窮人、老人的院所以及一間醫院，位於同一塊土地上，於一七六八年開始被用來收押各個種族的被告。一七八〇年，這間以建築群為名的刑事懲戒設施——囚犯工寮——在美國革命的一場戰役中被摧毀，城市官員只得臨時租下一間糖廠來關押和懲罰罪犯。一七八三年，他們在原先的工寮建築群中，重蓋了一棟新的囚犯工寮，關押的大都是為奴黑人。一八三九年，改革後的市府管理部門削減業務，囚犯工寮如今的主要功能是懲罰奴隸，但仍舊是懲罰城市警衛隊抓到的所有惡棍的場所，無論種族。設施的主要目標是「糾正奴隸」，看守人的首要職責則是監督鞭刑。[17]城市和周邊鄉下（如米朵頓）的莊園主可以把讓他們不高興的奴隸送到這裡來，不用自行實施場面混亂的體罰。囚犯工寮的看守人會根據定價鞭打為奴之人和剝下他們的皮膚，並向奴隸主收取費用。[18]

工寮並非浪得虛名，強迫勞動也是整套懲罰措施中的一部分。在鞭打的脅迫下，囚犯不得不艱苦勞動。市政規劃者還研發了新的懲罰方式以擴大收益。從一八二五年開始，囚犯工寮的看守人得指揮被囚的奴隸，逼他們使勁轉動水車狀的巨大輪子。奴隸男女每天都得在轉動輪子的踏車上踩踏將近八個小時，每次只能休息幾分鐘，鞭子撕扯著他們的背部，手腳則面臨著隨時有可能捲入金屬輪輻中、被硬生生扯斷的危險。為奴之人所轉動的輪子能敲碎整根玉米，市府便能賣掉獲利。[19]查爾斯頓從奴隸的苦難中獲得了雙重的收入：向奴隸主收取的費用和販售玉米碎所得的利潤。於此同時，莊園主和市民發明了一種委婉說法來稱呼這套懲罰系統：「被派去買點糖了。」[20]這種孩子氣的說法，掩飾了其殘酷、甚至可能是虐待狂式的本質，同時也令人回想起舊工寮被燒毀後暫時將該設施設置在糖廠的那段期間。這具體展現了南方的哥德式恐怖，指出整個查爾斯頓和人們的道德觀之核心，早已決定要盲目追求利益。[21]

卡羅來納的白米富豪和棉花富豪打著「美國風格的專制主義」這個我們只想趕快忘掉的名號。美國革命宣揚平等和自由的原則，北方各州推出了逐步解放奴隸的法律，大西洋中部各州也降低了解放奴隸的門檻，但南卡羅來納人——或者至少是那些制定法律和揮舞鞭子的人——回頭建立起一套維持多年的「不平等慣例」。奴隸制對於卡羅來納的權貴來說實在是太有利可圖了，他們無法放棄。英國貴族傳統的影響加上奴隸制度的支持，不平等的慣例滲入查爾斯頓的選舉政治中，只有特權階級的白人男子擁有正式的影響力。

卡羅來納的「莊園政治家」（planter-politicians）憑著他們在查爾斯頓和哥倫比亞（一七八六年接替查爾斯頓成為該州首府）的經濟影響力，統治著這個美國有史以來最不民主的社會。父權意識形態助長了寡頭政治，由少數來自古老貴族家族的富豪掌控一切。坐擁金山的奴隸主「不僅壟斷了州政治，也壟斷了地方政治」。他們控制著奴隸和妻子的身體，也控制了首長官邸和州議會的所有職位。他們對於選舉和政府的影響力如此之大，以至於南卡羅來納竟成為「美國唯一沒有兩黨制，也沒有總統普選、州長普選以及一系列州和地方政府職位普選的州」。相反的，重要職位的候選人（包括總統候選人）是由州議會指定的，而州議會是莊園主的天下，因為要進入議會便要滿足大量的最低土地要求，州代表甚至有最低的奴隸財產要求。[22]正如許多歷史學家和評論家所指出的，南卡羅來納是蓄奴而不民主的南方社會中最誇張之地，其野心是保持（全為白人的）優勢者和（多數為有色人種的）劣勢者之間的生命權、自由權和舒適生活權利的極大差距。在這個差距中有成千上萬的黑人兒童，他們的命運、存在，以及年輕生命中每個日子的品質，都被視為可犧牲之物。

## 呼喚她的名字

除了她將要被賣掉、成為拍賣台上的受害者之外，我們對這個女孩所知的一切，便是她擁有艾緒莉這個美麗的名字。「艾緒莉」對於卡羅來納的奴隸和十八、十九世紀裡任何種族的美國女性來說，都是個不常見的名字，擁有此名的人通常是像安東尼．艾敘利．庫珀這樣的盎格魯男性（這位貴族堅決支持英國人殖民卡羅來納，人們便以他來替形塑出查爾斯頓半島的兩條河流命名）。[23]蘿絲女兒的名字是否來自這條河？這條河流的名字則是來自一名為卡羅來納的奴隸制度開了先河的冒險家。在南北戰爭之前的幾十年裡，有誰會替一個為奴女嬰取這樣的名字？

蓄奴者傾向以強調他們自身地位和權威的方式為奴隸命名，同時貶低被命名者。結果，為奴之人被剝奪了姓氏，許多人的名字是歐洲名字的簡稱，如貝克（Beck）、哈利（Harry）或珍妮（Jenny）；許多人的名字比較適合家裡的寵物，如英雄（Hero）、邱比特（Cupid）或隊長（Captain）；許多人則擁有古代人物的名字，如戴朵（Dido）、凱薩（Caesar）或維納斯（Venus）。刪除姓氏等於是在語言上斬斷了黑人的家譜，抹消了他們擁有血緣親族的權利，並且否定他們作為成年人的成熟度。賜予人們可愛的小綽號或寵物名，等同將他們貶低成永遠的孩子或被馴化的動物，而非承認他們是擁有成熟生命的主體。蓄奴者也以自身文化中響噹噹的知名人物，來替這些沒什麼社會權力的人命名，也許還挺欣賞自己的機智諷刺。每當男女奴隸主以海克力士、參孫或王子來稱呼奴隸時，為奴之人便會再次為自己被迫擁有的劣等地位感到羞恥。[24]

出於隱微的（有時是秘密的）抵抗，為奴之人也會為自己的嬰兒命名。這些親近的名字有時被稱為「搖籃乳名」。孩子的父母會以親人之名來替孩子命名，包括仍在世的和已過世的親人。他們用非洲語的名字——如愛妃（Affy）、闊尼莫（Quanimo）或明戈（Mingo）——來稱呼孩子，也用孩子出生的日子、季節，或意義深刻的地名來替孩子命名。雖然十九世紀的人已不再以精確對應的方式使用「星期名」（即在一週中的某天出生的人會有相應的名字，如在星期五出生的孩子就叫作菲巴〔Pheba〕或菲比〔Phoebe〕）和「季節名」（例如出生在九月的孩子就叫作九月），但這些名字本身仍然很受歡迎（在冬天出生的嬰兒也可能叫作秋天）。黑人的命名文化默默對抗著奴隸主輕蔑的命名方式；在南卡羅來納州莊園主留下的紀錄中，也可以發現許多名為星期一、四月、十一月、二月、七月、五月、秋天和冬天的人。[25] 雖不如星期名和季節名普遍，但黑人也以地名為孩子命名，如波士頓、非洲、巴黎等，[26] 以附近的河流為艾緒莉命名的作法便與此相似。不過，我們仍然沒有結論。蘿絲的女兒艾緒莉可能是由馬丁夫婦命名的，以反映這個孩子的卑微地位——對她來說，這個源自英國的名字不適合的程度非常滑稽。這孩子其實完全可以由愛她的非裔親人賜予她其他的地名名字。這當中的文化脈絡就是如此複雜，借用哈莉葉．雅各布斯的說法，我們可以稱其為奴隸制度的「複雜糾結」。[27]

在這個不尋常的名字中，我們不僅能看出艾緒莉的文化背景有多複雜，也從更多的間接證據中得知，她出生在查爾斯頓周邊地區。[28] 當地法律將艾緒莉視為「動產」，白人可以讓她遠離出生地，也確實這麼做了。羅伯・馬丁遺產清單上的這位艾緒莉，將會在南卡羅來納州的內陸、離海岸線有一百多英里遠的地方，度過她大部分的人生。她很有可能自兒時起便與母親蘿絲分隔兩地，被送到馬丁家位於「中部鄉村地區」的棉花莊園——巴恩韋爾郡的蜜貝里莊園裡。一八五三年的莊園財產清單是我們確定艾緒莉人在何方的唯一線索，這份清單以「家」為單位列出了莊園裡的所有人。[29]不過，「家」這個字有多重意義，在染上奴隸制之污點的文件中尤其如此。

馬丁夫婦在奴隸清冊上使用「家」作為分組的量詞，反映出奴隸主的概念和優先事項（像是如何衡量「奴隸的增長」以「發配物資」），也反映出為奴者對於親族的理解。[30]這份清單所透露的，有可能是馬丁夫婦或莊園管理人所認定的蜜貝里莊園裡的黑人居民之間的血緣關係，這些血緣關係則有可能是因馬丁夫婦所安排、但在法律上不被承認的「奴隸婚姻」和「強迫性關係」（被一些擁有者粗暴地稱為「繁殖」）而被迫建立；或者，「一家」指的可能是被分配住在奴隸小屋中同一個角落裡的無關聯人群；也可能是指關係親近而彼此互稱為家人的人們，無論這份親近是血緣上的還是社會情感上的（像是收養關係或是「結拜兄弟」）。我們不能因這份紀錄便下結論，說奴隸家庭在蜜貝里莊園是實際存在或長期存在的單位，但我們也不能假設關係緊密的家庭單位和長期的家庭關係不可能在此處出現。確實有一些莊園主協助或鼓勵為奴之人建立完整的家庭並擴大，但也有莊園主經常或偶爾透過奴隸交易來拆散黑人家庭。

羅伯．馬丁的財務紀錄表明，他會將奴隸單獨出售，但他仍然有可能認可非裔美國人的家庭關係，並在一定程度上讓家人待在一起。在馬丁遺產清單中，提到艾緒莉的這行文字寫著：「東尼一百，文妮五十，瑪麗五百，艾瑪五百，艾緒莉三百，李維兩百五——全家人共一千七。」考慮到估價師所給出的低價，東尼和文尼很有可能是瑪麗、艾瑪、艾緒莉和李維的年邁祖父母。[31]瑪麗和艾瑪大概是正值盛年的年輕女性，很可能會被叫去棉花田裡從事農務。艾緒莉和李維的價值分別為三百美元和兩百五十美元，這代表他們是足夠大的孩子，可以做零碎的工作，但年紀沒有大到可以承擔起沉重的採棉配額。蘿絲是否曾經也是這個家庭的一分子？是東尼和文妮的女兒、瑪麗和艾瑪的妹妹，以及艾緒莉的母親——她被從這群人中拔走、送去查爾斯頓的莊園服務？或者，羅伯．馬丁是因為她年輕貌美、縫紉或烹飪的家務技能，而在購買她時便打算讓她在城裡的豪宅中做事？如果她是被買來在城裡做事的，如果她在查爾斯頓生下了艾緒莉，他們確實有可能把她的女兒送到鄉間的莊園，與其他為奴的家族成員住在一起。艾緒莉有可能與那些同列為「一家人」的人有血緣關係，也有可能是因為這些人如親人般照顧艾緒莉，使得無血緣關係者成為了家人。如果艾緒莉出生在查爾斯頓，在很小的時候就被帶離蘿絲身邊，那麼她在融入東尼和文妮的家族時，她的媽媽人在遠方；而且她在羅伯．馬丁死後被賣掉，失去了一整群照顧她的人。

拍賣台是真的台座。我們有時會忘記這一點。我們容許自己靜靜遺忘那塊確實存在、被時間磨得光滑的石頭，和一雙又一雙光溜溜的、被擄至此地的腳。這些平凡無奇的台座（可能是混凝土塊、木製台座或空心樹樁）是將整個種族非人化的道具。就像黑人粗布製成的「制服」一樣，拍賣台將這個群體圈選出來，以貶低他們的社會地位，為他們所承受的蔑視找理由。岩石或樹樁的作用就像百貨公司的櫥窗，「將人作為商品展示」，被迫站高與區分。[32]拍賣場的設計指出了一件事：如果你可以被以毫無尊嚴的方式出售，那麼你根本就不是一個人。黑人男女和孩子被視為與彼此無關的被動存在，任何有能力進入市場的買家都可以觀看、觸摸和檢查他們。這些買家不僅想購買黑人，也想購買一個概念：一個更富有、更強大、更有活力和更善良的自己。[33]因為期待得到投資上的回報和良好的心理感覺，初次出手的買家和經驗老到的收藏家都投入了一小筆財富來購買奴隸。十九世紀初時，這樣的交易已發展成為一個產業，由奴隸商、投資者、會計師、倉庫、私人展示間，以及懸掛在奴隸市場門外、上了漆的公司招牌所組成。

南北戰爭開打前幾十年裡，棉花農業出現了改變，導致數十萬非裔美國人被送上拍賣台。技術創新（軋棉機）加速了加工過程，也催生了殘酷的懲罰新制（例如鞭打在棉花田間移動速度太慢的人）。棉花的價格於幾十年內迅速飆升（一八三〇年代末至一八四〇年代間曾暴跌，隨後重新回升），人們以輕鬆貸得的款項，透過當地熟人、國家銀行和外國機構購買使這整場熱鬧冒險得以進行下去的物品：蒙受苦難的黑人。[34]

棉花工業的發展使得黑人家庭變得更加脆弱無助。在一八五〇年代，對於黑人家庭而言，奴隸主過世是件可怕的事，可能會讓家庭裡的成員淪落拍賣場。這是棉花狂熱向西推進和奴隸資本價值飆升的十年，如果男女奴隸主的健康或財富在這個時候出狀況，黑人家庭很可能會面臨令人心碎的別離。就在南北戰爭開打的前幾年，有超過兩百萬名為奴男女和孩童被迫離開他們的家鄉，被扔進交易熱絡的市場，然後被送到本州的其他地方或跨越州界。[35]艾緒莉便是其中之一。

國內奴隸貿易的大宗，是把奴隸送往南卡羅來納和喬治亞的西半部、阿拉巴馬、密西西比、路易斯安那、阿肯色和密蘇里的肥沃土地——白人暴力驅逐原住民，使這些地區如今成了可用的廣大土地。「順流而下」被送到密西西比三角洲的為奴之人，將會面臨比原有的東部水稻和煙草區還要更糟糕的奴役——如果還能更糟糕的話。在這些西南部的「邊疆地區」，剛晉升奴隸主階級的人試圖靠著棉花發大財，東部舊有的慣例和約束習俗在此地消失無蹤，地主們試圖在拿出最少資金的情況下，從他們擁有的人類身上榨出更多勞動力。查爾斯頓城區的環境雖然以監視和政府背書的懲罰威脅所構成，但至少仍忌憚社會的眼光。隨著奴隸制西移，西部奴隸生活的地方更加骯髒；食物配給更少，種類也更少；「自由」時間減少；暴力的糾正措施也增加。隨著棉花的價格飆上天價，信貸像水流一樣源源不絕，而白人奴隸主把黑人勞工看成是生產作物、生出奴隸孩子、製造財富的機器，甚至拒絕提供他們沿海地區慣例上會給的少量津貼或購物優惠。

南卡羅來納的中部地區，位於海岸與靠近喬治亞邊界的山麓地帶間，奴隸制度便直接穿越此地擴張，成為第一批新的白人奴隸主和黑人奴隸定居之處。此地曾是切羅基人和克里克人的家園，在一八二〇年代迫於壓力簽署條約、一八三〇年安德魯・傑克森總統通過《印地安人遷移法》（*Indian Removal Act*）之前，這些原住民的傳統領域橫跨卡羅來納、喬治亞和阿拉巴馬。水稻在這裡種不起來，海島棉也是，但短絨棉成了有利可圖的大宗作物。這片平坦的土地上有薩凡納河、埃迪斯托河（Edisto river），還有許多湍急的小溪和停滯的沼澤，松樹和白楊的森林覆蓋大地。[36] 一八四三年，有位路過羅伯・馬丁名下莊園所在地（巴恩韋爾郡）的旅行者，鬱鬱寡歡的描述這些「巨大的長葉松森林」，散發出「一種難以超越的美麗，甚至具有崇高之感」，但他指出這些樹木正面臨著「無用且無益的破壞」。在這片被前來開拓的地主貶為「松樹荒地」的土地上，有許多松樹會在悶熱的夏天裡被利斧與為奴者所付出的勞務給砍倒。[37]

這就是艾緒莉與馬丁家的其他為奴之人，在南卡羅來納內陸地區所面對的未來。羅伯・馬丁過世後，蜜貝里・馬丁開始「以分割財產為目的」對家族財產進行清算，這是她已故丈夫的遺囑，以及他以前的商業聯盟對財產提出的法律訴訟所要求的。[38] 她出售了巴恩韋爾郡那座與她同名的莊園（這塊兩千九百五十一英畝的地產，後來被她的兒子小羅伯．馬丁收回並繼續持有），也出售了位於鐵道小鎮艾肯的一家旅館和幾塊土地。她還將查爾斯頓和碼頭沿線的好幾塊土地賣給了幾個買家，其中包括查爾斯頓政府、她的女婿約瑟夫．艾肯（Joseph Aiken）和奴隸販子托馬斯．加茲登（Thomas Gadsden）。[39] 正是這樣的虛擬大拍賣，這些由忙得團團轉的蜜貝里所安排的一連串出庭和交易事件，決定了馬丁家奴隸的命運。

年僅九歲的艾緒莉一定是在這場馬丁家的巨變風暴中與其他人暫時聚首，此後，她再也不曾見過她的母親蘿絲。但是，這種毫無意義的存在主義式別離，對於一個真實、活生生的孩子來說，意味著什麼？我們幾乎不可能理解此事。伊莉莎白．凱克利後來透過縫紉技能替自己贖身、獲得了自由，她重新回憶起童年與家人分離時的感受，我們無法充分轉述。「這個消息像閃電一樣落在那棟簡陋木屋裡的一小撮人身上，」凱克利在回憶與父親的分離時說，奴隸主要把她父親送到西部。「陰影讓陽光黯然失色，愛帶來了絕望。離別將成永恆……我們這些被沉重枷鎖壓垮在地的人，走在疲憊、崎嶇、荊棘叢生的路上，在黑暗的午夜大地上摸索著，贏得了在偉大的來世享受陽光的權利。」[40]

年幼的伊莉莎白．凱克利就這樣手腳顫抖著，被推進被迫與父母分離的空虛世界裡，這對她來說是「重大打擊」。經歷了這一切之後，凱克利的心靈在憶起那空虛的時刻時，只能在死亡的慰藉中尋求安慰。比起實際死亡，被迫與活人分離對精神的傷害可能更嚴重，因為實際死亡至少在心理上有個結局。[41]被賣掉的回憶在為奴孩童的心靈上燒出了孔洞。他們在長大成人後仍記得這些事件中令人不寒而慄的細節，像是景象、氣味和恐怖的感覺。來自南卡羅來納的為奴女性路易莎·皮克，在奴隸主死後得到自由，搬到俄亥俄，她被賣掉、被迫離開母親和兄弟的那一刻，對她而言是如此鮮明、從未消退。當採訪者問道：「像一場夢，是嗎？」皮克回答說：「不是的。當我想到此刻時，它在我的回憶中仍極鮮明、恍若昨日。媽媽舉著雙手跪在地上，為我向上帝祈禱……我常想，她的禱告肯定一直跟著我，因為我永遠也忘不了她。」[42]

帶著絕望的愛是為奴孩子所能體會到的唯一一種愛，而他們很早就從父母那裡學會了絕望。嫁入喬治亞州莊園家族的英國女演員芬妮·肯布爾，也注意到失去所愛是如何打擊為奴之人的情感。「我在他們臉上看到了一種可悲的表情，一種悲傷和恐懼的混合，」肯布爾寫道。「他們不由自主地表現出悲傷和憂慮，我想這一定是他們人生中最主要的經歷，這兩種情緒都極為沉重，在某種程度上模糊又不確定，因為對於過往的失去和傷害無法計算，對於未來的失去和傷害則讓人感到恐懼無邊。」[43]為奴的孩子總懷疑，失去和極度的悲傷會以他們無法預測的方式降臨。這些孩子就像他們的母親一樣，活在一種極度不確定的狀態中。他們在無意中聽到父母、祖父母和將他們視為己出的大人在擔心，害怕那些造訪家中的合法掠奪者。自十歲左右，當他們開始懵懵懂懂的理解世事，這些孩子逐漸明白自己在這個蓄奴社會裡是什麼樣的存在：「一個有標價的人。」[44]

在私人會客室或公共街道的拍賣台上，這些孩子努力抵抗人身隱私和人類尊嚴所受到的攻擊。但這對小孩來說是不可能的，男孩和女孩都是，因為他們聽到人們以具動物性的、貶義的詞稱呼自己和同類，也包括自己所愛的人——「公的」、「母的」、「繁殖者」或「寵兒」。對於黑人女性和女孩來說，這種惡劣的羞辱意味著他們的基本人權會受到侵犯——買家會觸摸女性身體的私密部位，並被允許將她們帶到窗簾後面或私人房間，以便更仔細地「檢查貨物」。買家還可以選擇將女性帶離現場進行試用，就連購買、關押、打扮和展示為奴女性與女孩的商人，也可以在銷售鏈的各個環節裡接觸到她們被俘的身體。[45]

而艾緒莉就在這裡，就在這些承受與身體密切相關的虐待，卻仍被當作物品的女孩和女人之中。她可能會被賣到其他人在鄉下的私人宅邸裡，或者被賣給商人，然後被徒步押運、一路向西。但更有可能的是，艾緒莉是在查爾斯頓市忍受檢查並被賣出，而從蜜貝里莊園到查爾斯頓有二到三天的路程。[46]查爾斯頓的奴隸販子和供貨商原本在舊交易大樓（或稱海關大樓）外的街道上販賣人口。一八五六年之後，政府因其有礙觀瞻而規定他們搬到室內。這條規定於一八五九年催生了雷恩市場（Ryan's Mart），這是一座奴隸販賣的室內展廳，後面有類似監獄的圍欄（這就是今日在喬莫街〔Chalmers Street〕上舊奴隸市場博物館）。[47]作為見證者，英國旅人亞當．霍奇森曾如此描述查爾斯頓奴隸拍賣會的景象：

「我從一條笑語喧譁、擺著閃亮裝備的時髦人行道轉進來，映入我眼前的是至少八十或一百個黑人，坐在一大堆相互堆疊的鋪路石上……幾個商人和莊園主走來走去，審視著這些即將被出售的不幸生物。一個可憐的女人，看起來大約二十九歲，懷中抱著一個嬰兒，身旁跟著兩個小男孩，約莫四歲到六歲，以及她的小女兒，大約八歲，他們是第一組人。」48

在這個令人心碎的場景後，霍奇森繼續寫下長篇描述，並在結尾處譴責了美國的人口交易。

艾緒莉在面對拍賣台的痛苦經驗時，身旁站著其他人。但是，即便周圍有與她情況相同的人，她在情感上也一定是孤立的。我們可以想像她攥著一個髒兮兮的棉布包，裡頭裝著母親所能給她的一切。她甚至有可能把那塊布當作擋箭牌，以躲避別人窺探的目光，就像下文中這位名為艾德琳（Adeline）的少女一樣。艾德琳也是在南卡羅來納州被賣掉的，就在哥倫比亞法院的台階上。根據見證者的描述，她有張「漂亮的面孔」，抱著一個「膚色偏淡、眼睛蔚藍、有著絲綢般鬈髮的孩子」。艾德琳穿著一件連帽斗篷，掙扎著想以帽子蓋住自己的頭和懷中的幼子。叫賣者一心想要把這個「只有十八歲卻已經……帶著一個孩子」的女孩賣掉。他不斷掀開艾德琳的帽子以展示她的美貌。在欲望和貪婪的目光之中，無助而驚恐的艾德琳與叫賣者無聲較勁，她不斷試圖遮住自己。艾緒莉的布包是布製品，而布的功能有很多種，也可以當成簾子來用，在女孩與賣家之間建立起物理和心理上的距離。[49] 為奴之人即便是站在拍賣台上，有時也能用自己所攜帶之物拉開距離、建立起某種自我保護。

艾緒莉是如何在奴隸販賣和運輸的惡劣條件下，仍設法將這個超大布包留在身邊的？我們從旁觀者的觀察和曾為奴之人的證詞中得知，有些人能成功將過去生活的小小信物留在身邊，「幫助他們保存回憶」，像是「過世母親戴過的手套；一條裁成兩半的小毯子，另一半給了姐妹」，[50] 一位著名的奴隸制度歷史學家如此表示。對於路易莎．皮克而言，在那些被拍賣的時刻、在與母親分離的歲月裡，實際信物的存在意義重大。我們可能記得那件她十分寶貝的白色薄紗洋裝。在拍賣室內，有位「紳士」買家得到機會能「剝光」路易莎以便仔細檢查。他以一千五百美元的價格買下了她，另一個德州人則買下了路易莎的母親和兄弟。她想拿回她的洋裝，但她的新主人「威廉斯先生」拒絕了。路易莎看著她的母親哭著祈求「上帝與她唯一的女兒同行、保護她」時，她的思緒因這場創傷事件而變得混亂，又繞回那件薄紗洋裝上頭。

年方十四的路易莎，從一個性侵犯手中被交到另一個性侵犯手中，她只能用她所知的唯一方式來安慰自己：近乎偏執的想著那件未曾沾染過奴隸制污點的白洋裝，希望她的母親能拿到這件洋裝，用以紀念她。在多年分離的歲月裡，路易莎的母親好幾次寫下或口述信件，試圖與女兒取得聯繫；其中一些信確實送到了紐奧良，但也有許多信在德州的郵局便被攔了下來。在路易莎從未收到、只於多年後得知其存在的第一封信中，她的母親附上了「一枚戒指和一個鈕釦」，要送給「我的小孫子們」——路易莎與奴隸主威廉斯所生的後代。

路易莎的母親伊莉莎白試圖以信物來與未曾謀面的孫兒建立連結，就像路易莎希望母親擁有自己的衣服作為紀念一樣。伊莉莎白得知女兒被威廉斯任命為家中的「管家」，在家中可能有點影響力，她便懇求路易莎為她提供茶和糖等小禮物，也求路易莎說服威廉斯先生買下她和她的兒子，以便一家人能團聚。在一封一八五九年寫的信中，路易莎的母親令人心碎的轉述了她的主人願意接受的方案：「霍頓（Horton）上校願意以一千美元的價格讓你們將我買下，或者讓一個女人來填補我的位置……我想你們可以改變他的出價，只要在信中好好請求他，請他以較低的價格把我賣給你。」這段話中認同自己作為商品的程度，和對於個人價值的貶低，幾乎令人無法忍受。在這段親子之間的對話中，我們再次感受到奴隸制度對人的羞辱和其中的腐敗關係實在難以言喻。更糟的是，路易莎其實沒有能力幫助她絕望的母親。路易莎的主人並不富有，住在租來的房子裡，他用來購買路易莎的錢是向他的兄弟借的。路易莎的母親在懇求孩子安排將她買下的信中寫道：「我難以表達我對這件事的感受。為了看看你和我可愛的孩子們，我願意放棄整個世界。」[51]

路易莎心中懷抱著對於母親的回憶，就這樣度過了二十年的性奴生涯。在這段歲月裡，她的主人（與她生了四個孩子）威脅她，如果她敢逃跑，他一定會殺了她。路易莎祈禱威廉斯趕快死掉，最終他確實也死了。不過，奴隸主的死亡雖實現了她長年的願望，卻也使她陷入不穩定的狀況中。路易莎勉強逃過了威廉斯的兄弟試圖將她占為己有的行動，搬到了北方，馬上開始尋找她的母親。她在《辛辛那提日報》（*Cincinnati Daily Gazette*）上刊登了廣告，出版了她的回憶錄，走遍整個地區演講，並向教會和反奴隸制組織募捐。一八六〇年秋天，路易莎以她募得的九百美元，成功贖回了她年邁的母親。此時她得知，她的小弟約翰的被子確實是「用路易莎以半美元買來的粉色紗裙做的」。她母親設法拿回了那件有粉紅色花樣的白色薄紗洋裝，重新製成具有新用途的物品，保存了記憶。這件織入了母親的愛、承載著親情的布製品，挺過了奴隸制度的磨損和蹂躪。[52]

艾緒莉沒能像路易莎那樣找到母親並擁抱她，但她設法將如同白色薄紗洋裝那樣的特殊物品緊緊抓住在手中。她的布包是她的急難救助包、她的斗篷、她的掩蔽物、她維護尊嚴的盾牌，也是她在未來艱困歲月中的信物。這個裝了許許多多的東西、用途之廣到難以想像的布包，是她的傳家寶，是屬於她自己的財產。擁有這個布包的艾緒莉，不僅與其他為奴之人有所連結，也與其他種族的美國女性有所連結，因為在二十世紀之前，很少有女性能合法擁有不動產。「可移動的財產成了女性遺產的重點，」一位知名的性別歷史學家如此寫道：「女性以這些財產來確認身分、彼此結盟、並重新編織親情連結。」[53]

艾緒莉帶著這個袋子與裡頭大部分的物品（我們如此推測），一路深入卡羅來納的內陸地區，此時沿海地區的奴隸主（水稻莊園主的兒孫、自耕農和想藉著新商機發筆財的商人）正不斷搬遷至此地。在卡羅來納和喬治亞州的山地上，莊園主和農民再度開闢土地、建設城鎮，蓋起了莊園、磨坊，最後還蓋了一條鐵路（一八三三年）將棉花運回港都查爾斯頓。這個在十九世紀初仍被海濱地區的有錢人視為荒蕪之地的地方，如今爆炸性地繁榮了起來。[54]一如早已定型的海濱地區，此地也以奴隸制與農業為中心。「中部地區」是由一塊塊幅員遼闊的內陸棉花田所構成的地區，也是艾緒莉長大成人和成家的地方。我們從布包的線索中得知她的子輩與孫輩於南北戰爭後住在南卡羅來納州的哥倫比亞，所以我們能假設艾緒莉被賣到了該地區的某座莊園，而蜜貝里莊園也位於這個區域。[55]她的後人一直生活在南卡羅來納內陸鄉間的棉花帶，直到第一波大遷徙變幻莫測的浪潮將茹思．米朵頓推向北方的費城。

小小的艾緒莉被賣到的地方，離所認識的世界不遠。湍急的河流、存活下來的壯觀松樹、曾有松樹生長其上的受傷土壤，以及那一望無際、如幽靈般雪白的棉花田，可能都是她再熟悉不過的景色。[56]起初，她與母親所在之地的實際距離並不算遠。不過，蘿絲有可能在羅伯．馬丁死後不久就被賣掉了。一八五三年至一八五七年，有位名為蘿絲的女人在查爾斯頓的一個奴隸圈養場裡去世了，這個奴隸圈養場的主人是托馬斯．加茲登，蜜貝里曾將家中的地出售給他。羅伯．馬丁過去也曾與加茲登有生意往來，一八五一年，馬丁從他那裡買了一個叫貝蒂的女人和她的四個孩子。[57]我們不禁要想，在當時的奴隸貿易熱潮中，急著出售家中財產的蜜貝里是否決定把蘿絲交到他們家的熟人——一個著名的奴隸販子手中。

奴隸敘事中被迫分離的場景，活在二十一世紀裡的我們很難讀得下去。即使有時間的距離作為我們的情感盾牌，我們也幾乎無法忍受那些生動描述著哭喊求救的孩子、苦苦哀求的父親與悲痛欲絕的母親的文字。我們也許想要相信奴隸主和奴隸販子努力避免拆散家庭，但此事絕不普遍，甚至並不常見。兒童和少年因其年輕健壯在市場裡價格較高，因此在南北戰爭前的奴隸貿易高峰期，兒童和少年往往會被單獨出售。雖然路易斯安那和阿拉巴馬等州禁止出售十歲以下的兒童，許多看起來根本未滿十歲的孩子在奴隸販子的交易紀錄中都被列為十至十二歲。[58]在這個毫無道德價值的文化中，這些孩子是財產，像艾緒莉這樣的兒童是一個個被挑選出來的受害者。

如果連我們都難以忍受這成千上萬的離別所帶來的巨大絕望，那麼一個孩子又該如何應對突然失去家人的情況呢？在我們身處的現代，有另一種迫使孩童與家人分離的情況，以令人心碎的方式提供了一份洞見。二〇一八年，美國聯邦政府開始在南部邊境逮捕、監禁無證件移民。按照政府規定，這些父母和兒童必須被拘留在不同地方——許多時候是被關在牢裡——導致他們有好幾週、好幾個月的時間被迫分離。在某些情況下，我們的政府會將父母驅逐出境，同時讓孩子無限期地住在寄養家庭裡。許多臨床心理學家曾與這些孩子接觸並評估他們的狀況，並表示與父母分離對這些移民小孩造成了嚴重影響，有許多人的家庭是為了逃離在拉丁美洲國家所受的傷害而來美尋求政治庇護。美國心理學會公開呼籲政府改變政策，因為研究結果顯示，這些年輕孩子承受了極大的恐懼感、無助感和危機感。被迫與父母分離的兒童身上則出現了相當多焦慮、憂鬱和創傷後壓力症候群的症狀，心理健康受到影響的程度「與遭受毆打和酷刑相同」。這些原已相當脆弱的孩子被迫與照顧他們的父母分離，心理健康搖搖欲墜，需要兒童行為專家和教育工作者長期的理解和協助。[59]

一個半世紀前，生來就活在長年囚禁之中的女孩艾緒莉，被從母親身邊帶走。某種程度上，她的處境與今日尋求庇護的移民小孩相同。她身處的環境充滿威脅，與母親分離只加深了她的痛苦和恐懼。一個孩子（或這麼多深陷不斷擴張的奴隸制度中的孩子），是怎麼在這種孤立無援的可怕環境中活下來的？在像艾緒莉這種孩子的身旁，有沒有人能告訴他們這世間值得來走一遭？我們不該認為曾活在奴役中的人們有可能完全復原，也不該相信奴隸制並未在他們的心靈上留下傷痕。我們可以寄望的是，在這場永別之後，母親的布包成了艾緒莉的無形庇護。

「告訴她，」這場別離的七十年後，茹思在布包上繡著：「裡面裝著我永遠的愛。兩人從此再也不曾相見。」

# Chapter 6

# 撒種的艾緒莉

「真實的進展在於成長，而成長始於撒種。」

——安娜．茱莉亞．庫柏（Anna Julia Cooper），《來自南方的聲音》（*A Voice from the South*），一八九二

「兩百多年來，人們告訴我們該住哪裡、該在哪工作。我們得到丈夫、我們生了孩子，而這所有的一切都 有可能被奪走。唯一真正的安慰出現在長日將盡時：當我們把人們給我們的食物，或我們自己生產、捕獲的食物放在鍋子裡，和自己人坐在一起，聊天、唱歌、吃東西。」

——露絲．加斯金（Ruth L. Gaskins），《心善手巧：傳統黑人食譜集》（*A Good Heart and a Light Hand: Ruth L. Gaskins' Collection of Traditional Negro Recipes*），一九六八

「愛我們的人絕不會讓我們獨自承受悲痛。」

——愛麗絲．沃克，《奴牢：最後一批「黑人貨物」的故事》（*Barracoon: The Story of the Last "Black Cargo"*）的前言，二〇一八

艾緒莉是否知道她的母親何時離開了地球之港灣、啟程前往某個未知的光與靈魂之領

域？也許她感覺到靈魂深處有某種變化，就像有些人感覺到風暴即將來臨一樣。不過，行動透露出某種深謀遠慮之感的蘿絲，並未讓她的孩子獨自在冰冷的奴役之牢中生存。她必定相信無論自己是活著與艾緒莉重逢，還是在團聚之日來臨前便已死去，她所打包的物品都會在未來的日子裡幫助她的女兒並安慰她。蘿絲想像得到艾緒莉，甚至是想像一個擁有跨越多代的家族譜系，在一八五三年至一八五四年那場別離之後依舊存續下去。蘿絲懷抱著黑人女性主義理論家史坦莉．詹姆斯（Stanlie James）和阿貝娜．布西亞（Abena Busia）稱為「具遠見的實用主義」的動機，希望令這幅血脈存續的激進願景成真，因此，她做了一件許多母親都相當熟悉的事——把額外的食物（而且不是隨隨便便的食物）裝進這個避難包裡。[1]她裝進布包裡的食物，體現了所有為奴之人都知道的道理：生存根植於土地。[2]雖然受制於奴隸主的蘿絲別無選擇，只能眼睜睜看著艾緒莉離開，但她以深具創意的方式與女兒道別，並將自然與文化資源交到她手中。這些資源似乎影響了艾緒莉的適應力——也許是極大的影響。

## 三把胡桃

蘿絲留給女兒的基礎補給物品，可能可以讓這個小女孩暫時活下來。在這些物品中最重要的，比衣服或麻袋本身可能提供的物質掩護更重要的，是分量足夠、充滿營養且得以自然保存的食物。我們透過茹思繡在布包上的故事，感受到了「三把胡桃」這個特定說法的不尋常之處，捕捉到了測量者純粹的體感。我們可以想像蘿絲在廚房裡掂著手裡堅果的分量，也許是按照她熟記於心的食譜，也許艾緒莉就在她身旁。[3]茹思手裡的詞句也透露出被人大聲說出、重述的感覺，即便是「三」這個十分明確的數字似乎也有琅琅回聲，奇異地呼應著我們三位一體的女主角。蘿絲將這種是食物也是種子的食材收進布包裡，表示她意識到營養的必要性和未來的可能性。仍在殼裡的種子肯定有自己秘密的生命，但對人類來說，使用這些種子的舉動指向了一個超越現在的未來時刻。我們種下種子，是希望種子成長為世間目前尚未存在之物。蘿絲準備的堅果相當實用，也具有不只一種象徵意義。它們在身體與情感上滋養了艾緒莉，更象徵著她重新扎根、成長的能力。

此時此刻，我們得在茹思的繡下文字中，拉出一條支線，以便拓寬故事的紋理。也許，茹思記錯了蘿絲所準備的堅果種類，也許蘿絲放進袋裡的不是胡桃，而是更常見的堅果，比如栗子。若果真如此，我們便能說栗子雖與眾不同，但其種植與烹飪方面的特性與胡桃相似。若蘿絲真的像茹思所記載的那樣確實準備了胡桃，那麼她手中這份私人珍藏可是得來不易。在蘿絲收拾這個布包的一八五〇年代裡，查爾斯頓只有少數幾個地方能取得胡桃。人們將採收並燻製後的堅果裝在木桶裡，用船運到碼頭。就連在查爾斯頓，胡桃也是新貨色，一八三二年才首次由德州送達此地。胡桃的原產地不在東南沿海地區，而在伊利諾的西部河岸地帶、路易斯安那、德州和墨西哥北部。在南北戰爭前的南卡羅來納，胡桃被認為是一種「具異國風情的舶來品」，比它更具異國情調的只有杏仁而已。4

在蘿絲的時代，東南地區的人並不容易取得胡桃。也許她是在查爾斯頓的碼頭弄到這些胡桃，也許是與另一個為奴之人交易而取得，但更有可能是在蜜貝里的授意下取得的——馬丁夫婦某晚招待客人的晚餐菜單上可能出現了胡桃。一八四〇至一八五〇年代裡，查爾斯頓高級餐廳的廚師會在糕點盤裡放上胡桃作為美味點心，旁邊則是水果和其他堅果。與在幾百英里外的西部採收和燻製的「異國風味」胡桃相比，美國栗子更容易取得，卡羅來納當地就有栗子樹。5

對於一個東南地區的為奴母親而言，胡桃是可望而不可即之物，她的實質財產除了一件破爛的衣服以外，就沒什麼其他東西了。雖然在密西西比河流域及其支流的西南和中西部地區能夠採到野生胡桃，但在一八五〇年代，美國人尚未在任何地方廣泛種植胡桃樹或以商業化的方式販售胡桃。直到一八五九年，查爾斯頓的第一批胡桃銷售廣告，才首次出現在報章雜誌上。6 到了一八六〇年代，查爾斯頓東北部的布恩莊園（Boone Hall Plantation）已開始種植胡桃樹，但這些樹是從其他地方被小心移植來的。莊園主約翰·霍爾貝克（John Horlbeck）從路易斯安那購買了胡桃樹枝子，並將其扦插在通往布恩莊園大門的橡樹大道旁。到了一八九〇年代，霍爾貝克有位從小就喜歡吃自家莊園堅果的孫子，開始試著打造大型胡桃園；在他的提倡之下，堅果逐漸成了低地區的重要作物。[7]

蘿絲住在離胡桃產地甚遠的東部，若想獲得數量這麼多的美味胡桃，她得縝密計畫。布包上，三把胡桃的量詞「handful」特意拼成了「handfull」，凸顯出蘿絲的豐沛壯舉（以多餘的L作為象徵表示）。蘿絲有能力取得這種奢侈的食材，讓人更容易相信蘿絲在馬丁家可能負責掌廚。現在，我們腦海中的畫面更加清晰了：蘿絲穿著格子布衣或印花布衣，像查爾斯頓的黑人女性習慣的那樣頭上頂著籃子去購物，再從擁擠的碼頭頂著裝滿的籃子回家，籃裡有一袋胡桃。也許，她被吩咐要在一些時興的假期菜色中使用這些堅果，比如塞了胡桃的棗子或水果蛋糕。[8]我們可以想像，她暗地裡留了一些胡桃給自己或親人秘密享用。

蘿絲在羅伯．馬丁去世後取得了這些胡桃，這很可能不是巧合，因為馬丁去世時正值冬季。胡桃如果儲存在陰涼乾燥處，一年內都能保持新鮮。而艾緒莉在馬丁去世後不到一年就被「清算」了。蘿絲擁有這些特殊堅果的時間點是正確的，而且如果她能進廚房，就更有機會儲藏這些堅果。也許這些堅果是蘿絲放進布包裡的第一件物品，衣服、髮辮和她低語的愛都以胡桃襯底。蘿絲在採買時甚至有可能是用我們追蹤的這個布包來裝胡桃，畢竟這種袋子最初是為農業用途而生產。在蘿絲眼裡，這些搶救出來的堅果是生存物資之一。蘿絲選擇為女兒準備胡桃，這使得她與另一位以手藝創造歷史的為奴之人產生了聯繫：歷史紀錄中第一位商業用胡桃樹的種植者，人們稱他為安托萬（Antoine）。

## 強迫之法

正如南方的莊園仰賴黑人人口來生產農作物與商品、提供服務與點子，並產出更多的奴隸嬰兒一樣，莊園主們自十八世紀中期以來也一直在嘗試農業創新，希望擁有穩定產出堅果的胡桃樹。十九世紀初，有權有錢的莊園主已開始嘗試枝接（或芽接），試圖改良胡桃，使其擁有一致的形狀、味道和外殼。他們的改良方式包括從產出理想堅果的胡桃樹的樹枝上摘下嫩枝（稱為「接穗」或「嫁接木」），並小心翼翼地將其接合在理想地點的樹木樹枝上，比如說在莊園內，以便照料和採摘（接枝的樹木稱為「砧木」）。[9]他們的目標是讓這些樹穩定產出理想品質的堅果——美味、易裂、形狀工整。第一個取得顯著成果的實驗者是亞伯納·蘭卓姆（Abner Landrum），他是南卡羅來納的莊園主和醫生，在當時因發明了一種無鉛的陶器上釉法而相當出名。一八二〇年代，蘭卓姆至少試了兩次，在他位於南卡內陸厄齊菲郡（Edgefield）的莊園裡嫁接胡桃樹。他解釋道，自己的初次嘗試並不成功，因為「在這個季節裡有點太遲了」。第二次則成果斐然，他表示：「今年夏天，我讓普通的胡桃樹長出了幾十顆胡桃，沒有一次失敗，其中一些長得很好。」[10]蘭卓姆相當自豪於這次嘗試，並在商業刊物《美國農民》（*American Farmer*）上仔細介紹了他的方法，內容詳盡到他必須為該文的長度致歉。[11]

截至當時為止，種植者關注的目光仍未落在胡桃樹上。如果人們當時採納並使用了蘭卓姆的方法，這可能會是南方農業史上的重大創新。蘭卓姆在《美國農民》中煞費苦心詳述的方法，並沒有人起而效法，但他的文章讓我們得以一窺這位莊園主兼科學家的心態。蘭卓姆的文字透露出，「無意識地將人視為財物」和「對自然的馴化和商業化」這兩個觀點間，有著不可思議的雷同之處。蘭卓姆為了控制樹木、提高生產力而以強硬的手段迫使樹木繁殖。我們可以推測，他對手下的奴隸也抱持同樣的態度，很可能就是那些在他的樹園裡工作的奴隸。（有位名叫戴夫．德雷克〔Dave Drake〕的為奴男子在蘭卓姆名下具商業規模的陶器工坊工作，他是蘭卓姆的侄子外借給蘭卓姆的奴隸，後來因其獨特的手藝而聞名。德雷克常在超大型釉面陶器上留下簽名和生動的詩句點綴，在今日是價值極高的收藏品）。[12]除了「奴隸與樹木都在無償的條件下支持了權貴莊園主研發創新」這個明顯的觀點之外，在嫁接樹木時，奴隸似乎也總在蘭卓姆的意識中徘徊不去。蘭卓姆使用的語言具有強烈的暴力意味，他把他嫁接樹木的「強迫之法」稱為「截肢」。當你閱讀下面這個句子時，不妨思考一下蘭卓姆談論的對象。他是在說核桃與胡桃，還是在說黑人男女和孩子？

「人們似乎普遍認為，」蘭卓姆抗議道：「芽不能片刻與母株分離，一旦分離便會停止生長。我把一些杏仁、桃子和杏桃枝放在潮濕的土壤中近一個月，並成功令其發芽。」他接著表示，「野李子（wild plum）將成為生產各種美味水果的優良植株。」（那些曾讀過或將要讀科爾森．懷特海〔Colson Whitehead〕的小說《地下鐵路》〔*The Underground Railroad*〕的人可能會像我一樣，對蘭卓姆提到李子一事感到不寒而慄，因為在小說中，有個殘酷的奴隸主正是用此詞，來描述他擁有並經常性侵的黑人女子）。[13] 這種「技藝」，蘭卓姆堅信：「能讓我們（在氣候允許的情況下）蒐羅世界各地最優質的水果，並將它們嫁接在耐寒、成熟的植株上，如此便能在兩、三年內獲得大量水果，與從種子花費十幾年的時間產出的水果一樣多」。

亞伯納．蘭卓姆表面上是在說果樹，但他使用了「叢集」、①「從世界各地蒐羅」和「堅實可靠」的植株等字眼，呼應著擄走不同種族非洲人的跨大西洋奴隸貿易，以及強制黑人女性「繁殖」和強行拆散黑奴孩童與父母的作法。蘭卓姆認為，嫁接可以讓「目前生長著荊棘和石南的地方，成為產水果和鮮花的天堂」，令這種轉變實現的人必將「得享榮耀」。[14]

---

①譯註：原文為 tribe，亦有「部落」之意。

蘭卓姆似乎把強力產出新生命的工作，和莊園主對秩序和生產力的渴望視為近乎神聖之事。事實上，他的想法讓我們回到了在前一章中便開始探討的意識形態，即南方的白人權貴文化相信社會階級符合上帝心意，而擁有財產的白人男子位於階級頂端。

不過，有件似乎相當諷刺的事：成功發明後世所使用的胡桃嫁接法的人，並不是蘭卓姆或其他的富裕莊園主。今日的胡桃嫁接法是由一位我們大多數人都未曾聽說過的為奴之人所發明的。一八四〇年代，路易斯安那州有位醫生試著在安妮塔莊園（Anita Plantation）裡嫁接胡桃樹。這次嘗試並未成功，於是他把剪下的枝子送到密西西比河對面的鄰居家裡（也許他派遣了家裡的奴隸來搬運胡桃樹枝），他的鄰居家就是今日相當著名的橡樹巷莊園（Oak Alley Plantation）。橡樹巷莊園裡有位名叫安托萬的為奴之人，擁有相當傑出而不尋常的園藝技術。莊園主把嫁接胡桃枝的挑戰交給了安托萬。一八四六年冬天，安托萬手工嫁接了十六棵樹，並由此開拓出一片擁有一百一十棵樹的健康胡桃樹園。[15] 如果我們能在十九世紀的農業貿易雜誌中讀到安托萬的技法詳述該有多好，我們可能會發現，在語言上與技術上，這個曾被視為個人財產的人類對於樹木的看法、對待樹木的方式皆有所不同。[16]

安托萬的胡桃樹成熟後，在南北戰爭後的幾年內便產出了大量堅果，每桶可賣到五十至七十五美元。不過，莊園的新主人（該莊園易手不止一次）卻砍掉了許多胡桃樹，以騰出空間來種植更有利可圖的甘蔗。一八七六年，橡樹巷當時的主人休伯特・邦札諾（Hubert

Bonzano）在百年博覽會上展示了剩餘的安托萬胡桃樹所產出的堅果。該博覽會在費城舉行，是亞歷山大．貝爾（Alexander Graham Bell）等企業家展示自身發明的平台。這些堅果得到了耶魯大學一位植物學家暨教授的讚賞，稱讚這些堅果「體積非常大、外殼很柔軟、品質極佳」。此事讓「第一個無性繁殖的改良胡桃品種」有了名字。這種胡桃被稱為「百年胡桃」（Centennial），是第一種用於商業種植的胡桃品種，而橡樹巷莊園也成了「商業胡桃的誕生之地」。而安托萬不過是歷史紀錄的一抹影子，他並未因在植物學上的創舉而得享任何榮譽或報酬。甚至連他所嫁接的第一株「母樹」也從地表上消失了：一八九〇年，有個堤壩破裂，導致地面突然形成一個坑洞，這株「百年老樹」因此陷落地底深處。[17]

這名為奴之人所嫁接的胡桃樹，為胡桃的產銷和商業化奠定了基礎。不過，在「百年胡桃」開始商業量產後，胡桃產業的發展卻遲滯不前。在十九世紀大半的時間裡，人們主要透過採集、交易或購買的方式來獲得野生胡桃。直到十九世紀末、二十世紀初，商業化廣泛種植的命運才降臨到胡桃樹的身上。環境歷史學家詹姆斯．麥克威廉（James McWilliams）認為，「比起任何其他本地可食用植物，胡桃樹遭逢此命運的時間遲得多」。他相信，胡桃樹「繼續以自己的方式屹立不搖」。[18] 胡桃樹擁有特別深、地表上看不出來的主根，擁有難以預料的活力和「不為人知的力量」。[19] 此樹的強韌根系、良好的生存技能和極佳的適應能力，使它茁壯成長的身影出現在從德州到喬治亞、路易斯安那到伊利諾的土地上，也使它能夠承受人類和動物的大量採食，成功抵禦人類馴化它的企圖數十年。胡桃樹可以活上幾百年，這個物種「在仇恨誕生之前便已存在」，地質學家勞雷．薩伏伊（Lauret Savoy）在對美國整體景觀做出深刻觀察後如此表示。[20]

我們確實可以將野生胡桃概念化，視其為貼近大眾的平民樹種。長期研究、種植和料理胡桃的原住民，似乎也以這樣的心情珍視這種樹。南部平原的卡多斯人（Caddos）有個關於「所有胡桃樹的母親」的傳統故事。故事中的老婦人是世上所有胡桃樹的擁有者，她在家裡囤積堅果，只吝嗇分給人們少量的胡桃。村裡的外來者郊狼（Coyote）詭計多端，他殺死了這名老婦人，「從那時起，胡桃樹就在各個地方生長，屬於所有的人。」[21]十九世紀中期，切羅基保留區和奇卡索保留區立法禁止砍伐胡桃樹，隨後，奧克拉荷馬州的塞米諾（Seminole）自治區則在一九二〇年代時對「殘害胡桃樹」的人開出罰款。[22]

我們知道，整個南方的為奴之人和他們的後裔都很喜歡這些胡桃樹上掉下來的堅果。他們可能喜歡胡桃獨特的泥土味，這個獨特風味也深深影響了本地今日的飲食文化：從「南方最受歡迎的派」和法式的胡桃夾心糖（一種著名的南方甜點）都以胡桃為基底。[23]胡桃也出現在南方黑人各式各樣的食譜中，跨越甜鹹區分，融合在威化餅與感恩節火雞中。我們會於下文中找到適當時機探討這些食物和準備食物的方法。現在，讓我們來談談胡桃樹本身。從安托萬的園藝工作，以及許多其他為奴園丁和林務員不為人知的工作中，我們可以推斷出黑人也對胡桃樹抱有好感。他們可能已認識到這種樹在面對攻擊時有多堅韌，在各種棲地上有多強的適應性，以及無論土壤品質如何都能頑強扎根。他們也許曾視野生胡桃樹為一個例子，示範著如何以堅定而具有尊嚴的方式活得長久——即便身處荒蕪之中，即便失去了安托萬的百年母樹那樣的母系定錨。

在一次口述歷史訪談中，先祖曾經為奴的瑪麗．耶林（Mary Yelling）談到她的家鄉阿拉巴馬州春山（Spring Hill）時說：「當年我認識每棵胡桃樹。」[24]對於那片後來會綿延整個南卡羅來納內陸地區的天然胡桃林，艾緒莉或她的女兒或孫女是否也有同樣感受？艾緒莉是否曾拿著本身即為種子的胡桃，在薩凡納河附近的某個秘密地點播下這種子？如果說艾緒莉像是個嫁接工人，把她受迫於人的新生活之嫩枝接在回憶的強壯根系上，好緊緊擁抱她所失去的母親，這會不會是太牽強的說法？想像一下艾緒莉的模樣：這個存活下來的女孩就像一棵野生胡桃樹，韌性極強，其根系緊緊扎入不斷改變的地面之下。

## 維生食品

我在網路上了解了一下「末日生存」社群（prepper communities）的次文化，才知道

「維生食品」如今指的是發生災難時人們可能會裝進緊急避難包的食物。[25]不過，這個詞還有另一種意義，一種並非完全無關的意義：當為奴之人手中沒有多少具高營養價值的食物時，他們用來「維生」的食物。[26]為奴之人該如何找尋、栽培並準備這些讓他們得以存活並保持情緒穩定的食物？九歲的小艾緒莉是去哪找食物吃的？她都吃些什麼？她又是如何看待那些她用以維生的植物和動物？艾緒莉帶著三把山胡桃開始了前往新莊園的旅程，這就是我們所知的一切。與衣服的狀況相同，我們必須轉向其他為奴之人的敘述，才能描繪出他們的飲食綜覽圖。珍．克拉克是在上一章中認識的女性，她帶著兩個裝了物資的枕頭套逃出主人家，她的故事讓我們得以一窺為奴孩童對於食物、飢餓和烹飪的經驗。[27]

珍和艾緒莉這樣的奴隸女孩總是吃不飽。她們生活在一個極為匱乏的世界裡，雖然，她們兒時和長大後都會被迫為奴隸主種植、採收、處理或清理食物。小孩子（主要是女孩子）可能會因為準備食物或端出食物的方式不當而遭到處罰；以熟練的技術為主人準備巧妙的佳餚，則有可能成為廚師獲得滿足感和自豪感的來源。六歲的珍在鄉間廚房從最底層的工作做起，她每天要為為奴的黑人廚師提好幾次水。[28]珍長大後被送到奴隸主後代的莊園裡，她自己也成了那裡的黑人廚師。珍的專長是「烹飪事宜」，她準備和烹飪食物的技巧勝過比她年長且更有經驗的表姐瑪麗（導致她們之間產生齟齬）。或許她也擅長園藝，能為男女主人的餐桌提供香草和各種蔬菜。

珍的每日工作始於早起餵牛，接著是生火，用笨重的鑄鐵鍋和平底鍋在火爐上做白人家庭的早餐。十九世紀的南方，廚房往往是「危險、冒煙而炙熱」之處，而且通風不良。沉重的勞動也很辛苦，廚師揮舞著鐵鍋鏟，在結構粗糙的開放式灶台邊估算熱度和烹調時間、學習迎合主人的喜好，有時還要使用不熟悉的食材。[29]某天早上，珍因為火熱得太慢、早餐上得晚而遭受了「首次鞭打」，她說這是「相當嚴厲的鞭打」，她被奴隸主和監工鞭打了五次。也就是說，珍被兩個不同的人多次用鞭子抽打，只因她在無償而受迫的情況下做飯時火熱得不夠快。她以極為冷靜的方式描述了她如何在那個莊園裡「學會習慣嚴厲之事」。

珍也習慣了匱乏。小時候的她在勞役中的飲食使人骨瘦如柴、蛋白質含量極低，包括嚴格配給的「一品脫的玉米渣……用鹽調味、以水混合、在灰裡烘烤過」。難怪為奴孩童會因為品質不佳和分量不足的飲食而健康受損。這些孩子生病和死亡的比例很高，尤其是九歲以下的孩子，因為當他們滿十歲時，配給的食物分量往往會增加，如此才能替主人提供更多的勞動。[30]幾年後，身為青少年和年輕廚子的珍有更多機會獲得食物，也第一次得以從主人與女主人剩餘的食物中獲得食物。但她身旁的為奴之人（特別是那些在田裡勞動的人）所獲得的食物種類極少、營養價值低，分量較多但與她小時候吃的玉米渣差不多。[31]十九世紀內陸和西南方奴隸世界的景色，是一整片的物質匱乏。

在南卡羅來納和喬治亞的沿海地帶，初代奴隸制社會裡的為奴之人有更多的機會來增補、改善自己的飲食。低地區的奴隸主按照任務安排奴隸的工作，也就是說，奴隸主或莊園管理人通常會根據年齡和預期能力來分配工作。一旦完成了自己的工作（如果此人強壯而勤勞，往往也得花上大部分的時間才能完成，但至少不是全部的時間），她就能將精力和時間投入個人事務，如照料菜園、飼養牲畜或縫製碎布被子。為奴女子在自己的小塊土地上耕種。為奴男子則經常捕魚和獵取野味，有時還會拿槍狩獵。[32] 除了在奴隸主和監工分配的「小菜園」裡種植食物外，為奴女性也想方設法取得主人的白米存糧。[33] 在沿海地區這種任務體系（task system）奴隸制中長大的為奴兒童，比南方內陸地區的兒童過得好些，因為他們的父母能夠取得更多種類的食物。[34] 一位曾經為奴的卡羅來納男性向採訪者描述了他當年的飲食：「有色人種的食物每週配給一次，在星期一發放，有玉米、一夸脫糖蜜，三磅燻肉，有時還會有肉和豌豆。蔬菜應有盡有，那是他們自己在菜園裡種的蔬菜。」另一位曾在南卡羅來納莊園為奴的男性，回想起當年能用配給、種植和採集而得的資源做出來的美味佳餚：糖蜜和玉米麵包的早餐組合，還有烤玉米、四季豆、豬頰肉、白脫牛奶配麵包和脆皮黑莓餡餅。[35]

不過若要在低地生存，收集食物必須謹慎。奴隸主通常禁止為奴之人食用他們親手種植、除草、收割、篩分和碾過的稻米，但口述歷史告訴我們，黑人女性巧妙利用她們的衣服，創造出變通之法：

「女性得下到潮濕的低地去收集稻米，她們會把裙子撩起來、打個結。等米乾燥到可以去殼過篩時，她們會拿一個像是扇子的大篩網，裙子還打著結。我想你可以想像會發生什麼事。她們碾米脫殼，接著把米倒進像托盤一樣的寬大篩網裡。然後她們把米向上甩到空中，好讓米糠飛走。每當米落回篩網裡的時候，她們先朝一邊『揮扇』，然後換邊。『一些給你們，一些給我們』。『給我們』的米飛舞落入裙子的打結處與皺褶裡。沒被揚飛的米則落回篩網上。回到家後，女子們解開寬大的裙子，落下的米成了家人的食物。」[36]

這些女性把米拋向空中，將米糠和白米分開，這是複雜的白米加工過程的一個步驟。她們以裙子為網，在白米落回到篩裡時接住一些向外掉落的白米，然後把落入裙子「口袋」裡的白米帶回她們的小屋。瑪咪．費爾茲的父母曾於卡羅來納為奴，她詳述了這種作法，並指出延伸出的文化信仰。長者會告誡黑人女孩千萬不要「在晚上掃地」，因為在黑暗中可能會漏掉地上的米粒，從而留下私藏白米的證據，讓監工或奴隸主發現。[37] 據說，還有另一種收集白米的技巧，是在工作時穿上過大的鞋子來接住向外掉落的米粒。[38]

生存取決於身處惡劣環境仍堅持不懈，取決於收集、種植野生作物和農作物的技巧，取決於將（通常是有限的）生鮮食材轉化成充滿風味、安慰人心的食物之藝術。優秀的廚師有能力施展這種魔法，將奴隸小屋變成家人歡聚的避風港，即使他們有的不過是一日將逝前的幾個小時。蘿絲把堅果裝進布包，堅果也沾上了她手掌上的油脂，她也因此將維生的能量來源以及與他人共度用餐時光的文化交到了女兒手中。

為奴的廚師從非洲傳統中汲取靈感，使用隨著奴隸船抵達北美的植物（被用來當作被俘之人和船員的食物）和無意間帶上的種子植物作為食材。廚師將這些非洲元素與美國原住民菜餚中的食材，結合了白人奴隸主丟棄的食物，包括：非洲山藥、黑眼豆和花生；原住民所食用的玉米品種、南瓜、野菜和胡桃；以及歐洲肉類和香料。為了在小屋裡醃製食物，他們加了鹽、甜甜的糖蜜，以及豬的剩餘部位（若可取得）。黑人和早前幾個世紀裡曾共同為奴的美國印地安人一起創造出「融合」當地食物的菜色，在他們的小屋裡、在大房子或農舍的餐桌上一起享用。非裔美國人從原住民同伴和家人身上學會了用玉米磨成的粉來烤玉米麵包。他們也接受了本地的新鮮蔬菜，包括原住民喜歡的美洲蔬菜（他們西非家鄉的菜色裡向來就有蔬菜）。另一方面，美洲原住民也和為奴黑人交換食物，並對黑眼豆產生了好感（黑眼豆是隨著奴隸船運過來的非洲豆類）。黑奴與原住民奴隸後代發揮烹飪創意，創作出多文化、多民族的精緻美食，成了現代南方菜餚的基礎。[39]

隨著奴隸制度向西擴張，在這片白人驅趕了美洲原住民而奪為己用、卻尚未完全開拓的「邊疆」區域裡，為奴之人不再有辦法在大地上獲取各種食物。即使遠在艾緒莉居住的南卡羅來納中部（住在沿岸的富裕莊園主視其為「偏僻內陸」），維吉尼亞和馬里蘭煙草帶所使用的工班體系（gang system）也取代了任務體系，奴隸的生活水準下降了。中南部產棉區的奴隸主迫使黑人在更匱乏的環境下提供更多的勞務，他們不再分配任務給單獨個人，取而代之的是長期、有組織的大規模工班勞動。與這種整合黑人勞動力的制度並行的，是食物品質的急遽下降——奴隸主降低糧食配給、剋扣昂貴的肉類製品，還拿走了為奴之人本可用於狩獵、種菜、採集和烹飪的時間。棉花帶的為奴之人常在強烈的飢餓感中勞動。[40] 到了艾緒莉被賣掉的一八五〇年代，南部棉花帶的黑人幾乎不再有時間或自主權來取得自己的蔬菜、水果、穀物或肉類，導致他們只能依賴奴隸主定期發放的糧食，而奴隸主在乎的只有經濟利益。為了盡量提升利潤，奴隸主往往會將食物配額限制在僅能維持生存的水準，把劣質食材（包括豇豆〔黑眼豆〕和紅薯等用於動物飼料的食材）留給他們俘虜的工人。[41] 他們的目標是榨取最大限度的勞動力，同時給予最低限度的舒適。[42] 為奴之人本應從工作成果中獲得的飽腹感、滿足感與享受，就這樣遭到剝奪。

在更西邊的各州，為奴之人活在恐怖的「熱量赤字」中，攝入熱量和所需熱量之間差距甚大。這份差距帶來的只有痛苦。他們「勞動太多，吃得太少」，一位環境歷史學家如此認為，並補充說明道：「在棉花帶，奴隸不僅是像牲畜一樣被交易，他們就是牲畜。」這個比喻想強調的是，黑人代替了大型牲畜從事繁重的勞動，並被迫把雜食者的飲食習慣變成草食動物的飲食習慣。[43]飢餓帶來的身體疼痛和對營養的生理需求將為奴之人推向絕望，這就是為什麼即使為奴之人深知被發現抓著主人的豬或奶油餅乾後可能得面臨嚴重後果，食物依然是莊園裡最常被偷的東西。[44]

南北戰爭結束幾十年後，以玉米為基底的貧乏飲食仍徘徊在為奴之人的回憶中。在奴隸主剋扣食物以縮減預算的同時，他們還把食物當成一種武器，把家中的奴隸分成好幾個團體，有些團體得到更多且相對更好的食物（如家僕和非裔「監工」），有些則得到較少的食物（如人數眾多的田間工人和他們的孩子）。[45]奴隸主意識到心理誘因的力量，促使為奴之人為了換取分量更大或選擇更多的食物而展現出理想的行為舉止，並在特殊節日時刻意在眾人面前發放食物。[46]為期三天的聖誕假期，是為奴之人熱切期待的短暫節日，奴隸主往往會在此時發送額外的食物和糖果，像是「聖誕布丁和薑餅、蘋果、橘子、紅醋栗和其他水果」。一位低地區莊園主的女兒愉快地回憶起她家大手筆發放的聖誕物資：「聖誕節是宴樂的日子，總是要殺一頭牛和幾隻豬，還會分發額外的糖、咖啡、糖蜜和麵粉，還有大量的地瓜。」[47]

但聖誕節可不是天天在過。在一年中的其他三百六十二天裡，除非他們有能力取得額外的食物，或懂得以烹調來增添風味，否則棉花帶奴隸的飲食十分單調，幾乎全以穀物為主（地瓜有時會取代無所不在的玉米）。一位曾於南卡羅來納為奴的女性回憶道，她的「配給粗糧」是玉米麵包和糖蜜。[48]另一位來自喬治亞的女性則抱怨道，她「壞心」的女主人「除了最粗糙的食物之外，從不給其他東西」，只給他們「酸奶和壞掉的麵包」。[49]艾莉莎·波特這位在南方富裕白人家中擔任理髮師的自由黑人女性，曾對她在紐奧良奴隸主家中目睹的吝嗇之舉表示震驚。「我每天早上都去探望在小屋裡吃早餐的奴隸，令我驚訝的是，整個星期裡，除了一品脫的白脫牛奶和一片麵包之外，我沒看到任何一個人吃過其他東西，那些不能喝白脫牛奶的人會有一杯咖啡，是用焦玉米泡的、加了糖蜜。我在那裡的時候，從來沒見過他們有任何種類的肉可以吃。」[50]

為奴之人為了有東西可吃不得不竭盡全力，這讓他們與環境緊密相連。對他們來說，隨著奴隸制向西發展，野生的、得冒險取得的食材（例如胡桃），就是維生的救命索。[51]莊園裡的孩子習慣在環境中翻找食物，而這些滿足食欲的探索有時會變成遊戲。南卡羅來納一位為奴女裁縫的兒子回想起，他和其他孩子曾在夏天穿越樹林，採集「葡萄、圓葉葡萄、草莓、矮栗、山核桃、菖蒲根、紅榆樹皮、野櫻桃、桑椹、紅山楂及黑山楂」。另一位來自南卡羅來納州的人也回想起孩子們是如何跑過李子和黑莓叢，嘗試「獵捕」草莓。但是，搜尋各種可口植物的旅程並非沒有風險。第三位卡羅來納人表示，有天深夜裡，「他從地板上的睡墊爬起來，走到甘蔗堆那裡拿了一大段甘蔗。」奴隸主的兒子抓住了他，抽了他十個鞭子，把虐打他當成一種遊戲。雖然這個年輕的白人男子擊打黑人男孩的力道「一點也不輕」，但受到懲罰的男孩「在晚風中可是一聲都沒吭」。[52]在替紐奧良的權貴服務時，艾莉莎在厭惡中意識到，這些飢腸轆轆的奴隸如果試圖取得莊園裡的物資，就會招致懲罰。「他們的奴隸沒東西吃、沒水喝，也沒衣服穿；他們整天辛勤工作，晚上在富裕而物資充足的莊園裡搜括他們找得到的東西。如果沒被抓到，那是他們聰明；如果被抓到，他們會被懲罰。」[53]

就和這些在奴隸敘事和訪談中發聲的許多人一樣，艾緒莉大概也不得不冒著被懲罰的風險拚命收集食物，她的母親為了替她收集胡桃大概也冒了同樣的險。在如此嚴酷的環境裡，這三把堅果感覺起來必定像是上天所賜的嗎哪。② 艾緒莉有了戰勝痛苦飢餓的方法（至少能維持一段時間），也有了紀念母親的方式——她的母親珍愛她，想方設法助她生存。胡桃的營養價值很高，能帶給飢腸轆轆的孩子極大的滿足。一位環境歷史學家指出，這些堅果中儲藏了「蛋白質、纖維、健康脂肪、營養素、維生素和抗氧化成分」，是迷你的能量供應包。波塔瓦托米族（Potawatomi）的植物學家羅賓・金默爾（Robin Wall Kimmerer）用來描述胡桃特殊本質的語言，也許更接近蘿絲和艾緒莉對自身處境的感覺。「胡桃天生就是為冬季所準備的食物。在冬天裡，你會需要脂肪、蛋白質和大量熱量來保持溫暖。它們是艱困時期的安全保障，能庇護人們活過寒冬。」沃金默爾如此寫道。[54]

在如今構成美國中南部、中西部（路易斯安那州、阿拉巴馬州、德州、伊利諾州）和墨西哥北部的地區，都有能提供「營養豐富的天然食物資源」的胡桃林，古代的原住民也居住於此區。[55]幾千年來，美洲原住民持續採集胡桃並加工製成食品，走上幾百英里只為造訪正值產果季節的胡桃林。他們也會種下種子培育樹木，並在複雜的洲際交易網中進行堅果交易。十七世紀末至十八世紀初，帕亞亞（Payaya）人便居住於此區。[56]十八世紀和十九世紀，科曼奇人（Comanches）、卡多斯人和奇卡波人（Kickapoos）偶爾也會住在胡桃林附近，他們使用發酵的胡桃製成一種用於儀式的飲料，也會把胡桃磨成細粉，加在麵包、玉米和肉類菜餚中。[57]科曼奇人和奇歐瓦人（Kiowas）會磨碎胡桃樹葉和樹皮為草藥，來治療乾癬和結核病。格蘭德河（Rio Grande）河畔的阿帕契人和阿肯色河（Arkansas River）河畔的切羅基人（他們在十九世紀初遭到聯邦政府驅趕後遷徙至此地）會採集胡桃，彼此交易。[58]想當然耳，胡桃（pecan）一詞就和美國英語中的其他許多詞彙一樣，都來自（阿岡昆〔Algonquian〕語系的）原住民族語，揭示出過去幾個世紀文化交流的基礎層面。美洲原住民口中的「pakan」一詞，意思是「硬殼堅果」。十八世紀來到此地的法國人從密西西比州的納奇茲人那裡學到了這個詞，並將其拼寫成「pacanes」。[59]我們所知的「胡桃」之名便是由

②譯註：上帝看顧在曠野中挨餓受苦的以色列人，從天降下嗎哪為食。根據聖經《出埃及記》記載，嗎哪狀似芫荽子，色澤若白霜，味道像是攙了蜜的薄餅。

此而來，此詞在在南方和北方的發音有所差異，重音有所不同。③

秋天，胡桃樹的樹枝如手指般往外延伸，向大地垂下，樹冠下方垂綴著琥珀色澤的堅果。這些堅果不但容易採摘，也很好保存。[60]胡桃吸引原住民的優點，也正是它們對十九世紀棉花帶的莊園和農場裡的為奴之人如此重要的原因——這群人迫切需要一種數量繁多、免費取得、便於攜帶、營養豐富且能以飽腹的食物。胡桃的豐潤滋味讓蛋糕、餡餅和

第一片葉子。這是哈佛大學阿諾德植物園長暨生物學、有機體和進化生物學教授威廉·弗里曼（William Friedman）手植並貼標的胡桃樹幼苗。這個特寫鏡頭展示出該植物異常長的根，此圖的使用經威廉·弗里曼許可。

超乎想像。這棵胡桃樹苗是威廉·弗里曼在二〇二〇年春種下的，它陪著我寫完本章。弗里曼在談到種植過程時說：「對我而言，看著植物發芽並想及其潛力時，會有一種超乎想像的東西浮現。想想看，這些一英寸的小苗最終會聳立在百呎高空，活上幾個世紀！」照片由威廉·弗里曼拍攝，照片、引文的使用皆經許可。

餅乾烘焙師愛不釋手，對於被剝奪了感官滿足的人們而言，其魅力更是難以抵擋。[61]野生胡桃滋養著幾千年以來的美洲原住民，也養活了好幾代的非裔為奴之人。

也許在被關起來等待交易之後，艾緒莉立刻在布包裡翻找，發現母親放進去的堅果。也許飢餓的原始痛苦和飽足的舒緩之感提醒了這孩子她還活著，而她確實也感覺到自己還活著。也許是這種美味堅果天生具備的「舒緩匱乏」的力量，幫助艾緒莉度過了最初的孤獨時光。[62]我們從曾為奴之人的證詞中得知，在被迫遷徙之後，建立新的親近關係有助生存，而

---

③作者註：我在臉書上和人討論我的胡桃樹苗時，才知道胡桃（pecan）一詞各地發音不同，有「PEE-can」或「pe-KAHN」兩種念法。我與這株樹苗的緣分，起於一場環境史研討會。我在該研討會上發表了本章的上一版本，環境歷史學家伊恩．米勒（Ian Miller）遂建議我和哈佛大學阿諾德植物園（Arnold Arboretum）園長聯繫，親自去看看胡桃樹，也問問專家能不能從堅果開始種樹。我在二〇二〇年三月造訪該植物園，當時，新冠肺炎（COVID-19）疫情正橫掃東北地區，我的學校也不再開放校園——這對研究人員來說不啻是個挫折，但與全國性的焦慮和經濟危機比起來則相形見絀。植物園園長在此時做了一件不得了的事：他為我種下了胡桃種子，並在種子於幾週發芽後把盆栽送到我家門口。我的樹苗（暱稱為「我的胡桃小寶」）在陽光中逐漸成長，我在臉書上分享了樹苗的照片，由此引發了關於胡桃樹的地區起源以及此樹是否能在波士頓以外的地區生長的討論。我還得到了一位彷彿是疫情期間結交的筆友般的對象：植物園的園長。他不但寫文討論我們的胡桃樹苗，還寄了照片給我，標出植物的各個部位，並指出胡桃樹特別深長的主根。

人際關係則在物質領域中得到增強。食物除了滿足生理需求外，還能建立社會連結。如果說艾緒莉在一開始的時候吃了母親為她準備的胡桃來救自己一命，接著她有可能會與他人分享她所擁有的食物，好讓自己重振精神。因為被賣掉而與家人離散的小孩，慢慢進入了新的親屬圈，在此，黑人飲食文化拯救了棉花莊園裡的奴隸社群——此文化不僅令人想起非洲，還受到歐洲的影響，更反映出美洲原住民的特色。[63]

鬆散的長形堅果在艾緒莉的手中觸感很光滑，它們在布包中互相撞擊的聲音是舒緩柔和的樂音。胡桃帶來的感官質地——它的觸感、聲音、氣味和味道——對這個女孩來說肯定是種安慰，提醒著她，儘管遭到拋棄（這是艾緒莉和每個為奴孩童的秘密地獄），她仍被愛著。在某個黑暗小屋的泥地上，艾緒莉可能抱著布包縮成一團，從母親為這趟旅途準備的食物中汲取安慰。她必定也從那滿滿三把的食物中獲得了精神上的力量以及維持生命的能量。蘿絲並未讓艾緒莉獨自承受悲痛。在艾緒莉掬捧成杯的手中，生命存續的文化從種子開始生長、發芽、開花，護持著下一代。

## 永不孤單的胡桃食譜

我們在前面幾頁中，探討了為奴之人是如何透過種植、覓食和準備食物的過程中與環境建立起的密切關係來度日。正如愛麗絲・沃克在本章開頭時所說的那樣，愛我們的人即便遠離身旁，也「絕不會讓我們獨自承受悲痛」。這兩個概念加起來說明的是，製作和享用食物是一種陪伴的方式，食物所帶來的安慰不僅是種傳承，也會因應新的需求和環境做出改變。即使我們的先人早已不在世間，他們的招牌菜仍留在我們的回憶裡和餐桌上。為了延續黑人傳統食譜的廚師露絲・加斯金所說的「真正安慰人心」的文化精神，也為了紀念艾緒莉的堅果和安托萬的胡桃樹，我們在此停下腳步，從兩本歷史悠久的黑人食譜中蒐集胡桃甜點的作法。[64]

◇◇◇◇◇

# 胡桃軟餅乾

出自露絲・加斯金的傳統黑人食譜集
勿在天氣極炎熱或極潮濕時製作，否則餅乾無法成形。

**分量** 36 塊餅乾

**材料**

酥油 …… 0.5 杯
紅糖 …… 1 杯
蛋 …… 2 顆
麵粉 …… 4 大匙
切碎的胡桃 …… 0.5 杯
鹽 …… 0.5 茶匙
楓糖漿 …… 0.5 茶匙

**步驟**

1. 烤箱預熱至攝氏 190 度。
2. 將酥油和糖混合為霜狀。
3. 加入雞蛋，一次一顆，每次加入後都要攪打均勻。
4. 加入麵粉，拌勻。
5. 加入堅果、鹽和楓糖漿。
6. 在塗油撒粉後的烤盤上，以茶匙每隔 10 公分的距離放置麵糊。
7. 用湯匙的背面將麵糊攤平至極薄。
8. 烤 8 分鐘後立即由烤盤中取出。

◇◇◇◇◇

# 堅果奶油球餅乾

出自愛德娜・路易斯（Edna Lewis）的

《追求美味》（*In Pursuit of Flavor*）

堅果奶油球餅乾是人人都愛的餅乾，也很容易製作。

（路易斯解釋道，她會用胡桃或核桃來做，

但更喜歡胡桃的版本。）

**分量** 可以做四打的餅乾

**材料**

胡桃 …… 6～7 盎司

未漂白的中筋麵粉 …… 2 杯

軟化的無鹽奶油 …… 1 杯（2 條）

細砂糖 …… 0.25 杯

鹽 …… 少許

杏仁精 …… 1 茶匙

香草 …… 1 茶匙

香草糖 …… 3 杯[65]

**步驟**

1. 把胡桃放在堅果研磨機中，測量分量——你會需要 1.5 杯。輕柔處理，以免研磨後的堅果被壓實了。
2. 麵粉過篩一次。攪打奶油和糖，直至質地呈霜狀。
3. 加入鹽和調味品，再次攪拌均勻。

4. 低速攪打，分次加入麵粉。
5. 麵粉全部加入後再加入堅果，打到麵糊變淺，呈灰色——大約需要 4 分鐘。
6. 以勺子將麵糊裝入碗中，蓋上蓋子，放置冰箱冷藏一晚。
7. 第二天早上，將烤箱預熱到攝氏 205 度。
8. 將麵團從冰箱中取出，以挖球器挖出一個個 3 公分的小球。
9. 把球放在未塗油的烤盤上，烘烤 12 分鐘。
10. 檢查餅乾球，確保沒有烤焦：如果小球看起來很軟，再烤個 1、2 分鐘，但不要變色，否則成品會很乾。
11. 把小球從烤箱中取出，在烤盤上放置 5 分鐘或更久，然後用鏟子將小球移到網架上。
12. 冷卻約 15 分鐘或更久後，把小球在香草糖中滾一滾，完全冷卻後，存放於乾燥的乾淨罐子裡。

——或者，我們也可以說，用布包把它們裝起來。[66]

# Chapter 7

# 明亮的線索

「在太初的黑暗裡：忒修斯徘徊於迷宮之中，在身後放出愛人的紅線，只有這條明亮的線索能引導他找到回家的路，沿著這條如裂縫般切穿迷宮的線。」

——娜塔莉．莎佩羅（Natalie Shapero），〈行的本質：毯子〉（The Nature of the Rows: Blanket），《慣習》（*Habitus*），二〇一七

「彷彿我所有的故事講述者都離去了，而如今有人批准我承接此職。」

——費絲．林戈德（Faith Ringgold），《我們飛越橋梁：費絲．林戈德回憶錄》（*We Flew over the Bridge: The Memoirs of Faith Ringgold*），一九九五

茹思．米朵頓在一九二〇年代將她的家族故事繡在布包上，成了這份母愛與這段失去母親的故事之繼承者。身為與奴隸交易的年代僅隔兩代的黑人女兒，她承擔著家族的責任，或說是精神上的責任，來標示出這段回憶。茹思透過捕捉和複述先人的旅程來履行這一神聖的責任。她繡下的文字雖訴說了這段故事，其材料表面的開放空間卻也讓我們注意到，這段故事的某些章節是我們無法得知的。茹思的繡字集中在布包下緣，大致為間隔均勻的規律橫行，唯第五行和第七行間的間隔明顯較大，第五行以「告訴她」這句話標明了將要引述的話

語，第七行則揭示了這對母女從此永別。看起來就像是布包上的文字從中分成兩半，在布面上形成了一個物理空間，與歷史紀錄中的黑洞相互呼應——許多非裔美國人的祖先似乎都消失在系譜學家稱為「奴隸制高牆」的牆面後方，或者至少從明顯的視野中褪去了。艾緒莉也是如此，她在書頁紙張眨眼時閃現，然後再度消失，直到茹思．米朵頓拾起了這條線。艾緒莉的名字出現在一八五三年的一份財產清單中，而後她的生命軌跡就消失了，我們該如何得知她是否活了下來？我們之所以能聽聞艾緒莉和她的布包，聽聞她的生還、她的堅韌，全是因為她的女性後裔聽見了這個故事，並給予珍惜的擁抱。艾緒莉將這個故事傳下去給茹思，這就是她堅持不懈的明證。

茹思．米朵頓這位以針代筆、以布代紙的記錄者站在歷史裂隙的岸邊，她繡下的證詞是通往家族先人的經歷的唯一橋梁。雖然茹思將蘿絲和艾緒莉列為自己的直系祖先，但在正式的文件檔案中，連接艾緒莉和茹思的線索比連接蘿絲和艾緒莉的線索更稀薄。身為奴隸的南方祖母和生來自由的北方孫女之間，出現了一道由一八五〇年代延伸至一九二〇年代的裂隙。這道裂隙是座由各種世間災難所構成的迷宮，足以淹沒一個人或一條敘事線。南北戰爭、重建時期、種族隔離的吉姆克勞法和大遷徙，這些事件對非裔美國人的生活以及對整個國家的生活的龐大影響已有明證。

## 在南卡羅來納尋找艾緒莉、蘿莎和茹思

所以說，在一八五三年之後，艾緒莉只能以女孩、年輕母親和老婦人的朦朧形象在我們心中出現。就像其他四百萬名人生遭竊、所愛遭奪的人們一樣，艾緒莉撐過了南北戰爭的開端、熱戰和殘局。她的後代都出生在南卡羅來納中部，所以我們能推斷艾緒莉的一生大概都在南卡羅來納度過。被賣給別人之後，也許她自己改了名，也許後來的奴隸主替她改了新的名字。[1] 這對被轉手賣出的為奴之人來說並不是什麼罕見的事。如果艾緒莉被賣掉時是九歲或十歲左右，那麼南北戰爭結束時，她已接近二十歲了。雖然這場戰爭帶來了自由的希望和承諾，但聯邦和邦聯軍隊的長期交戰也讓為奴之人飽嘗苦難。一八六五年初，戰爭延燒回四年前在薩姆特堡（Fort Sumter）鳴響第一槍的州。薛曼將軍（William Tecumseh Sherman）率領軍隊穿越水稻田和棉花田，從喬治亞州的內陸燒出一條直抵海岸邊的毀滅之路，然後轉向哥倫比亞，物資匱乏、流離失所和恐怖之感降臨在南卡羅來納州的黑人和他們奴隸主頭上。戰爭爆發後，非裔美國人的自由是「脆弱的」，在不確定的處境中，「可怕的失望」與新的「特權」彼此相繫。[2]

南北雙方在一八六五年春末停火，但戰時的緊張局勢在南方政府的改革、前邦聯成員的

地位以及自由非裔公民的地位等充滿爭議的問題上持續延燒。由於舊日的治理模式和權貴控制已被打亂，南卡羅來納的莊園主開始設法在州層級和地方層級強化自己的政治權力，以確保自家土地不會被聯邦政府徵收，他們也重新控制了已被解放但仍受支配的黑人勞動力。李將軍（Robert E. Lee）於維吉尼亞的阿波馬托克斯（Appomattox）投降後不到一年，南卡羅來納州各地的代表便在哥倫比亞市舉行了一次州憲法會議（聯邦政府在投降協議中規定必須召開此會議）。與會代表制定出一套人稱黑人法典（Black codes）的嚴格新法，嚴密限制非裔美國人的行動。這些法典禁止黑人在沒有雇主或法院書面許可的情況下出售自己生產的商品，並規定所有白人都有權逮捕遭控犯有輕罪的黑人，還制定了與奴隸制沒兩樣的漫長工時。[3]

在安德魯．詹森（Andrew Johnson）總統的領導下，聯邦政府並未沒收南方人的財產，南方權貴得以保留或重新取回他們的大部分土地，其中包括南方最肥沃的土地。雖然被解放黑奴事務管理局（Freedmen's Bureau，一個為幫助自由黑人邁向獨立而設立的聯邦機構）試圖監督曾經為奴的男女與他們的雇主（在許多情況下是以前的奴隸主）之間的勞動合約，但該局既無人員和預算，也沒有執法能力來有效進行這項工作。令人想起奴隸制的不公平勞動合約（例如長時間工作、休息時間很少、禁止與其他勞工互動、談話，還有未經允許離開工作場所會遭罰款等），成為莊園主控制、支配自由黑人的另一種手段。戰前查爾斯頓運用奴隸巡邏隊和城市警衛隊來監控黑人的行動，如今武裝的白人團體則開始以新的方式榨取勞動力。治安委員會的白人以暴力作為恐嚇和社會控制的主要工具，他們威脅、毆打和謀殺黑人，強迫他們勞動，卻未受任何懲罰。一八六五年，內地城鎮厄齊菲的一群黑人向被解放黑奴事務管理局的官員發出呼籲：「我們的生活沒有安全保障，我們聽說各地都有人死掉，我們請求你們幫助我們。」[4]

沒有自己的土地、被迫在白人統治階級的指使下從事艱苦的勞動，南北戰爭剛結束時，像艾緒莉這樣的自由人就許多方面而言仍與以前一樣，受到有權有勢的莊園主擺布。一八六六年大選後，占多數的共和黨國會從保守派的總統安德魯．詹森手中接管了重建計畫（重建、改造戰後社會的聯邦計畫）。他們的目標是劃出聯邦設計的新行政區，並派遣聯邦軍隊駐軍以保護新進解放的族群。

不過，南卡羅來納的權貴人士早在戰後便快速重掌權力，很難再從他們手中拿走這份權力。南卡羅來納的前奴隸主在「互不干涉」總統（詹森）所任命，且行事溫和的臨時州長班傑明．佩里（Benjamin Franklin Perry）的管事之下，重新獲得了地方政治權力。權貴莊園主在爭奪控制權的同時，也湧起一陣白人私刑暴力的風潮。各個社會階層的白人男子以獨立的巡邏隊、組織鬆散的「游擊隊」、「騎馬的武裝民兵」、三K黨和步槍俱樂部之名，策劃並實施針對個別黑人、黑人家庭和黑人社群的恐怖行動和報復行為。主張白人統治、黑人服從的團體在鄉下的莊園地巡邏，以確保黑人在雇主的土地上工作，並阻止工人跳槽到其他自己喜歡的地方。一八七〇年，第十五條修正案（Fifteenth Amendment）通過，保障黑人男性的投票權，民主黨的武裝支持者便鎖定了黑人選民（他們主要支持林肯的共和黨）、共和黨的社群組織者和整個南方的投票所。5

雖然說，解放後的南卡羅來納沒有哪個角落對非裔美國人來說是安全的，但最嚴重的虐待行為發生在該州的內陸鄉間、利潤豐厚的莊園所在地。即便到了一九二〇年代，寫下自身回憶錄的南卡羅來納作家瑪咪・費爾茲（我們在前一章曾讀到她講述人們如何巧妙的以揮扇的方式收集散落的白米）也提到了她曾造訪位於南卡羅來納一個與世隔絕區域的莊園的經歷。用她的話說，「那個地方還在實施奴隸制。奴─隸─制。」6

瑪咪・費爾茲於一八八〇年代出生在南卡羅來納州的中產階級黑人家族，家庭成員有牧師、木匠和家庭主婦。但她與囚禁整個種族的奴隸制之間的距離也不過只有兩代而已。她的祖父母在南卡羅來納州的鄉間為奴，奴隸主在南北戰爭期間為躲避薛曼的軍隊而將她的祖母帶走，她的家人從此再也未曾見過她。費爾茲觀察到奴隸制仍存在時，已是一位老師和社群組織者了。她是社群中受人尊敬的成員，有位醫生請她陪同出診，協助了解文化，促進溝通。這位醫生為一個與世隔絕的黑人社群提供治療，而這群黑人為富有的鎮民做農活，也為當地官員（如郵局局長）做些報酬極低的工作。費爾茲觀察到，這個黑人社群被剝奪了自由，人們特意使他們與外部世界隔絕。這些工人以前的奴隸主用六扇上了鎖的大門把他們關起來，不讓他們使用電話、開車和寫信，只給他們微薄的口糧充飢，並威脅要毆打他們、讓他們去坐牢。[7]

大規模戰爭的混亂、游擊隊的襲擊，以及嚴格限制行動的黑人法典，肯定曾影響了艾緒莉和她家人的生活。每一次動盪都可能造成親人長期分離，使維繫家庭關係變得更加困難。我們沒有辦法在文獻紀錄中找到一條可靠的線索，帶領我們從一八五二年的艾緒莉通往一九二一年的茹思。茹思．米朵頓並未在布包上繡下她母親的名字，這讓紙頁和布面上的線索跳過了一整個世代。雖然如此，茹思已標明她自己在系譜中的位置，而她本人的身影確實也出現在二十世紀初至中期的一系列重要紀錄、政府文件和報紙公告裡。我們可以經由茹思留給我們的線索找到她的出生地和身分，並由該處追溯她稱之為「我外婆」的女性。

一九〇〇年左右，蘿絲（別名蘿莎）．瓊斯（Rose Clifton Jones）和奧斯汀．瓊斯（Austin Jones）的女兒茹思．米朵頓在南卡羅來納州的哥倫比亞出生了（各種文件指出茹思是在一八九七年或一九〇二年前後出生的）。此處原有兩種可能：蘿莎．瓊斯是艾緒莉的女兒或奧斯汀．瓊斯是艾緒莉的兒子。考慮到以親人的名字為孩子命名的文化傳統（在當年尤其風行），似乎更有可能的是艾緒莉生下了蘿莎，並以她自己失去的母親蘿絲之名為女兒命名。[8] 如果蘿莎一如人口普查紀錄所顯示出生在一八八〇年左右，那麼艾緒莉當時應該三十多歲。那時，艾緒莉不僅經歷了奴隸制、與家人離散，還經歷了戰爭的暴力和隨之而來的社會動盪。在重建時期，她見證了黑人男子進入南卡羅來納州政府任職，但也目睹了白人權力的重新鞏固、法律上種族隔離的加強，以及該世紀末時人們對於黑人參與政治、經濟狀況改善的激烈反彈。艾緒莉是在南卡羅來納州的棉花帶度過一生，她還是個小女孩時就遭囚於此。她的女兒蘿莎也是在這個地區出生——她出生的那個可怕年代，受人敬重的歷史學家約翰．富蘭克林（John Hope Franklin）稱為美國黑人歷史上的「漫長黑夜」。[9]

將近十年後，政界為了敉平南北兩方間的分歧而達成協議，使共和黨的拉塞福．海斯（Rutherford B. Hayes）就任總統，聯邦強制執行的重建時期就此結束。聯邦軍隊撤離南方後，鄉間地區對於黑人民眾來說變得更加危險致命。女性在雇主家和自己家都很容易遭受到白人男子的性攻擊，三K黨和其他民兵團的成員試圖通過身體恐嚇和虐待來威嚇黑人。他們毆打、性侵、槍殺黑人男女與小孩，動用私刑、燒毀房屋來表達政治訴求，也當作一種休閒運動。在十九世紀的最後幾十年裡，成千上萬的非裔美國人離開鄉下前往南方城市，尋找更好的工作機會，也希望過得更安全，不必在相對孤立的樹林和莊園土地上受到普遍盛行的種族主義攻擊——艾緒莉可能也是其中一員。也許她帶著女兒蘿莎搬到了首府哥倫比亞，並與其他親戚一起在那裡建立了第一個家。或者，是蘿莎自己決定搬家，冒著風險離開了熟悉的鄉間風景和生活。

蘿莎的生命軌跡與許多第一代自由黑人女性的生命軌跡相仿。她們的經歷顯示出尋常黑人女性生命之不尋常。蘿莎和她那一代人的生命舞台，以暴力為背景、以「平庸的種族偏見」為前景，他們穿梭於其中的公共空間和私人空間，反覆重申著黑人種族特殊的低下地位。蘿莎以家事工的身分勞動謀生，一九〇〇年有百分之九十的非裔美國女性都是如此。[10]家務勞動是她們主要能從事的工作類型。在哥倫比亞這樣的大城市裡，黑人女性從事著各式各樣的家事服務工作，包括「一般」的家務勞動和更專業的烹飪和洗衣工作。一九〇九年，有位名叫蘿莎的女性出現在哥倫比亞市的電話簿中，她是一位廚師，也是送貨員奧斯汀的妻子。他們與另一名男子共同居住在桂冠街（Laurel Street）。這對夫妻可能是以寄宿者的身分住在該處，剛移居市區的藍領階級非裔美國人經常合住在一起，才有辦法以微薄的工資付租金。一年後，一九一〇年人口普查告訴我們，蘿莎和奧斯汀住在南卡羅來納大學的校園裡，他們在那裡從事「僕傭」的工作，養活著一個年輕的家庭：七歲的女兒茹思；兩歲的兒子克勞德（Claud）；一歲的女兒瑪麗（Mary）。[11]

關於蘿莎．瓊斯，我們知道她工作很認真，擁有多種技能，並且至少在一段時間內設法讓她的所有孩子都生活在同一處。蘿莎於一九一六年去世，當時茹思只有十三歲左右，奧斯汀則在幾年前便已過世。[12]茹思可能在一九一〇年人口普查後不久便繼承了這個傳家寶布包，這個布包的故事似乎是由艾緒莉本人親自告訴茹思的。在這段刺繡文字中，茹思所採用的敘述視角略過蘿莎而強調了艾緒莉，這顯示出她與這位外婆關係密切。茹思的針法均衡勻稱，暗示了她對於艾緒莉的占有欲，更重要的是，她在描述時使用的是現在式，她講的是現下此刻。「艾緒莉是（is）我的外婆，」茹思在布包上這麼說。[13] 茹思繼承了這個布包和裡頭可能仍保存著的物品，也繼承了外婆的創傷和釋懷。

## 講述、縫紉和療傷

講述自己的生命故事就是在改變自己的生命，因為講述是一種行動，可以改變自己與過往的關係。也許這是年輕的茹思在聽外婆艾緒莉講述奴隸時代時憑直覺知道的事。透過描述過往的痛苦事件，講述者開始釋懷，同時也不否認這些事件的存在和其所留下的傷痕。講述並不只是單向的過程。心理學研究指出，聽眾會影響講述者對痛苦事件的評估。講述的過程使得講述者／作者和聽眾／讀者身上都出現變化，聽眾與講述者產生共鳴，透過感覺的鏡子去肯定他們的經驗。[14] 講述者藉由這個過程，在另一個人的陪伴下面對過去的困難，與創傷離得更遠，試著取得一個能使情緒緩解的詮釋，甚至聽眾也能從講述者的經驗中學習，預先認識人生中潛在的挑戰。

更重要的是，講故事可能已經成了一種方式，讓艾緒莉與茹思得以超越受害者的侷限，採取具有力量的見證者的立場。也許她們的感覺就像是小說家蓋兒．瓊斯透過小說敘事者的視角所講述的那樣——該敘事者是兩代被同一個男人（她們的主人和主人／父親）奴役和性虐的黑人女性的後裔：「我們必須燒掉他們放進我們頭腦中的東西，就像電燒傷口一樣。不過，我們得保留我們需為之做見證之物。」[15]小說家經常展示出這種揭示人們內在生活的才能。確實，心理學研究發現，在時光之河中反覆講述創傷經驗，使講述者更能控制情感與分析事件、降低回憶起該事件的痛苦、產生理解、變得更平靜。講述者反覆講述創傷事件以理解事件本身，而這個故事也會逐漸變得更短、更簡潔。[16]如此一來，見證過往可能是我們所知能背負過往的重量並讓事件獲得有益結局的最有效方式。

我們可以想像艾緒莉這樣的外婆向茹思這樣的孫女講述故事時，傳遞和轉移、直面過往、評估和逐漸癒合的過程於焉開始。而且，在我們的想像中，這樣的時刻應該有許多次而非一次，因為繡在布包上的故事傳達出一種嫻熟的韻律，關鍵事件也被濃縮了，這種濃縮在人們長期講述創傷事件時經常發生。我們可以想像，在向孫女反覆重述過往創傷時，艾緒莉變得更有能力處理這些痛苦。我們也能推測，在聆聽這位她愛且同理的親人的故事時，茹思也因為了解到家族先人的意志力而得到了力量和鼓勵。對這對祖孫而言，「對過去的詮釋和重新詮釋是生存、力量和負重前行的關鍵」。[17]發生在艾緒莉和茹思之間的對話，竟使「負重前行」一事能附著於確實能承載重物的棉布包這個載體上——多麼適切、多麼完美，完美得簡直像是編故事一樣。布包承載著艾緒莉的回憶，等待茹思準備好重述、詮釋和記錄這個故事。也許茹思在艾緒莉的布包上所繡字句的簡單扼要風格，是在時光中多次重述的結果，一份詮釋就在這樣的重述中成形。

講述是一種滌淨，清洗舊日傷口，準備在有愛的關係之中包紮裹傷；講述是一種冥想，是一個讓時間慢下來的過程，引導我們進入內在，並且允許我們把所發現之物拖回到日光之下。這種探查內在、抓住深埋之物然後再重回外部的舉動，能形成一個循環，或打開一道縫隙。若真如此，那麼縫紉者如果發現刺繡也像是一種冥想，這有什麼奇怪的呢？這種使針線向內和向外的行為，這種把鬆散線頭集中在一處、在過程中創造出全新之物的作法，可以治癒人心。我們能夠假設，茹思·米朵頓就是在這樣的時刻裡、在遠離她先人生活的南方大地的北方，把艾緒莉和這個布包的故事寫進歷史紀錄中。

茹思決定以針線來講述這個故事，這是一個意義重大的選擇。她本可選擇在一張紙上寫下布包的故事——也許，她確實曾在某張早已亡佚的紙頁上勾畫出草稿。但最後，她終究是選擇在布面上記載這些家族記憶——幾千年來，人們持續以這項媒介「作為記錄歷史或神話的資訊載體」。[18] 若要記錄過往的事件，布料可說是一種相當特殊的材料：傳統上，布是各種文化中女性的手藝展現，而且在女性的生命中占有特殊地位。正如研究女性物質文化的著名學者羅蕾・烏爾里希所解釋的：「布製品，無論是自製的還是從店裡買來的，都是女性遺產的一種形式」，是一種特別有價值的動產。[19]對許多女性而言，布製品也代表著她們的手藝、家譜中的女性支脈與理想女性的概念。這麼說來，布製品的傳承與繼承便象徵著女性的能力、創造力和延續力。

上述意義對茹思・米朵頓而言必定不陌生，她肯定受過一定程度的正規教育，因為她嫻熟於使用文字；她必定也接觸過刺繡這種「女性」藝術；還有，她的思路顯然相當敏銳。茹思將女性先人的故事繡在布上，這等同是對於她的家族和她自己做出了一系列強而有力的主張。[20]她為家族中的女性生命做見證，為她們的困境和她們作為人的內在價值留下書面紀錄。她揭示出奴隸制度的不道德，闡述了先人對於傷害她們的不人道制度未言明的批評。她主張黑人的母愛和親情連結不但存在且持續長存，即使在家人被無情拆散的時代亦然。她以布為平面，以針線為工具，將這個生存故事定位成女性的故事，在二十世紀初這個美國社會仍廣泛貶低黑人女性之價值的年代，為家族先人和她自己爭取女性的空間。她必定相當認同布製品所具有的跨文化象徵意義——布隱喻著捆綁、編織、打結、將人緊緊繫牢。茹思透過這個刺繡作品將她自己的生命、時代與她的先人們合而為一，「把離散之人緊緊繫在一起」。[21]

考古學家指出，布製品有時候具有神奇的力量，因為世界各地的製布者都會使用儀式，透過象徵性的形式或意象，將能帶來保護、繁榮或豐饒的超自然力量「編入」布料中（就是這麼剛好，有些古典學者認為，玫瑰〔蘿絲〕是一種「非常古老的……保護象徵」，可以追溯到古希臘神話）。[22]當茹思把這個破舊的布包變成一個能書寫的表面時，她在某種意義上施展了屬於自己的咒語——這樣的說法是否太牽強？茹思提及了她的女性先人，恢復了因奴隸制度而「幾乎完全斷絕的（母方）系譜」，並創造出一個鬆散的選項，使得無法在場之人能夠以書面的形式現身。[23]茹思把自己也寫進去了，使得身為這個奇妙布包繼承者的她，能夠名列一長串女性倖存者的名單中。「在實質物體上刻下自己的名字可以確保某種永生，」烏爾里希寫道。[24]茹思·米朵頓將她的版本的家族故事寫在本身即為故事主角的布包上，如此紀念她的先人，使得自己與這份能繼續傳承的活生生的遺產有所連結。

## 遷徙、破壞、創造意義

茹思訴說的故事讓人看見已逝之人如何聚集愛來渡過難關，彰顯生命之價值。二十世紀初，這些女性先輩可能是茹思的重要榜樣，對她意義重大——這個年代也是非裔美國人歷史上另一個引人注目的低點。正如茹思在一九一〇年代離開南卡羅來納後發現的那樣，北方城市並不是種族平等的天堂。北方有許多白人居民強烈反對黑人民權的進展。這些人在十九世紀便公開表達他們的敵意——辛辛那提（一八二九年）和費城（一八四六年）等地都出現暴動，[25]要求限制自由黑人的居住權並降低他們的收入。在重建時期和之後的幾十年，北方城市對於黑人原有的反對與偏見擴大加劇，更因成千上萬來自南方的貧窮黑人移民的到來而更加惡化。白人市民對這波新移民極為戒備，黑人的膚色、階級和舉止使他們很容易在租屋和工作方面遭到歧視，報紙刊物和舞台表演也以他們為嘲弄的對象。雖然吉姆克勞式的種族隔離在北方不像在南方那樣具有法律效力，也沒有那麼無所不在，但檯面下的隔離文化導致黑人仍被排擠在貧窮和日益擁擠的區域，在公共場所也被邊緣化。

十九世紀的最後二十年到二十世紀的前二十年是種族衝突的年代，而第一次世界大戰也進一步引發全國性的經濟動盪和政治壓迫。戰爭結束後，許多歐裔美國人對於這些生活在他們之中、在街上四處走動、在職場上與他們競爭、改變了地區文化的非裔美國人感到焦慮而怨恨，這種心情勝過了愛國情緒。曾在海外打仗的非裔軍人在自己的城市裡遭到討伐和暴力攻擊，只因白人看到他們穿上軍裝並要求獲得平等權利而深感憤怒。一九一九年春夏，美國各地爆發了二十六起造成死傷的種族動亂（南卡羅來納的查爾斯頓、伊利諾的芝加哥、伊利諾的東聖路易、德州的休士頓、田納西的諾克斯維爾〔Knoxville〕、內布拉斯加〔Nebraska〕的奧馬哈及其他城市）。一九二一年奧克拉荷馬州更發生了恐怖的土爾沙種族屠殺事件（Greenwood Massacre in Tulsa）。此時期的美國白人傷害、殺害美國黑人，摧毀黑人住宅和商家，南方私刑處決案的數量甚至在此時達到歷史高峰。[26]「黑暗年代裡的人講述的是什麼故事？」非裔美國文化理論學者莎迪亞．哈特曼在一篇探討奴隸船上的女性的文章中如此問道。[27]在一九一〇年代末和一九二〇年代初的黑暗中，茹思．米朵頓選擇使用一種格外貼身的素材來訴說女性的分離、堅韌和溫柔，這種材料既具韌性卻也脆弱無比。[28]她手中能化解時代之黑暗的解藥，是一個經過時光淬煉的、關於愛的故事，這是她的曾祖母、保護著家人的蘿絲所留下的傳家之物。

茹思在一九一八年左右離開南卡羅來納，在一九二一年於布包上繡下家族故事，這段日子裡她經歷了三個關鍵的事件：她與來自南卡羅來納州康登郡的亞瑟．米朵頓結了婚；婚後一年裡，在致命的西班牙流感肆虐的期間，她生下了一個女嬰；然後，她看著她的丈夫在第一次世界大戰中離家服役。在短短幾年內出現這麼多劇烈的變化，肯定令人難以招架，尤其茹思仍那麼年輕。茹思在一九一八年夏天與亞瑟．米朵頓結婚時大約是十六歲，她在一九一九年一月生下了桃樂絲．米朵頓（Dorothy Helen Middleton）。也許這對夫妻選擇結婚是因為茹思懷孕了。茹思的丈夫以二等兵的軍銜入伍，一九一八年八月至一九一九年七月在海外打仗。桃樂絲出生時，亞瑟應該不在國內。一九一九年後，並沒有記錄指出這對夫妻住在同一處。茹思是位年輕的母親，她在可怕的流感疫情中生下孩子，這場疫病大大影響了她遷入的城市。當她拿起針線，開始在她外婆的布包上繡字時，她的伴侶不在身邊，而全國各地可怕的種族暴力和歐洲戰場的死傷事件正持續上演。[29]

我們無法輕易看出茹思為什麼選擇費城作為她的新居住地（或者亞瑟為什麼選擇費城，也許他們在離開南卡羅來納之前就在一起了，也許是他做出的決定）。茹思和亞瑟似乎都沒有親人住在費城。不過，費城無疑是成千上萬希望擺脫南方經濟和政治不公正的非裔美國人想要移居之處。十九世紀時，費城是全國自由黑人人口最多的城市。雖然賓州在十八世紀末和十九世紀初才逐漸廢除奴隸制（這一過渡期歷時五十年），但費城已被證明是一個非裔美國人可以磨練技能並以此為生的地方，此地甚至出現了一個健全的黑人企業家階級。由有才華的非裔商人（主要出現在食品服務業）、牧師、教師、作家和廢奴運動家構成的重要族群，使得費城在南北戰爭前「可說是最重要的自由黑人社群所在地」。[30] 南北戰爭前，甚至似乎出現了一條無形的道路由查爾斯頓直達費城，因為在一八五〇年代，有將近八百名在南卡羅來納沿海都會裡遭到更嚴格管制和頻繁逮捕的自由黑人逃到費城。[31] 這個趨勢直到十九世紀末依然持續，當時費城的黑人人口數已經是北方最大。到了一九〇〇年時，費城的黑人居民已達六萬三千人。[32]

茹思加入了這個人數眾多、充滿活力、辛勤生活的群體，一開始有新婚的丈夫陪伴，然後是他們的孩子。在這個繁華而陌生的城市裡開啟人生下一章，她心中有多茫然，我們只能想像而已。與一九一〇年代的其他黑人新移民一樣，茹思的就業選項相當有限。此地與其他美國城市一樣，大多數非裔美國女性都在家庭或是機構中擔任幫傭。一八九〇年時，有近九成的黑人女性從事某種類型的家務勞動；到了一九一〇年，這個數字只微幅下降到百分之八十四。儘管北方的工資比南方高，但薪水依然很少，導致大多數費城黑人家庭處於藍領或中下層階級——雖然一個受過教育、經濟穩定、根植當地的黑人社群仍然存在。[33]經濟發展的機會十分有限，所以費城黑人社會的上層階級——即杜波依斯（W.E.B. Du Bois）口中的「貴族」——由商人、餐飲業者、教師和文書職員組成，他們的經濟保障和手中資本都遠低於白人上層階級。[34]如果學校老師算是菁英階級，那麼有穩定工作的家庭幫傭就算是黑人中產階級了。[35]那些有穩定工作並在有組織的社群中擁有堅固社群連結的人，能夠過上一種安穩的生活，這與其他無業而貧困的費城黑人勉強糊口的生活大相徑庭。

還在南卡羅來納州的哥倫比亞時，茹思的父母就是家事工，她小時候，父母曾在大學校園服務。也許茹思從小便接觸到有文化涵養的歐裔美國人，並從中獲得了能讓潛在雇主留下深刻印象的技能和儀態。茹思抵達費城後不久，便成功在一個雅緻的家庭裡找到了固定的家事工作。她還擁有能為她加分的縫紉技能，這種能力大概是她在南方學到的，在北方則進一步加以磨練。二十世紀初，縫紉工作替黑人女性帶來了全新的機會，但只有那些技術最精湛的人才能以裁縫與製衣師傅的身分謀生。[36]茹思並不是全職的針線工作者，但她有可能從事以件計費的工作來貼補收入，也因此得以磨練技能。茹思在費城的第一份工作可能是住在化學工程師愛德華・林區（Edward Linch）和風琴家梅布爾・林區（Mabel Linch）的家裡當全職幫傭。[37]茹思和她的丈夫這些年來似乎一直沒有住在一起，這對女性被雇為家事幫傭的家庭來說並不罕見。一九三〇年，她搬到北方並在布包上繡下字句的近十年之後，茹思仍是一位「傭人」，此時她在山謬和柯德莉亞・卡斯納（Samuel and Cordelia Castner）的家中工作，這是一個出了許多著名政治家和攝影師的家庭，他們在費城外的布林茅爾學院（Bryn Mawr College）附近擁有一座豪宅。茹思的職業稱謂在這十年裡有所擴充，她現在既是「女侍者」也是「傭人」。她的職稱中增加了女侍者，而她也認定這是自己工作能力之一，這代表了職業生涯的進步或職業身分的提升。不過，她仍住在雇主的房子裡，這往往會讓從事家事工作的黑人女性感到與社會隔絕，且不容易擺脫懷抱性意圖的他者。[38]

雖然茹思留下了家族先人的生命紀錄，但她並未替自己留下回憶錄，至少目前還沒有找到。儘管如此，她向北遷移、在北方城市定居、建立家庭、從事家庭幫傭和縫紉工作的生命軌跡，與許多黑人女性相同，這些女性之中有些人留下了更多紀錄。波士頓的社運人士梅爾妮雅・卡斯（Melnea Cass）在同一時期展開了與茹思相似的生活，她的傳記能提供我們一個視角來了解茹思的人生抉擇和經歷。一九七〇年代，梅爾妮雅・卡斯透過一次詳細的口述歷史分享了她的生命故事。她的生命軌跡——移居北方、頻繁更換住所、結婚、成為年輕媽媽、逐漸蛻變為當地城市黑人社群中受人尊敬的人物——讓我們能去想像茹思的生命軌跡。

梅爾妮雅和茹思一樣出生在重建時期結束後的南方都市，種族主義盛行而機會十分有限。一八九六年，梅爾妮雅出生在維吉尼亞州里奇蒙一個勉力度日的家庭，她小時候便與父母和妹妹一起搬到波士頓。梅爾妮雅的父母搬到北方是因為「他們在南方沒有地位可言……生活沒有任何進展」，而且「不喜歡南方的環境」。抵達波士頓後，一家人首先在一個大寄宿公寓中與其他三、四十名剛搬到波士頓的人住在一起。梅爾妮雅的母親去世後，她和兩個姐妹搬了好幾次家，先是住在一個阿姨家，然後是阿姨的朋友家。梅爾妮雅被送回南方一所家境不好的女孩子讀的高中，學會了家務技能，然後回到波士頓，在鱈魚角（Cape Cod）一家飯店和其他家庭裡當家事幫傭。梅爾妮雅和茹思一樣早婚，她是在第一次世界大戰期間結婚的。她以「戰爭新娘」一詞描述自己，並告訴採訪者，許多黑人女性都做出了這樣的決定：「我們很多人都結婚了，你知道，我們害怕這個男孩不會回來了……所以就和他們結婚了。」[39]戰爭以及懷孕，都有可能是促使茹思在年紀尚輕時便決定結婚的原因。

正如茹思與丈夫同鄉一樣，梅爾妮雅的丈夫馬歇爾．卡斯（Marshall Cass）也出身維吉尼亞的里奇蒙。馬歇爾．卡斯與家人一起搬到北方，先是住在費城，然後又搬到波士頓。一九一九年，梅爾妮雅生下了他們的第一個孩子，是個女兒，當時馬歇爾正在軍中服役，與茹思的丈夫情況一樣。值得留意的是，梅爾妮雅與她的婆婆住在一起，她的婆婆是一名家事工，也是活躍的社群成員；即便梅爾妮雅在別人家幫傭，她仍擁有家人的支持。梅爾妮雅與婆婆仰賴彼此，這告訴我們茹思的情況有可能也是如此。亞瑟．米朵頓在軍中的檔案裡，有一份一九一九年的交通紀錄將他的母親萍克．米朵頓（Pink／Pinkie Middleton）列為緊急聯絡人，聯絡地址在費城的北布羅德街（North Broad Street）。亞瑟的母親可能只在費城短暫居住過，因為一九一〇年和一九二〇年的人口普查紀錄都顯示，她與丈夫弗蘭德（Flander）住在南卡羅來納州的克蕭。也許，她曾為了幫助兒子和年輕的小家庭而暫時搬到北方。雖然人口普查紀錄並未將茹思登記為這個住址的居民，但茹思有可能（甚至可以說是很有可能）得到了婆婆的幫助，或者在亞瑟離家受訓、赴歐服役時與婆婆暫住在一起。40

梅爾妮雅．卡斯的丈夫從戰場上返家後，兩人搬進了自己的房子。梅爾妮雅不再外出工作，因為她精於從商的丈夫不希望把孩子交給別人照顧。「所以家裡都是我在照顧，」梅爾妮雅說，「煮飯、縫紉和各種家務。我什麼都自己做，替他們縫紉所有的衣服，還有所有的事。」她是家庭主婦，也協助營造社群，就這樣陪著孩子們度過童年時光。她追隨婆婆的榜樣，在波士頓一邊照料家庭、一邊投身公民運動。她閱讀當地的黑人報紙，加入有色人種協進會（NAACP），在婆婆的敦促下參與投票，並關注南方黑人的狀況。梅爾妮雅共同創立並加入了由非裔美國女性經營的組織，她稱其為社群俱樂部（community clubs）和社交俱樂部（social clubs）。友誼俱樂部（The Friendship Club）支持了她所居住的羅斯貝里（Roxbury）社區的幼稚園計畫；三色菫刺繡俱樂部（Pansy Embroidery Club）和哈莉葉塔曼媽媽俱樂部

（Harriet Tubman Mothers' Club）是梅爾妮雅在戰間期主要投入的俱樂部。除了長期參與三色菫刺繡俱樂部（她經常替他們處理庶務）之外，梅爾妮雅也拿起針線為三個孩子做衣服。一九四〇年代，梅爾妮雅・卡斯已成了波士頓黑人社群的菁英，也任職於許多個致力提高非裔美國人地位的俱樂部。她離開南方時還是個貧窮的年輕女孩，經常搬家、照料著全家人，也以此為傲；如今，她成了社群的領導者和模範，人們稱她為羅斯貝里的第一夫人（First Lady of Roxbury）。[41]

在戰間期，茹思・米朵頓的處境和貢獻也有所變化。所有的證據都指出，茹思與她的丈夫過著分居的生活，而她繼續以「米朵頓」這個姓氏活動。一九四〇年，茹思和當年已經二十一歲的女兒借宿在一位六十四歲同事瑪莎・霍西（Martha Horsey）的家裡。三十八歲的茹思在一家茶室當服務生，桃樂絲（小名點點〔Dot〕）則在私人住家當家事幫傭。[42]雖然母女兩人仍從事著家事與服務勞動等為奴先人也做過的基層工作，但她們在這個以手足之愛為名的城市裡，①努力過上了擁有自由與其他更多價值的日子。在北方，她們按著自己的選擇

---

①譯註：費城的開拓者威廉・潘恩（William Penn）是虔誠的貴格會信徒。他取希臘文中的「phileo」（愛）與「adelphos」（兄弟）將此地命名為「Philadelphia」（費城），期許此地能成為弟兄彼此相愛之地。

建立了家庭，也建立起寬廣而豐富的社會連結。她們的社會生活和家庭安排重要且相互關聯。無論是南方或北方的黑人女性都渴望擁有屬於自己的家庭空間，遠離白人雇主的監視和性挑逗。茹思和桃樂絲在二十世紀中葉可能沒有自己的家，但她們的母女連結完整，她們以「房客」的身分獨立生活在一個她們選擇的同伴家裡。[43]在工作之外，茹思跟桃樂絲過著充滿活力的社會生活，緊密聯繫她們的個人家庭。如果說她們的母輩蘿絲和艾緒莉曾經歷過痛苦的別離與孤立，那麼這對母女則是熱烈投入社交活動，尤其是與其他黑人女性密切往來。

茹思和桃樂絲全然擁抱費城黑人中產階級的社會生活，這個生活圈對於擅長家務與服務的女性讚譽有加。她們進入了一個舒適的女性圈子，也許初期曾仰賴幾個關鍵的聯絡人牽線，讓她們的熟人圈擴展至東北部，並向西延伸到芝加哥。在一九四〇年代將自家房間出租給茹思和桃樂絲的瑪莎．霍西，早在一九二九年便已進入了母女倆的生活，甚至有可能更早，在桃樂絲尚未滿十歲時便已認識她們。瑪莎經營一間職業介紹所，她有可能在一九三〇年代幫助茹思找到工作，也許這就是她們兩人相遇並成為朋友的原因。[44]在瑪莎偶爾的陪伴下，茹思很快加入了一個主要由來自南方的中產階級黑人組成的熱鬧社群網絡。有這些朋友作伴，茹思的社交生活活力十足、內容豐富，有許多聚會和度假的機會。黑人報紙《費城論壇報》（*The Philadelphia Tribune*）的社交新聞版面，報導了茹思一九三二年與朋友去大西洋城的旅行，她穿著「嬰兒藍的蟬翼紗泳裝」現身。社區報紙進一步報導了她在費城和紐約市出席各種晚宴。在一九三〇年代裡，茹思參加了更多社交活動，參與並主辦了很多橋牌聚會、茶會和雞尾酒會，參加者都是專業人士黑人菁英，包括醫生和金融家，範圍遍及多個州。她經常造訪亞瑟的姐妹海倫・斯泰博（Helen Stebo）在紐約布魯克林的家，這告訴我們雖然茹思與亞瑟不住一起，但她與亞瑟的家人仍保持密切聯繫。值得留意的是，茹思似乎是用這位小姑的名字來替我們所知她唯一的女兒桃樂絲・海倫・米朵頓命名。45

在家鄉費城，茹思參加了一系列黑人女性的俱樂部，甚至可能協助創立了這些俱樂部。在那個年代，俱樂部是社群生活的重心。她積極參與旋轉橋牌俱樂部（Rotators Bridge Club）、費城小姐俱樂部（Philedona Club）和柯諾奇俱樂部（Conochie Club）——一九三五年，柯諾奇俱樂

米爾綴・尤班克斯（Mildred Eubanks或Mildred Eubank），
是瑪莎・霍西的侄女，也是茹思・米朵頓的朋友，
這是她在畢業紀念冊中的照片。
尤班克斯的髮型、服飾和飾品風格很可能與茹思・米朵頓相仿，
茹思是她們那群人之中著名的時尚潮流引領者。
西切斯特大學（West Chester University）畢業紀念冊，一九三一年，
大學圖書館特別收藏，賓州，西切斯特，西切斯特大學。

部在一位黑人成員「寬敞的家裡」舉辦聚會，以綠色的裝飾慶祝聖派翠克節。[46] 茹思成為黑人社交新聞版的常客，她豐富多彩的個人風格和慧黠活潑的個性在此浮現。茹思的美學相當「時尚」，也熱愛入時衣著。一九三八年四月，她穿著「藍色塔夫綢睡衣、外罩閃亮的銀緞外套」出現在晚宴上而引起轟動；三個星期後，她的「灰色羊毛三件式套裝、長袖外套和黑色配件」則成了「迷人的時尚榜樣」。茹思的言論也顯示出她是前衛而深具熱忱的女主人。一九三九年，當一位朋友問她想收到什麼聖誕禮物時，她的回答讓社交新聞版的記者如此報導：「任何在客人來訪時可以令客人感到快樂的新玩意兒，都會讓這位可愛的女主人感到溫暖開心。」一九三八年，當有人問起她討厭的事物時，茹思感嘆道，她「覺得那些不停嚼口香糖的人很煩」。[47]

到了一九四〇年，當她和女兒住進瑪莎．霍西的家時，茹思．米朵頓已在黑人上層階級社會中占有一席之地。同年一月，茹思被描述為「有魅力的南費城女主人」，此時的她又邁出了關鍵的一步，提升她在社交界的地位。[48] 她參加了一個大型的黑人修會，她肯定已經以訪客的身分參加多年，因為對於長年居住在費城或其他非裔美國人大遷徙的目標城市之居民和新來者而言，黑人教會是很重要的組織。茹思所選擇的聖公會教堂，即聖西門教堂（St. Simon the Cyrenian Church），自一八九四年以來一直都有禮拜聚會。一八九七年，其創始成員在南費城的二十二街和里德街（Reed Street）街口買了一塊地。茹思在二月時正式成為該

# 54 Receive "Laying On Of Hands"

「五十四人領受按手禮」。這張充滿顆粒的報紙照片記錄了茹思・米朵頓於一九四〇年二月在費城的聖西門教堂受堅信禮的情況。報導中指出茹思・米朵頓是影中人之一；不過，照片並未標明各人的名字。在列出人名之前，報紙文章寫道：「以下人員同時接受聖靈並領受堅信禮。」《費城論壇報》，一九四〇年三月七日。

On Wednesday evening, February 28, the Rt. Rev. Charles Fiske, D.D., acting for the Bishop of Pennsylvania, the Rt. Rev. Francis M. Taitt, D.D. visited the Chapel of St. Simon the Cyrenian, 22nd and Reed streets where he preached an excellent sermon and was greeted by a large congregation.

The following persons, presented by the Rev. John R. Logan, Sr., Vicar were confirmed:

The following persons were confirmed at the same time for the Mission of the Holy Spirit, presented by the Rev. John R. Logan, Jr., Curate of St. Simon's and minister in charge of the Mission: Edward Armster, Earl Mosley, Dorothy Mesley, St. Julian Jamison, and Joseph Smallwood.

John Brant, Isaac Briscoe, Mrs. Dorothy L. Carter, Eugene B. Coursey, Mabel M. Dorsey, William H. Dorse, Norman J. Edwards, John R. Exum, Irene R. Harmon, Mary R. Hawkins, Leslie P. Hill, 2nd, Mrs. Laura S. Hinson, Selena B. Howard, Mrs. Thelma A. Hudgin, Katherine Jackson, Mrs. Eva M. Johnson, Isaac E. Johnson, Alvin W. King, Kathryn A. King, Lenwood L. Langston, Easton P. Ledgister, Mrs. Mary A. Matthews, Edwin K. Matthews, Mrs. Ruth J. Middleton, Clarice V. Ransome, Mrs. Elizabeth S. Reid, Mrs. Ella M. Ridgeway, Charles W. Scott, Mrs. Ruby S. Seamon, Edwin C. Simmons, Junius B. Simmons, Mrs. Margaret Smith, Kenneth S. Stokes, Mrs. Edith S. Taylor, Hester N. Taylor, Martha L. Thompson, David R. Thompson, Elizabeth J. Tripp, Walter M. Tripp, Mary G. Ward, Jean V. Webb, Robert H. Webb, Jr., Lewis H. White, Cynthia A. Whittaker, Mrs. Rose J. Williams, John N. Williams, Leslie H. Willis, Mrs. Minnie H. Willis, Isaac W. Wilson.

——A Colored Judge——

教會會友，隨後在三月接受了按手禮的儀式。桃樂絲在十幾歲時就加入了這個教會，比她母親早了幾年，這告訴我們茹思早就在這個教會出沒了。[49] 桃樂絲就和她母親一樣，開始以活躍的俱樂部成員和教會會友身分出現在社交新聞版上。一九四〇年春天，桃樂絲負責撰寫社交新聞版的青年新聞，她寫到了慶祝復活節的「各種聚會和舞蹈」以及「令人頭暈目眩的正式聚會」。[50] 不過，所有這些熱鬧的社交活動都是後話了。一九一八年左右，茹思抵達費城時她可能已經懷孕了，可能擔憂著周遭重重的風險，可以肯定的是，她身上帶著曾經為奴的外婆擁有的布包。

是什麼讓茹思在初抵費城的那幾年以針線繡下家族故事？移居北方的生活動盪是否讓她對家有種渴望？在一個新的地方與世隔絕是否導致她無法不去想自己與家人的分離？孩子的出生是否令她開始思考自己作為母親的角色，還有家族先人的困境？她是否希望將她的家庭故事形塑成她與女兒的具體身分定錨（黑人女性、南方人、倖存者）？身處令人迷惘的北方，茹思是否深刻意識到自己需要一份有形的遺產來擁抱並傳承？如果茹思從未遷居異地或從零開始（這是加入大遷徙的幾代非裔美國人都曾面臨的重大考驗），也許她就不會在布包上繡字，而我們也就沒有機會細細探究這件囊括多代黑人女性經驗的罕見文物。

而且，茹思搬到費城生活的幾年後，為什麼會選擇刺繡作為記錄家族故事的方式？這樣的選擇與她在一九四〇年代成為社群裡受人尊敬的女性、時尚典範和教會成員有何關係？茹思住在費城上層階級的豪宅裡當家務幫傭的年代，刺繡早與女性領域關係密切。十八世紀的歐美作家、藝術家和文化鑑賞者已經將這種消遣定義為專屬女性的手藝，而刺繡很快就「完全成為女性氣質的代名詞」。[51] 那些溫柔而熟練地把文字和圖像繡在布料上的女性，適切的履行了她們所屬社會和時代的性別意識形態，她們手中的刺繡工作滿足了人們心中對女性之溫順、安靜、虔誠、宜室宜家等特質日益增長的文化期待。正如我們在前一章所看到的，南北戰爭前，南方上層階級的白人女性視縫紉為責任，視刺繡為遵循性別禮儀的行為。在維多利亞時代，刺繡成為女性氣質、溫柔愛家和文雅教養的證據，這門技藝被理想化的程度大幅上升。權貴階級的女孩和女人繡出了字母樣圖、《聖經》詩句、花卉靜物、森林動物、有人物的田園風光和平靜人心的室內景色，希望階級晉升的中產階級和藍領階級的女性也依樣畫葫蘆，以便在展示女性氣質的客廳文化（drawing room culture）裡取得更高地位，而中產階級的風格也逐漸成形。[52] 女性在家中刺繡是為了讓家成為更舒適的地方，這對維多利亞時代的中產階級來說更加重要，刺繡開始「讓人想起家」，也成了家庭空間的標誌，「特別是母親和女兒」的家庭空間——關於刺繡的經典書籍《顛覆性針法》（*The Subversive Stitch*）的作者如此解釋。[53]

美國的為奴黑人女性被迫為莊園縫製衣服和紡織品，但她們很少接受縫紉的訓練，這便畫出了一條無形的地位界線，將大宅中具女性氣質、懂女紅的太太，和奴隸小屋裡不具女性

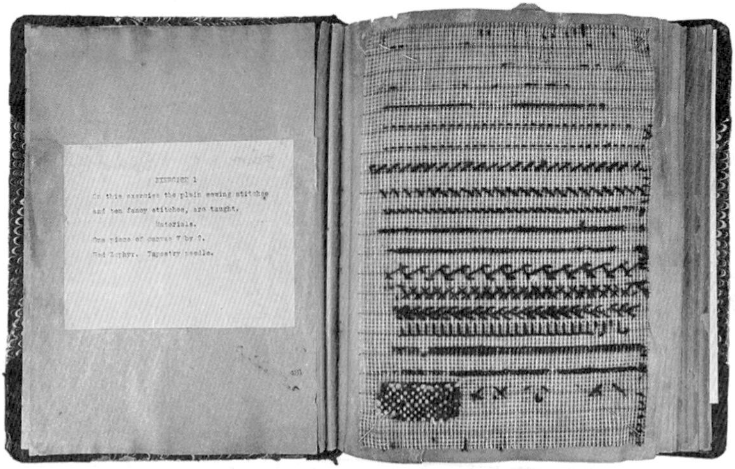

碧翠絲・魏廷的縫紉練習本，封面內頁和第一頁，一九一五年左右。非裔美國人裁縫師碧翠絲・魏廷於二十世紀初在維吉尼亞州里奇蒙完成了這本縫紉練習。《七十五個故事，七十五年：紀錄史萊辛格美國女性的生命》（*75 Stories, 75 Years: Documenting the Lives of American Women at the Schlesinger Library*），二〇一八年的展覽。哈佛拉德克利夫學院（Radcliffe Institute）／凱文・格雷迪（Kevin Grady）所攝，圖由哈佛大學拉德克利夫學院史萊辛格圖書館（Schlesinger Library）提供。

氣質、懂縫紉的奴工區分開來。權貴階級和野心勃勃的中產階級白人婦女透過刺繡成為（並被視為）具女性氣質的女子，而黑人女性則普遍被排除在這一類別之外。在南北戰爭之前，了解「得體」服飾和禮儀的為奴黑人女性有時可以接受刺繡訓練。解放後，曾經為奴、如今則成為藍領或中產階級的非裔美國女性，拾起了一系列與理想女性氣質有關的針線活，如鉤織和刺繡。

舉例而言，在一九一七年至一九一八年的聖西門教堂月報中，有位被稱為「珍」的縫紉師，推測是一位正在招攬客戶的黑人女性，宣傳了自己在五十二街提供的「藝術針線活」、「嬰兒服」和「編織和鉤織課程」。[54]此外，正如前面提到的，梅爾妮雅．卡斯在波士頓親手縫製嬰兒服。另一個例子是，有位與梅爾妮雅．卡斯同鄉的碧翠絲．魏廷（Beatrice Jeanette Whiting）曾於十幾歲或二十幾歲的時候學習刺繡，這位黑人女性也在維州的里奇蒙長大，但她決定留在里奇蒙。魏廷出生於一八九〇年，與茹思和梅爾妮雅是同代的人，她來自一個受過教育的家庭，後來成為一名高中家政教師，學生都記得自己是在她的課堂上第一次學到縫紉。魏廷的縫紉練習本是她在二十世紀初學習刺繡時的作品，其中有二十七頁用白線和紅線縫製的練習頁面。收藏魏廷練習本的哈佛大學拉德克利夫學院施萊辛格圖書館的入庫紀錄指出，魏廷在最後的練習裡技巧明顯提升，縫紉手法「極佳」。魏廷可能很珍視這份內有各種複雜緄邊和針法、能證明她年輕時有多努力的練習本，因為這本練習本和她的「浮雕皮革」紀念冊保存在一起——這本紀念冊寫滿了她一九六〇年退休時學生和同事的題字。[55]

黑人女性對於精緻縫紉藝術的熱情在十九世紀末和二十世紀初的公共展覽中也很明顯，例如一八八〇年代，得獎的絎縫藝術家哈莉葉．鮑爾斯便曾在棉花和工藝博覽會上展示她的作品。在鮑爾斯的家鄉喬治亞州雅典市舉辦的非裔美國年度博覽會上，當地報紙報導了「婦女部門」的商品，寫到「許多非常漂亮的被子和自製的床罩……有條非常漂亮的白色針織被……一些漂亮迷人的縫紉品，其中的絲綢枕頭和抱枕相當醒目」。此外，記者還注意到，亞特蘭大浸信會女性神學院（Atlanta Baptist Female Seminary，現為斯貝爾曼學院〔Spelman College〕）的學生提供了「不錯的蠟筆畫、刺繡和縫紉作品」。[56]

習得這些對某些階級的白人女性來說稀鬆平常、對她們而言卻相對珍稀的技能，是黑人女性的驕傲，她們正努力在各個階級的白人女性長期占據的領域裡取得地位，取得為自己的家人美化居家空間的能力。對於這些「擁抱維多利亞時代風情的黑人」來說，家中的「裝飾」大大決定了這家人是否值得尊敬，而女性的紡織品和蕾絲織品有助於達成這種美學效果——此事在茹思．米朵頓居住的費城等東北部都市尤其明顯。[57] 費城的聖西蒙教堂會為當地人士舉辦縫紉跟編織課程，並展示學員的成果。在《費城論壇報》的「女性關注版面」上，有柳綠刺繡俱樂部（Willow Green Embroidery Club）、友善縫紉俱樂部（Friendly Sewing Club）和爐邊縫紉俱樂部（Fireside Sewing Club）的聚會公告，這些俱樂部都在私人住家中聚會。

確實，這種具社交性質的縫紉活動大都發生在私人住家中，最終也增添了家中的裝飾，即便像杜波依斯這樣的黑人知識分子也敦促黑人大眾「以神聖的方式守護家庭」，「使家成為社交生活和道德持守的中心」。[58] 安娜．庫柏與杜波依斯同時代，來自華盛頓的她身兼學者、教師和校長三職。在她的著作《來自南方的聲音》中也讚揚了黑人在居家方面的努力，她指出：「我們國家的希望主要和根本上取決於……家庭生活和這些家庭中的好女人所帶來的影響。」[59]

橫跨十九世紀末和二十世紀初的那幾十年，當梅爾妮雅・卡斯活躍於俱樂部而安娜・庫柏讚美家庭生活時，北部、南部、中西部和西部城市受過教育的黑人女性都組成了地方協會，擁抱俱樂部生活與家庭生活，也將兩者聯繫在一起。這些女性的主要目標之一是推動黑人女性在社會中進步，並支持長年貧困、缺乏經濟和教育機會、深受日常種族偏見影響的黑人家庭。她們都認為，作為非裔美國女性，她們有責任承擔起族群、性別和國家的重擔。在她們心中，這份由過往的錯誤和眼前的危機所構成重擔屬於當代，也屬於歷史。

與當年的性別意識一致，俱樂部女性認為黑人妻子和母親的角色有利於改善黑人家庭生活和提高整個族群的地位。她們也希望保護黑人女性免受美國公眾文化的誹謗，因為就連新聞記者都會不時指控黑人女性在性方面不道德、行為不檢、惡習眾多。為了回應一八九六年一個出於政治動機而公然羞辱黑人女性的事件，起初是幾十個、接著是幾百個黑人女性地方俱樂部串聯成了一個正式的全國性組織——「有色人種女性全國聯合會」（National Association of Colored Women）。當時，南方有份報紙公開嘲弄反私刑社運家艾達・韋爾斯（Ida B. Wells），表示她「沒有任何美德可言……完全沒有品格」。由《婦女時代》（*Woman's Era*）雜誌編輯約瑟芬・如芬（Josephine St. Pierre Ruffin）所領導的一群波士頓黑人女性看到了這篇文章、召集其他黑人女性開會，並共同採取行動。[60]正如俱樂部創辦人和知識分子芬妮・威廉斯（Fannie Barrier Williams）在一八九三年的芝加哥哥倫布紀念博覽會（World's Columbian Exposition in Chicago）上所說的：「我們家庭生活之道德遭到如此輕蔑和卑劣的評論，以至於我們被置於這個不幸的位置，必須起身捍衛我們的名聲。」[61]

黑人女性社運者在文章與演講中激烈地自我辯護，以基督教神學、古代的皇室女子和當代黑人女性的成就為依據，來聲明她們的正當與道德地位。[62]瑪麗・特雷爾（Mary Church Terrell）是有色人種女性全國聯合會擴大改組後的第一任主席，她在一八九六年一場題為「有色人種女性的進步」的演講中強調了此事：「僅僅五十年前，她們的前途是如此黯淡，法律是如此致命，習俗是如此有害。但是，從她們的枷鎖被打破的那一天起……黑人女性在獲取知識和培養那些使人向善的美德方面穩穩前進著。」[63]她們策略性地利用個人舉止作為防禦武器，此事對於女性俱樂部成員來說與有力的反駁同樣重要。這些女性之中有許多人都認為，對抗大眾之貶低，意味著持續展現出高尚的道德品質和反映出帶有維多利亞時代特色的合宜女性氣質。[64]

身為黑人女性俱樂部成員的瑪咪・費爾茲，在南卡羅來納州查爾斯頓當地也參與了這場重大的社會運動。在她的回憶錄中，費爾茲記敘了一個南方黑人家庭在重建時期後的南方努力晉升並維持中產階級的地位，在這樣的過程中，家庭生活是關鍵。她的家庭認為若要獲得社會地位，就得擁有足夠的經濟地位，家中的男性擁有一份職業或嫻熟商業，能獲得足夠的收入，使女性能夠留在家裡，而不是在白人的家中工作；他們的孩子能夠持續升學，而不是為了錢不得不去工作。最重要的是沒有白人監視的私人家庭空間，就算是與家族中其他親戚共享家庭空間也無妨。瑪咪．費爾茲就是在這種相對優渥的世界裡長大。她的伯伯是衛理會的牧師，她的母親從年輕時就住在這位伯伯家裡。瑪咪的父母對於讓家中女性去白人家當家事幫傭或「照顧任何白人小孩」的作法不屑一顧。[65]瑪咪的母親在婚前一直都是裁縫，婚後則成了全職家庭主婦。瑪咪的父親是手藝嫻熟的木工師傅。瑪咪本人成為了一名教育工作者，同時也是互助會和黑人女性俱樂部裡的社群領袖。身為二十世紀查爾斯頓居民，瑪咪．費爾茲成了她的家庭堅守中產階級價值觀的典範，儘管她的祖父母曾於巴恩韋爾郡的農場裡為奴（一八五三年艾緒莉亦曾於巴恩韋爾為奴）。

在《檸檬沼澤》（*Lemon Swamp*）一書中，瑪咪．費爾茲向她的孫女（也是這本書的共同作者）講述了她的故事，她將神聖的家庭空間、女性的纖維藝術和照料傳家寶布織品三者連結在一起。刺繡和精心編織的布代表了中產階級的體面，也讓黑人女性有機會成為「女士」，而不是「種田的」、「打雜的」或「寵兒」（這些都是奴隸拍賣場裡的貶義詞彙）。費爾茲的祖母有個箱子，裡頭「裝滿了柔軟的亞麻布和來自西印度群島的手工飾品和乾燥花瓣」，「她把花瓣縫進了絲質小袋子裡」。這位迷人的祖母「想逗女孩們開心」，「向她們展示她的婚紗和頭紗、緄邊的襯裙、圍巾和家具罩子」，還承諾她死後會將某幾項「美麗的東西」留給這些年輕的女孩，人人有份。在這種打開和檢查箱中之物的細膩儀式中，費爾茲的祖母使用了布製品的語言，向孩子們展示了「成為一個合宜而具女性氣質的黑人女性」意味著什麼，並讓這個關於豐盛遺產與母系血脈的幻想包圍這些孩子。[66]

雖然瑪咪說，「最後她從那個箱子裡繼承的東西不過是塊餐墊！」但她成為了「針線活」的專家。上了大學並開始擔任小學教師之後，她和一些親近友人一起組織了一個致力於提高種族地位的團體。一九二七年，她們在查爾斯頓成立了一個名為現代普莉西拉（Modern Priscilla）的組織，該組織也加入了有色人種女性全國聯合會。有色人種女性全國聯合會是美國各地黑人女性俱樂部的聯合組織，致力改善非裔美國人的生活條件和機會，他們的工作有全國性和區域性的，也有地方性的。

在瑪咪．費爾茲的北方，波士頓的梅爾妮雅．卡斯成為了有色人種女性全國聯合會東北區的主席。查爾斯頓的現代普莉西拉之名來自波士頓的一本女性藝術雜誌（此事顯示出黑人女性俱樂部集合而成的意識跨越區域），這個組織的女性都「穿得很好」，「因為針線活是我們的強項」，瑪咪．費爾茲如此說道。來自現代普莉西拉的黑人女性「出版了為家人和自己製作一切物品的指南」，「從鉤織桌布到女性襯衫的鉤織抵肩（yoke），從老式的荷葉邊窗簾到最新式的裙子。」[67]除了推廣她的俱樂部相當投入的縫紉和紡線技藝、並在課堂上將這些技能傳授給她的學生之外，瑪咪更確保自己的孫女學會了非裔美國女性長期以來並不熟悉的刺繡工藝。在回憶錄中稱呼自己和朋友為「女士」的瑪咪，也特意教她的孫女們「鉤織與刺繡等技術」。[68]

對於瑪咪．費爾茲和茹思這一代人而言，精緻縫紉工藝是體面女性、體面中產階級的標誌，同時也投映出黑人女性的尊嚴。在經歷了二十世紀初險惡的種族動盪後，費爾茲「決心將一份遺產傳給她的孫女」，她講述了她們家族的努力與成就，並傳授她縫紉技巧，這份技巧代表著非裔美國女性的美德以及她們在家庭和社會中的重要貢獻。[69]

我們所知的是：茹思慢慢轉向更專業的家事服務工作、她接觸到教育程度很高的白人所居住的家庭空間，以及她最終被費城黑人中產階級所接受——這些事都暗示著她之所以選擇刺繡而不是紙筆來記錄家族故事，背後具有文化和政治方面的動機。透過針線這項藝術媒介，茹思得以展現她的手藝，這顯示了她的階級抱負和她的身分認同：熱愛隸屬「女性領域」居家藝術的黑人女性。茹思聲明了自己在此領域中的位置，也為了她的母輩做出聲明。除了一個破爛的布包之外，艾緒莉名下可說是一無所有；至於蘿絲，她的全部家當也不過就是件破衣服——但茹思以這種展現女性之價值、體面與精緻的藝術形式來紀念她們兩人，此舉展示了她們在世時從未享有的尊重。

當然，和白人女性相同，黑人女性擁抱這種與「端莊女性氣質」之固有概念密切相關的技藝，也有其複雜之處。在十八世紀和十九世紀，女性被限定在刺繡等領域中活動，而刺繡則被定義為一種工藝而非藝術，這表示與繪畫或雕塑等男性主宰的領域相比，刺繡的文化價值相對低落。十九世紀時，環境優渥的女性被侷限在居家領域，而她們的生活受到嚴格管控，此時刺繡開始具有更重大的社會意義——刺繡通常是在起居室等女性場域中進行，刺繡者則需要在沉默中孜孜不倦，這象徵著被侷限在家中的女性生活，象徵「絕對的純真和順從」。然而，任何藝術行為都能容納細緻的態度差異。即便人們鼓勵上層階級的女性從事刺繡，以使她們「順從、沉默」，但刺繡仍可以成為一種擺脫社會規範的工具。在維多利亞時代的小說中，刺繡象徵的是女性角色沒能發表的心聲，成了一個「漏洞」，能表達她們「無法公開講的話」。[70] 有位研究刺繡的重要學者寫道：「儘管有形式上的限制，女性確實會使用針線來表達個人情感與心願。」[71]

作為表達意義的工具，刺繡這門藝術相當具有彈性。這也是一門被輕視的藝術，因為其與女性的關聯深厚。在一九六〇和一九七〇年代，女性主義者抓住了這些相互衝突的特質所創造出的可能性。工作室裡的藝術家和街頭的活動者利用刺繡來嘲弄文化傳統，並賦予了典型的陰柔圖像（如花束刺繡圖）雙重意義，直指家庭的束縛並加以批判。女性主義纖維藝術家將這種不受重視的個人消遣帶到了公共舞台上，打著「個人即政治」的標語重新投入織物圖像創作。原本暗指女性「無能」的藝術形式，也可以反轉成為抵抗文化期待的道具，狡黠暗示女性拒絕讓出權力。[72]

女性以極其巧妙、具創造性、有時十分安靜、常常是不怎麼認真的方式重新認識縫紉藝術，這樣的現象從一九七〇代以來已逐漸出現復甦跡象。二〇〇〇年左右，女性開始把針織和縫紉社交圈視為彼此團結的場所，把縫紉視為創造社會連結、為他人奉獻的形式，在這場被稱為工藝行動主義（craftivism）的運動中以手織品傳達政治評論。[73] 二〇一六年的美國總統大選（希拉蕊·柯林頓得到了最多的普選票，但唐納·川普贏得了選舉）後，這場運動中的女性創造出「陰部帽」（pussy hat），也製造了大量出現在城市風景中的編織品，繼續迫使人們重新檢視普通物品和社群價值。這場傳統上與女性相關的藝術與手藝之復興，目前正延伸到刺繡領域。記者金譚蜜（E. Tammy Kim）寫了一篇文章訴說她對於韓國祖母在一九四〇年代的刺繡作品的嚮往，她在文章中解釋道，她是在一個「新聞看太多而憤怒超載的時刻」重新拾起「繡框和繡線」。川普任職期間的政治動盪推動了她的實踐，而且她觀察到：「在這樣的時代，當女性感到特別憤慨的時候，織品藝術就會蓬勃發展。」[74]

身為年輕非裔美國女性的茹思，每天都得打掃她富裕雇主的家，同時看著這個實施種族隔離的世界，在這個世界，黑人可能會僅因出現在城市裡便遭到殺害。活在這個世界裡的茹思可能拿起了她的針線，來表達性別身分和家族回憶。她選擇的媒介反映出主流社會對於性別和階級的理想模樣，也削弱了該社會曾將黑人女性排除在這些理想模樣之外一事。也許，在布包上緣的明顯深色摺痕代表著這件布製品曾被摺疊起來擺放在桌面上，或者裱了框掛起來，成為屋內一份安靜的聲明。也許茹思的感覺就像是金譚蜜推測她祖母也有的感覺：「刺繡給了她一種安靜的、轉瞬即逝的自由。」[75]針線活曾是具壓迫性的工作，但它也是一種療癒的工作。縫紉就像是說話一樣，具冥想的性質。縫合有賴一針一線。

## 紅色繡線

只觀察布包上的線，很難看出茹思縫紉的功力到底如何。她的刺繡只由字母構成，選擇略過圖案畫面。她使用的是「三股棉刺繡線」，針法則是基礎的「來回針法」。[76]人類學家馬克・奧斯蘭德留意到：「刺繡的最後三行（藍色或綠色的線）是以比較成熟、熟練的手法繡成的」。這令他懷疑茹思是否在某個時期開始繡字，然後在另一個時期才繡完整段話。[77]也許，茹思並不具備金譚蜜在描述祖母的手藝時所說的那種類似寫實繪畫的「髮絲刺繡」的技巧。或者，茹思是選擇省略圖像而專注於語言，只有意在長短字行的空間排列中保留那個模糊的心形。無論她的技巧如何，茹思有興趣的講述方式似乎重視文字勝過圖像。

茹思的刺繡就很多方面而言都是獨特的作品。它確實帶有其他形式的痕跡與印記，例如它流露出中規中矩、排列如詩的中產階級女學生刺繡圖樣之氣質。不過，茹思的刺繡透露出更明顯的獨特感，表明她有個人性的目的。十九世紀的刺繡圖樣繡的通常是文字：《聖經》金句、道德箴言或詩句；地區場景、房屋或地標；自畫像速寫；或家譜訊息，如出生和死亡日期。與之相反，茹思的刺繡以原始的語言和強烈的專注記錄著跨世代的家族歷史。[78]

茹思選擇以針線來書寫，因而將織物畫布變成了一份文件，一份關於過去事件的書面記錄。這個決定，與她選擇使用刺繡這個「屬於女性的體裁」一樣，都提升了這幅作品所獲得的文化共鳴。茹思在位於故事核心的布包上寫下家族歷史，完成了兩項極為重要的創舉：她成功將這個特別的故事與這項珍貴的物品結合，讓兩者永遠成為一體，任一者都不會被遺忘；此外，她將家族的破舊布包寫成了書面文字，而國家的歷史正是由書面文字紀錄所構成的。茹思將她聆聽了多年的故事轉化成一份出色的文件紀錄，一份具有文化力量、能增補歷史的書面紀錄。蓋兒．瓊斯的小說《珂瑞朵拉》中的祖母，在向她的孫女傳承從奴隸制度中倖存下來的家族故事時，堅信證據的重要性：「他們不想留下他們所做的事的證據，因為這樣事情就不會對他們不利，」這位祖母如此堅持，「我正在留下證據，而你也要留下證據。」[79] 茹思的作品也是如此：家事幫傭茹思重述了這個外婆告訴她的故事，以便讓這個故事永久留存，這個舉動令她成為了口述歷史學家——證據的收集者和詮釋者、過往知識的保存者。

茹思透過書寫、透過保存脆弱的文物來創造歷史，此事在她對布包的照顧（經過長年的修補、摺疊、存放）和她選擇繡下的細節中顯而易見。首先，她幫助讀者進入故事，提供了歷史背景和關鍵事實：她與故事主旨的關聯、敘事中主要人物的名字、行動的地點、奴隸制之背景。當事件緩緩在時光中展開，她的文字也轉為敘事。戲劇性的變化降臨在母女倆身上時，蘿絲給了艾緒莉一個布包。茹思有目的地精準列舉出布包裡的東西。她轉述了這位母親的臨別贈言（「告訴她」），使用空格而非引號來區分出這段直接對艾緒莉說的話，她還使用了紅色的繡線，也許是仿照《聖經》以紅字標明耶穌所說的話。[80] 在句末，茹思強調了她自己和艾緒莉的關係紐帶。最後，茹思記下了她的名字和日期，使這件布製品擁有文件般的官方報告之感，也成為一份帶著詩意的反駁，反駁奴隸主所留下的抹消姓名的文件檔案。

茹思不僅是事件的記錄者，她還對歷史事件做出了藝術詮釋。她對奴隸制的道德譴責在最後一句話中顯而易見：「兩人從此再也不曾相見。」在提出指控的同時，她的結論是：愛和家庭戰勝了奴隸制之敗德，她強調了特定的詞彙，讓文本染上了歷久彌堅的情感色彩。茹思對於情感的強調相當直接。「愛」字是布面上的焦點，在放大的一行中闡明最重要的主題：「裡面裝著我永遠的愛。」這種在視覺上強調情感的作法，詩人伊莉莎白．亞歷山大（Elizabeth Alexander）稱其為藝術家「想像我們不應想像之物的能力」——藝術家在其上「想像複雜的黑人自我，想像真實的、可行使的黑人權力，想像奔放的、未受淫念扭曲的黑人之美。」[81]

茹思使用紅色來強調情感，深入探詢人與原型（archetypal）隱喻的關聯。刺繡布藝品即茹思的媒介，在一種相對耐久的材料上進行廣泛的象徵性模仿和聯想，使茹思得到溝通的力量。雖然布製品的使用肯定有文化差異，但人們藉由將圖案、顏色與人類共同經歷的各個方面連在一起，以創造出意義。留心想想具有文化意義的紡織品，如女王的長袍、牧師袍、國旗、新娘服或死者的裹屍布，它們都傳達了超越地區文化的意義。公元前四千年至前三千年之間發明的彩色線，更是促進此類意義傳達的重要創新。紅色是人類最早從植物中提取的染料之一，是紡織品中最原始的色彩，其「色似血液」所以向來代表著生命力。[82]茹思的紅色繡線在引起血之聯想以外，也暗喻了奴隸制所帶來的痛苦，以及心臟跳動的活力。

也許，茹思曾意識到紅色這個顏色在奴隸時代南方沿海地區的古老意義。為奴之人在民俗信仰的法術儀式中，喜愛用紅色法蘭絨來捆裹神聖物品，例如植物根、墓園的灰塵或動物的骨頭，這些物品被賦予了超自然的力量。造術包或皮革符咒包不是具保護之力，就是具破壞之力，取決於造術者透過儀式施展的法術類型。[83]茹思在繡下這段紀錄時使用了紅線——當中顏色最亮、字體最大的線——來強調她重述的故事中多層的文化意義。我們可以想像，她會希望她的讀者（日後的自己、自己的女兒，或者她還無法想像的後代）在看到布包時，能夠聽見縈繞不去的豐富回音。

我們可以像礦工一樣打開頭燈，繼續挖掘茹思希望在布包上以繡線書寫的詮釋。我們在向下挖掘意義時，所得之物可能符合茹思的意圖，也可能不符合。茹思選擇書寫她的母輩而非父輩的名字，這代表她特別關注女性歷史，並且拒斥一條可能包括奴隸主的父系血脈。雖然她說出了為奴先人的名字，但她拒絕說出奴役者的名字，因此便將他們排除在這份紀錄之外。茹思寫下這份蘿絲所準備的、包括愛的物品清單時，也製作了一份清冊，檢視被視為財產的為奴之人所擁有之物：得來不易的實質物品可以撫慰受傷的靈魂；勇氣與感情的力量可以幫助幾代人度過逆境。[84]

茹思在布包上列出物品的順序（一件衣服、胡桃、髮辮、愛）時，是否運用了作家創作的自由？她是否試圖創造出一個逐步進入黑人經驗的內部空間的敘事——從作為外在遮蔽物的衣服開始，然後轉移到攝入的食物，再提及身體本身的衍生物，最後則以情感為中心結束？她是否這樣理解這個先人布包的故事：一趟以親屬關係為核心，朝向內部的自我之旅？她是否試圖在她的作品中保留這種體驗，將讀者從外部物質領域逐步引向內在的情感領域，也許還保留了她的外婆如何講述這個故事的痕跡？茹思給我們的是一帖家傳配方，是母親所傳給女兒的重要維生元素，而不是冷冰冰的奴隸清單。在包含了衣物、食物和血脈的配方之中，最重要的成分是愛的情感驅力：告訴她——蘿絲如此說、艾緒莉如此記得、茹思如此繡著——裡面裝著我永遠的愛。

我們有很多種方式能詮釋這幾行既稀疏又飽滿的文字，這意味著茹思的文字不只是證據、不只是清單、不只是記錄，也不只是歷史。艾緒莉的布包上的繡字，形式直截了當、措辭簡潔明晰，字句間所閃現的情感令人聯想到文學詩句。有些人甚至會覺得這段文字讀起來像俳句——這是一種詩的形式，特色是行數短、有季語、隱約指涉現存的同類詩句或事件敘述，保有開放或「歡迎」的語氣。[85]在這段被當作詩歌來讀的文字中，茹思在向先人致意，歡迎她們進入她的記憶之中，前來與彼此重聚。[86]與俳句一樣，這段由忙碌的雙手所繡的字句也相當簡潔，將故事濃縮為鍋裡飄出的煙霧、視野邊緣的幽靈、世間之人都需要的極其重要卻轉瞬即逝之物。在這裡，在布包的深處，我們發現一份並未遭到遺忘的禮物：愛。正如詩人妮可．西莉（Nicole Sealey）所形容的，詩作「喀噠」一聲闔上了，發出令人滿意的聲響。[87]

茹思．米朵頓就站在這列長長的女性倖存者隊伍的末端。她顯然意識到這條血脈的存在，以及自己在其中的特殊地位，她甚至對此心存敬意。就像幾個世紀以來的女性一樣，茹思以布製品作為紀念物之舉不僅是「紀念家族」而已，更是在「創造家族」。[88]也許，是這種「透過傳家物來創造家族」的感受，導致茹思在刺繡時使用了大地色系的繡線。開場的褐色線條在結尾處由綠色線條取代，隱約形似一棵倒過來的家譜樹，樹根伸向過去，樹枝伸向未來，已知歲月的書面記錄於此完結。[89]身為女兒、母親、刺繡者、故事講述者和探討家族過往之歷史學家的茹思，在即將邁入人生盛年時死於肺結核，過世時還不到四十歲。她病了好幾個月，她的朋友瑪莎・霍西照顧著她，是她提供了死亡證明所需的詳細資料。一九四二年冬天，茹思病逝於費德克道格拉斯紀念醫院（Frederick Douglass Memorial Hospital），距離那場沒留下紀錄、迫使她的祖母艾緒莉與她的曾祖母蘿絲分離的奴隸買賣事件僅僅不到一個世紀。茹思的女兒桃樂絲有可能繼承了這個布包，但桃樂絲在一九八八年去世了，沒有已知的直系後代。[90] 此後，這件布製品便不知所蹤，可能被人裝箱、捐贈或與其他物品一起賣掉了，而這些物品曾親密依附在如你我般轉眼即逝的生命上頭。[91] 不過，由蘿絲所準備、艾緒莉所保存下來的布包，還有茹思所講述的故事，都在這世間留存了下來，宣告著連結彼此的愛之力量以及女性故事之力量——一股持久不墜的力量。

# 結語

# 囊中之物

「如今，我們這些坐在錫安山教會（Mt. Zion Church）裡的女性，我們偉大母輩的後裔，又要怎麼辦？你們之中有誰知道如何在炎炎日頭之下扛起你們的重擔？」

——瑪咪．費爾茲重述有色人種女性全國聯合會主席瑪麗．特雷爾於查爾斯頓的演說，一九一六

「種子仍有待收集，裝著星星的袋子也仍有空間。」

——娥蘇拉．勒瑰恩（Ursula Le Guin），《世界邊緣的跳舞》（*Dancing at the Edge of the World*），一九八九

非裔美國人的物品幾乎沒有機會被保存下來。這是探討自身家族故事的歷史學家和博物館策展人學到的痛苦教訓。本身被視為財產的人類該如何獲得並傳承財產？像牛群一樣被拍賣的家庭怎麼有辦法留住一本聖經或一顆珠子？太多的創傷、一片的混亂、永遠都被迫突然遷移，這些事嚴重限縮了為奴之人保有私人物品的機會。南北戰爭之後，曾經為奴之人被拋進一份很有問題的自由之中，他們孑然一身、不曾存下任何東西，所以常帶著孩子過著捉襟見肘的生活，拚命努力扛起沉重的債務。他們沒有土地、沒有耕作動物、沒有幫助他們勞動的工具。除了「身上的衣服」，他們可以要求得到的私人物品非常少。[1]外人對於黑人家庭設法獲得、持有的少量物品不屑一顧。與其他因收入、財富或種族特權而能夠穩定生活的族群相比，黑人的財產更有可能在吉姆克勞種族隔離的高峰期和種族相關的暴力事件中，隨著長輩過世、搬家或被趕走而落入破爛堆和垃圾箱中。[2]探討自身家族故事的歷史學家肯卓・菲爾德（Kendra Field）指出：「有許多關於失落物品的故事，失落的信件、失落的照片、失落的重要之物。」[3]當非裔美國人的物品失落時，曾經與其相連的故事就會被削弱，過往的記憶會逐漸模糊，歷史證據會縮水，代代相傳的智慧會消失。

這種物質痕跡在歷史中消失，與非裔美國人經驗中的其他許多損失並存，嚴重影響了他們的福祉。自從人類在洞穴牆上作畫並製造工具以來，我們的價值觀和人際關係一向都是透過物品來表達和顯現。我們透過物品認識自己，透過物品建立社群連結，透過物品思考，也

莫頓家《聖經》的內頁。
亞倫·莫頓和嘉德娜·莫頓（Aaron and Gardenia Morton）
將這本家庭《聖經》作為檔案夾，
將頭髮、剪報、出生和死亡名單以及葬禮公告夾在書頁間。
作為七個孩子（兩個男孩和五個女孩）的父母，
他們將這本《聖經》世代相傳。
今天，這本書仍是家族紀念品。
家族故事由潔西卡·莫爾曼（Jessica D. Moorman）分享。
照片由緹雅·邁爾斯拍攝，經潔西卡·莫爾曼的許可使用。

借助物品來重新認識我們珍視之價值。[4]除了傳遞訊息這個關鍵作用之外，物品也是信物和儲存處，像是時光所誕下之物，是能觸發心理、情感和存在轉變的一種工具，也能「將觀者帶到另一個世界或存在狀態」。[5]這樣的特質導致人們能夠使用物品來為同情心和公共生活服務。當我們看到、觸摸並探討其他人所珍愛之物時，我們會更加欣賞他們的經驗和那個群體的經驗。這樣一來，我們發現、保存或製造的物質材料（石頭、貝殼、書籍、毯子和建築皆然）可以像黏著劑一樣在社會中發揮作用，透過感覺關係將人與人連結在一起。

除了連結人與人之外，物品本身也具有生命力、豐富的精神，甚至我們可以說它們具有個性。如果想想人類從活生生的地球上獲取材料（建築材料、衣服、玻璃瓶等）的方式，我們會意識到日常生活中的許多東西曾經（現在仍然）是有生命的。某些東西吸引我們的注意時，我們會感覺到一種奇怪的、似乎具有生命的特質（一顆在陽光下眨著眼的珍珠鈕釦，一尊眼神聰慧的陶瓷娃娃，一枚姿態宛若舞者的橡實雕塑，一株躺著等人的四葉草）。特定的物品可以影響我們的思想、情緒和舉動，彷彿它們在世界的舞台上有其角色。[6]被賦予生氣的物品能帶領我們認識一個獨立於人類行動領域之外、卻也與我們的生命相交的物質世界。在意識到這一充滿活力的物理領域之存在，並認識「人類彼此相互依存」一事之倫理含義和原始含義之後，我們可能會責備人類「幻想主宰自然和他人」的做法。這能幫助我們找到與工業革命後的世界有別的生活方式，因工業革命早已嚴重破壞了這個物質星球。[7]

在奴隸制度中，非裔美國人被視為財產，被剝奪了對自己、家人、他們種植的作物以及他們製造與維護的物品的所有權，但他們知曉物品的世界。日復一日，他們不得不清楚意識到劃分出人類和非人類的那條細線——奴隸社會持續顯露並濫用這條細微的界線。雖然明確劃分精神和物質的笛卡兒二元論在西方哲學世界中相當顯眼，但為奴黑人知道，人有可能被當作物品來對待，物品有可能比人更受到重視。這種可怕的認識衝擊著非裔美國人，可能使他們成為了物品多變性質的初期理論家。懷抱著這種認識，他們可能加入了美洲原住民的行列（他們是這片大陸上最早的物品思想家），以故事認可並在行動中體現了許多事物都有其精神，能夠產生關係的信念。在他們的日常生活中，北美原住民認識到事物之精神，以及人、非人動物和植物的內在關係——今日的科學家已經證實，人類與動植物都享有共同的基本要素（如細胞結構、化學構成和DNA）。[8]

為奴之人深知物品具有形而上的特質，這樣的特質比起無需贅言的生存、舒適、榮譽感和社會連結之必要元素，都還要意義深厚。除此之外，他們也很了解「擁有財物」一事在為奴生活中的意義，這促使他們不顧一切試圖取得、保留有價值之物。在爭取尊嚴和自由的戰鬥中，物品成了「武器」。為奴之人在追求自由和意義時使用了「硬幣、布料、一點酒精和破舊的高禮帽」。對他們而言，物品代表著帶來飽足的真實世界，也代表了充滿物質可能性的「夢想世界」。[9]實際物品不但在黑人也在所有人的生活中發揮著諸多作用，具備了實際與經濟用途，也承載著心理意義和情感意義。

一位被賣掉而與家人分離的男性寫下一封令人心碎的信，透露出他對於物品的物質、社會和心理重要性的理解。「親愛的，」一八五八年秋天，亞柏林．史格芬（Abream Scriven）在給妻子迪娜．瓊斯（Dinah Jones）的信中如此寫道，「我想託人帶一些東西給你，但我不知道有誰可託，不過我會努力把東西送到你和孩子手上……我親愛的妻子，我的筆無法表達我與你們分開的悲痛，好讓你和我的孩子們明白。」[10]亞柏林希望這些他擁有和觸碰過的物品抵達家人手中，成為他們的所有物，能幫助敉平家人被迫分離的悲傷鴻溝。在另一封由密蘇里一位名叫安（Ann）的為奴女性寫給她的丈夫、正在打南北戰爭的士兵安德魯．瓦倫丁（Andrew Valentine）的信中，物品代表著記憶中的連結和對於自由的憧憬。「你不知道他們待我有多糟，」她說，「他們對待我是一天比一天糟了。我們的孩子哭著要找你。盡快寄一點錢來給我，因為我和孩子幾乎是赤身裸體。我的布還在織布機裡，不知道什麼時候會織好……不要太為我擔心，因為不久之後我就會獲得自由，然後我們所做的一切都將會屬於我們。」安在給丈夫的信末寫下了這樣的註記。「P. S. 在你的下一封信裡給小女兒寄一串珠子來吧，好讓她能藉此記得你。」[11]

曾經為奴且曾為瑪莉．林肯製衣的伊莉莎白．凱克利，在回憶錄的結尾處強調了記憶和物品之間的關聯。「每把椅子都像老朋友。在記憶中，我穿越了過去的陰影和陽光，空無一物的白牆與從久遠時光中來到我身邊的幻象交相輝映。我愛這間屋子裡的每件物品，就像我深愛記憶中的一切，每件物品都成了記憶本身的一部分。」[12]對凱克利來說，她所擁有且與她共同生活的物品，似乎儲存了她的記憶，當她向這些物品探求時，物品便向她釋出回憶，在她心中勾起感情、感傷和決心。事實上，茹思觸摸她外婆的布包並在其上繡字時，湧入她胸口的各種情緒可能也類似這樣。物品喚醒記憶，觸發感情與行動。受到感情驅使的凱克利，借助她房間裡各種物品來回憶和寫作。茹思也受到感動，進而在這個布包上刺繡，並列出了曾經裝在裡面的物品。對於這些奴隸制或其遺緒的倖存者來說（事實上，對於我們所有人來說皆然），物品具有容納和傳達「無形之物」的能力：像是愛這樣的情感、家庭這樣的價值觀、自由這樣的存在狀態。[13]不僅如此，伊莉莎白的牆壁和艾緒莉的布包可能蘊含著生命力，並積極在照料它們的人面前展現。在這些女性的回憶中，有一種「對於物質的精神想像」，這是一個心理空間（甚至是形上學的空間），裡頭的事物蘊含、保持並釋放出一種心靈或精神上的質感。[14]

前文所引用的曾經為奴之人的著作中，他們提到了堅硬且相對耐用之物，如椅子、牆壁和珠子（珠子是黑人和為奴原住民喜愛並經常相互饋贈之物），但他們也提到了布製品，一八四〇至一九三〇年代之間的許多為奴者在訪談和敘事中都曾提及布製品。[15]就像安·瓦倫丁的織布機上那塊未完成的布一樣，布料在為奴與自由的美國黑人女性歷史以及跨越種族和階級的女性歷史之中，都因其具象徵意義的共鳴性而引人注目。[16] 安選擇提及這塊布以及她製作這塊布的過程，是為了讓她的丈夫理解她家中環境的貧困，也用對他們未來的美好願景來鼓舞他。她織的布就像他們的生命一樣脆弱，就像他們和親人的聯繫一樣岌岌可危。然而有一天，這塊布會完成，並被視為家庭財產，減輕他們所遭受的經濟困難。我們可以想像，如果那一天真的到來、如果安・瓦倫丁真的織成了這塊布，她八成會把它傳給她在信中提到的那個孩子。那個孩子，以及那個孩子自己的孩子，可能會把安在織布機上織出的這塊布做成桌巾或床罩，在二十世紀裡持續保存它，透過這塊布、透過它的溫暖和磨損後的柔軟來回憶愛與堅毅的家族故事。

布製品既柔韌又脆弱，以獨特的方式傳達出安・瓦倫丁那封迫切的信件所透露出的精神意涵。布製品的構造——編織、針織或接合在一起的線——是由無數元素構成的一個整體。因此，織品代表了線的連結，聚在一起的線則共同構成了一整塊布。隨著時間過去，布料會因反覆使用、洗滌和陽光照射而變得脆弱，成為需要特殊照料的脆弱物品。由於這種與生俱來的多重特質和自然的脆弱特性，布對於不同時代和文化的人們而言都具代表性。它象徵著我們自己的身體、我們生命的時間線，以及我們彼此之間的社會連結。人類喜歡日日夜夜將自己的身體包裹在這種材料中，布料和人類生命之間的關聯因此更為深刻。在出生、死亡、疾病和宗教儀式中，織物都與我們共存。我們以布料裹住我們的身體和生命中最私密的時刻，這就是一九八〇年代的愛滋拼布被運動能發揮情感效果的原因。布製品需要細心照料，同時又能提供安慰。「人們在面對創傷時經常會拾起布製品，不僅是作為所需服裝或遮蓋物、作為具療癒作用的安慰手段，更為憂慮的雙手提供一個安全的紓解管道，為失落所導致的強迫性勞動提供具生產力的出口。」一位藝術史學家如此解釋。[17]

布對人類來說是一種特殊的東西，它柔軟、易受損、邊緣特別脆弱，但又有助生存。這些與眾不同的特徵，聽起來開始有點像是我們稱之為家園的這個奇異

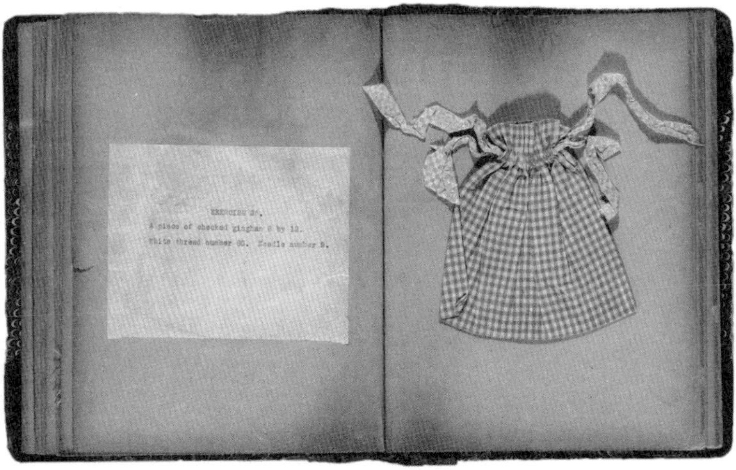

碧翠絲．魏廷的縫紉練習本，約一九一五年。
第二十五項，一塊格子布。
這位後來成為了家政教師的年輕裁縫師，
在此練習將一塊格子布做成一個小袋子的形狀。
由哈佛大學拉德克利夫學院施萊辛格圖書館提供。

星球。布的作用是「逼真模擬了生命再生與退化的過程，也是一種很有效的連結，不僅將人類連結在一起，而且讓他們與過去的先人和未來的後代彼此相連」，纖維藝術家安・漢彌頓（Ann Hamilton）寫道。她接著表示：「我們被捧在布的手心之中，出生時有布包裹，睡眠時有布覆蓋，死亡後也用布罩上。一條線就能編織出一則起源神話和一個冒險故事，並織出人與人之間的溝通之網。」[18]對女性來說尤其如此，她們是許多（雖然不是全部）傳統社會和現代社會的主要編織者，布能召喚出這麼多事物，展現「女性之力量」。[19]

我寫下此章的同時，在非裔美國人歷史和文化博物館的地下室展廳裡，這個陳舊布包陳列之處延伸出一條深不見底的通道，充斥著美國街道上叫賣兜售人類的場景和聲音。布包於箱中沉沉地垂墜展開，在一個與胸齊高的綠色箱子裡，旁邊是一塊曾充當拍賣台的巨石、播放著法蘭西絲・哈波（Frances Ellen Watkins Harper）的詩〈奴隸之母〉（The Slave Mother）的影片，牆上刻著文字，列出早已死亡的人們的人身價格。這是個通往恐怖的入口，現代的觀者幾乎無法承受。看到布包的參觀者往往會在此逗留，也許是因為茹思的話語穿透他們看不見的外殼。「有時你必須靜默，」奴隸制度展覽的策展人之一瑪莉・艾略特說道，她在二〇一七年的一個寒冷的冬日裡帶我穿越這條地下走道。「然後，你可能會聽到聲音。」[20]

我們得感謝蘿絲、艾緒莉、蘿莎、茹思和桃樂絲，因著她們的允許，我們才得以聽聞她們的家族故事。我們也得感謝許許多多的守護者，因為在這個布包流傳下來的過程中，我們看到了非裔美國人物質文化被不可思議地拯救了。我們可以從這個謎一般的遺物中看到深深的不義，以及人類堅毅的深度。艾緒莉的布包和其他黑人物質文化的「碎片、殘骸和破布」，具有非裔美國人歷史和文化博物館館長保羅．加杜洛（Paul Gardullo）所說的「改變一切的力量」，傳遞著「對我們和我們的國家而言最為重要的意義」。[21]這些意義在你我腦海裡的樣貌肯定有些不同，但也許我們都能同意，這個布包標示出國家故事裡的某個點，在這個點上，人們犯下了巨大的錯誤，感受到深深的痛苦，但在極度困難之中愛被保存了下來，並對未來世代之生存持續懷抱著一份願景。這樣的知識值得保存。即使布包本身屬於蘿絲和她的後裔，「保存記憶」的任務也應該由我們所有人共同承擔。[22]我們接近旅程的終點，手中拿著一個既空蕩又滿盈的布包，圍繞在它旁邊的我們，找到了能與彼此攜手的空間。

蘿絲和艾緒莉必定明白她們所背負的負擔之價值與重量：對未來懷抱願景的責任，並在悲慘的年代裡承擔起這份責任。準備了布包及其內容物的蘿絲將恐懼轉化為愛，誓言為生命而戰鬥。攜帶著這個布包和其故事的艾緒莉，則實現了蘿絲對黑人生命之韌性的激進願景。接著，茹思將母輩的故事繡在布面上，把這個事件寫進了家族歷史和美國歷史之中。現在，布包來到我們手中，我們不能忘記其上的多重教訓。可怕的事曾經發生。然而，生存是可能的。希望能持續擴展，幾代人的生命能得到延續。當我們帶著對於過往的充分了解走向未來時，我們的心也隨之開闊。我們認識到人類這個物種的殘暴，同時也認識到我們靈魂中的光亮。我們看到，如果沒有因愛而生的倉卒之舉和對於生存的熱切願景，沒有什麼事物能保存下來，沒有誰的子孫能獲救。

「奴隸面臨的最大威脅是與家人分離。」特立獨行的黑人女性主義學者芭芭拉·克莉絲汀（Barbara Christian）在三十多年前如此寫道。[23]這種我們為奴的祖先所熟知的「被迫分離的隱隱威脅」，如今仍以質地不同但同樣重大的方式困擾著我們——我們目前的社會和政治世界仍被仇恨和斷裂所籠罩。[24]我們痛苦地看著移民的孩子被政府人員從他們身邊帶走，看著政治人物和大眾把基本的禮儀拋在一旁，看著我們的物種迅速摧毀這個地球上更新世時期（Pleistocene）的氣候常態。分離、距離、敵意和喪失似乎是我們時代的標誌。對於這樣近在眼前的存在威脅，我們的答案是什麼？我們會放棄嗎？還是我們會收拾好急難救助包，盡我們能想到的一切努力來拯救我們的孩子、糾正我們的錯誤？

身在撕裂人性的動產奴隸制之中的蘿絲，將一件舊物轉化為新的物品，並將其傳給了艾緒莉。蘿絲的創作是對於織物的改造，呼應著可追溯到古代的女性歷史。她的作品主要由纖維材料組成（一件衣服、植物、髮辮），後來則加上了彩色的繡線，貼合「故事布」的傳統。更加深刻的是，蘿絲抓著這個布包，與女性手工藝品的傳統相互共鳴，陳明了她對奴隸制度主張的回應。即便在布料尚未存在的年代，人類所使用的袋子很可能也是由女性所發明，為了盛裝生活的基本用品與日常任務而出現，像是種子、食物、工具和新生兒——在我們古代祖先的世界裡，這些事物最可能出現在女性領域中。[25]蘿絲的布包是由為奴者所種植的棉花製成，由貧窮且可能亦是奴隸的工人階級在工廠裡生產，由不知為何很能象徵著那個時代強迫勞動風格的「雙鍊」縫線縫製而成，目的是為了一個巨型的農業產業服務——這個產業滋潤了一整個富裕的權貴階級，卻以製造出布袋的人們之犧牲作為代價。蘿絲把這一切握在手中，並恢復了這個布包起初的用途，適切得近乎神奇。

繼承者艾緒莉後來成為了標準的支持者，支持著她的家人之生存。我們甚至可以視艾緒莉為神話中的女英雄：帶著布包的播種者，種下了新的故事線。我們的許多文化傳說都尊崇揮舞著致命武器的男性英雄，不過在世界上許多的歷史和神話中，還存在另一種原型。小說家娥蘇拉·勒瑰恩將第二種原型角色描述為採集者而非獵人，是收集野生植物的人，而不是揮舞長矛的人。她攜帶的主要道具是一個袋子，與人交流的主要方式則是講述故事。在穿越一望無際的金色大地時，「她帶著一只袋子、一個包包、一條背帶，用來收集田裡的燕麥或馬鈴薯，然後帶回家。」當她回到她的人民身旁時，她會講述旅途故事，鼓勵他們在這片土地上以一種循環的、沒有盡頭的方式行走。作為物的採集者，這位攜帶種子之人讓人們的物質生活得以延續；作為故事的講述者，她維持人們的情感和精神的韌性。她協助延續，包括個人、家庭、田野和地球的延續。她的故事持續流傳，就像她的種子袋一樣。[26]攜帶布包之人傳遞的是新的可能性，但勒瑰恩指出，袋子本身，這個「容納其他物品的物品」，是讓人類得以前進的實際英雄。她提醒我們，書是一個袋子；醫藥包是一個袋子；房子是一個袋子；教堂是一個袋子；甚至博物館也是一個袋子。我們必須進一步補充：地球也是一個袋子。這些都是用於承載的容器。[27]

伊莉莎白．凱克利善於講述豐富多彩的軼事，揭開了林肯時代白宮生活的親密關係和政治生活之面貌。在這些故事中，她提到亞伯拉罕．林肯首次聽聞一句黑人很熟悉但他很陌生的俗話。這個奇妙的對話發生在南北戰爭正打得如火如荼的時刻。總統和他的隨行團（包括林肯夫人和伊莉莎白．凱克利），在一八六五年攻破里奇蒙後不久抵達維吉尼亞州的彼得堡。人群中一個「衣衫襤褸」的黑人小男孩說要替總統「扛東西」（tote）。當林肯問這個詞的意思時，男孩回答道：「就是把東西扛在背上（tote um on your back）。」林肯對此的理解是，「扛東西」（tote）就是把東西帶上（carry）的意思。對於這個說法他仍有點困惑，於是向麻州參議員查爾斯．薩姆納（Charles Sumner）討教以確定該詞詞源。凱克利轉述，薩姆納回答道：「據說此語源自非洲。拉丁語的『totum』，源自『totus』，意思是全部、整體（整個身體）。」林肯被搞糊塗了，也許還有點惱火，他抗議朋友提出的兩個意思並不相同。薩姆納同意林肯的觀點，表示拉丁語字根的「整體」之意與非洲詞源的「攜帶、背負」之意兩者有所衝突。這兩位重量級的人物認為，歐洲和非洲的源頭相互衝突。[28]

兩位政界大老認真討論「扛東西」一詞在黑人文化中的意思，這讓伊莉莎白．凱克利覺得很好笑。他們認為這兩個定義是對立的，但也許這位裁縫師明白兩者有一種深層的相似性。容器將所有的東西容納在一處，隨著時間推移，便有憑有據的創造出意想不到且全新而完整的事物。把一整袋滿滿的東西帶在身上，儘管負擔很重，但也意味著把這種「獲得全新整體」的隱藏潛力帶在身上。值得留意的是，「Tote」一字既是動詞也是名詞，既是物品也是行動。我們能否像蘿絲、艾緒莉和茹思那樣，帶著我們的想像力，投入準備布包、攜帶種子、在明日的故事布上刺繡？我們所有的過往，我們所重視的和我們沒來得及重視的一切，都必須以這樣的方式攜帶至今，好好的、安全的收進我們的故事布包深處。因為，在我們集體尋求生存，同時保護所有人類和地球安好無缺的旅途之中，一切都很重要、都與物質相關。

艾緒莉的布包，背面。
由蘿絲所準備、艾緒莉所攜帶、茹思以繡線點綴的布包的後方，
照片顯示出有人積年累月持續細心維護這個家族紀念品。
請留意上面有許多細膩的補釘，這些補釘都是緊密的幾何形狀：
正方形、長方形和一個小圓。
照片由米朵頓基金會提供。

# 致謝

遇到了經蘿絲、艾緒莉和茹思之手照料與改造過的這個深不可測的布包，我的人生因此變得更加豐富。我感謝國家人文科學公共學者計畫（National Endowment for the Humanities Public Scholars）及其執行人員，沒有他們，我不可能踏上這段旅程。在書寫的過程中，我有機會向許多給予我幫助的人學習並合作。旅程中與我討論的人們，以明智的回饋和見解從根本上影響了本書的樣貌和基調。我想感謝系譜學家、土生土長的查爾斯頓人暨圖書館員布斯托斯–尼爾森（Jesse Bustos-Nelson），和公共歷史學家暨非裔美國人歷史和文化博物館的羅伯費德克史密斯探索家族歷史中心（Robert Frederick Smith Explore Your Family History Center）的為奴後代研究專家漢娜・斯克魯格（Hannah Scruggs），她們以不懈的堅持調查著系譜。我非常感謝密西根大學的文學學者梅根・史威尼（Megan Sweeney），她與我深入討論了織品和寫作。我也很感激莉莎・布魯克（Lisa Brooks）、勞雷・薩伏伊和薩達達・傑克森（Sadada Jackson）與我談論地點、事物及其精神；你們的工作激勵人心。艾蜜莉・拉威爾

（Emily Lavelle）是我寫作生活的堅定支持者，也是敏銳又有耐心的讀者，謝謝你的陪伴。凱瑟琳・卡希爾（Cathleen Cahill）、瑪莎・費烏（Martha Few）和勞倫・費爾曼（Lauren Feldman），謝謝你們在約翰霍普金斯大學舉行的波克夏研討會（Berkshire Conference）上與我討論文物的特性。感謝肯卓・菲爾德、薩拉・平托（Sarah Pinto）和塔夫茨大學梅隆索爾研討會（Mellon Sawyer Seminar）「家族陌生化：以系譜與親緣為批判法」（Defamiliarizing the Family: Genealogy and Kinship as Critical Method）的參與者，我感謝你們策劃並參加了一系列極富成果的對話，即使新型冠狀病毒嚴重擾亂我們這一年的工作，本研究仍得以繼續醞釀。本研究早期，我在喬治亞大學和哥倫比亞大學做了相關的演講。衷心感謝所有在喬治亞大學與我分享關於布包的傑出想法的人：我的東道主史蒂芬・貝瑞（Stephen Berry）、克勞迪奧・桑特（Claudio Saunt）、雷奧納多・羅曼（Reinaldo Román）、詹姆斯・布魯克斯（James Brooks），以及這個溫暖社群的許多其他成員。我也特別感謝哥倫比亞大學的西莉雅・奈勒（Celia Naylor）、瑪莉莎・富恩特斯、蜜雪兒・康曼德（Michelle Commander）、拉蕭納・強森（Rashauna Johnson）、凱莉・瓊斯（Kellie Jones）、法拉・格里芬（Farah Jasmine Griffin）、卡爾・雅各比（Karl Jacoby）和羅柏・古汀－威廉斯（Robert Gooding-Williams）。

二〇一九年至二〇二〇年間，我在哈佛大學馬辛德拉人文中心（Mahindra Humanities Center）、環境論壇（設於馬辛德拉）、環境歷史工作小組、哈欽斯中心（Hutchins Center）和歷史系的演講，都令我獲得了極為重要的回饋和新的挑戰，檢驗並加強了我的工作。我感謝參與這些會議並提供想法的每個人，包括（但不限於）伊恩．米勒、羅賓．凱爾西（Robin Kelsey）、喬伊斯．卓別林（Joyce Chaplin）、安迪．羅比喬德（Andy Robichaud）、凱特．布朗（Kate Brown）、米凱拉．湯普森（Michaela Thompson）、西德尼．恰胡布（Sidney Chalhoub）、丹．斯梅爾（Dan Smail）、蘇尼爾．阿姆瑞斯（Sunil Amrith）、金玖淵（Ju Yon Kim）、蘇珊．萊佛利（Susan Lively）、漢娜．馬庫斯（Hannah Marcus）、莉茲．柯恩（Liz Cohen），以及建議我重讀《播種者寓言》（*Parable of the Sower*）的那位女士，她救了我一命。我特別感謝名譽校長德魯．福斯特（Drew Gilpin Faust），她抽出時間參加了馬辛德拉人文中心的講座，並仁慈地寄了一本書給我（也讓我的新工作變得可能）。哈佛大學阿諾德植物園園長威廉．弗里曼的慷慨令我深深感激，他告訴我胡桃樹確實有可能從堅果長起，並為我種下了胡桃種子。我特別感謝亨利．路易斯．蓋茨（Henry Louis Gates, Jr.）和所有二〇一九年至二〇二〇年任職於哈欽斯中心的研究員，特別是伊瑪尼．烏蘇瑞（Imani Uzuri）、巴卡里．基特瓦納（Bakari Kitwana）、米蕾－楊（Mireille Miller-Young）和特拉西．帕克（Traci Parker）對這本書看不見的價值之肯定。

如果沒有米朵頓莊園和非裔美國人歷史和文化博物館的工作人員的歡迎和開放，我的研究現在仍會停留在初始階段。感謝保羅．加杜洛早期的鼓勵，瑪莉．艾略特親自帶我參觀，感謝瑪莉・蘇麗文和傑夫・尼爾（Jeff Neale）慷慨撥出時間、開放管道、直率分享。感謝波士頓美術館的館長珍妮弗・斯沃普（Jennifer Swope）和肯特州立大學博物館的館長莎拉・休謨（Sara Hume）教我認識棉被。我也很感謝美國古文物學會（American Antiquarian Society）的人員，以及所有在二〇一八年春季難忘的查爾斯頓歷史之旅中分享知識的人，特別是食品歷史學家大衛・席爾（David Shields）和園藝作家魯阿・多納利（Ruah Donnelly）——他問了我這個有如當頭棒喝的問題：蘿絲送給艾緒莉的胡桃是要用來作為食物或種子？本研究大部分是在歷史遺址、奴隸敘事的書頁和數位檔案中進行的。我大部分研究檔案的時間是在查爾斯頓學院（College of Charleston）的愛德斯頓圖書館（Addlestone Library）和南卡羅來納州的檔案和歷史部（Department of Archives and History）進行的。我很感謝那裡的檔案員哈倫・格林（Harlan Greene）、戴爾・羅森加藤（Dale Rosengarten）、瑪莉・費爾柴爾德（Mary Jo Fairchild）和史帝夫・塔特爾（Steve Tuttle），他們親切地歡迎並幫助我。我還要感謝格林凱姐妹導覽團（Grimké Sisters Tour）的共同創辦人和導覽人李・貝恩（Lee Ann Bain），感謝她提供了一趟迷人的導覽與後續極有幫助的通信。我同樣感謝拉德克利夫大學史萊辛格圖書館的塔瑪・布朗（Tamar Gonen Brown）在茹思那章的相關資料方面提供周到的協助。我也感謝下列場館的圖書館員與工作人員：查爾斯頓公共圖書館南卡羅來納室、查爾斯頓圖書館協會（Charleston Library Society）、南卡羅來納大學南卡羅來納圖書館、艾佛里研究中心（Avery

Research Center）、織品工作室暨博物館（Fabric Workshop and Museum）以及朔姆堡黑人文化研究中心，他們和我的研究助理一樣為我提供了協助。我感謝溫特圖爾博物館《作品集》（*Portfolio*）的編輯和審稿人仔細閱讀一篇相關論文，特別是凱薩琳・羅伯（Catharine Dann Roeber）、珍妮弗・霍恩（Jennifer Van Horn）和艾米・厄爾斯（Amy Earls）。美國現代語言學會主席安妮・格雷（Anne Ruggles Gere）對於我有關布包的文學面向之詮釋提出了豐富多產的想法，對此我相當感激。

我很幸運，有朋友和導師能提醒我人類在這個世界上創造的東西，是以許多不言而喻的方式共同完成的。我感謝西莉雅・奈勒、寶林娜・阿爾貝托（Paulina Alberto）、凱利・坎尼安（Kelly Cunningham）、貝絲・詹姆斯（Beth James）、莎蘿妮・格林（Sharony Green）、瑪格達・扎博洛夫斯卡（Magda Zaborowska，多年前她向我介紹了約翰・麥可・弗拉赫〔John Michael Vlach〕的作品）、厄爾・路易斯（Earl Lewis，他在二〇一六年召開的關於奴隸制和公共學術的梅隆協會研討會非常重要），以及芙琳・希金波坦（Evelyn Brooks Higginbotham，她應該披上超級英雄的披風）。我感謝二〇二〇年波克夏女性歷史學家研討會（Berkshire Conference of Women Historians 2020）的組織團隊，他們總是以熱烈的奉獻精神激勵著人們講述女性的過去。珍妮弗・布里爾（Jennifer Brier）、瑪莉莎・富恩特斯、史蒂芬妮・里奇蒙（Stephanie Richmond）、桑德拉・道森（Sandra Dawson）、瑪法・瓊斯（Martha Jones）、凱瑟琳・卡希爾、瑪莎・費烏、莎尼・默特（Shani Mott）以及考特尼・霍布森（Courtney Hobson）。我也該感謝那些閱讀了各章草稿並提供了寶貴批評意見的同事和朋友：梅根・史威尼、瑪莉莎・富恩特斯、瑪莎・瓊斯、賈里西亞・喬利（Jallicia Jolly）、漢娜・斯克魯格和威廉・弗里曼。許多人在知情或不知情的情況下為本研究提供了建議和幫助：感謝班・格金斯（Ben Goggins）、蕭恩・哈洛朗（Sean Halloran）、瑪利・凱利（Mary Kelley）、蕾貝卡・斯柯特（Rebecca Scott）、索妮雅・克拉克、拉基沙・西蒙斯（LaKisha Simmons）、艾利森・強森（Alison Frank Johnson）、柯克・賽德（Kirk Sides）、保比・唐納森（Bobby Donaldson）、麗莎・麥吉爾（Lisa McGirr）、大衛・布萊特（David Blight）、沃爾特・強森（Walter Johnson）、安妮・斯坦娜特（Anne Steinert）、羅維娜・麥克林頓（Rowena McClinton）、安妮特・高登－里德（Annette Gordon-Reed）和羅蕾・烏爾里希。幾位很棒的研究生為本書的章節進行了研究；我感謝狄倫・尼爾森（Dylan Nelson）、蜜雪兒・梅－庫里（Michelle May-Curry）和瑪麗・麥克尼爾（Mary McNeil）。謝謝哈佛大學歷史系的金柏莉・奧哈甘（Kimberly O'Hagan）、柯里・寶森（Cory Paulsen）和西爾維・帕帕茲安（Sylvie Papazian），他們以歡樂的氣氛細心管理著我的國家人文科學公共學者計畫資金和許可費。我很幸運能和嫻熟業務並十分支持我的文學經紀人迪爾德利・穆蘭（Deirdre Mullane）合作出版包括這本在內的三本著作，她細心照看著這幾本書。現階段，我也很幸運能和鼓舞人心的文學經紀人潭雅・麥金農（Tanya McKinnon）合作，她對敘述黑人經歷和協助傳播變革之聲的熱情，在最後一年裡重新塑造了這本書並令其重獲新生。充滿活力的蘭登書屋編輯茉莉・特平（Molly Turpin）選擇支持這個不尋常的研究，以充滿耐心的精神和清晰的編輯眼光鼓勵我，並在她的出版社中推廣其價值。我還要感謝邦妮・湯普森（Bonnie Thompson），她以敏銳的眼光和專注的筆觸編審過這份手稿，也感謝克里斯・道奇（Chris Dodge），他總是能編出嚴謹而精湛的索引。

一如既往，我的家人從一開始就支持著這個研究。我的父親班尼・邁爾斯（Benny Miles）總是不忘記問我「莎拉的背包」的研究進展（雖然這並不是本書的題目，但「莎拉的背包」發展為虛構小說的可能性令我著迷），我的母親派翠莎・邁爾斯・金（Patricia Miles King）在過去兩年的重大轉變和挑戰中都與我們在一起，幫忙照顧孩子，使我能夠寫作。我必定要將愛與感謝，獻給那些得與我掙扎著寫作時會出現的焦躁脾氣一起生活的人們：喬（Joe）、希爾凡（Sylvan）、諾亞（Noa）和奈利（Nali）。我也得將我的愛與感謝送往那些從他們所在的任何地方提供支持的家人，特別是（但不僅僅是）艾琳（Erin）、艾瑞克（Erik）、凡妮莎阿姨（Aunt Vanessa）、黛博拉阿姨（Aunt Deborah）、蒙楚伊（Montroue，鉤織藝術家）、莎朗（Sharon，一級刺繡師），以及最後，我的教父約瑟夫・波特（Joseph Porter，贈予我鋼筆之人）和我的岳父喬・艾緒爾（Joe Azure，祈禱之人），他們在二〇二〇年離開了人世，但並未離開我們的記憶。

這本書中肯定會出現錯誤，那些是我的錯誤。我感到遺憾的是，即使在兩位能幹的系譜學家的幫助下，我也無法找到仍在人世的蘿絲後代。如果我以任何方式冒犯了蘿絲、艾緒莉、蘿莎、茹思、桃樂絲或他們的後代的靈魂，我在此誠摯致歉。如果我以任何方式對愛和生命做出了貢獻，我深深感謝自己能獲得這樣的機會。感謝先人的陪伴和堅毅，感謝後輩的持續前行。

繡花工作包。製造者不詳，英國或美國，一七五三年，羊毛、亞麻、絲綢和棉，1960.1123，亨利・杜邦（Henry Francis du Pont）贈與，照片由溫特圖爾博物館提供。在這個來自十八世紀的實用布包的正面，不知名的工匠繡上了茂盛的花草。說明文字這樣寫著：「用來裝各種實用和裝飾性刺繡作品的大包包，上面通常都有刺繡裝飾。如果要出席一群朋友聚集在一起聊天和刺繡的場合，很適合攜帶這種工作包。」《勤奮的針線：創造利潤、樂趣與裝飾的工具》（*The Diligent Needle: Instrument of Profit, Pleasure, and Ornament*），線上展覽，溫特圖爾，二〇二〇年。

# 刺繡圖樣：用語說明

在過去的十年裡，研究奴隸制度的歷史學家所使用的語言已經開始改變，部分原因是社群成員對將祖先稱為「奴隸」（slaves）的作法表示抗議。讀者的這種要求與學者重新檢視用語、希望以更準確的方式稱呼歷史人口和歷史過程的作法相互共鳴。直到僅僅五年前，「奴隸」一詞在文獻中仍很常見，這個用語將這群人貶低至一個外部分類中，使他們成為次等人類，並導致人們很難想像在這個分類之外後，他們全部的生命和主體性。近日，「奴隸」相關詞彙，如蓄奴者（slave-holder）和奴隸制度（slavery），以及傳達出不可動搖之權威的詞，如奴隸主（master）和持有奴隸者（owner），以及模糊或浪漫化歷史角色的詞，如莊園主（planter），也受到了審視，因為這些詞否定了黑人的人性，抹去了那些購買、出售和合法持有人類的人所使用的主動暴力（這些討論是在非洲離散民族奴隸制研究的脈絡中展開的，而不是在美國原住民奴隸制研究的脈絡中展開的，後者的領域裡，人們常以「奴隸」和「奴役」來取代以前的人喜歡用的、相對比較柔和的用語：「俘虜」和「囚禁」）。我在二〇二〇年夏天結束時寫下這篇筆記；那年夏天，針對反黑人種族主義和警察暴力的大規模抗議活動改變了我們公共文化的核心，並催生了關於語言和權力的新對話，這些對話仍在持續進行中。

目前，許多非洲離散歷史的作家和讀者喜歡的用語是「為奴之人」（enslaved people）、「奴役者」（enslaver）和「奴役制度」（enslavement）。雖然我同意這種改變背後的邏輯和政治，也經常使用這些詞，但我並未從頭到尾都避免使用舊的用語。當我提到南方奴隸主所定義和強加的類別、社會以及法律的規定以及種族俘虜的制度時，我發現「奴隸」和「奴隸制度」這兩個詞正是我所需要的。相反的，當我想從人的角度、社群的角度或我們作為研究者和讀者的角度來書寫一個人時，我盡量選擇「為奴之人」或「被俘之人」等用語。我也使用歷史研究中的既定用語，如「奴隸制社會」，它指的是像南卡羅來納州這樣以奴隸制為經濟和社會結構的主要動力的地方；「奴隸敘事」指的是一種文學流派。我還保留了「奴隸母親」一詞，因其具有特殊的文學和歷史價值，非裔美國詩人、散文家和女性主義者法蘭西絲・哈波（Frances Ellen Watkins Harper）的反奴隸制詩作〈奴隸之母〉便體現了這樣的價值，哈莉葉・雅各布斯在她經典的回憶錄《奴隸女孩生命中的事件》（*Incidents in the Life of a Slave Girl*）中，也對此做出分析。

在本書中，我有時會根據句子中的聲音或節奏選擇較短的單詞或單詞組合，而不是使用極為複雜的語言來避開「奴隸」或「奴隸主」等詞。人們傾向使用的種族和範疇用語會隨著時間而變化，改變有時相當巨大。雖然我完全支持改變敏感的種族術語或其他身分範疇的用語，但我也希望保留空間，在尊重和舒適的話語範圍內使用我們全部的詞彙，在我不完美的寫作技巧所能做到的範圍內順利表達我想表達的一切。在這樣的努力之中，我是練習寫字的人，就像練習刺繡圖樣的刺繡者一樣。肯定有些地方會讓你很希望我把繡線拆掉從頭來過，為此，我請求你的寬容。

# 小袋之物：一篇講述過程的文章

這是一個曾握在三位女性手中、力量強大的物品之故事，她們的生命故事本可能湮滅於歷史長河之中。蘿絲，遠見之人；艾緒莉，倖存之人；茹思，敘事之人。在她們那個時代、在大約四百萬落入奴隸制度的美國人之中，這三位女性平凡無奇。但在我們這個時代，她們三位非常特殊，因為她們製造並保存了一件充滿奴隸制度陰暗記憶的稀有物品。這個布包和她們家族的故事，就像南卡羅來納州低地區的海水波浪一樣蕩漾開來，流入非裔美國人和美國的歷史中，此時遭到圍困的民族和昏暗愚昧的國家都在尋找通往光明的道路。這塊故事布與非裔美國人物質文化中其他文物的不同之處是，它捕捉到了黑人女性在奴隸制年代和其後歲月中的情感紋理，揭示了穿越時間的愛——過去、現在和未來——的持久力量。

雖然我與這個故事作伴的旅程到此為止——以沉思愛、沉思人類承受沉重創傷的能力和人類堅韌之天賦作為終點——但這趟旅程的起點是我偶然踏入環境史的大門而開始的，而環境史又為物質文化研究和物品在人類社會中之功能的文化理論開啟了更多條路。我開始看到這個研究的多層次樣貌，於是向國家人文科學公共學者計畫申請了研究基金。這筆基金希望研究能與大眾明確相關，這使得本研究又出現了另一個層次：迫使我在寫作時考慮到大眾讀者的利益，並努力轉譯歷史學術研究的語言以便大眾閱讀。同樣的，這個布包的特殊之處促使我寫下一份在形式和精神上接近（但無法完全貼合）此物的平行敘述，這意味著將各種原始材料集合在一起，並試圖以一種能深入人類經驗之核心的詩意方式建構歷史。這本書具有多重身分：一部公共歷史，一部物品歷史，以及黑人女性生活的研究，其靈感來自於對於環境的這份理解，因為我們在人類生命中所能追溯和發現的一切，都以某種方式源於自然與物質。

## 生態學與民間咒術

二〇一六年的冬天，我還沒聽過什麼艾緒莉的布包。我當然也沒料到，我會從南方低地的一位科學家那裡聽聞這項物品的存在。我當時參加了由奧薩博島基金會（Ossabaw Island Foundation，為保護海岸生態而設立）在薩凡納舉辦的一場關於喬治亞州海岸環境史的研討會，這個活動吸引了數百名教師、研究人員和州政府雇員參加。我分享了我的研究，內容是水對喬治亞沿岸的為奴之人的精神意義，最後以聖西蒙斯島鄧巴溪（Dunbar Creek）伊格博登陸點（Igbo Landing）的故事作結。公共事業振興署（Works Progress Administration）喬治亞州作家計畫（Georgia Writers Project）的人員訪問了曾經為奴之人，根據他們的敘事，他們的先人跳下奴隸船（或跳出稻田，或逃離鞭打現場，口頭敘述各有不同），飛回了非洲的家。

我以鬼魂和口述歷史為重心的演講，對於這個充滿了自然科學教師、自然學家和環境史學家的聚會來說相當不尋常，但聽眾擠滿禮堂，擠不下的人只得待在另一個副

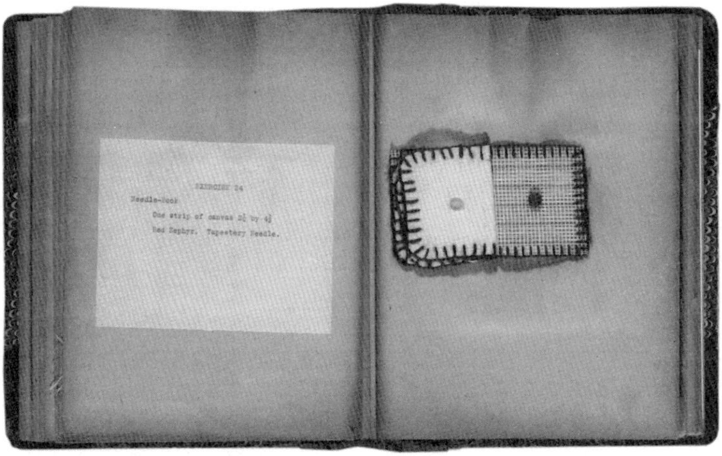


碧翠絲・魏廷的縫紉練習本，約一九一五年。
第二十四項練習：布書。
一條二點二五乘以四點五吋的帆布，紅薄布，繡花針。
提出以供讀者思考文字和針線、書籍和布包之間的關聯，
圖由哈佛大學拉德克利夫學院史萊辛格圖書館提供。

廳，大家都希望討論自然和敘事的交會之處。許多聽眾喜歡這個故事，站起來講述他們造訪伊格博登陸點的個人經驗，有位女性說她曾經聽到低語，也許是為奴之人的聲音回響於該處，從水極深的溪流中升起。[1]其中有位退休的海洋生物學家暨薩凡納當地的專欄寫手班·格金斯，在演講後問我是否「認識」艾緒莉的布包。我離開之前他很堅持的說，我一定得看看它。

那天晚上我回到飯店房間裡，驚訝地發現了一封來自班·格金斯的電子郵件，內容包括他幾週前寫的一篇文章的連結。他在文章中解釋道，艾緒莉的布包，是一位在南卡羅來納為奴的母親蘿絲，在她女兒艾緒莉即將被賣掉的前夕送給她的棉花袋。查爾斯頓的米朵頓基金會擁有這件文物，該處的歷史導覽員傑夫·尼爾最近才到薩凡納，分享這件物品被暫時借給新的史密森尼非裔美國人歷史和文化博物館的消息。四天後，另一封郵件出現在我的信箱裡。這一次，班提到了他的海島家鄉因氣候變化導致潮水上漲，並附上了關於艾緒莉布包的CBS新聞報導連結。這篇報導中有一張布包的照片，這是一塊被污垢或血跡弄得面目全非的破舊白布，上頭還有些破洞。有人仔仔細細的在布面上繡了句子，繡線講述的是這項物品與這個家庭被迫分離的悲傷故事。在最後一條繡線的下方，這件手工藝品的作者簽上了名字：「茹思·米朵頓，一九二一年。」[2]

這位意料之外的攀談者是對的。看到這個布包並感受其物質性之後，一切都改變了。這幅畫面讓我心跳漏了一拍，就像任何關於會飛的人的故事一樣令人神魂顛倒。這項物品的直截了當令人著迷，背後的故事則震懾人心，自然而然的在我們心中引發各種強而有力的直覺反應。我研究黑人歷史已經有二十多年了。我參觀過非裔美國人博物館，在難以置信中盯著那些腳上的鐵鍊和頸上的鐐銬，但任何關於那些黑暗時代的記憶都沒有像這個布包那樣令我震撼。正如米朵頓基金會的資深策展人蘇麗文後來告訴我的那樣，這個布包的力量「發自肺腑」。她提到人們在閱覽這個布包時淚流滿面的場景，說她總是在旁遞上面紙。時任米朵頓基金會副會長崔西・陶德對班・格金斯承認：「我出聲讀布包上的文字時總是會哭。」[3]

那天晚上，我盯著那張照片看時並沒有立刻落淚。也許是太震驚了。我以前從來沒有看過如此令人著迷與不安的奴隸制視覺紀錄，如同幽靈般的存在卻又如此動人，似乎在「呼喚」我，或召喚我採取某種行動——正如女性主義理論家蘿賓・伯恩斯坦（Robin Bernstein）在描述某些物品的力量時所說的那樣。對於黑人米朵頓家族的後裔而言、對於不斷尋找其糾結根源的非裔美國人大家族而言，我手中的螢幕上這個不起眼的布包，是極其珍貴的傳家寶。這類無價之寶在變幻莫測的環境中卻很脆弱。因為有機材料的脆弱、也因為「美國黑人生命歷史遺跡的價值微不足道」，這個布包能留存至今簡直是個奇蹟。我明白了格金斯為什麼向我提起這個布包，也對他打開的這扇門十分感激。這個被搶救出來的布包的故事結合了自然、精神和超越，就像伊格博登陸點的奴隸反抗故事。在我們的信件來往中，隱約浮現了受到威脅的美麗事物（海洋、島嶼、生命、家庭）和需要救援的美好事物（人類，也許還有神聖之物）之間的關聯。我放大了螢幕上的圖片，以便好好吸收茹思的話語，並讓自己迷失在悲傷的波浪和意義的海洋之中。[4]我的第一反應是某種形式的敬畏，這份心情後來在研究中慢慢緩和。慢慢地，我試圖結合環境研究（帶領我認識此物的途徑）與非裔美國人研究、奴隸制研究、婦女歷史和物質文化研究，進而揭示出這塊布的意義。連接這些領域的一個主要方式是將黑人婦女創造、攜帶的這項物品的故事定位為「堅韌之寓言」（parable of resilience），這是歷史學家大衛．格拉斯伯（David Glassberg）所提出，將公共歷史工作與復原生態學（restoration ecology）精神結合的三種方法之一。格拉斯伯認為，學者能將歷史書寫成「覆滅之寓言」、「永續之寓言」或「堅韌之寓言」，藉此「以負責任的方式介入人類社群的記憶流」，從而有意義的促進人類普遍承認氣候變化。他認為，「堅韌之寓言對公共歷史學家來說最有價值，因為以適當的方式講述這些寓言既不會使過去變得浪漫，也並未暗指現在要避開一個預定的烏托邦式未來已經太遲了。」[5]

我開始認真思索這個布包的事是在二〇一六年的春天，那是我第一次造訪米朵頓莊園。不到一年，我在參觀新進開放的史密森尼非裔美國人歷史和文化博物館時，終於首次得以一睹這項令人驚奇之物。那次參觀以及策展人瑪莉．艾略特為我提供的精彩導覽，促使我申請研究基金，並寫出一本關於布包的書。國家人文科學基金會以（當時相當新的）「公共學者計畫」為我提供了資金和精神支持，該計畫旨在催生面向大眾的學術成果。用這筆基金創作的作品旨在為大眾服務，為大眾讀者提出新的問題，並翻譯當前的學術研究思想給學術界以外的讀者閱讀。在我看來，這個特殊的布包是能夠完成這項工作的對象暨主體，我感謝國家人文基金會的工作人員和審稿人，起初是因著他們的支持，我才知道這個研究是可行的，也鼓勵了我繼續前進。

在確定得到這筆資金後，我聯絡了馬克・奧斯蘭德，他在網路上探討布包的精彩文章對我的研究至關重要。我從馬克那裡了解到，他也在寫一本書，並計畫與他找到的後代一起舉辦一個大型活動。不過，他對我的計畫持開放態度，這顯示他可能早已預料到會有更多人參與探索這個引人入勝的主題。我感謝馬克所進行的學術研究，也感謝他接受我、梅根・史威尼和密西根大學美術館的邀請前來演講，主題不是布包，而是當代一項與布製品相關的動人計畫：他作為密西根州立大學博物館的館長，與性暴力的生還者和他們的父母共同努力，保存他們在校園樹上繫上的青色絲帶，以標記出他們經歷的事件和他們的力量。

二〇一八年，這項研究順利進行中，我和家人搬到了另一個城市，開始了新的工作。我與我深深珍惜的密西根大學裡的朋友和同事道別，進入了一個新的空間，此地深刻影響了這項研究。我加入哈佛大學歷史系時，羅蕾・烏爾里希正好退休，我繼承了她位於一樓的舒適辦公室（有高高的窗戶，可以看到更高的長青樹），以及她書架上的幾本書和來自麻州一間歷史悠久的宅邸博物館的一整箱沉重的清冊。我心中想著布包，把目光投向了羅蕾那些關於布製品的書籍。然後我重讀了她的《手織世代》，這本是我自己的藏書。我相信，正是因著她的書和她的空間安靜地環繞我，我才能以如此一致的方式來思考作為布製品的布包，以及布製品在非裔美國女性史中的作用。

這項研究在一次南方環境研討會上生根發芽，後來則在一系列的公開演講和對話中有所發展。二〇一九年，我在一場現代語言學會（Modern Language Association）的會議上首次提出了這項研究。作為「全體會議：文本交流」（Presidential Plenary: Textual Transactions）專門小組的一員，我有幸聽到金．霍爾（Kim Hall）對這項研究的看法，她是製被師，也是黑人研究、女性主義研究和莎士比亞研究的學者。霍爾曾說過：「我很沮喪，因為我不知道如何討論愛」。此言在我腦中久久揮之不去。她推斷，黑人學者若能「恢復檔案資料中的愛」，便能重新發現黑人生命中的愛，這也令我印象深刻。在思索的關鍵時刻，造訪雅典喬治亞大學歷史系（雅典是絎縫藝術家哈莉葉．鮑爾斯的故鄉）啟發了我，也讓南北戰爭歷史學家史蒂芬．貝瑞有機會向我指出，茹思所繡的字句可能形似一顆形狀鬆散的愛心。參加哥倫比亞大學與巴納德學院的研討會「一六一九與其遺產」也帶來了十分美好的交流，並使我與藝術史學家凱莉．瓊斯展開了饒富成果的對話，她敦促我更努力思考與布包類似的藝術品，此事最終導致我在書中放入了那些像是藝術品展覽般的照片。在哥倫比亞大學的活動中，羅柏．

古汀－威廉斯也影響了這項研究的發展，他把我拉到一邊，銳利地指出「艾緒莉的布包」之名其實已縮小了調查的範圍，也暗示這個故事只關於一個人。在他的影響下，我嘗試在全書中使用包容範圍更廣的語言，尤其是關於集體後裔與文化後裔的概念，而不僅限縮於嚴格意義上的血緣後裔。

在哈欽斯非洲人和非裔美國人研究中心講述研究內容，使我對本研究的看法有所改變。亨利．蓋茨開玩笑說，我顯然已經「深入故事的紋理」了，但他建議我最好是重返人間，因為我手中有完成這本書所需要的東西。哈欽斯中心的人員敦促我把注意力集中在此物的超自然層面、精神層面和創造層面，他們深信這項研究有機會復興美國黑人研究領域中，針對滋養靈魂的內在呼召，這份呼召在學術界採取客觀主義立場的壓力下原已不復存在。因為他們的緣故，我才得以在這個艱困的時節裡放手讓這本書離開我，當時我們都面臨著新型冠狀病毒所帶來的創傷性變化（我因此取消了二〇二〇年春天最後一趟前往南卡羅來納州的研究之旅）。我希望，當我們重新想像生活在飽嘗病毒威脅和政治謾罵後的面貌會是什麼樣子時，這個關於女性以創造性的方式，她們積極而勇敢面對最壞情況的故事能撐起我們的決心。

也是因著哈欽斯中心人員的鼓勵，我才允許自己在書中提及生命的精神領域並以此主題串起全書。事實上，這個領域對許多為奴非裔美國人之生存至關重要，對他們的許多後裔來說也仍然如此。哈欽斯人員的評論讓我想起了金．霍爾在二〇一九年現代語言學會的會議上說的一句話，是關於「在黑人研究中，歡聚與愛是如何退居次要地位的」。我們希望能改變此事。當我寫下這幾句話並反思她的發言時，我也思考著歷史工作在某種程度上是如何與民間咒術相似——努力收集有意義的材料，以揭示可能具有效果的社會關係之訊息。

## 痕跡與檔案

我試圖在本研究中回答一系列的問題。這個布包背後有什麼故事？那些曾將布包握在手中的母親與女兒是誰？是什麼迫使黑人女性在這個將活著本身變成一場折磨的系統中掙扎著捍衛生命？她們是如何在黑暗時代裡保持意志？黑人女性以創造性來回應最惡劣的環境，此事如何能讓我們了解過去，又如何有助我們迎向未來？

這些問題的答案取決於是否能獲得證據。每個研究早期黑人或原住民女性歷史以及奴隸制歷史的學者，都必須面對歷史資料闕漏的難題。為了尋找證據來驗證布包上的文字，我在書中被迫訴諸傳統的歷史檔案，儘管這些檔案充滿令人戰慄的暴力行為和令人不安的沉默空白。書面文件檔案以扭曲的方式將為奴者視為物品，而他們本人甚至就在場，所以我試圖看見書面紀錄文字之間與之外的線索，若以歷史學家奈爾・派恩特（Nell Irvin Painter）之言來形容，就是「看見奴隸制隱藏的真相」。[6] 在此，我採用了瑪莉莎·富恩特斯提出的一種詮釋法，她建議我「沿著偏見的紋理（bias grain）」閱讀檔案文件——此詞亦指在布料自然延展處所出現的橫跨織物的斜紋。斜斜切入文本來閱讀，能超越看似直截了當的東西，感受到學術材料中的延展處，這樣的邊緣地帶更有可能揭示隱藏的內部和被混淆的現實。舉例而言，我就是以這樣的方法來閱讀羅伯·馬丁的遺產清單，我延伸思考他的投資手法是如何影響黑人的世界，然後我開始想像逃亡者的物品清單會是什麼樣子，接著我意識到我手中就有一份這樣的清單——蘿絲贈與女兒的物品清單。[7] 這也讓人想到（此事也許並不全然出乎意料），這位女歷史學家提出的詮釋法以布為喻，將文件視為一匹匹布來閱讀，由此了解為奴女性的生命。在布面伸展的過程中，存在著某種得以拾取的空間，而在其中，存在著一種更寬廣的知識。[8]

這種與檔案的對抗，以及像是拉伸布面一樣拉伸檔案資料的作法，導向了一個我從傑出的理論家莎迪亞·哈特曼處借來的敘事要求：在書寫歷史時「使用檔案資料也與之拮抗」。[9] 這也帶來了一個問題：當歷史資料在我們腳下坍塌時，我們該何去何從？我們如何看見那些在歷史紀錄中身影極為淡薄的過往之人？我們應該使用什麼材料作為資訊來源？我們是否應該試著使用不尋常的材料，特別是偏離由傳統文獻所驅動的歷史學術正軌的材料？證據的存在或缺乏，都令我們在研究黑人女性、有色人種女性和整個女性族群時面臨了特殊的挑戰，這些族群在社會中被剝奪了權力，因此常常被紀錄的保管者和建構檔案者所忽略。事實上，正如歷史學家吉兒．萊波爾就廣泛的美國歷史所下的結論那樣：「過去的歷史檔案……不平衡、不對稱和不公平的程度令人抓狂。」[10]研究二十世紀以前的紀錄的研究人員如果想探究黑人的生活，往往只能看到站在奴隸制一方的人所提出的貶低他人的理論和莊園裡的記錄者所寫下的冷漠紀錄。我們可以稱之為由「奴隸」的人生所生成的染血文件：出生紀錄、食物配給、衣服和毯子的配給、醫療帳單、買賣帳單、死亡數據——黑人女性歷

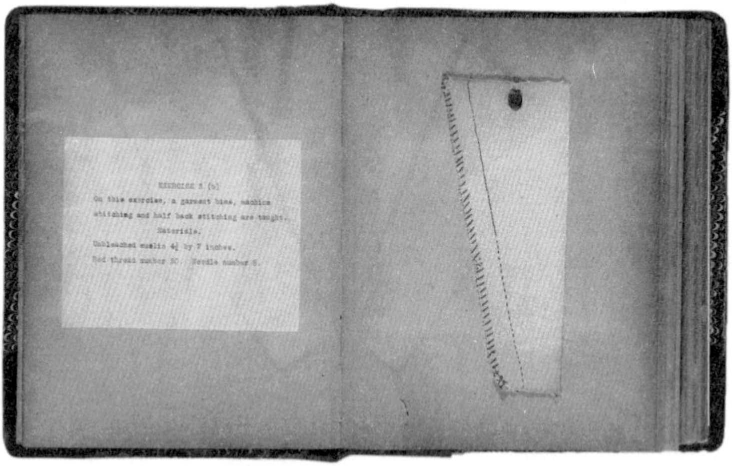


碧翠絲．魏廷的縫紉練習本，約一九一五年。
第三項練習 (b)。這個練習示範的是斜裁緄邊、機器縫和半背縫。
材料：未漂白的薄紗四點五乘七英寸，五十號紅線，八號針。
提出以供讀者思考文物的「斜紋研究法」（the bias-grain method），
圖由哈佛大學拉德克利夫學院史萊辛格圖書館提供。

史和奴隸制歷史的研究人員經常得面對這些文件。染血的文件，就像今天珠寶市場上的血鑽石一樣，其產出需以真實的生命作為代價。

在書面紀錄出現空白之處，我們可以像環境史學家那樣尋找物質的痕跡。身為回憶錄作者、環境研究學者、維吉尼亞州為奴者和原住民的後裔的勞雷．薩伏伊，哀悼著她為奴先人的身影是如何消失在無聊的名單和無名的墳墓之中。她拒絕了這門學科希望學者仰賴書面紀錄的作法，而選擇追尋「痕跡」——她將其定義為「銘刻在土地上」的記憶與失落。[11]為了重建先人的經歷，她來到他們生活過的地方，結合個人和家族的記憶來詮釋建築環境（如莊園建築和奴隸小屋）和自然環境（如河道和岩石）。薩伏伊與其他歷史學家（特別是美國原住民和環境歷史學家）都使用了這種為物理遺跡和記憶騰出空間的方法。痕跡（traces）有時也被稱為回音（echoes），它往往是未被看見、未被挖掘的水源，可以為我們提供更深的訊息。[12]

若想重建任何一段歷史，尤其是邊緣族群的歷史，就得關注在場者與不在場者，關注過去的痕跡與事件的資料證據。痕跡可以被定義為一種材料、一種記憶，甚至是一種藝術想像。正如詩人伊莉莎白．亞歷山大所說的：「歷史學家為歷史紀錄中的空白哀悼；藝術家則能提供更為深入的想像，雖然沒有經驗上的驗證，但他們提供了我們能擁有的少數途徑之一，去想像沒有留下紀錄的珍貴過往。」在艾緒莉的布包的例子中，這個傳說中的布包、裝種子的袋子，是一項不完美的歷史紀錄，但也是極為珍貴的痕跡，經過探究便揭示出有價值的資訊。亞歷山大發現，「工藝品」是另一種「紀錄」，是通往「歷史」的另一條途徑。[13]藝術史學家約翰．弗拉赫也認為，我們需要留意「工藝品作為歷史證據的價值」。[14]如此一來，我們就投身一九七〇和一九八〇年代出現的一種充滿活力的跨學科歷史研究方法的復興運動之中——這種研究方法將實際物品、藝術和手工藝品作為一種手段，來填補奴隸制度可悲而匱乏的「檔案資料」。[15]

為了詮釋艾緒莉的布包這個融合了許多痕跡之物，我試著指認出此物構成的各個面向，以及刺繡文本中的特定詞彙。當我集中火力思索這些詞彙可能會使線結鬆動，使布包擴展成為更大的意義。[16]舉例而言，當我提到茹思以線繡下回憶與延續之物時（一個憑著愛存續下去的家族），當我將這份材料拉伸至她未提及的空間時（貶低人類的地區文化與國家文化），我使用的正是這種方法。艾緒莉的布包在這種具有彈性的觀點下得以敞開。我不得不鑽進這塊布裡，竭力在其明顯的限制中鑽研，這將我拉向一種聯想的模式，這是考古學家雅莉珊卓．陳（Alexandra Chan）在研究十八世紀新英格蘭的莊園時所提出的模式，她寫道：「歷史文物是文化之隱喻」。[17]像艾緒莉的布包這樣的物品，邀請我們思索在它被使用的時代裡，美國黑人、美國原住民和歐洲人的生命交織的文化世界是何模樣，南方和北方經驗交織的文化世界又是何模樣。這項文物也可能激勵人們以具有活力的方式，來概念化當代文化工作並促成交流（我確實如此受到激勵）。舉例而言，我們可以把這個布包（或任何布包）看作是飽含活力的歷史研究和寫作的一個隱喻。準備這個布包的過程需要收集和組合選定的物品，然後讓這些東西打散混合在一起。新的組合和想法從這個過程中出現，原本鬆散的各個部分都蘊含著各自的生命力，現在更彼此連結起來。借用哲學家珍・班奈特（Jane Bennett）的說法，我們可以把這些部分——這些歷史——視為集合體，這些零碎部分共同產生了一種特殊的協力作用。[18]

我在書中提出的描述，這個「小袋裡所盛裝之物」，並不是不可變更的最終結論。[19] 我們對於過去的解釋從來都不是、也不可能是不可變更的。雖然過去本身不會改變，但歷史的塑造（我們對過去的研究和重建）總是會隨著時間的推移而改變，有時會隨著我們發現新的資料和提出新的問題而繁盛開展，有時會因為文化變革的重量而彎倒傾頹。事實上，在這本書付梓時，人們正準備將艾緒莉的布包從首都運回查爾斯頓。在那裡、在米朵頓莊園陳舊的室內，或在查爾斯頓國際非裔美國人博物館（International African American Museum）的現代廳廊中，這個歷經時光考驗的布包將照亮更多人的生命，並創造新的歷史。我僅花了五年時間來試圖了解這塊布製品，我無法聲稱我對蘿絲、艾緒莉、茹思或她們的家族有深入的了解。但我從她們餽贈後人的家族倫理中獲得啟發，她們保存家傳之物的舉動彰顯著愛。

*the World: Thoughts on Words, Women, Places* (New York: Grove Press, 1989), 169. 勒瑰恩寫道：「小說是一個醫藥包，將事物放在特殊而強大的關聯之中——事物彼此之間的關聯，以及事物與我們之間的關聯。」關於新唯物主義理論中的集合體（assemblage）的定義請見下列著作：Jane Bennett, *Vibrant Matter: A Political Ecology of Things* (Durham, N.C.: Duke University Press, 2010), 23–24. 關於具有文化和精神能量的「充滿活力的物質」，請見下列著作：Kim TallBear, "Beyond the Life/Not Life Binary: A Feminist-Indigenous Reading of Cryopreservation, Interspecies Thinking, and the New Materialisms," in *Cryopolitics: Frozen Life in a Melting World*, ed. Joanna Radin and Emma Kowal (Cambridge, Mass.: MIT Press, 2017), 195, 197.

19. 此處引用夏拉・費特（Sharla Fett），而費特則是重述了一份公共事業振興署的採訪逐字稿中，有位女性對她的咒術袋的描述。Fett, *Working Cures: Healing, Health, and Power on Southern Plantations* (Chapel Hill: University of North Carolina Press, 2002), 102, 229.

告誡人們不要過度依賴物質痕跡而忘了記憶。她提醒讀者，物質的痕跡並不是不證自明的事實；它們和記憶一樣，都經由層層詮釋所篩選過。她還指出，物質痕跡可以點燃「記憶的火花」，這個概念對歷史詮釋同樣有價值。Christine M. DeLucia, *Memory Lands: King Philip's War and the Place of Violence in the Northeast* (New Haven: Yale University Press, 2018), 17–18, 40, 146. The phrasing that came to my mind here, "ghostly matter," is surely influenced by Avery Gordon's book *Ghostly Matters: Haunting and the Sociological Imagination* (1997; repr., Minneapolis: University of Minnesota Press, 2008). For a discussion of historical texts as traces, see Amy J. Elias, "Metahistorical Romance, the Historical Sublime, and Dialogic History," *Rethinking History* 9, nos. 2–3 (2005): 159–72, 168.

13. Elizabeth Alexander, *Black Interior: Essays* (Minneapolis: Graywolf, 2004), x.
14. John Michael Vlach, *The Afro-American Tradition in Decorative Arts* (Athens: University of Georgia Press, 1990), ix. 約翰・弗拉赫（John Michael Vlach）的書是奠基於一九七八年在克里夫蘭美術館舉辦的展覽，該展覽後來也在幾個博物館巡迴展出。展出和討論的主要工藝類別包括籃子、樂器、木雕、絎縫、陶器、造船、鐵器、建築和墓地裝飾。
15. Vlach, *Afro-American Tradition*. 我在指的是奴隸制歷史學家似乎對物質史重新燃起興趣。另請見下列著作，作者特別強調了「物質現實」的主題。Amy Murrell Taylor, *Embattled Freedom: Journeys Through the Civil War's Slave Refugee Camps* (Chapel Hill: University of North Carolina Press, 2018), 12, 18. See also a forthcoming special issue titled "Enslavement and Material Culture" in the Winterthur Museum journal, *Winterthur Portfolio* 54, no. 4 (Winter 2020). 正如我在其他地方指出的，史蒂芬妮・坎普在揭示各種物質的豐富性一事上功不可沒，包括個人裝扮的實踐、地理學與文化等等。Stephanie Camp, *Closer to Freedom: Enslaved Women and Everyday Resistance in the Plantation South* (Chapel Hill: University of North Carolina Press, 2004).
16. Fuentes, *Dispossessed Lives*, 1, 78.
17. Alexandra A. Chan, *Slavery in the Age of Reason: Archaeology at a New England Farm* (Knoxville: University of Tennessee Press, 2007), 4.
18. 此想法是受到科幻小說家娥蘇拉・勒瑰恩的影響，她曾探討過小說如同一個袋子的概念。Ursula K. Le Guin, *Dancing at the Edge of*

*Essays*, ed. Linda K. Kerber, Alice Kessler-Harris, and Kathryn Kish Sklar (Chapel Hill: University of North Carolina Press, 1995), 146.

7. 我所謂「逃亡者的物品清單」指的是被俘之人寫在書頁上、布面上或放在心中的物品與價值清單。創造出這些清單的人們希望在行動上、在短暫的片刻裡以創造力來抵抗、擊退奴隸主階級的意志。
8. Marisa Fuentes, *Dispossessed Lives: Enslaved Women, Violence, and the Archive* (Philadelphia: University of Pennsylvania Press, 2016), 1, 78.
9. Saidiya Hartman, "Venus in Two Acts," *Small Axe* 26 (June 2008): 12.
10. Jill Lepore, *These Truths: A History of the United States* (New York: W. W. Norton: 2018), 38.
11. Lauret Savoy, *Trace: Memory, History, Race, and the American Landscape* (Berkeley: Counterpoint, 2015), 1, 2. 值得注意的是，薩伏伊是環境史學家，也是深具創造力的非虛構作家。環境史學家相當習慣使用的物質歷史方法允許搜尋、收集書頁以外的資訊。在探索這個布包的故事時，我使用了這種方法，轉向了實際物品，如紡織品、食品、建築、針線和地景等等，也參考書頁資料（書也是實際物品，但很少被視為物質）。環境史學家海莉・布瑞澤（Hayley Brazier）講得很好：「歷史學家是喜愛文字之人，他們閱讀能告訴我們關於人類經歷故事的文件來了解過往，但我們經常忘記我們的祖先是有血有肉、觸摸得著的人。」「文件——」她繼續說，「無法告訴我們規模和感覺。」Hayley Brazier, "Practicing in Place," *Environmental History* Field Notes 1, April 8, 2016, environmentalhistory.net/field-notes/2016-brazier/.
12. 加勒比海人類學家米歇爾－羅夫・楚洛（Michel-Rolph Trouillot）在其關於海地革命的研究中提出了歷史理論，將過去留存至今的「事實」描述為「痕跡」，並指出「製造痕跡的過程也一直都是製造沈默的過程」。Michel-Rolph Trouillot, *Silencing the Past: Power and the Production of History* (1995; repr., Boston: Beacon, 2015), 29. 深度歷史（deep history）學家丹尼爾・史美爾（Daniel Lord Smail）使用「痕跡」和「回音」兩詞來指涉任何能提供關於過往資訊的物品。他特別提出自然和物質之物，如化石和花粉，因為這些東西往往不受重視。但他也提及記憶和手稿，指出某些痕跡比其他痕跡更具啟發性。Daniel Lord Smail, *On Deep History and the Human Brain* (Berkeley: University of California Press, 2008), 6, 49,48, 52, 59. 美國原住民和殖民時期歷史學家克莉絲汀・德魯西亞（Christine DeLucia）在她對於菲利普國王戰爭的研究中頻繁使用「痕跡」的概念。她尋找、分析過往生活和事件在地景上頭留下的痕跡，但也

University Park, April 18–19, 2019. Ursula K. Le Guin, "Carrier Bag Theory of Fiction."
27. Le Guin, "Carrier Bag Theory of Fiction," 168.
28. Keckley, *Behind the Scenes*, 167–68.

### 小袋之物：一篇講述過程的文章

1. Tiya Miles, "The Spirits of Dunbar Creek: Stories of Slavery in Coastal Ghost Tourism," Coastal Nature, Coastal Culture: Environmental Histories of the Georgia Coast, February 18–20, 2016, Coastal Georgia Center, Savannah. The revised presentations from the symposium have been published. See Tiya Miles, "Haunted Waters: Stories of Slavery, Coastal Ghosts, and Environmental Consciousness," in *Coastal Nature, Coastal Culture*, ed. Paul S. Sutter and Paul M. Pressly (Athens: University of Georgia Press, 2017).
2. Ben Goggins, "Looking for Pearls: Ashley's Sack, Davenport Dolls Give Insight into Lives of Slaves," *Savannah Now*, January 28, 2016, savannahnow.com/article/20160128/LIFESTYLE/301289786. "Artifacts That Will Send a Chill Down Your Spine: A CBS Team Shows the Most Moving Artifacts of African-American History Collected for a New Museum in Washington," February 28, 2016, cbsnews.com/news/60-minutes-presents-preserving-the-past/. Jeff Neale, "Ashley's Sack: A Humble Object of Revelation," Davenport House Museum, Savannah, Ga., December 2016.
3. Tiya Miles, interview with Mary Edna Sullivan, November 13, 2018, Middleton Place, Charleston, S.C. Robin Bernstein, *Racial Innocence: Performing American Childhood from Slavery to Civil Rights* (New York: New York University Press, 2011), 73. Todd quoted in Goggins, "Looking for Pearls."
4. "Diminutive value" quote: Pamela Newkirk, *A Love No Less: More Than Two Centuries of African American Love Letters* (New York: Doubleday, 2003), 3.
5. David Glassberg, "Place, Memory, and Climate Change," *The Public Historian*, Vol. 36, No. 3 (August 2014): 17–30, 25–26.
6. Nell Irvin Painter, "Soul Murder and Slavery: Toward a Fully Loaded Cost Accounting," in *U.S. History as Women's History: New Feminist*

19. Jane Schneider and Annette B. Weiner, "Introduction," in *Cloth and Human Experience*, Annette B. Weiner and Jane Schneider, eds. (Washington, D.C.: Smithsonian Institution Press, 1989), 3, 21.
20. The historian Nancy Bercaw was co-curator, with Mary Elliott, of this exhibition.
21. Paul Gardullo, NMAAHC, email exchange with Tiya Miles, February 19, 2018.
22. W. Fitzhugh Brundage, *Civilizing Torture: An American Tradition* (Cambridge, Mass.: Harvard University Press, 2018), 153.
23. Barbara Christian, introduction to Dorothy Sterling, *Black Foremothers: Three Lives*, 2nd ed. (New York: Feminist Press, 1988), xxiv.
24. Heather Andrea Williams, *Help Me to Find My People: The African American Search for Family Lost in Slavery* (Chapel Hill: University of North Carolina Press, 2012), 13.
25. 女性研究學者伊莉莎白・費雪（Elizabeth Fisher）參考考古學家和人類學家的研究後認為，提袋是人類早期的基本工具，可能是由女性發明的，她們以袋子來盛裝、攜帶嬰兒。Elizabeth Fisher, *Woman's Creation: Sexual Evolution and the Shaping of Society* (1979; repr., New York, McGraw-Hill, 1980), chapter 7: "The Carrier Bag Theory of Evolution," 56–61. Ursula Le Guin describes the sack as "the tool that brings energy home"; see "The Carrier Bag Theory of Fiction" in her *Dancing at the Edge of the World: Thoughts on Words, Women, Places* (New York: Grove Press, 1989), 167.
26. 我接觸到「種子攜帶者作為另類英雄」這一概念要歸功於文學和電影學者寇克・賽德（Kirk Sides）。而我認識寇克・賽德則要歸功於環境史學家瑪莎・費伍（Martha Few）的著作。寇克・賽德借用了娥蘇拉・勒瑰恩的說法來探討種子袋子攜帶者的形象，而勒瑰恩則是借用了伊莉莎白・費雪的說法。塞德則認為，人們在說故事時有必要使用能夠敘說危機的講述法，因為這些故事在「地球死亡」的世界末日時代承載著非洲未來主義願景的種子。Kirk Bryan Sides, "Seed Bags and Storytelling: Modes of Living and Writing After the End in Wanuri Kahiu's *Pumzi*," *Critical Philosophy of Race* 7, no. 1 (2019): 107–23. Sides also gives workshops on this topic with his collaborator, the poet and literary critic Tjawangwa Dema. Kirk B. Sides, "Seed Bags and Storytelling: Modes of Living and Writing in the African Anthropocene," Anthropocene Storytelling: Ecological Writing and Pedagogies of Planetary Change, Pennsylvania State University,

*Years in the White House* (1868; repr., New York: Oxford University Press, 1988), 330.

13. Sarah Anne Carter, "Objects as Portals," in Ulrich et al., eds., *Tangible Things*, 165.
14. Davíd Carrasco, "The Ghost of Love and Goodness," in *Goodness and the Literary Imagination*, ed. Davíd Carrasco, Stephanie Paulsell, and Mara Willard (Charlottesville: University Press of Virginia, 2019), 121. In this statement, Carrasco is describing Toni Morrison's literature and the way in which she "infuses nature with the supernatural."
15. 珠子可以是宗教符咒、藝術材料和交流之物，對於非裔美國人和美洲原住民具有重要的象徵意義。關於為奴之人獲得、贈送珠子的案例，請見下列著作第四章：Rashauna Johnson, *Slavery's Metropolis: Unfree Labor in New Orleans During the Age of Revolutions* (New York: Cambridge University Press, 2016), 221. 奈格林（Hayley Negrin）也分析了一位十八世紀卡羅來納的白人商販費利普．吉拉（Phillip Gilliard）的案例。他囚禁了一名原住民女性作為性奴，並「鞭打她和她的兄弟，因為他們接受了她送的幾顆珠子」。Hayley Negrin's dissertation, "Possessing Native Women and Children: Slavery, Gender and English Colonialism in the Early American South, 1670–1717" (PhD diss., New York University, 2018), 102; For more on beads as protective charms, see Maude Southwell Wahlman, "African Charm Traditions Remembered in the Arts of the Americas," in *African Impact on the Material Culture of the Americas: Conference Proceedings* (Winston-Salem, N.C.: Museum of Early Southern Decorative Arts, 1996), 5. Also see Amy L. Young, "Religion and Ritual Among African American Slaves During the Antebellum Period in Kentucky: An Archaeological Perspective," in *African Impact on the Material Culture of the Americas*, 3–4. 楊（Amy Young）指出，在多個奴隸住處的考古地點都發現了大量的珠子，特別是藍色的珠子；沃爾曼（Maude Southwell Wahlman）指出，藍色的珠子被認為具有特別的保護作用。
16. Laura F. Edwards, "Textiles: Popular Culture and the Law," *Buffalo Law Review* 64 (2016): 195, 207.
17. Julia Bryan-Wilson, *Fray: Art and Textile Politics* (Chicago: University of Chicago Press, 2017), 215, 217. Also see Julia Bryan-Wilson's analysis of the quilt as archive, *Fray*, 226.
18. Ann Hamilton, *Habitus* (Philadelphia: The Fabric Workshop and Museum, 2017), 5.

Peabody Museum Press, 2020).
4. Laurel Thatcher Ulrich, Ivan Gaskell, Sara M. Schechner, and Sarah Anne Carter, eds., "Introduction: Thinking with Things," *Tangible Things: Making History Through Objects* (New York: Oxford University Press, 2015), 2, 5, 8. Also see Robin Bernstein, *Racial Innocence: Performing American Childhood from Slavery to Civil Rights* (New York: New York University Press, 2011), 73.
5. Sarah Anne Carter, "Objects as Portals," in Ulrich et al., eds., *Tangible Things*, 164.
6. 蘿賓・伯恩斯坦指出某些事物擁有特殊的能力，可以「召喚」人類、引起他們的注意，或呼籲他們採取行動。她對於行動的探討主要集中在各式表演上。Bernstein, Racial Innocence, 73. 珍・班奈特（Jane Bennett）也探討了事物影響人類的力量，特別是以集合體的一部分之形式產生的影響。她稱這種特質為「事物的力量」，並認為人們最容易在童年時期察覺或感受到這種力量。Jane Bennett, *Vibrant Matter: A Political Ecology of Things* (Durham, N.C.: Duke University Press, 2010), 6, 21. Jane Bennett, "The Force of Things: Steps Toward an Ecology of Matter," *Political Theory* 32, no. 3 (June 2004): 348, 351, 353, 358. 比爾・布朗在提出「事物理論」（thing theory）的著作中對物品（object）和事物（thing）做出區分，指出事物的行為方式與眾不同，它們會「潛伏」在陰影中、占據邊緣和「多餘」的位置，並在突然之間「顯出它們的存在和力量來」。Bill Brown, "Thing Theory," *Critical Inquiry* 28, no. 1, *Things* (2001): 1–22, 3, 5.
7. Bennett, *Vibrant Matter*, 13, 112, 122.
8. 見金・陶貝爾提出的「原住民形上學」出現的時間早於歐美新唯物主義理論。TallBear, "Beyond the Life/Not Life Binary: A Feminist-Indigenous Reading of Cryopreservation, Interspecies Thinking, and the New Materialisms," in *Cryopolitics: Frozen Life in a Melting World*, ed. Joanna Radin and Emma Kowal (Cambridge, Mass.: MIT Press, 2017), 191. Also see Robin Wall Kimmerer, "The Intelligence of Plants," *On Being*, National Public Radio, February 25, 2016, onbeing.org/programs/robin-wall-kimmerer-the-intelligence-of-plants/.
9. Kathleen M. Hilliard, *Masters, Slaves and Exchange: Power's Purchase in the Old South* (New York: Cambridge University Press, 2014), 7, 14.
10. Newkirk, *A Love No Less*, 7.
11. Newkirk, *A Love No Less*, 9.
12. Elizabeth Keckley, *Behind the Scenes, or Thirty Years a Slave and Four*

86. 凱斯・文森給了我這樣的想法：茹思透過這些語句歡迎並擁抱蘿絲，構成一種形而上的重逢。馬克・奧斯蘭德也用「重逢」來描述這幾位女性共同出現在布包上的畫面。Auslander, "Rose's Gift."
87. Nicole Sealey, *Ordinary Beast* (New York: HarperCollins, 2017), 55.
88. Ulrich, *Age of Homespun*, 141.
89. 馬克・奧斯蘭德也注意到布包繡線的顏色變化，並提出了一種相當動人的詮釋：最後的綠色代表著「持久和再生的連結」，以及「冬日終逝後的春天」。Auslander, "Rose's Gift."
90. Ruth Middleton, Certificate of Death, File No. 9389, Registered No. 1352, Commonwealth of Pennsylvania, Department of Health Bureau of Vital Statistics. 茹思・米朵頓在人口普查和死亡證明紀錄中的出生日期略有不同：一九〇二年、一九〇三年和一九〇五年，但在這次調查中是相近的。她於一九四二年一月二十日逝世，死亡證明顯示她的年齡為三十五歲。她被埋葬在伊甸園公墓。在一位系譜學家的幫助下，我已嘗試尋找桃樂絲的直系後代。如果我忽略了任何證據或遺漏了確實存在的後裔，請接受我由衷的歉意。
91. 馬克・奧斯蘭德指出，茹思・米朵頓的女兒桃樂絲・米朵頓可能在費城郊區溫科特（Wyncote）的一家療養院過世了，可能是該機構將她的物品打包處理掉。Auslander, "Rose's Gift."

## 結語：囊中之物

1. Ira Berlin, Steven F. Miller, and Leslie S. Rowland, "Afro-American Families in the Transition from Slavery to Freedom," *Radical History Review* 42 (1988): 90, 110.
2. Pamela Newkirk, *A Love No Less: More Than Two Centuries of African American Love Letters* (New York: Doubleday, 2003), 3.
3. Kendra Field, "Things to Be Forgotten: Time, Place, and Silence in African American Family Histories," Q & A response following her lecture, Little Berks symposium, Berkshire Conference of Women Historians, Harvard Radcliffe Institute, Cambridge, Mass., June 7, 2019. For a thoughtful exploration of one Black family's incredible collection of photographs that did survive, see Evelyn Brooks Higginbotham, "History in the Face of Slavery: A Family Portrait," in Ilisa Barbash, Molly Rogers, and Deborah Willis, *To Make Their Way in the World: The Enduring Legacy of the Zealy Daguerreotypes* (Cambridge, Mass.:

個講座的主持人時也提到了這一點。Tiya Miles, " 'A Tattered Dress': Reconstructing Enslaved Women's Lives Through Objects," Hutchins Center, Harvard University, Cambridge, Mass., February 19, 2020. 奧斯蘭德注意到茹思文字中的黑人語感，以「be」為動詞是很明顯的特徵。Auslander, "Rose's Gift."

81. Elizabeth Alexander, *The Black Interior: Essays* (Minneapolis: Graywolf, 2004), x.
82. Elizabeth Wayland Barber, *Women's Work: The First 20,000 Years; Women, Cloth, and Society in Early Times* (New York: W. W. Norton, 1994), 127, 91, 114, 161, 162.
83. Albert J. Raboteau, *Slave Religion: The "Invisible Institution" in the Antebellum South* (New York: Oxford University Press, 2004), 276–78. Michael A. Gomez, *Exchanging Our Country Marks: The Transformation of African Identities in the Colonial and Antebellum South* (Chapel Hill: University of North Carolina Press), 206. Yvonne P. Chireau, *Black Magic: Religion and the African American Conjuring Tradition* (Berkeley: University of California Press, 2003), Kindle loc. 823. 非裔美國人民俗文化中，紅色的布有一種引人注目的用法是更令人心驚膽戰的。歷史學家麥可・戈麥斯（Michael Gomez）重述了南卡羅來納州沿海的曾經為奴之人所流傳下來的他們西非的祖先被抓來當奴隸的故事。在這些故事中，奴隸獵手用手帕形狀的紅布來引誘不知情的受害者走上奴隸船；因此，紅色是警告和欺騙的顏色。戈麥斯還指出，重要的是，布料在跨大西洋奴隸貿易期間是用來交換被俘非洲人的主要珍貴物資（也就是說，人們販賣非洲人通常是為了獲得布料）。Gomez, *Exchanging Our Country Marks*, 202, 200, 205.
84. 茹思在清單上列出名字之舉與女性研究學者布里特妮・庫珀（Brittney Cooper）稱之為十九世紀末和二十世紀初黑人婦女知識分子和活動家中的「列名」作法可能有關，此事相當有意思。庫珀指出，「列名」是「一種由來已久的作法……非裔美國女性會建立一份傑出而有能力的黑人女性名單，供大眾參考」。庫珀接著使用與編織相關的比喻來解釋這種作法的目的：「織出一道邊。沒有這道邊緣，廣大的非裔美國人知識生產的歷史就會解體。」Cooper, *Beyond Respectability*, 26.
85. 我很感謝俳句專家暨波士頓大學世界語言和文學系主任凱斯・文森（Keith Vincent）與我的一次閒談。在二〇一八年秋天的這次談話中，我了解到俳句的這些特色，並與布包做出連結。

藝、持久、教養和共同的歷史」。Instagram.com/tinypricks project/.

75. Kim, "Feminist Power of Embroidery." 茱莉亞・布萊恩－威爾森對索傑納・特魯思（Sojourner Truth）端坐著以白色紗線編織的經典照片進行了有趣和類似的分析。「特魯思之所以如此小心翼翼地編織，可能有幾層意義：她對家務勞動能力的一種不具威脅性的展示、一種令人放心的女性氣質之標誌，也是對她激烈的行動主義和創造性的自我生產的肯定。」*Fray*, 8.
76. *Grandeur Preserved: Masterworks Presented by Historic Charleston Foundation*, loan exhibition for the 57th Annual Winter Antiques Show, January 21–30, 2011.
77. Mark Auslander, "Tracing Ashley's Sack," *Cultural Environments* blog, January 7, 2016, note 3, culturalenvironments.blogspot.com/2016/01/.
78. 刺繡圖樣學者珍妮佛・凡洪（Jennifer Van Horn）和大衛・史丁納貝（David Stinebeck）指出了刺繡圖樣的合作本質——女孩和老師之間、女孩和女性親屬之間的合作。如此一來，茹思那詩般的利落線條也呼應著刺繡圖樣的形式。對於幾個女孩的刺繡圖樣的詳細解讀，請見下列著作：Van Horn, "Samplers". 大衛・史丁納貝認為繡有詩詞的刺繡圖樣應該被當作美國文學傳統的一部分來研究。他表示這些圖樣上的詩從流行詩句到原創作品都有，但卻「很少有獨立構思的作品」。David Stinebeck, "Understanding the Forgotten Poetry of American Samplers," *Journal of Popular Culture* 52, no. 5 (2019): 1183–99, 1184, 1186. 另見 NEH 資助的刺繡圖樣文物計畫，是奧勒岡大學、德拉瓦大學和刺繡圖樣協會的合作計畫。http://samplerarchive.org/about.php. 茹思對「繁複的人際關係」的關心，包括她的先人甚至未出生的孩子（考慮到她開始在布包上繡字時可能已經懷孕），都表明她的身分認同意識與其他黑人女性的身分認同意識一致——拉奇莎・西蒙斯（LaKisha Simmons）在她對一九三〇年代的口述歷史的研究中詳細說明了這種意識。Simmons, "Black Feminist Theories of Motherood and Generation," 319.
79. Jones, *Corregidora*, 14.
80. 已有不同領域的學者注意到茹思以紅色繡下語句和《聖經》中以紅色印刷耶穌話語之間的關聯。馬克・奧斯蘭德是第一個在〈蘿絲的禮物〉一文中發表此觀點的人。美國原民歷史學家詹姆斯・布魯克斯（James Brooks）在我的講座後公開指出了這一點。Tiya Miles, " 'This Sack': Reconstructing Enslaved Women's Lives Through Objects," University of Georgia, Athens, October 24, 2019. 還有非裔美國人研究學者亨利・路易斯・蓋茨（Henry Louis Gates, Jr.）在擔任我的另一

提出的體面政治策略，請見下列著作：Brittney C. Cooper, *Beyond Respectability: The Intellectual Thought of Race Women* (Urbana: University of Illinois Press, 2017).

65. Mamie Garvin Fields with Karen Fields, *Lemon Swamp and Other Places: A Carolina Memoir* (New York: Free Press, 1983), 9.
66. Fields, *Lemon Swamp*, 21. 費爾茲解釋道，這位「祖母」實際上是她的繼祖母，她從未見過她的親生祖母，她已經去世了。
67. Fields, *Lemon Swamp*, 199. Melnea Cass, transcript, Black Women's Oral History Project, OH-31; T-32, Schlesinger Library, Harvard Radcliffe Institute, 68–69.
68. Fields, *Lemon Swamp*, xvi.
69. Fields, *Lemon Swamp*, xx. 歷史學家蜜雪兒・米契（Michele Mitchell）說明了當年懷抱著野心的黑人女性和中產階級女性如何利用家庭物質文化，如黑人娃娃、關於種族改善的書籍，和黑人家庭照來強化一種性別角色框架和種族境況提升的意識形態。雖然她並未提及刺繡或母女間流傳的紡織品，但像這樣的物品也符合這種家庭物質文化之理想。洋娃娃當然也包含布料元素。Michele Mitchell, *Righteous Propagation: African Americans and the Politics of Racial Destiny After Reconstruction* (Chapel Hill: University of North Carolina Press, 2004), 178, 179, 194.
70. Parker, *Subversive Stitch*, 151; "absolute innocence": 166; "still and silence": 167; "loophole": 167.
71. Ulrich, *Age of Homespun*, 40.
72. Parker, *Subversive Stitch*, 205. Bryan-Wilson, *Fray*, 14, 1. 茱莉亞・布萊恩－威爾森也注意到二十世紀初的英國女性主義者會使用上有刺繡的旗子，來主張女性尊嚴和提出要求，這讓她們要求投票權一事看起來不那麼具有威脅性。*Fray*, 9.
73. Betsy Greer, a knitter, coined the term "craftivism" in 2003 or 2004 (sources differ). Bryan-Wilson, *Fray*, 25. Stephanie Buck, "Women Craftivists Are Reclaiming Domesticity as a Quiet Form of Protest, *Timeline*, November 22, 2016, timeline.com/craftivism-art-women-82cf1d7067c8.
74. E. Tammy Kim, "The Feminist Power of Embroidery," *The New York Times*, May 27, 2019. See also the Instagram project Tiny Pricks, curated by Diana Weymar. 這個運動始於對唐納・川普當選總統一事的回應。藝術家將文化和政治評論繡在在復古織品上。黛安娜・威瑪（Diana Weymar）指出，這在「動盪的政治氣氛」之中意味著「溫暖、工

差距）。這樣的書通常是由孩子所製作的，所以我假設年份在這個範圍的中間，那時魏廷應該是個十幾歲的孩子。魏廷也有可能是為了讓她的學生在她剛開始教書時（一九一六年）能模仿她而製作了這本練習本，當時她二十多歲。

56. *Weekly Banner-Watchman* (Athens, Ga.), November 30, 1886, quoted in Kyra E. Hicks, *This I Accomplish: Harriet Powers' Bible Quilt and Other Pieces* (N.p.: Black Threads, 2009), 25–26.
57. 「擁抱維多利亞時代風情的黑人」，傑弗瑞・史都華（Jeffrey Stewart）在他替費城人阿倫・洛克所著的傳記中使用了這個具有深意的描述法。Stewart, *New Negro*, 17. 他所描述的維多利亞風格的黑人家庭文化中，女性以縫紉和紡織品妝點屋子是很常見的事（p. 7, 15, 16, 17, 19, 25, 29）。要了解這個時期的黑人中產階級風格的例子，請見雪松山宅邸（Cedar Hill），該處曾是費德克・道格拉斯在華盛頓郊區的住處，今日則是國家歷史遺址。
58. "Mass of Negro people": DuBois, *Philadelphia Negro*, Kindle loc. 2767. 黑人在服飾和「裝潢華麗的客廳、餐廳、會客室和其他家中可見空間」上所花的費用超出他們的能力，杜波依斯也特別指出此事（Kindle loc. 2601）。
59. Anna Julia Cooper, "Womanhood a Vital Element in the Regeneration of a Race," in *A Voice from the South* (1892; repr., New York: Oxford University Press, 1988), 12.
60. Paula Giddings, *When and Where I Enter: The Impact of Black Women on Race and Sex in America* (New York: Bantam, 1984), 93. Higginbotham, *Righteous Discontent*, 152. Also see Martha S. Jones, *Vanguard: How Black Women Broke Barriers, Won the Vote, and Insisted on Equality for All* (New York: Basic Books, 2020), 149, 152–53.
61. "The morality": Quoted in Giddings, *When and Where I Enter*, 86.
62. Higginbotham, *Righteous Discontent*, 137–44. See also Cooper, *A Voice from the South*, 62–63, 140–41.
63. Mary Church Terrell, *The Progress of Colored Women* (Adansonia Publishing, 2018), 9. See also Cooper, *A Voice from the South*, 9–47.
64. 艾芙琳・希金波坦提出了一個現已成為經典的理論，即體面政治（politics of respectability）是這些女性運動者爭取社群保護和改善種族處境的武器。Higginbotham, *Righteous Discontent*, 192, 227. See also Darlene Clark Hine, *Hine Sight: Black Women and the Re-Construction of American History* (Bloomington: Indiana University Press, 1994), 109–28. 關於重新詮釋女性俱樂部成員在其他策略中

eight Confirmed at St. Simon's Chapel," *Philadelphia Tribune*, April 6, 1933, 14. 根據賓夕法尼亞州大教區的說法，由於石棉的緣故，許多聖西門教堂的記錄都已亡佚。Reports of the church in 1917–18 can be found in *The Monthly Message of the Parish of the Holy Apostles*, digitized at philadelphiastudies.org.

50. "Parties": Dorothy Middleton, "Younger Set Activities," *Philadelphia Tribune*, April 4, 1940, 9. "Formals": Dorothy Middleton, "Younger Set Activities," *Philadelphia Tribune*, April 4, 1940, 8. In the April 4 issue, Middleton notes that Trummell Valdera, the regular author of this column, had moved to Washington.
51. Rozsika Parker, *The Subversive Stitch: Embroidery and the Making of the Feminine* (1984; repr., London: I. B. Tauris, 2016), 5.
52. 珍妮佛・凡洪（Jennifer Van Horn）對於十九世紀初賓州學校的刺繡圖樣的分析指出，中產階級的白人女孩透過繡製圖樣並將其掛在家中來為她們的家庭創造社會資本。這樣的圖樣展示了這個家庭有能力將女孩從家務勞動中解放出來，從事更精細的工作。凡洪還認為，中產階級家庭透過女孩們的刺繡，打造出自己的階級文化，而不是簡單地模仿上層社會的審美和價值觀。Jennifer Van Horn, "Samplers, Gentility, and the Middling Sort," *Winterthur Portfolio* 40, no. 4 (2005): 219–48. 北方的中產階級非裔美國女孩也藉由圖樣學習刺繡，儘管圖樣數量少得多。更多關於黑人女孩和刺繡圖樣資訊請參見以下出處：Kelli Coles, *Made in the African Dias-pora*, kellicoles.tumblr.com/tagged/blackgirlneedlework.
53. Parker, *Subversive Stitch*, 148, 151, 152; "Evoke the home": 2.
54. *Monthly Message of the Parish of the Holy Apostles*, December 1917, p. 30; November 1917, p. 31; January, 1918, p. 33; February 1918, p. 30; and March 1918, p. 30, digitized at philadelphiastudies.org.
55. African American Child's Sewing Exercise Book with 20 Hand-Sewn Sample Pieces, accession record, Schlesinger Library, Harvard Radcliffe Institute, Cambridge, Mass. Beatrice Jeanette Whiting Papers, Sewing Exercise Book, ca. 1915, MC897, folder 1.1, Schlesinger Library. Beatrice Jeanette Whit-ing Papers, Retirement Gift Album, 1960, MC897, folder 1.2v, Schlesinger Library. 入館紀錄中提到了里奇蒙的一段口述歷史，其中引用了魏廷一位縫紉學生的話。也可參見另一位學生的話。Retirement Album, sequence 90. 魏廷的縫紉練習本製作的可能日期範圍很廣，從書商估計的 一九〇〇年至一九〇五年到史萊辛格圖書館管理員在收購後估計的一九一五年（兩者間有五年的

York, New York, Extracted Marriage Index, 1866–1937, Provo, Utah: Ancestry.com Operations, 2014. Louis and Helen Stebo in the 1940 census: U.S. Federal Census, 1940; Census Place: Kings County, New York; roll: m-t0627-02578; page: 9B; Enumeration District: 24–1244. United States of America, Bureau of the Census. *Sixteenth Census of the United States, 1940* (Washington, D.C.: National Archives and Records Administration, 1940). T627, 4,643 rolls. "Virginian: A Dinner Guest Here," *Philadelphia Tribune*, June 6, 1929, 6. "Baby blue" quote: social pages, *Philadelphia Tribune*, December 8, 1927, 4. Visits with sister-in-law: "Gad-Abouts," April 21, 1938, *Philadelphia Tribune*, 5; "Newsy Nibbles," *Philadelphia Tribune*, January 4, 1940, 8. Additional social occasion mentions from the 1920s and 1930s: *Philadelphia Tribune*, July 25, 1929, 4; August 13, 1931, 4, February 18, 1932, 5, June 30, 1932, 5; September 8, 1932, 5; October 19, 1933, 6; December 21, 1933, 6; March 28, 1935, 9; December 30, 1937, 6; "Newsy Nibbles," *Philadelphia Tribune*, February 24, 1938, 6.

46. "Spacious home": "Club Parties," *Philadelphia Tribune*, March 28, 1935, 9. *Philadelphia Tribune*, October 19, 1933, 6. "Society at a Glance," *Philadelphia Tribune*, March 3, 1938, 5.
47. Modish: Trummell Valdera, "Younger Set Activities," *Philadelphia Tribune*, December 10, 1937, 6. "Blue taffeta": "Younger Set," *Philadelphia Tribune*, April 7, 1938, 6. "Gray wool": Trummell Valdera, "Younger Set Activities," *Philadelphia Tribune*, April 21, 1938. "New gadget": Trummell Valdera, "Younger Set Activities," *Philadelphia Tribune*, December 14, 1939, 9. "Annoyed": Trummell Valdera, "Younger Set Activities," *Philadelphia Tribune*, February 3, 1938, 6.
48. "Matron": *Philadelphia Tribune*, January 18, 1940.
49. Study of the Episcopal Diocese of Pennsylvania: St. Simon the Cyrenian Church (1964), "St. Simon the Cyrenian Church, Diocese of Pennsylvania, Philadelphia, Pennsylvania," p. 13, https://philadelphiastudies.org/2018/04/ 07/study-of-the-episcopal-diocese-of-pennsylvania-st-simon-the-cyrenian-church-1964/. 茹思・米朵頓於一九四〇年在聖西門教堂接受堅信禮。照片中的茹思・米朵頓身處接受按手禮的人群中；照片並未標明她的個人身分。*Philadelphia Tribune*, January 18, 1940; *Philadelphia Tribune*, March 7, 1940, 18. Auslander, "Slavery's Traces," 10. 經過三個月的準備，桃樂絲・米朵頓在三月時也接受了堅信禮；當時她還是個年輕的少女。"Seventy-

museum-photography-collection. Township of Lower Merion, Building and Planning Committee, November 8, 2017,lowermerion.org/Home/ShowDocument?id=17724. Sharpless, *Cooking in Other Women's Kitchens*, xiii. Hartman, "The Belly of the World," 170. I am grateful to the public historian and descendant coordinator Hannah Scruggs, whose research assistance on Ruth and Dorothy Middleton was invaluable.

39. Melnea Cass, transcript, Digital, Black Women's Oral History Project, OH-Mile 31; T-32, Schlesinger Library, Harvard Radcliffe Institute, 3, 5, 20. Quoted with permission from the Schlesinger Library.
40. Middleton family (Pink, Flander, Arthur) in the censuses of 1910 and 1920: Ancestry.com, 1910 United States Federal Census, Lehi, Utah, USA: Ancestry.com Operations, 2006. Ancestry.com, 1920 United States Federal Census, Provo, Utah, USA: Ancestry.com Operations, 2010. Arthur Middleton's Transport record: Outgoing and Incoming, U.S. Army World War I Transport Service, Passenger Lists 1910–1939, pp. 92/60. National Archives, fold3.com/image/604049037?rec=621933109&xid=1945. U.S. Army World War I Transport Service, Passenger Lists, National Archives, 1910–39, USA. 亞瑟・米朵頓被列為有色人種第八五六連的成員，一九一九年七月從法國布雷斯特出航。他退伍之後，人口普查紀錄並沒有將他和茹思・米朵頓列在同一地址。
41. Melnea Cass, transcript, 21, 25, 27, 64–66, 70–71, 107, 40–41, iv.
42. Trummel Valdera, "Younger Set Activities," *Philadelphia Tribune*, January 13, 1938, 6–7. The author of this youth-oriented social page refers to "Dot Middleton."
43. U.S. Federal Census, 1940, Provo, Utah: Ancestry.com Operations, 2012, provided in association with National Archives and Records Administration.
44. Martha Horsey's employment agency: Philadelphia City Directory, 1924.Ancestry.com. *U.S. City Directories, 1822–1995* [database online]. Philadelphia City Directory 1924. Provo, Utah: Ancestry.com Operations, 2011.
45. 亞瑟・米朵頓的姐妹海倫・米朵頓在一九三五年嫁給了一個名叫路易斯・斯泰博（或斯泰巴）的荷裔加勒比海人；他們住在布魯克林。Helen Middleton Delayed Birth Certificate: Ancestry.com, South Carolina, Delayed Birth Records, 1766–1900 and City of Charleston, South Carolina, Birth Records, 1877–1901, Provo, Utah: Ancestry.com Operations, 2007. Helen and Louis Marriage index: Ancestry.com, New

31. Amrita Chakrabarti Myers, *Forging Freedom: Black Women and the Pursuit of Liberty in Antebellum Charleston* (Chapel Hill: University of North Carolina Press, 2011), 208, 206. For a description of the first waves of Black migration following emancipation, see DuBois, *Philadelphia Negro*, chapter 12.
32. Barbara Blair, "Though Justice Sleeps: 1880–1900," in Kelley and Lewis, eds., *To Make Our World Anew*, 10, 11.
33. Hunter, *To 'Joy My Freedom*, 111, 234. 歷史學家艾芙琳・希金波坦指出，一八九〇年代時只有百分之一的黑人女性獲得中產階級的地位。絕大多數人仍然受限於低工資的農業和家事服務勞動。Higginbotham, *Righteous Discontent: The Women's Movement in the Black Baptist Church, 1880–1920* (1993; repr., Cambridge, Mass.: Harvard University Press, 2003), 40.
34. DuBois, *Philadelphia Negro*, Kindle loc. 631, 2586.
35. DuBois, *Philadelphia Negro*, Kindle loc. 621, 630, 2583.
36. Hunter, *To 'Joy My Freedom*, 111. 出生在費城的黑人知識分子阿倫・洛克（Alain Locke）的祖母和母親經營一家裁縫店，以此幫助他們的家庭維持在黑人社群中的地位。Stewart, *New Negro*, 22, 14.
37. Auslander, "Slavery's Traces," 8–9. 這對夫妻的結婚申請書記載茹思在一九一八年時的地址是伍德蘭五〇一號，亞瑟的地址則是尤伯一七三一號。亞瑟在一九一八年七月的兵役申請書中也記載著同一個地址。Middleton and Jones marriage application, June 25, 1918. Arthur Middleton, Military Service Application No. 272507, Pennsylvania (draft card): Ancestry.com. *Pennsylvania, World War I Veterans Service and Compensation Files, 1917–1919, 1934–1948*, Lehi, Utah: Ancestry.com Operations, 2015. Arthur Middleton, World War I veteran's compensation: Ancestry.com. Penn-sylvania, World War I Veterans Service and Compensation Files, 1917–1919, 1934–1948, Lehi, Utah: Ancestry.com Operations, 2015. Pa.
38. U.S. Federal Census, 1930, Provo, Utah: Ancestry.com Operations, 2010. Images produced by Family Search; page 10B; Enumeration District:0060; FHL microfilm: 2341816. Lawrence F. Flick, "Samuel Castner, Jr." *Records of the American Catholic Historical Society of Philadelphia* 40, no. 3 (1929): 193–225. George Eastman Museum, "Samuel Castner Papers, Louis Walton Sipley/American Museum of Photography Collection," George Eastman Museum, September 5, 2018, eastman.org/samuel-castner-papers-louis-walton-sipleyamerican-

24. “To inscribe”: Ulrich, *Age of Homespun*, 141.
25. Nikki M. Taylor, *Frontiers of Freedom: Cincinnati's Black Community, 1802–1868* (Athens: Ohio University Press, 2005), 64. Jeffrey C. Stewart, *The New Negro: The Life of Alain Locke* (New York: Oxford University Press, 2018), 17.
26. James R. Grossman, “A Chance to Make Good: 1900–1929,” in *To Make Our World Anew*, vol. 2, *A History of African Americans from 1880*, ed. Robin D. G. Kelley and Earl Lewis (New York: Oxford University Press, 2000), 119, 122.
27. Saidiya Hartman, “Venus in Two Acts,” *Small Axe* 26 (June 2008): 14.
28. On the intimacy of fabric see Bryan-Wilson, *Fray*, 12–13.
29. 亞瑟・米朵頓於一九一七年六月被徵召入伍，這是在他與茹思結婚之前。他的登記卡記載他是費城的一名工人。Ruth Jones, Pennsylvania Marriages, 1852–1968, Lehi, Utah, Ancestry.com Operations, 2016. Dorothy Middleton Page (Dorothy Helen Middleton), Ancestry.com. U.S., Social Security Applications and Claims Index, 1936–2007. Provo, Utah: Ancestry.com Operations, 2015. 亞瑟・米朵頓在一九一八年八月二十六日至一九一九年七月十八日間服役，並於一九一九年七月二十四日光榮退役。Arthur Middleton, Application, Ancestry.com. Pennsylvania, World War I Vet-erans Service and Compensation Files, 1917–1919, 1934–1948, Provo, Utah: Ancestry.com Operations, 2015. 從事家事工作的女性生活方式各有不同（有的會住在雇主的家裡，不與她們自己的孩子住在一起）。Rebecca Sharpless, *Cooking in Other Women's Kitchens: Domestic Workers in the South, 1865–1960* (Chapel Hill: University of North Carolina Press, 2010), 113. Also see W.E.B. DuBois, *The Philadelphia Negro: A Social Study* (1899; repr.: Philadelphia: University of Pennsylvania Press, 1996), on Black women as heads of households, Kindle loc. 1445, 1808.
30. “The most important”: Dunbar, *Fragile Freedom*, 4; Dunbar, *Fragile Freedom*, 34, 44. 關於早期非裔美國商人階層的描述，也請見下列著作：DuBois, *Philadelphia Negro*, Kindle loc. 622, 630, 631, 999, 1001. 莎朗・哈雷（Sharon Harley）指出，在南北戰爭前的時期，居住在費城的大多數黑人女性都是家事幫傭或洗衣工人。有一小群人從事縫紉工作，工資比白人同行低。Sharon Harley, “Northern Black Female Workers: Jacksonian Era,” in *The Afro-American Woman: Struggles and Images*, ed. Sharon Harley and Rosalyn Terborg-Penn (1978; repr., Baltimore: Black Classic Press, 1997), 10–11.

New York City as a Case Study, 1700–1860," in *Inheritance and Wealth in America*, ed. Robert K. Miller, Jr., and Stephen J. McNamee (New York: Plenum, 1998), 94, 96, 104, 110. See also Stephanie E. Jones-Rogers, *They Were Her Property: White Women as Slave Owners in the American South* (New Haven: Yale University Press, 2019), chapter 2.

20. 茱莉亞・布萊恩－威爾森（Julia Bryan-Wilson）認為，布料作為一種材料的特殊之處在於它能夠同時傳達不同的含義，以及它的可拉伸性——一種在保持其物理連貫性的情況下能同時被拉伸和強調的能力。Bryan-Wilson, *Fray: Art and Textile Politics* (Chicago: University of Chicago Press, 2017), 4, 5, 28.

21. "Sewing together": Mark Auslander, "Rose's Gift: Slavery, Kinship, and the Fabric of Memory," *Present Pasts* 8, no. 1 (2017): 6, doi.org/10.5334/pp.78. 奧斯蘭德在此處完整引述的段落中寫到布包的這個面向，並提出了相當動人的分析。「她用這種有價值的家庭織品創造出她們女性血脈的織物。完工的布包雖然是一聲對於遙遠過往的不正義之哀嘆，但也是一種有形有體的家人重逢，讓那些被拆散的人得以重聚於此，並重新建立起奴隸制試圖消滅的家譜。人類學家珍・史奈德（Jane Schneider）和安奈・韋納（Annette B. Weiner）指出，布料「常用來隱喻社會，現則用來隱喻社會關係」，也指出「布的外觀和組成纖維是多麼容易令人聯想到連接或捆綁」。Jane Schneider and Annette B. Weiner, "Introduction," in *Cloth and Human Experience*, Annette B. Weiner and Jane Schneider, eds. (Washington D.C.: Smithsonian Institution Press, 1989), 2.

22. 考古學家伊莉莎白・巴伯（Elizabeth Wayland Barber）探討了「布料和衣服如何編入魔法於自身」。Barber, *Women's Work*, 155, 155n4. 巴伯指出，並不是所有研究希臘神話的學者都同意喬治・波林（George Bolling）針對荷馬的《伊利亞德》中玫瑰花的作用所提出的語言學解釋。

23. 文學學者瑪莉亞・莫伯格（Maria Mårdberg）在分析非裔美國作家牙買加・金凱德（Jamaica Kincaid）如何在她的著作中運用敘事來重新建立起因奴隸制而斷絕的母系時，使用了這一說法。Maria Mårdberg, " 'A Bleak, Black Wind': Motherlessness and Emotional Exile in Jamaica Kincaid's *The Autobiography of My Mother*," in *Reclaiming Home, Remembering Motherhood, Rewriting History: African American and Afro-Caribbean Women's Literature in the Twentieth Century*, ed. Verena Theile and Marie Drews (Newcastle upon Tyne: Cambridge Scholars, 2009), 28. Auslander, "Rose's Gift."

所導致的感覺反應時，我們也會產生情緒反應。同樣，敘事的形式也是跟隨一系列的反應或事件、順著時間的推移而展開，以此回應「正常事態的斷裂」。在意識到這種轉變（正常事件流程中的「複雜問題」）後，敘事者開始朝著他們所希望的正常方向前進，但發現自己已不是原來的自己，生命也因敘事的開展而有所改變。Tilmann Habermas and Verena Diel, "The Emotional Impact of Loss Narratives: Event Severity and Narrative Perspectives," *Emotion* 10, no. 3 (2010) 312–23. 敘事動力反映了情感動態，這使得講述故事成為審視情感和重新為情感定向的有效方式。這種效果在處理過去的創傷事件時產生作用。哈伯瑪斯和迪爾（Habermas and Diel）在兩份關於情感失落的口述故事對聽眾的影響的研究中發現，女性聽眾往往對講故事者的情感困境更有同情心和同理心（第一份研究有 一百六十二名參與者；第二份研究有兩百一十六名參與者）。

15. Gayl Jones, *Corregidora* (Boston: Beacon Press, 1975), 72.
16. 哈伯瑪斯（Tilmann Habermas）和伯格（Nadine Berger）發現，人們講述情感事件的方式會隨著時間過去發生變化。講述者講述同一事件時，隨著講述者的距離越來越遠，越來越接近釋懷時，故事會變得更加緊湊——更短，描述更少，同時也更具評價性——更加有距離、更與個人無關。在這個過程的中間階段（第一次講述故事之後，多次反覆講述故事之前），故事敘述會變得更長，因為講述者在努力解釋和整合經驗。Tilmann Habermas and Nadine Berger, "Retelling Everyday Emotional Events: Condensation, Distancing, and Closure," *Cognition and Emotion* 25, no. 2 (2011): 206–19.
17. Susan Tucker, *Telling Memories Among Southern Women: Domestic Workers and Their Employers in the Segregated South* (Baton Rouge: Louisiana State University Press, 1988), 4.
18. Elizabeth Wayland Barber, *Women's Work: The First 20,000 Years; Women, Cloth, and Society in Early Times* (New York: W. W. Norton, 1994), 153.
19. Laurel Thatcher Ulrich, *The Age of Homespun: Objects and Stories in the Creation of an American Myth* (New York: Alfred A. Knopf, 2001), 40. 在十八和十九世紀，家庭用品和衣服被認為是動產或「隨身物品」（paraphernalia，小規模的個人財產），兩者都是已婚的自由白人女性可以合法擁有的財產。女性傾向於把這樣的物品傳下去，尤其是傳給女兒。重點是，在一些殖民地和州內，為奴之人也被定義為動產，這使他們成為自由白人女性可以擁有和繼承的另一種財產。Joan R. Gundersen, "Women and Inheritance in America: Virginia and

Philadelphia. 下列作者觀察到，非裔美國人透過「以心愛親人的名字為後代命名」的舉動，在這個動盪年代裡聲明了「家庭的重要性」。Tera W. Hunter, *To 'Joy My Freedom: Southern Black Women's Lives and Labors After the Civil War* (Cambridge, Mass.: Harvard University Press, 1997), 38.

9. John Hope Franklin, Sidney Hillman Lectures, 1961, quoted in Kendra Taira Field, *Growing Up with the Country: Family, Race, and Nation After the Civil War* (New Haven: Yale University Press, 2018), 2. Franklin dates this period, also referred to as the "nadir," from the end of Reconstruction to 1923. Rayford Whittingham Logan, *The Negro in American Life and Thought: The Nadir, 1877–1901* (New York: Dial, 1954). Field, *Growing Up*, 176.
10. Hunter, *To 'Joy My Freedom*, 111, 217, 232.
11. City Directories, Columbia, S.C,. 1906, 1909, 1910, 1911, 1912, 1913, 1915, 1917, 1922, digital.tcl.sc.edu/digital/collection/sccitydirec/search. Ancestry.com. 1910 United States Federal Census, Lehi, Utah, USA: Ancestry.com Operations, 20060. Ancestry.com. 1900 United States Federal Census. Provo, Utah, USA: Ancestry.com Operations, 2004. 我很感謝系譜學家傑西．布斯托斯－尼爾森，他在哥倫比亞市的電話簿中找到了蘿莎和奧斯汀。關於黑人在這一時期可能在大學校園裡從事的工作（通常剝削勞力的工作），請見下列著作：Universities Studying Slavery Roundtable, *Public Historian* 42, no. 4 (2020).
12. Auslander, "Slavery's Traces," 6. Arthur Middleton and Ruth Jones Application of Marriage 387059, June 25, 1918, indicates that both of Ruth Middleton's parents were dead by 1918. After 1912, Austin Jones no longer appears in the Columbia city directories.
13. Italics added for emphasis.
14. 今天，故事講述或個人敘事經常被用來治療創傷和情緒問題。Jan Plamper, *The History of Emotions: An Introduction*, Emotions in History series (Oxford: Oxford University Press, 2015), 201. 今日的社會修復工作中，證詞所產生的力量便體現了講述故事對療癒過程的影響，南非種族隔離制度結束後成立的真相與和解委員會，以及加拿大為了反思自身在國營寄宿學校中虐待第一民族（原住民）兒童的行為而成立的真相與和解委員會皆為案例。講述與療癒之間的協同關係可能源自於「情感結構和敘事結構之間的相似性」——也就是說，如何體驗情感和如何經驗故事兩者之間的平行關係。認知方面的學者表示，當我們感覺到變化（我們的期待或當時的存在狀態被破壞）

southernspaces.org/2016/slaverys-traces-search-ashleys-sack. 二〇一七年，奧斯蘭德在奧蘭治堡當地的媒體上發布了他正在透過克里夫頓家族這條線尋找蘿絲後裔的消息。Dionne Gleaton, “Ashley’s Sack: ‘National Treasure’ of Slavery Era Has Local Ties,” Orangeburg, S.C., *Times and Democrat*, June 20, 2017.

2. “Fragile”: Erica Armstrong Dunbar, *A Fragile Freedom: African American Women and Emancipation in the Antebellum City* (New Haven: Yale University Press, 2008), 3.
3. Richard Zuczek, *State of Rebellion: Reconstruction in South Carolina* (Columbia: University of South Carolina Press, 1996), 15–16. Richard Mark Gergel, “Wade Hampton and the Rise of One-Party Racial Orthodoxy in South Carolina,” in *South Carolina in the Civil War and Reconstruction Eras*, ed. Michael Brem Bonner and Fritz Hamer (Columbia: University of South Carolina Press, 2016), 198.
4. Zuczek, *State of Rebellion*, 17–18; Edgefield Appeal quoted in Zuczek, 18. Dan T. Carter, “Fateful Legacy: White Southerners and the Dilemma of Emancipation,” in Bonner and Hamer, eds., *South Carolina in the Civil War*, 142, 145, 149. Martin Abbott, “The Freedmen’s Bureau and Its Carolina Critics,” in Bonner and Hamer, eds., *South Carolina in the Civil War*, 153, 154.
5. “Armed bands”: Zuczek, *State of Rebellion*, 12–13, 19, 30, 34, 55, 79, 138. Eric Foner, *Reconstruction: America’s Unfinished Revolution, 1863–1877* (New York: Harper & Row, 1988), 342–43. Edward L. Ayers, *The Thin Light of Freedom: The Civil War and Emancipation in the Heart of America* (New York: W. W. Norton, 2017), 371–72. Steven Hahn, *A Nation Under Our Feet: Black Political Struggles in the Rural South from Slavery to the Great Migration* (Cambridge, Mass.: Harvard University Press, 2003), 267–72.
6. Fields, *Lemon Swamp*, 200.
7. Fields, *Lemon Swamp*, 200–202.
8. 在她的結婚證書申請表上，茹思把母親的名字寫成「蘿絲」，並表示她的出生年份是一八九七年。人口普查紀錄顯示她大約是一九〇二年出生的。雖然「一八九七年」和「大約一九〇二年」落在同一範圍內，且很可能是人口普查中的小錯誤，但也可能是茹思為了申請結婚證書而故意把自己的年齡提高了五歲。Arthur Middleton and Ruth Jones Application of Marriage 387059, June 25, 1918, Commonwealth of Pennsylvania, Marriage License Bureau,

88. Dylan C. Penningroth, "My People, My People: The Dynamics of Community in Southern Slavery," in *New Studies in the History of American Slavery*, ed Edward E. Baptist and Stephanie M. H. Camp (Athens: University of Georgia Press, 2006), 168. Edward E. Baptist, "'Stol' and Fetched Here': Enslaved Migration, Ex-Slave Narratives, and Vernacular History," in Baptist and Camp eds., *New Studies*, 250.

64. Alice Walker, Foreword, *Barracoon: The Story of the Last "Black Cargo,"* by Zora Neale Hurston (New York: HarperCollins, 2018), ix. Ruth Gaskins, *A Good Heart and a Light Hand: Ruth L. Gaskins' Collection of Traditional Negro Recipes* (New York: Simon and Schuster, 1968), vii.

65. 愛德娜・路易斯的食譜中記載了如何製作香草糖：「將一條切開的香草莢埋在砂糖罐中，在使用前至少需要放置一個星期。」Edna Lewis, *In Pursuit of Flavor* (New York: Alfred A. Knopf, 1988), 304.

66. Recipes: Vertamae Smart-Grosvenor, *Vibration Cooking, or The Travel Notes of a Geechee Girl* (New York: Ballantine, 1970), 91, 94. National Council of Negro Women, *The Historical Cookbook of the American Negro* (1958; repr., Boston: Beacon, 2000), 119. Carolyn Quick Tillery, *The African-American Heritage Cookbook: Traditional Recipes and Fond Remembrances from Alabama's Renowned Tuskegee Institute* (Secaucus, N.J.: Carol Publishing Group, 1997), 200–201. Ruth L. Gaskins, *A Good Heart*, 77. Lewis, *In Pursuit of Flavor*, 304.

## 第 7 章：明亮的線索

1. 馬克・奧斯蘭德追蹤了蘿莎・克里夫頓的家族，他推測艾緒莉的名字可能改成了莎拉・克里夫頓（Sarah Clifton，一八八〇年南卡羅來納州奧蘭治堡郡人）或朵絲基／達絲基・克里夫頓（Dosky／Dasky Clifton，一八七〇年或一八八〇年哥倫比亞人）。雖然艾緒莉和上述兩位女性之間的關聯只是推測，但這進一步指出艾緒莉仍住在南卡羅來納中部。奧斯蘭德透過人口普查紀錄發現，黑人克里夫頓大家族分布在巴恩韋爾郡和奧蘭治堡郡，距離馬丁夫婦的蜜貝里莊園約五十英里。Mark Auslander, "Clifton Family and Ashley's Sack," *Cultural Environments* blog, December 30, 2016, culturalenvironments.blogspot.com/2016/. Auslander, "Slavery's Traces: In Search of Ashley's Sack," *Southern Spaces* blog, November 29, 2016, 12–13,

Robin Wall Kimmerer, *Braiding Sweetgrass: Indigenous Wisdom, Scientific Knowledge, and the Teachings of Plants* (Minneapolis: Milkweed Editions, 2013), 14.

55. 密西西比河和瓜達盧佩河及其支流沿岸都有野生胡桃。雖然東南部並非野生胡桃的起源地，但這種樹如今在艾緒莉和蘿絲居住的地區很普遍。McWilliams, *The Pecan*, 3. Wells, *Pecan*, 1, xiv, 9. Shields, "The Big Four Pecans & 3 Others of Note."
56. "Natural food": Grant D. Hall, "Pecan Food Potential in Prehistoric North America," *Economic Botany* 54, no. 1 (2000): 103–12, 110. Thomas R. Hester, Stephen L. Black, D. Gentry Steele, Ben W. Olive, and Anne A. Fox, *From the Gulf to the Rio Grande: Human Adaptation in Central, South, and Lower Pecos Texas*, Karl Reinhard Papers/Publications 59 (1989), chapter 6, Digital Commons, University of Nebraska–Lincoln. This archaeological survey submitted to the U.S. Army Corps of Engineers quotes from Thomas N. Campbell, *The Payaya Indians of Southern Texas* (1975) on Payaya encampments near streams where pecans grew.
57. Bruce W. Wood, Jerry A. Payne, and Larry J. Grauke, "The Rise of the U.S. Pecan Industry," *HortScience* 25, no. 6 (June 1990): 594, 721–23. McWilliams, *The Pecan*, 8, 10.
58. Wells, *Pecan*, 16, 20.
59. Wells, *Pecan*, 3, 4. McWilliams, *The Pecan*, 7. Hall, "Pecan Food Potential," 106–7. Rosengarten, *Book of Edible Nuts*, 171. See also Art Slemering, "Palate-Pleasing Pecans Are a Versatile, Native American Food," *Kansas City Star*, November 28, 1986, F1. "Native Americans Used Pecans Well," *Philadelphia Tribune*, December 3, 1991, 2C. For a poetic discussion of Native place-names and national memory, see Savoy, *Trace*, 69–87.
60. Hall, "Pecan Food Potential," 107–8. McWilliams, *The Pecan*, 16–17.
61. Rosengarten, *Book of Edible Nuts*, 189. Nelson, "A Paean to the Popular Pecan," F1, F14.
62. "Cushion": King, *Stolen Children*, 70.
63. 身為進入已被剝奪權利和飽受壓力的社群中的陌生人，為奴的孩子不必然會受到新莊園社群的歡迎。人們都需要時間融入和接納，在這之前往往得經歷長期的孤獨。Dylan C. Penningroth, *The Claims of Kinfolk: African American Property and Community in the Nineteenth-Century South* (Chapel Hill: University of North Carolina Press, 2003),

Mass.: Harvard University Press, 2013), 178.

41. Kathleen M. Hilliard, *Masters, Slaves, and Exchange: Power's Purchase in the Old South* (New York: Cambridge University Press, 2014), 48–49. Shields, *Southern Provisions*, 7–8.
42. 德魯・福斯特（Drew Faust）討論了詹姆斯・哈蒙德（James Henry Hammond）的南卡羅來納棉花園中勞動與舒適之間的這種辯證關係。Faust, *James Henry Hammond and the Old South: A Design for Mastery* (Baton Rouge: Louisiana State University Press, 1982), 75.
43. Thomas Andrews, "Beasts of the Southern Wild: Slaveholders, Slaves, and Other Animals in Charles Ball's *Slavery in the United States*," in *Rendering Nature: Animals, Bodies, Places, Politics*, ed. Marguerite S. Shaffer and Phoebe S. K. Young (Philadelphia: University of Pennsylvania Press, 2015), 26, 24, 27.
44. Hilliard, *Masters, Slaves, and Exchange*, 116, 127.
45. Schwalm, *A Hard Fight for We*, 34.
46. Johnson, *River of Dark Dreams*, 179. Miller, *Soul Food*, 26–27.
47. Joyner, *Down by the Riverside*, 102. Daughter of Robert F. W. Allston quoted on p. 101.
48. Miller, *Soul Food*, 19, 22, 24. Jessie Sparrow, Federal Writers' Project: Slave Narrative Project, vol. 14, South Carolina, Part 4, Raines-Young, 1936, pp. 138–39, 194, loc.gov/item/mesn144.
49. Sarah Byrd, Federal Writers' Project: Slave Narrative Project, vol. 4, Georgia, Part 1, Adams-Furr, p. 2, image 174, loc.gov/resource/mesn041. Also quoted in Hilliard, *Masters, Slaves and Exchange*, 47.
50. Eliza Potter, *A Hairdresser's Experience in High Life* (1859; repr., New York: Oxford University Press, 1991), 187–88.
51. 正如環境史學家德魯・史旺森指出的那樣：「食物揭示了形塑當地環境的力量。」Swanson, *Remaking Wormsloe*, 75. Sharpless, *Cooking in Other Women's Kitchens*, 2, 63.
52. Jim Henry, Federal Writers' Project: Slave Narrative Project, vol. 14, South Carolina, Part 2, 1936, pp. 266–67, loc.gov/item/mesn142/. Anderson Bates, Federal Writers' Project: Slave Narrative Project, vol. 14, South Carolina, Part 1, 1936, p. 42, loc.gov/item/mesn141/. Ed McCrorey, Federal Writers' Project: Slave Narrative Project, vol. 14, South Carolina, Part 3, p. 147.
53. Potter, *A Hairdresser's Experience*, 182.
54. "Protein": Wells, *Pecan*, xxiv. McWilliams, *The Pecan*, 7. "Designed":

孕婦和產婦有特殊需要。更可惡的是，奴隸主會將黑人女性安排在一些使她們容易受到白人性侵的地方工作。Schwalm, *A Hard Fight for We*, 41–44.

33. Schwalm, *A Hard Fight for We*, 14.
34. King, *Stolen Childhood*, 67.
35. Henry Brown, Federal Writers' Project: Slave Narrative Project, vol. 14, South Carolina, Part 1, Abrams-Durant, 1936, pp. 120–21, loc.gov/item/mesn141/. Ed McCrorey, Federal Writers' Project: Slave Narrative Project, vol. 14, South Carolina, Part 3, 1936, p. 147, loc.gov/item/mesn143/.
36. Mamie Garvin Fields with Karen Fields, *Lemon Swamp and Other Places: A Carolina Memoir* (New York: Free Press, 1983), 59.
37. Fields, *Lemon Swamp*, 59.
38. Adrian Miller, *Soul Food: The Surprising Story of an American Cuisine One Plate at a Time* (Chapel Hill: University of North Carolina Press, 2013), 26. 作者並未提供「穿大鞋」以收集白米一法的來源。他的資料來源包括歷史文件、聯邦作家計畫的前奴隸訪談、歷史烹飪書、黑人傳統菜餚餐廳的訪談以及諮詢廚師，請見第五頁。
39. 德魯・史旺森（Drew Swanson）提到了喬治亞沿海地帶莊園的「融合」菜色，受到「美國本土、非洲和歐洲的影響」。Drew Swanson, *Remaking Wormsloe Plantation: The Environmental History of a Lowcountry Landscape* (Athens: University of Georgia Press, 2012), 74. 雅卓安・米勒（Adrian Miller）將黑人傳統菜餚描述為「一種四百年來仍在發展的美食，融合了非洲、歐洲和美洲原住民的影響」，在一九六〇年代因著黑人權力政治運動所激發的文化團結精神而被稱為「黑人」飲食。Miller, *Soul Food*, 45. Shields, *Southern Provisions*, 7, 30, 31. Judith A. Carney and Richard Nicholas Rosomoff, *In the Shadow of Slavery: Africa's Botanical Legacy in the Atlantic World* (Berkeley: University of California Press, 2009), 17, 24, 112–13, 149, 180. Rayna Green, "Mother Corn and the Dixie Pig: Native Food in the Native South," *Southern Cultures* 14, no. 4 (2008): 114–26, 117. Miller, *Soul Food*, 113, 150, 188, 259. Francis Lam, "Edna Lewis and the Black Roots of American Cooking," *The New York Times Magazine*, October 28, 2015.
40. 華特・強森曾斷言，曾為奴之人的敘事中，「除了毆打和逃亡之外，關於食物的話題比任何其他話題都多」。Walter Johnson, *River of Dark Dreams: Slavery and Empire in the Cotton Kingdom* (Cambridge,

下列：skilledsurvival.com/5-things-to-consider-for-the-best-survival-foods/, primalsurvivor.net/survival-foods-list/, and "Plan Ahead for Disasters: Food," ready.gov/food. Jackie Mansky, "Food Historian Reckons with the Black Roots of Southern Food," Smithsonian.com, August 1, 2017. See also Michael W. Twitty, *The Cooking Gene: A Journey Through African American Culinary History in the Old South* (New York: HarperCollins, 2017).

27. Jill Radsken, "Second Life for Slave Narrative," *Harvard Gazette*, August 8, 2018.
28. Leslie A. Schwalm, *A Hard Fight for We: Women's Transition from Slavery to Freedom in South Carolina* (Urbana: University of Illinois Press, 1997), 35.
29. "Dangerous": Maurie D. McInnis, *The Politics of Taste in Antebellum Charleston* (Chapel Hill: University of North Carolina Press, 2005), 253. David S. Shields, *Southern Provisions: The Creation and Revival of a Southern Cuisine* (Chicago: University of Chicago Press, 2015), 27. Rebecca Sharpless, *Cooking in Other Women's Kitchens: Domestic Workers in the South, 1865–1960* (Chapel Hill: University of North Carolina Press, 2010), 4, 25.
30. Jane Clark, narrative recorded by Julia C. Ferris, read at the banquet of the Cayuga County Historical Society, February 22, 1897. Wilma King, *Stolen Childhood: Slave Youth in Nineteenth-Century America*, 2nd ed. (1995; repr., Bloomington: Indiana University Press, 2011), 59.
31. Jane Clark, by Julia Ferris.
32. Charles Joyner, *Down by the Riverside: A South Carolina Slave Community* (Urbana: University of Illinois Press, 1984), 100. 菲利普・摩根（Philip Morgan）在研究低地區奴隸主的財產所有權時，將食品列為南方索賠委員會戰後的證詞中最常見的財產種類。這些財產按普遍程度排序為：豬、玉米、白米和雞。Philip D. Morgan, "The Ownership of Property by Slaves in the Mid-Nineteenth-Century Low Country," *Journal of Southern History* 49, no. 3 (1983): 409. 這種飲食的多樣性似乎也可見於維吉尼亞沿海地帶。Patricia Samford, "The Archaeology of African-American Slavery and Material Culture," *William and Mary Quarterly*, 3rd ser., 53, no. 1 (1996): 95–96. 雖然人們經常認為任務體系對為奴之人來說是一種較好的勞動安排（在個人時間管理和財產獲取方面也是如此），但萊斯利・史旺（Leslie Shwalm）指出，有時奴隸主在分配任務時並不考慮能力問題，儘管

crop. David S. Shields, "The Big Four Pecans & 3 Others of Note," unpublished paper, shared with Tiya Miles, April 22, 2019.

16. Frederic Rosengarten, Jr., *The Book of Edible Nuts* (New York: Walker, 1984), 182. Quoted in Wells, *Pecan*, 34.
17. Wells, *Pecan*, 39, 40, 46. The Yale scientist was William H. Brewer; Brewer quoted in Wells, *Pecan*, 40.
18. "Much longer": McWilliams, *The Pecan*, 52. McWilliams, *The Pecan*, 69–70, Rosengarten, *Book of Edible Nuts*, 177.
19. McWilliams, *The Pecan*, 4.
20. Lauret Savoy, *Trace: Memory, History, Race, and the American Landscape* (Berkeley: Counterpoint, 2015), 29.
21. "The Old Woman Who Kept All the Pecans," George A. Dorsey, *Traditions of the Caddo* (Washington, D.C.: Carnegie Institution of Washington, 1905), 27, accessed at Louisiana Anthology, www2.latech.edu/~bmagee/louisiana_anthology/texts/dorsey/dorsey--caddo_traditions.html. Wells, *Pecan*, 17.
22. McWilliams, *The Pecan*, 18. Grant D. Hall, "Pecan Food Potential in Prehistoric North America," *Economic Botany* 54, no. 1 (2000): 105. "An Act to Amend the Law Passed 24th September, 1839, Regulating the Public Domain," Cherokee Executive Committee, *Constitution and Laws of the Cherokee Nation: Passed at Tahlequah, Cherokee Nation, 1839–51* (Tahlequah, Okla.: Cherokee Nation, 1852), 48. "An Act Against Destroying Pecan and Other Trees," Davis A. Homer, published by the Authority of the Chickasaw Legislature, *Constitution and Laws of the Chickasaw Nation, Together with the Treaties of 1832, 1833, 1834, 1837, 1852, 1855, 1856* (Parsons, Kans.: Foley Railway Printing Company, 1899), 91. A similar Seminole law is quoted in McWilliams, *The Pecan*, 18.
23. Kay Shaw Nelson, "A Paean to the Popular Pecan: Saga of an American Native," Special to *The Washington Post*, F14.
24. Susan Tucker, "Not Forgotten: Twenty-five Years Out from *Telling Memories:* Conversations Between Mary Yelling and Susan Tucker," *Southern Cultures* (Spring 2014): 93–101, 97.
25. Tiya Miles, "The Black Gun Owner Next Door," *The New York Times*, March 9, 2019.
26. 二〇一九年在Google上搜尋「維生食品」(survival food)會出現十二萬三千條結果，很多是預防災難和末日求生的網站，請參見頓講座中提出該發現。

9. Joyce E. Chaplin, *An Anxious Pursuit: Agricultural Innovation and Modernity in the Lower South, 1730–1815* (Chapel Hill: University of North Carolina Press, 1993), 10. Lenny Wells, *Pecan: America's Native Nut Tree* (Tuscaloosa: University of Alabama Press, 2017), 34.
10. Abner Landrum quoted in Wells, *Pecan*, 37.
11. Abner Landrum, "Fruit Trees," *American Farmer*, February 28, 1822, 8.
12. Wells, *Pecan*, 37. 蘭卓姆是典型的文藝復興人物，投入許多領域的工作；他是醫生、報紙編輯、自然科學家和藝術家。他在南卡羅來納州中部的創新製陶廠同時使用為奴勞動力和自由黑人勞動力。亞伯納・蘭卓姆的侄子兼製陶方面的商業夥伴哈維・德雷克（Harvey Drake）擁有戴夫・德雷克。Thomas More Downey, "Planting a Capitalist South: The Transformation of Western South Carolina, 1790–1860" (PhD diss., University of South Carolina, 2000), 147, South Caroliniana Library, University of South Carolina, Columbia. Leonard Todd, *Carolina Clay: The Life and Legend of the Slave Potter Dave* (New York: W. W. Norton, 2008), 16, 30–31, 36–37, 95, 262n14. Mark Newell, "Lives in Clay: Lewis Miles," Tag Archives: Lewis Miles, February 3, 2019, The Archaelogy Hour Podcast Blog, archaeologyhour.com.
13. 懷特海筆下的泰倫斯・蘭德爾是一個與他的兄弟詹姆斯・蘭德爾共同經營一座莊園的殘暴奴隸主：「他滿足於對兄弟女人的窺視，而對於他自己那一半的女人則盡情享用。『我喜歡品嘗我的李子，』泰倫斯說，他在一排排小屋間徘徊，看看有什麼能讓他心動。他破壞感情連結，有時會在奴隸的新婚之夜去看他們，並向丈夫展示履行婚姻責任的正確方式。他品嘗了他的李子、把皮弄破、留下他的印記。」Colson Whitehead, *The Underground Railroad* (New York: Doubleday, 2016), 30.
14. Landrum, "Fruit Trees," *American Farmer*, 6, 7, 8.
15. 嘗試種植胡桃的醫生名叫科隆布（A.E. Colomb）；得到胡桃枝子的橡樹巷莊園主名叫羅曼（J.T. Roman）。Wells, *Pecan*, 38–40. James McWilliams, *The Pecan: A History of America's Native Nut* (Austin: University of Texas Press, 2013), 61–62. Lenny Wells, "The Slave Gardener Who Turned the Pecan into a Cash Crop," What It Means to Be American: A National Conversation Hosted by the Smithsonian and Arizona State University, December 14, 2017, whatitmeanstobeamerican.org/ideas/the-slave-gardener-who-turned-the-pecan-into-a-cash-

## 第 6 章：撒種的艾緒莉

1. Stanlie M. James, "Introduction," in *Theorizing Black Feminisms*, eds. Stanlie M. James and Abena P. A. Busia (London: Routledge, 1993), 4. 作者認為，黑人的母性受到非洲文化源頭的影響，具有「創造性和連貫性」的特色。James, "Mothering," 45.
2. For discussions of enslaved people and ecological resistance, see J. T. Roane, "Plotting the Black Commons," *Souls: A Critical Journal of Black Politics, Culture and Society* 20, no. 3 (2019): 239–66. Tiffany Lethabo King, "Racial Ecologies: Black Landscapes in Flux," in *Racial Ecologies*, ed. Leilani Nishime and Kim D. Hester Williams (Seattle: University of Washington Press, 2018). Tiffany Lethabo King, "The Labor of (Re)reading Plantation Landscapes Fungible(ly)," *Antipode*, 2016.
3. 我很感謝哈佛大學環境史研討會的成員，他們在二〇一九年秋天回饋了他們對這一章的意見。在這次的討論中，波士頓大學的歷史學教授安迪．羅比修（Andy Robichaud）指出，這裡的「一把」聽起來像是烹飪的量詞。其他人則指出，胡桃是種不易腐爛的奢侈品，能用來交易。或者，這些胡桃可能實際上是另一個品種的含有天然毒素的堅果，可以像是氰化物藥丸那樣服用。
4. David S. Shields, "The Pecan (*Carya illinoinensis*)," unpublished paper, shared with Tiya Miles, April 22, 2019.
5. 德州胡桃是以桶裝運到查爾斯頓港口的，需要較小的容器盛裝才能帶回私人家中。對南北戰爭前查爾斯頓地區菜色的參考和引用來自下列著作：Shields, "The Pecan (*Carya illinoinensis*)."
6. Shields, "The Pecan (*Carya illinoinensis*)."
7. 布恩莊園在一八四三年種下橡樹大道，比胡桃插枝要早十五年左右。David S. Shields, "Major John Horlbeck's Pecan Grove at Boone Hall Plantation," paper shared with Tiya Miles, April 22, 2019. Also published as "Going Nuts," *Charleston Magazine*, October 2018, charlestonmag.com/features/going_nuts.
8. Shields, "The Pecan (*Carya illinoinensis*)." 作者強調這種與查爾斯頓和更廣大的南方地區有關的胡桃餡餅，是在一八八〇年代才由德州人發明的。David S. Shields, untitled, unpublished paper on pecan pie, shared with Tiya Miles, April 22, 2019. 作者也指出，他對胡桃派起源的看法符合安德魯．史密斯（Andrew F. Smith）的發現，史密斯在二〇一二年二月二十一日的一場名為「胡桃：烹飪歷史」的查爾斯

18, Deed Book BB, pp. 6, 75, 136, 215, 400, South Carolina Department of Archives and History (SCDAH); Deed Book HH, pp. 183, 184, 543, 544, SCDAH. 在南卡羅來納州檔案歷史部（SCDAH）的檔案中，托馬斯・加茲登所擁有的蘿絲與馬丁家族並沒有明確關聯。加茲登的公司位於喬莫街二號。查爾斯頓市衛生局的死亡紀錄中，曾出現一位名叫蘿絲的女奴。City of Charleston Health Department Death Records, January 1853–December 1857, p. 40. 南卡羅來納州歷史協會保存有一份托馬斯・加茲登的不完整文件，當中並未出現艾緒莉或蘿絲的賣身契；不過這樣的文件可能曾存在但現已丟失。很明顯的，蜜貝里・馬丁在一八五四年出售了她的大部分財產，但這些交易紀錄（如查爾斯頓財產移轉紀錄和巴恩韋爾契約紀錄）都沒有提到為奴之人。Thomas Gadsden, Slave Bills of Sale; Gadsden Family, Gadsden Family Papers, 1701-ca.–1955, South Carolina Historical Society, Addlestone Library. 我很感謝系譜學家傑西・布斯拉斯－尼爾森，他意識到馬丁家族與加茲登這個重要的奴隸貿易家族關係密切，也確認了這個奴隸販子擁有名為蘿絲的奴隸，以及與馬丁家以前的其他奴隸名字相同的奴隸。他推測蘿絲被馬丁家賣掉並死在奴隸圈養場裡。他認為，這名三十五歲的蘿絲年齡正好符合我們在奴隸制度的花園中所關注的那位蘿絲。這位蘿絲可能在艾緒莉被賣掉之後不久也被賣掉了。她可能在擠滿為奴者的牢房裡染上致命的疾病；或者，她是因為身上出現天花的症狀而被賣掉的。一八五四年，天花疫情席捲了查爾斯頓。

58. King, *Stolen Childhood*, 234–35. Ball, "Retracing Slavery's Trail of Tears." 這裡提到的確定兒童年齡的文件主要是指內容列出了遭到運輸的為奴之人的國內貿易艙單。

59. "Statement of APA President Regarding the Traumatic Effects of Separating Immigrant Families," press release, American Psychological Association, May 29, 2018, apa.org/news/press/releases/2018/05/separating-immigrant-families. "Immigrant Family Separations Must End, Psychologist Tells Congressional Panel," press release, American Psychological Association, February 7, 2019, apa.org/news/press/releases/2019/02/immigrant-family-separations. "Beating and torture" quote: Heather Stringer, "Psychologists Respond to a Mental Health Crisis at the Border," APA Monitor on Psychology (September 2018), apa.org/news/2018/border-family-separation.

43. Johnson, *Soul by Soul*, 22. Daina Ramey Berry, *The Price for Their Pound of Flesh: The Value of the Enslaved, from Womb to Grave, in the Building of a Nation* (Boston: Beacon Press, 2017), 61. Kemble, *Journal of a Residence on a Georgia Plantation*, 133.
44. Berry, *The Price*, 35–36. "A person with a price": Johnson, *Soul by Soul*, 1, 2.
45. Johnson, *Soul by Soul*, 113–15; Berry, *The Price*, 72.
46. Johnson, *Soul by Soul*, 2.
47. Kytle and Roberts, *Denmark Vesey's Garden*, 19, 176, 246. Robert Behre, "80 Years After Opening, Charleston's Old Slave Mart Museum Adds New Layers of History," *Post and Courier*, February 23, 2018. Edward Rothstein, "Emancipating History," *The New York Times*, March 11, 2011. 在某些人眼中，公然在公共場合展示半裸的黑人相當不體面，來到該州的遊客看到這些場面並發表評論時更是如此。這些評論讓北方激進分子更有立場在一八三〇年代時呼籲廢除奴隸制。由於觀感問題，查爾斯頓政府在一八五六年規定販賣奴隸的活動不得在公共街道上進行。
48. Hodgson, *Letters from North America*, 55–58; italics in original. McInnis, *Politics of Taste*, 15–16.
49. Quoted in Berry, *The Price*, 10–11.
50. "Helped them to": Baptist, *The Half*, 108–9. Pamela Newkirk, *A Love No Less: More Than Two Centuries of African American Love Letters* (New York: Doubleday, 2003), 9. 珠子（特別是藍色的珠子）似乎具有精神保護的意義。鈕釦可以用來製作類似波浪鼓的葫蘆樂器。更多關於在奴隸小屋發現的珠子和鈕釦的考古發現，以及關於這些物品的諸多精神和創造性用途，請見下列著作：Patricia Samford, "The Archaeology of African-American Slavery and Material Culture," *William and Mary Quarterly*, 3rd ser., 53, no. 1 (1996): 102, 111.
51. Picquet, *The Octoroon*, 18, 30–31, 25.
52. Picquet, *The Octoroon*, 25, 23, 24, 20, 31.
53. Ulrich, *Age of Homespun*, 111, 133.
54. Downey, "Planting a Capitalist South," 23–24.
55. Auslander, "Slavery's Traces," 6.
56. Josephine St. Pierre Ruffin quoted in Madden, *A History of Old Barnwell District, SC, to 1860* (Blackville, S.C.: Historical Business Ventures, 2001), 11.
57. Barnwell, S.C., Record of Deeds, Vols. AA–BB, 1842–47, Box 11, BW

37. Ruffin, quoted in Joseph P. Madden, *A History of Old Barnwell District, SC, to 1860* (Blackville, S.C.: Historical Business Ventures, 2001), 11, 10 ("pine barren"), South Caroliniana Library, University of South Carolina, Columbia. Downey, "Planting a Capitalist South," 17.
38. James W. Gray (Master in Equity) to James Carroll, 414(1), pp. 263–64, Charleston County Register of Mesne Conveyance. Property disputes engaged in by M. Martin after R. Martin's death: *Milberry S. Martin v. James B. Campbell*, Charleston District, Court of Equity Decree Books L 1092, 1858–61 pp. 64–76, 183H06. M. S. *Martin v. E. W. Pettit, et al.*, Charleston District, Court of Equity Decree Books L 1092, 1858–61, pp. 223–27, 183H06. *Mrs. M. S. Martin v. E. W. & L. F. Petit*, Charleston District, Court of Equity Bills, 1858, No. 65, L10090. *Milberry S. Martin, executrix of Robert Martin v. James B. Campbell*, Charleston District, Court of Equity Bills, 1858, No. 65, L10090.
39. 蜜貝里・馬丁在一八五〇年代進行的幾件土地交易如下：Milberry Serena Martin, lessor to City Council of Charleston, lessee, July 22, 1855, Book Q13, p. 389; M. S. Martin to Jos Aiken, August 2, 1858, Book E14, p. 198; MSM to Thomas Gadsden, July 6, 1854, Book V12, p. 209; MSM to James Gadsden, March 18, 1857, Book XB, p. 158; MSM to James Doolan, June 22, 1859, Book L14, p. 23; MSM to R. G. Stone, June 3, 1854, Book L13, p. 26. Js Bee, May 19, 1854, Book HB, p. 193, Charleston County Register of Mesne Conveyance. 蜜貝里・馬丁在一八六〇年代仍持續進行類似交易。Announcement for Barnwell plantation sale: Under Decree in *Equity, Martin v. Aiken et al., Charleston Courier*, February 6, 1854.
40. Elizabeth Keckley, *Behind the Scenes, or Thirty Years a Slave and Four Years in the White House* (1868; repr., New York: Oxford University Press, 1988), 23–34.
41. 歷史學家海瑟・威廉斯（Heather Williams）提出了這樣的論點：與死亡的確定終局相比，親人遭販賣、前途不明的情況也會重創為奴之人的心理。Heather Andrea Williams, *Help Me to Find My People: The African American Search for Family Lost in Slavery* (Chapel Hill: University of North Carolina Press, 2012), 122. 下列著作詳細描述了一位為奴母親因為與子女分離而產生長期的情緒問題：Sydney Nathans, *To Free a Family: The Journey of Mary Walker* (Cambridge, Mass.: Harvard University Press, 2012).
42. Picquet, *The Octoroon*, 18.

約克（York）。更多關於非裔美國人的命名儀式和非洲關聯的理論請見下列著作：Stuckey, *Slave Culture*, 194–98.

27. Harriet Ann Jacobs, *Incidents in the Life of a Slave Girl, Written by Herself* (1861; repr., Cambridge, Mass.: Harvard University Press, 1987), 78.
28. 本研究調查了南卡羅來納州以「Ashley」命名的地方和自然地貌，除了艾敘利河之外沒有什麼其他發現。但是，我們確實發現了在巴恩韋爾區（或郡）有一個叫艾敘利的小鎮，馬丁家族在該處有莊園地業。我不認為這個鎮的規模或地位會讓奴隸主或黑人親族把它用來命名。我很感謝我的研究助理迪倫・納爾遜（Dylan Nelson）進行這項調查。
29. Mark Auslander, "Slavery's Traces: In Search of Ashley's Sack," *Southern Spaces* blog, November 29, 2016, southernspaces.org/2016/slaverys-traces-search-ashleys-sack, 4–5. The overseer of Milberry Place Plantation was Robert Harper; Auslander, "Slavery's Traces," 4.
30. Schwalm, *A Hard Fight for We*, 51. Also see p. 54.
31. 是馬克・奧斯蘭德首先提出這個關於艾緒莉祖父母的論點。Auslander, "Slavery's Traces," 4.
32. 我在這裡使用的關於拍賣台的空間性質，以及這種空間使用方式的社會和經濟意義，都出自凱瑟琳・麥基翠（Katherine McKittrick）。*Demonic Grounds: Black Women and the Cartographies of Struggle* (Minneapolis: University of Minnesota Press, 2006), 72, 73, 75.
33. 華特・強森（Walter Johnson）提出了我在此借用的買家心理和社會層面的觀點，包括購入奴隸者認為他們的購買可以令他們有機會實現父家長制的原則。Johnson, *Soul by Soul*, 78–79, 108, 113.
34. For a study of plantation soil depletion, see Drew Swanson, *A Golden Weed: Tobacco and Environment in the Piedmont South* (New Haven: Yale University Press, 2014). Beckert, *Empire of Cotton*, 102–3, 107–8. Johnson, *Soul by Soul*, 6, 8. Walter Johnson, *River of Dark Dreams: Slavery and Empire in the Cotton Kingdom* (Cambridge, Mass.: Harvard University Press, 2013), 40–45. Baptist, *The Half*, 112–13, 116–17, 119–22.
35. Johnson, *Soul by Soul*, 23, 7.
36. Thomas More Downey, "Planting a Capitalist South: The Transformation of Western South Carolina, 1790–1860" (PhD diss., University of South Carolina, 2000), South Caroliniana Library, University of South Carolina, Columbia, 16–17.

*Country* (Tuscaloosa: University of Alabama Press, 2000), 85.

23. 如第二章所述，艾緒莉作為一個為奴的女孩或女人的名字出現在南卡羅來納州公開的奴隸紀錄中的次數只有三次。我很感謝歷史學家和學術管理人蘇珊・萊弗利（Susan Lively），她對這個研究的興趣讓她在社會安全管理局的資料庫中搜索了「Ashley」（艾緒莉／艾敘利）這個名字。她發現在一九〇〇年（該資料庫開始收集資料的時間）之後，此名常為男孩名，而在一九六〇年代之前偶爾為女孩名。這些資料沒有具體說明種族，但我們似乎可以假設至少在紀錄的早期，紀錄對象皆為白人。ssa.gov/cgi-bin/babyname.cgi. Charles H. Lesser, "Lords Proprietors of South Carolina," *South Carolina Encyclopedia*, June 2016, scencyclopedia.org/sce/entries/lords-proprietors-of-carolina/, 2.

24. 我描述的奴隸主命名方式出自艾拉・柏林的分析。Berlin, *Generations of Captivity: A History of African-American Slaves* (Cambridge, Mass.: Harvard University Press, 2003), 54. 這些具體例子都來自米朵頓莊園的奴隸名單，在此也頗能代表整個州的奴隸名單。Barbara Doyle, Mary Edna Sullivan, and Tracey Todd, eds., *Beyond the Fields: Slavery at Middleton Place* (Charleston: Middleton Place Foundation, 2008). For lists of slaves owned by the Middletons, see 43–59.

25. "Contempt": Berlin, *Generations of Captivity*, 54. On names bestowed in secret, see Berlin, *Generations of Captivity*, 65; also see Sterling Stuckey, *Slave Culture: Nationalist Theory and the Foundations of Black America* (New York: Oxford University Press, 1987), 196. 威爾瑪・金對奴隸制時代的黑人姓氏做出了可靠的分析，我在此使用了她的分析。*Stolen Childhood: Slave Youth in Nineteenth-Century America*, 2nd ed. (1995; repr., Bloomington: Indiana University Press, 2011), 47–50. 本例中的日名和季節名同樣來自米朵頓莊園的名單。Doyle, Sullivan, and Todd, *Beyond the Fields*, lists of slaves owned by the Middletons, 43–59.

26. 關於地名名字，請見下列著作：King, *Stolen Childhood*, 49; Charles Joyner, *Down by the Riverside: A South Carolina Slave Community* (Urbana: University of Illinois Press, 1984), 217–21. 值得留意的是，考量到某些特定歐洲城市的名字在此出現，這些被用來替奴隸命名的地名應該是出自奴隸主的意志，為奴之人不太可能渴望與這些城市有連結。在米朵頓莊園的奴隸名單中出現的名字包括格拉斯哥、布里斯托、倫敦、貝爾法斯特（Belfast）、謝菲爾德（Sheffield）和

University, 2015), 7, 8, 15, 16, 22, 23. Michael D. Byrd, "The First Charles Town Workhouse, 1738–1775: A Deterrent to White Pauperism?," *South Carolina Historical Magazine* 110, nos. 1–2 (2009): 35–52.

17. John J. Navin, "A New England Yankee Discovers Southern History," in *Becoming Southern Writers*, ed. Orville Vernon Burton and Eldred E. Prince, Jr. (Columbia: University of South Carolina Press, 2016), 186–87. Brenda Thompson Schoolfield, "Charleston Poorhouse and Hospital 1770–1856," South Carolina Encyclopedia, https://www.scencyclopedia.org/sce/entries/ charleston-poorhouse-and-hospital. 一七八〇年，查爾斯頓圍城戰期間，該地的火藥庫發生爆炸，摧毀了收容建築，有兩三百名的死傷。該事故發生後，查爾斯頓便將業務轉移到租來的糖廠（或方糖製造）大樓。Navin, "New England Yankee," 187; Smalls, "Behind Workhouse Walls," 27–28. *The Statutes at Large of South Carolina*, vol. 1 (Columbia, 1836), 432, quoted in Smalls, "Behind Workhouse Walls," 63.「逃亡的水手」一詞指的是由海路逃亡的罪犯。
18. Smalls, "Behind Workhouse Walls," 28, 29, 32. McInnis, *Politics of Taste*, 22, 225, 226.
19. McInnis, *Politics of Taste*, 22, 225, 226. Navin, "New England Yankee," 188.
20. Navin, "New England Yankee," 187. 小說家蘇・孟克・基德在她寫奴隸主格林凱姐妹的動人小說中也提到了「拿點糖」這個說法。Sue Monk Kidd, *The Invention of Wings* (New York: Penguin Books, 2014), 215.
21. Terror quote: Maria Fuentes, *Dispossessed Lives: Enslaved Women, Violence, and the Archive* (Philadelphia: University of Pennsylvania Press, 2016), 8. 費茲修・布倫迪（Fitzhugh Brundage）隱約將歐洲宗教和美國奴隸制社會以酷刑逼供的作法連在一起。W. Fitzhugh Brundage, *Civilizing Torture: An American Tradition* (Cambridge, Mass.: Harvard University Press, 2018), 24–30, 88–117.
22. Sinha, *Counter-Revolution of Slavery*, 5, 13, 14, 2. 一八一〇年之前，州立法院都由有產階級的白人男子選舉而產生，當時中上階層白人人口不斷增加，促使該州給予大多數成年白人男子選舉權。即便出現這種有限的選舉權進展，奴隸主在州政府中仍占主導地位。Sinha, *Counter-Revolution of Slavery*, 13. Erskine Clarke, *Wrestlin' Jacob: A Portrait of Religion in Antebellum Georgia and the Carolina Low*

*Life Inside the Antebellum Slave Market* (Cambridge, Mass.: Harvard University Press, 1999), 7. Edward E. Baptist, *The Half Has Never Been Told: Slavery and the Making of American Capitalism* (New York: Basic Books, 2014), 181–82.

5. Maurie D. McInnis, *The Politics of Taste in Antebellum Charleston* (Chapel Hill: University of North Carolina Press, 2005), 28. Sven Beckert, *Empire of Cotton: A Global History* (New York: Vintage, 2014), 114.
6. McInnis, *Politics of Taste*, 5, 35–36, 79.
7. Cynthia M. Kennedy, *Braided Relations, Entwined Lives: The Women of Charleston's Urban Slave Society* (Bloomington: Indiana University Press, 2005), 15.
8. Frances Anne Kemble, *Journal of a Residence on a Georgian Plantation in 1838–1839* (1961; repr., Athens: University of Georgia Press, 1984), 37.
9. Frederick Law Olmsted, *A Journey in the Seaboard Slave States* (New York: Mason Brothers, 1861), 404.
10. Beckert, *Empire of Cotton*, 102–6, xvi–xvii, 60. Baptist, *The Half*, 350. Joyce E. Chaplin, *An Anxious Pursuit: Agricultural Innovation and Modernity in the Lower South, 1730–1815* (Chapel Hill: University of North Carolina Press, 1993), 220–21, 278–80; Chaplin points out that the first cotton seed grown in Carolina came from the West Indies, (pp. 153–54) ,. McCurry, *Masters of Small Worlds*, 33–34. See, for example, Drew Gilpin Faust, *James Henry Hammond and the Old South: A Design for Mastery* (Baton Rouge: Louisiana State University Press, 1982).
11. Angelina E. Grimké, diary entry, February 6, 1829, Charleston, in *The Public Years of Sarah and Angelina Grimké: Selected Writings 1835–1839*, ed. Larry Ceplair (New York: Columbia University Press, 1989), 16.
12. Martineau, *Retrospect of Western Travel*, 236, 238–39.
13. 有關焦慮：Leslie A. Schwalm, *A Hard Fight for We: Women's Transition from Slavery to Freedom in South Carolina* (Urbana: University of Illinois Press, 1997), 13. "Architecture": Kytle and Roberts, *Denmark Vesey's Garden*, 21.
14. Myers, *Forging Freedom*, 25.
15. Olmsted, *Journey in the Seaboard Slave States*, 404.
16. Samantha Quantrellis Smalls, "Behind Workhouse Walls: The Public Regulation of Slavery in Charleston, 1730–1850" (PhD diss., Duke

*in 1838–1839* (1961; repr., Athens: University of Georgia Press, 1984), 93. This passage from Kemble is quoted in Camp, *Closer to Freedom*, 84. Camp analyzes the clothing that Kemble reported as having "roots in African visual arts."

72. Mary Boykin Chesnut, *A Diary from Dixie*, ed. Isabella D. Martin and Myrta Avary (New York: D. Appleton and Company, 1906), 250 (November 30, 1861).
73. Egypt, *Unwritten History*, 77.
74. 此處再次提到的裁縫師暨回憶錄作家梅根・史威尼，我曾與她多次討論服飾的話題。套一句某位藝術史學家的說法：「布料有種蘊含多種意義的能力。」Bryan-Wilson, *Fray*, 9.

## 第 5 章：拍賣台上

1. Peter H. Wood, *Black Majority: Negroes in Colonial South Carolina from 1670 Through the Stono Rebellion* (New York: W. W. Norton, 1974), xiv, 25. 伍德認為，黑人奴隸在人口數上超過自由白人可能是在 1708 年。Judith A. Carney and Richard Nicholas Rosomoff, *In the Shadow of Slavery: Africa's Botanical Legacy in the Atlantic World* (Berkeley: University of California Press, 2009), 151. Amrita Chakrabarti Myers, *Forging Freedom: Black Women and the Pursuit of Liberty in Antebellum Charleston* (Chapel Hill: University of North Carolina Press, 2011), 30–32. Stephanie McCurry, *Masters of Small Worlds: Yeoman Households, Gender Relations, and the Political Culture of the Antebellum South Carolina Low Country* (New York: Oxford University Press, 1995), 33–34. Manisha Sinha, *The Counter-Revolution of Slavery: Politics and Ideology in Antebellum South Carolina* (Chapel Hill: University of North Carolina Press, 2000), 12.
2. Sinha, *Counter-Revolution of Slavery*, 13.
3. Adam Hodgson, *Letters from North America*, vol. 1 (1824; repr., Bedford, Mass.: Applewood), 55–58. Harriet Martineau, *Retrospect of Western Travel*, vol. 1 (1838; repr., Bedford, Mass.: Applewood, 2007), 234–36.
4. Ethan J. Kytle and Blain Roberts, *Denmark Vesey's Garden: Slavery and Memory in the Cradle of the Confederacy* (New York: New Press, 2017), 12, 16–17. Myers, *Forging Freedom*, 28. Walter Johnson, *Soul by Soul:*

Cures: Healing, Health, and Power on Southern Plantations* (Chapel Hill: University of North Carolina Press, 2002), 70.

57. Faust, *Mothers of Invention*, 226, 223.
58. Egypt, *Unwritten History*, 134.
59. Egypt, *Unwritten History*, 144–45.
60. "Shape of their own form": Camp, *Closer to Freedom*, 79, 121–22. Faust, *Mothers of Invention*, 223.
61. Keckley, *Behind the Scenes*, 20, 141–42. Shaw, "Slave Cloth," 5. Hilliard, *Masters, Slaves, and Exchange*, 71.
62. Picquet, *The Octoroon*, 13–14.
63. Potter, *A Hairdresser's Experience*, 15.
64. Picquet, *The Octoroon*, 16–19.
65. Picquet, *The Octoroon*, 18–22. 蘇蘿妮・格林（Sharony Green）在下列著作中詳細描述了庫克和藍道夫對皮克施行的虐待：*Remember Me to Miss Louisa: Hidden Black-White Intimacies in Antebellum America* (DeKalb: Northern Illinois University Press, 2015), 72, 62–63.
66. Keckley, *Behind the Scenes*, 39–42.
67. Keckley, *Behind the Scenes*, 39–42, 31–36. 當時凱克利的主人是柏維爾夫婦，且可能被出租給威廉・賓漢，關於這一時期的深入分析請見下列著作：Jennifer Fleischner, *Mrs. Lincoln and Mrs. Keckley* (New York: Broadway Books, 2003), 65–88. 這些身體上的傷痕以被扯破的衣服作為象徵，這是她們自己的歷史資料，隨著時間推移，成了「為奴女性的故事」。這個疤痕作為歷史資料和這句話都是出自下列著作：Marisa Fuentes, *Dispossessed Lives: Enslaved Women, Violence, and the Archive* (Philadelphia: University of Pennsylvania Press, 2016), 14. 路易莎・皮克價格換算是由她被出售的大約年份算起，使用 westegg 網站上的通貨膨脹計算器。確切的數字是 38,920.32 美元。
68. Keckley, *Behind the Scenes*, 42, 43, 45. Toni Morrison, *Beloved* (New York: Plume, 1987), 257.
69. Erskine Clarke, *Wrestlin' Jacob: A Portrait of Religion in Antebellum Georgia and the Carolina Low Country* (Tuscaloosa: University of Alabama Press, 2000), 88, 89, 90, 91, 99.
70. Sam Aleckson, *Before the War and After the Union: An Autobiography* (Boston: Gold Mind, 1929), 51–53. Maurie McInnis interprets this scene somewhat differently; see McInnis, *Politics of Taste*, 240–41. Thornwell, *Lady's Guide*, 125.
71. Frances Anne Kemble, *Journal of a Residence on a Georgian Plantation*

*Textile Society of America*, Santa Fe, N.M., 2000, Digital Commons, University of Nebraska–Lincoln, digital commons.unl.edu/tsaconf/770, 266. Weaving houses were usually small, plain buildings; their size, materials, and capacity varied from plantation to plantation. John Michael Vlach, *Back of Big House: The Architecture of Plantation Slavery* (Chapel Hill: University of North Carolina Press, 1993), 84, 100, 101. Elise Pinckney, "Pinckney, Eliza Lucas," *South Carolina Encyclopedia*, scencyclopedia.org/sce/entries/pinckney-eliza-lucas/.

47. Madison, *Plantation Slave Weavers*, dyes: 35, 37, 47, 61, 76, 103; artistry: 53, 61 (Susie King), 89, 99, 103. Hampton, "African American Women," 262, 265.
48. Faust, *Mothers of Invention*, 47, 48.
49. Hampton, "African American Women," 266. Hampton spells this surname "Izad," a typographical error. For examples of enslaved women trained in weaving, see Madison, *Plantation Slave Weavers*, 33, 57.
50. Keckley, *Behind the Scenes*, 20.
51. Chaplin, *Anxious Pursuit*, 215. Maurie D. McInnis, *The Politics of Taste in Antebellum Charleston* (Chapel Hill: University of North Carolina Press, 2005), 261–62. Hilliard, *Masters, Slaves, and Exchange*, 71. Stephanie M. H. Camp, *Closer to Freedom: Enslaved Women and Everyday Resistance in the Plantation South* (Chapel Hill: University of North Carolina Press, 2004), 81–82.
52. "Hidden world": Shaw, "Slave Cloth," 7.
53. 本段的語言風格受《聖經》的啟發。「戰士在亂殺之間所穿戴的盔甲，並那染了血的衣服，都必作為可燒的，當作火柴。」以賽亞書9:5。有些讀者會注意到，我在這裡借用了哈利葉・雅各布斯的語言，她用這種措辭來描述她選擇輕微之惡的作法。Jacobs, *Incidents*, 54.
54. Hilliard, *Masters, Slaves, and Exchange*, 62, 83, 127.
55. Narrative of James Curry in John W. Blassingame, ed., *Slave Testimony: Two Centuries of Letters, Speeches, Interviews, and Autobiographies* (Baton Rouge: Louisiana State University Press, 1977), 128–29.
56. 史蒂芬妮・坎普（Stephanie Camp）是第一個指出為奴女性自製服裝的高度獨創性和創造性的學者。Camp, *Closer to Freedom*, 79, 69–78, 82–83. 德魯・福斯特（Drew Gilpin Faust）討論了箍圈裙的興起，以及南北戰爭期間白人女性難以取得箍圈的狀況。Faust, *Mothers of Invention*, 223–25. 夏拉・費特（Sharla Fett）描述了為奴女性將乾燥漿果製成首飾，並將桑樹皮作為腰帶佩戴。Sharla M. Fett, *Working*

會發額外的衣服給生小孩的母親，作為「繁殖」的獎勵。Drew Gilpin Faust, *James Henry Hammond and the Old South: A Design for Mastery* (Baton Rouge: Louisiana State University Press, 1982), 88.

38. Harriet Ann Jacobs, *Incidents in the Life of a Slave Girl, Written by Herself* (1861; repr., Cambridge, Mass.: Harvard University Press, 1987), 11.
39. Keckley, *Behind the Scenes*, 20–21.
40. 詹姆斯・哈蒙德的私人日記透露，他還與他擁有的一對母女（莎莉和路易莎・強森）發生了性關係，而且他可能使這兩位女性都懷孕了。Faust, *James Henry Hammond*, 314–17, 319.
41. Picquet, *The Octoroon*, 9, 12. Gayl Jones, *Corregidora* (Boston: Beacon Press, 1975). Deborah Gray White, *Ar'n't I A Woman? Female Slaves in the Plantation South* (New York: W. W. Norton, 1985), 32–34. 威爾瑪・金對十幾歲的為奴男孩暴露身體的情況提出了重要的觀察，即便他們身體已開始發育，也只有長襯衫可穿。一些來訪者和奴隸主都注意到這些男孩的生殖器暴露在外面，這無疑是公開羞辱這些男孩，也令他們易於成為他人的性對象。King, *Stolen Childhood*, 65–66. For the clothing excerpt transcript of the Morris Sheppard narrative that King analyzes here, see Madison, *Plantation Slave Weavers*, 83–84.
42. Emily Thornwell, *The Lady's Guide to Perfect Gentility in Manner, Dress, and Conversation* (New York: Derby & Jackson, 1856), 119–20.
43. White, *Ar'n't I A Woman*, 29, 32–34.
44. Shaw, "Slave Cloth," 5. Kathleen M. Hilliard, *Masters, Slaves, and Exchange: Power's Purchase in the Old South* (New York: Cambridge University Press, 2014), 71.
45. Egypt, *Unwritten History of Slavery*, 22, 20, 24, 27. Madison, *Plantation Slave Weavers*, head weavers: 31, 73, 98; sounds of weaving: 3, 21, 24, 49–50, 69, 101; night work: 9, 11, 79; nursing weavers: 17 (Cato Carter); falling asleep: 19. 在她對黑人女性勞動的經典研究中，賈桂琳・瓊斯（Jacqueline Jones）指出，有些女性在一天的工作結束前就得以從田間工作中解脫，以便準備織布。她還指出星期六有時會專門用來生產莊園的布料。Jacqueline Jones, *Labor of Love, Labor of Sorrow: Black Women, Work, and the Family, From Slavery to the Present* (New York: Vintage, 1985), 30–31.
46. Karen Hampton, "African American Women: Plantation Textile Production from 1750 to 1830," *Approaching Textiles, Varying Viewpoints: Proceedings of the Seventh Biennial Symposium of the*

*Cotton*, 147. Chaplin, *Anxious Pursuit*, 215.

27. 在一份對為奴黑人所使用的布料的研究中，尤蘭達・桑德斯（Eulanda A. Sanders）發現為奴之人在描述奴隸服給他們帶來的感覺時，主要聚焦在服裝的顯眼和不顯眼上頭。我指的是與過度可見（hypervisibility）和不可見（invisibility）相同的概念。Sanders, "Politics of Textiles," 740.
28. Shaw, "Slave Cloth," 1. "Sort of sack": quoted in Shaw, "Slave Cloth," 2.
29. Baptist, *The Half*, 114, 122.
30. Louisa Picquet, *The Octoroon: A Tale of Southern Life* (New York: published by the author, 1861), 12, electronic ed., Documenting the American South, University of North Carolina, Chapel Hill, docsouth.unc.edu/neh/picquet/picquet.html. Edward Ball, *Slaves in the Family* (New York: Ballantine Books, 1998), 97. Shaw, "Slave Cloth." Henry Middleton, Clothing Lists, Weehaw Plantation Journal, Addlestone Library.
31. Egypt, *Unwritten History*, 3, 24.
32. 威爾瑪・金（Wilma King）討論了為奴孩童衣著質料的不舒適和合身性問題，以及造訪南方的遊客對這些兒童衣著的負面評論。Wilma King, *Stolen Childhood: Slave Youth in Nineteenth-Century America*, 2nd ed. (1995; repr., Bloomington: Indiana University Press, 2011), 64–65.
33. Eliza Potter, *A Hairdresser's Experience in High Life* (1859; repr., New York: Oxford University Press, 1991), 18–19, 182, 192.
34. Frederick Law Olmsted, *A Journey in the Seaboard Slave States* (New York: Mason Brothers, 1861), 432.
35. Harriet Martineau, *Retrospect of Western Travel*, vol. 1 (1838; repr., Bedford, Mass.: Applewood), 218.
36. Shaw, "Slave Cloth," 3. 東南沿岸莊園勞動力的特點是有組織的任務體系，有時再加上父家長式的心態。相較之下，統治著阿拉巴馬州、路易斯安那州、密西西比州等向西擴展的棉花王國的莊園主則以前所未見的殘酷手段來榨取勞動力。Baptist, *The Half*; also see Walter Johnson, *River of Dark Dreams: Slavery and Empire in the Cotton Kingdom* (Cambridge, Mass.: Harvard University Press, 2013).
37. "Cheap calico": quoted in Shaw, "Slave Cloth," 2. Elizabeth Keckley, *Behind the Scenes, or Thirty Years a Slave and Four Years in the White House* (1868; repr., New York: Oxford University Press, 1988), 255–56. 南卡羅來納的奴隸主暨政治家詹姆斯・哈蒙德（James Hammond）

22. The Stranger, "Mr. Fowell." Lurie, *Language of Clothes*. "An Ordinance to Amend 'An Ordinance for the Government of Negroes and Other Persons of Color, Within the City of Charleston,' " in *A Digest of the Ordinances of the City Council of Charleston from the Year 1783 to Oct. 1844*, ed. George B. Eckhard (Charleston: Walker & Burke, 1844), Addlestone Library.
23. 羅伯・馬丁意識到了棉花加工的商機。他向南卡羅來納州一家名為葛蘭尼菲（Graniteville）的早期棉花製造商購買了價值一千美元的股票，該公司的雇員主要是貧窮的白人兒童。Ernest McPherson Lander, Jr., *The Textile Industry in Antebellum South Carolina* (Baton Rouge: Louisiana State University Press, 1969), 63. Robert Martin, Property Appraisement, Charleston, SCDAH.
24. Madelyn Shaw, "Slave Cloth and Clothing Slaves: Craftsmanship, Commerce, and Industry," *Journal of Early Southern Decorative Arts* 41 (2012): 1, 3, 4, 5. Eulanda A. Sanders, "The Politics of Textiles Used in African American Slave Clothing," Textile Society of America Symposium Proceedings, 740 (2012), Digital Commons, University of Nebraska–Lincoln, digitalcom mons.unl.edu/tsaconf/740, 1, 2, charts pp. 3–4. Joyce E. Chaplin, *An Anxious Pursuit: Agricultural Innovation and Modernity in the Lower South, 1730–1815* (Chapel Hill: University of North Carolina Press, 1993), 215. Louis Harmuth, *Dictionary of Textiles* (New York: Fairchild Publishing Company, 1915), 93. Mary Madison, *Plantation Slave Weavers Remember: An Oral History* (Middletown, Del.: Create Space Independent Publishing Platform, 2015), 133. Alison Kinney, *Hood*, Object Lessons Series (New York: Bloomsbury, 2016), Kindle loc. 433, 758. 作者指出，強制蒙頭是為了藏起蒙頭者的個性和所遭受的痛苦，但自願蒙面（如三K黨所使用的面罩）也被用於隱藏施暴者的身分，並創造出一種神秘和恐怖的感覺。我很感謝梅根・史威尼（Megan Sweeney）告訴我這個「物品課程系列」，並指出奴隸服裝和監獄服裝之間的關聯。
25. Florence M. Montgomery, *Textiles in America, 1650–1870* (New York: W. W. Norton, 1984), 309. Shaw, "Slave Cloth," 3. Edward E. Baptist, *The Half Has Never Been Told: Slavery and the Making of American Capitalism* (New York: Basic Books, 2014), 81.
26. 艾德・巴普蒂斯（Ed Baptist）指出：「洛厄爾每年總共耗掉為奴之人十萬天的勞動。」史文・貝克特（Sven Beckert）則指出，「洛厄爾布」這個詞在為奴之人間成了粗布的統稱。Beckert, *Empire of*

Act for the Better Ordering and Governing of Negroes, No. 586, 1735, McCord, ed., *Statutes at Large*, 385–97. An Act for the Better Ordering and Governing of Negroes, No. 670, 1740, McCord, ed., *Statutes at Large*, 397–416. The 1740 law repeated the language of the 1735 text.

16. 例如，麥克・札金就認為，在革命前和革命戰爭期間，家中自製的服裝代表了美國一種特殊的「政治想像」。這種自製服裝帶著簡單、節儉、勤勞和民主的意味，與英國的奢侈品相對。Michael Zakim, "Sartorial Ideologies: From Homespun to Ready-Made," *American Historical Review* 106, no. 5 (2001): 1553–85, 1554, 1562, 1564, 1570. 然而，查爾斯頓權貴喜好歐洲式的優雅服裝而非簡單的服裝。尤其是女士的華麗服飾，得到了北方批評觀察者的特別關注。茱莉亞・布萊恩－威爾森（Julia Bryan-Wilson）用「布料政治」一詞來說明「布料如何被用來推進政治議程」以及「政治如何物質化」。她用來支持此論點的例子，首先是新英格蘭的女性在革命戰爭前的時刻參與紡織聚會（spinning bees），以表達反英情緒並生產實際必需品。Julia Bryan-Wilson, *Fray: Art and Textile Politics* (Chicago: University of Chicago Press, 2017), 7. 關於此事，布萊恩－威爾森也引用了羅蕾・烏爾里希，因為烏爾里希是第一個詳細探討美國早期女性生產自織布的政治動力與迷思的人。Laurel Thatcher Ulrich, *The Age of Homespun: Objects and Stories in the Creation of an American Myth* (New York: Alfred A. Knopf, 2001).
17. For more on the use of secondhand shops to acquire cloth by women who were Black or white, enslaved or free, see Laura F. Edwards, "Textiles: Popular Culture and the Law," *Buffalo Law Review* 64 (2016): 193–214, 202.
18. Emily Burke, *Pleasure and Pain: Reminiscences of Georgia in the 1840s* (1850; repr., Savannah: Beehive Press, Library of Georgia, 1991), 24, 33.
19. Faust, *Mothers of Invention*, 221.
20. 關於商界權貴中的性別、社會權力和物質文化的精彩詮釋請見下文：Jennifer Van Horn, *The Power of Objects in Eighteenth-Century British America* (Chapel Hill: University of North Carolina Press, published for the Omohundro Institute of Early American History and Culture, 2017). The Stranger, "Mr. Fowell," *South-Carolina Gazette*, August 27, 1772, Addlestone Library.
21. The Stranger, "Mr. Fowell." Faust, *Mothers of Invention*, 226. "Defensive costume": Alison Lurie, *The Language of Clothes* (1981; repr., New York: Henry Holt, 2000), xiv.

9. Penningroth, *Claims of Kinfolk*, 90, 91.
10. Egypt, *Unwritten History*, 124.
11. 正如迪倫・佩寧格所指出的，物品也可以「創造出家庭」，讓那些可能沒有血緣關係的人產生密切和持久的聯繫，因為他們一起工作來獲得並分享財產。Penningroth, *Claims of Kinfolk*, 86, 87.
12. Elizabeth Wayland Barber, *Women's Work: The First 20,000 Years; Women, Cloth, and Society in Early Times* (New York: W. W. Norton, 1994), 128.
13. 由古至今，女性都是布料的主要製造者，這是一種由纖維交織而成的物品和藝術。纖維是任何一種可以用來做線或紗線的細絲。這些細絲（過去來自動物或植物，現在通常來自合成材料）可以彼此纏繞或旋轉，以紡出線來。不同粗細和長度的線彼此交織在一起便成為布。織布機是一種古老而有效的織布工具，由一組垂直的粗線（稱為經線）和一組水平的粗線（稱為緯線）組成。有四種天然纖維在製布領域中占主導地位：羊毛（從綿羊身上剪下來的）、亞麻（一種植物）、絲（由蠶紡成）和棉花。羊毛和亞麻是世界上最古老的纖維種類。十九世紀以來，棉花都是最常見的織物，這是美國南方通過奴隸勞動增加生產的直接結果。Jane Schneider and Annette B. Weiner, "Introduction," in *Cloth and the Human Experience*, Annette B. Weiner and Jane Schneider, eds. (Washington, D.C.: Smithsonian Institution Press, 1989), 1. Barber, *Women's Work*, 34, 35, 39. Ellsworth Newcomb and Hugh Kenny, *Miracle Fabrics* (New York: G. P. Putnams Sons, 1957), 13, 38–39, 60. Sven Beckert, *Empire of Cotton: A Global History* (New York: Vintage, 2014), xvi, xix, 100, 119, 431.
14. 這句話全文如下：「服裝成了一種語言，學者可以把服裝視為類似於文件的揭示材料。」Drew Gilpin Faust, *Mothers of Invention: Women of the Slaveholding South in the American Civil War* (Chapel Hill: University of North Carolina Press, 1996), 221. Viewing clothes like documents: Celia Naylor, "'Born and Raised Among These People, I Don't Want to Know Any Other': Slaves' Acculturation in Nineteenth-Century Indian Territory," in *Confounding the Color Line: The Indian-Black Experience in North America*, ed. James F. Brooks (Lincoln: University of Nebraska Press, 2002), 166.
15. An Act for the Better Ordering and Governing of Negroes, No. 57, 1690, David J. McCord, ed., *The Statutes at Large of South Carolina*, vol. 7, *Containing the Acts Relating to Charleston, Courts, Slaves, and Rivers* (Columbia, S.C.: A. S. Johnston, 1840), 343–47, Addlestone Library. An

之人和他們的家人用對「靈魂價值」的理解來反抗這些商業價值。

4. 為奴之人寫遺囑或贈與遺產並不合法。Joan R. Gundersen, "Women and Inheritance in America: Virginia and New York City as a Case Study, 1700–1860," in *Inheritance and Wealth in America*, ed. Robert K. Miller, Jr., and Stephen J. McNamee (New York: Plenum, 1998), 100.
5. Dylan C. Penningroth, *The Claims of Kinfolk: African American Property and Community in the Nineteenth-Century South* (Chapel Hill: University of North Carolina Press, 2003), 12, 61, 76, 77, 86, 90, 91.
6. Quoted in Penningroth, *Claims of Kinfolk*, 79, 223. Maria Perkins to Richard Perkins, October 8, 1852, quoted in Ulrich B. Phillips, *Life and Labor in the Old South* (Boston: Little, Brown and Company, 1929), 212. 作者在解釋這封信時寫道：「家人和財產對為奴之人都很重要。」（p. 79）菲利普・摩根指出他們對於財物的情感層面，引用了一位曾經為奴的女性的話。她說，當聯邦士兵拿走她的財產時，她哭了。Philip D. Morgan, "The Ownership of Property by Slaves in the Mid-Nineteenth-Century Low Country," *Journal of Southern History* 49, no. 3 (1983): 399–420, 409.
7. 菲利普・摩根指出，個人的責任感和對自己及先人的成就的自豪感來自於低地區的任務體系。這種體系讓為奴之人能夠省下時間並得到財產。Morgan, "Ownership of Property," 401, 403. 摩根也寫到親屬團體在有人死亡後集中資源和遺贈財產的方式：Morgan, "Ownership of Property," 403, 416–17. 他認為聯邦政府在南北戰爭後接受了曾為奴之人的一些財產要求，這代表政府承認他們是財產持有者，同時也承認在奴隸制時期，個別主人有權力決定為奴之人是否可以持有財產。奴隸主行使這一權力的程度各不相同。Morgan, "Ownership of Property," 409–10. 晚了摩根二十年的迪倫・佩寧格（Dylan Penningroth）則探討了為奴者擁有財產之非法，並承認，他們擁有一種事實上的所有權，這種所有權在當地環境和直接互動中經常獲得承認；Penningroth, *Claims of Kinfolk*, 7, 11, 45.
8. 這位受訪者在紀錄中沒有名字，菲斯克大學的研究人員於一九二九年和一九三〇年在肯塔基和田納西進行的這些採訪大都如此。值得注意的是，這個研究小組的負責人是一位非裔美國女性，這可能會影響到她所進行的訪談內容，可能讓受訪者更舒適（當然，不是全然舒適）並分享更多。相較之下，公共事業振興署的聯邦作家計畫在同一時期進行的大多數訪談都是由白人擔任採訪者。Ophelia Settle Egypt et al., *Unwritten History of Slavery: Autobiographical Accounts of Negro Ex-Slaves* (Nashville, Tenn.: Fisk University, 1968), 108.

定的。See Maria Mårdberg, " 'A Bleak, Black Wind': Motherlessness and Emotional Exile in Jamaica Kincaid's *The Autobiography of My Mother*," in Theile and Drews, eds., *Reclaiming Home*, 6. 在這種母愛的模式中，為奴的黑人女性——以及那些繼承了她們的遠見之愛和激進希望的傳統的女性——將這種行為擴展為一種社會行動的形式，建立在女性主義理論家史坦莉．詹姆斯（Stanlie James)所稱的「原民非洲」的母性基礎上，其特點是「創造力和連貫性」。詹姆斯稱這種類型的母性行動為「母親工作」（mother-work），一種特殊的「抵抗模式」。Stanlie M. James, "Mothering: A Possible Black Feminist Link to Social Transformation?," in *Theorizing Black Feminisms*, ed. Stanlie M. James and Abena P. A. Busia (London: Routledge, 1993), 45. 關於十八世紀的黑人女性如何努力建立和維護親屬網絡的多種方式（方式有時充滿矛盾）的細膩研究請見下列著作：Jessica Marie Johnson, *Wicked Flesh: Black Women, Intimacy, and Freedom in the Atlantic World* (Philadelphia: University of Pennsylvania Press, 2020).

83. Saidiya Hartman, *Lose Your Mother* (New York: Farrar, Straus and Giroux, 2007), 155. Hartman writes, strikingly, that "the stamp of the commodity haunts the maternal line," 80.
84. Jones, *Corregidora*, 10, 22.

### 第 4 章：蘿絲的物品清單

1. Robert Martin, Property Appraisement, Charleston, South Carolina Department of Archives and History (SCDAH). The commas in brackets have been added for clarity in the list.
2. 荷頓絲．史匹樂仔細斟酌了奴隸制文件（馬里蘭州的一部奴隸法）中所記錄的這個時刻。在這份文件中，「奴隸」一詞與動物和「幾乎無窮無盡的家庭事務內容」一起出現。Spillers, "Mama's Baby, Papa's Maybe: An American Grammar Book," *Diacritics* 17, no. 2 (1987): 79.
3. 戴娜．貝里和史蒂芬妮．瓊斯－羅傑提出的觀點是，為奴之人知道他們在奴隸制市場上的「價格」，並對這些別人制定的價格做出回應。Ramey Berry, *The Price for Their Pound of Flesh: The Value of the Enslaved, from Womb to Grave, in the Building of a Nation* (Boston: Beacon Press, 2017), 2; Stephanie E. Jones-Rogers, *They Were Her Property: White Women as Slave Owners in the American South* (New Haven: Yale University Press, 2019), Kindle loc. 1095. 貝里指出，為奴

71. Sharon G. Dean, "Introduction," Potter, *A Hairdresser's Experience*, xliii–xlv.
72. Potter, *A Hairdresser's Experience*, 145, 186.
73. Dean, "Introduction," Potter, *A Hairdresser's Experience*, xlvii.
74. Potter, *A Hairdresser's Experience*, 212, 64–65, 71, 151.
75. Potter, *A Hairdresser's Experience*, iv, 4. Potter uses this term for herself when describing the Palace of Versailles.
76. Myers, *Forging Freedom*, 53.
77. [John] Sella Martin, 1867 narrative, in Blassingame, *Slave Testimony*, 712–13. Heather Williams recounts this story in *Help Me to Find My People*, 124.
78. 許多研究奴隸制度的學者都注意到為奴之人是如何利用夜晚，下列著作僅為幾例：Camp, *Closer to Freedom*, 80; and Baptist, *The Half*, 144. "Part of the night": Kathleen Dean Moore, "The Gifts of Darkness," in *Let There Be Night: Testimony on Behalf of the Dark*, ed. Paul Bogard (Reno: University of Nevada Press, 2008), 12.
79. Walter Johnson, *Soul by Soul: Life Inside the Antebellum Slave Market* (Cambridge, Mass.: Harvard University Press, 1999), 2, 48, image inset, caption 1 below advertisement for slaves. 另一個把莊園裡的奴隸直接賣掉的常見時間點是元旦，緊接在聖誕假期之後。為奴之人通常很期待聖誕節日，這是一年之中的亮點。Jacobs, *Incidents*, 15–17.
80. 我將蘿絲的話語視為「遺言」的想法是受到德魯・吉爾平・佛斯特書寫內戰期間人類情感的著作影響。他描述在維多利亞時代的美國，臨終場景在文化上扮演著重要角色，以及戰場上的士兵、醫院裡的士兵，以及死亡士兵的同袍在寫給死者家屬的信中，如何試圖創造出遺言的情感與效果，暗示這個人在平安中逝世並有上帝同在。Drew Faust, *Republic of Suffering*, 10–13.
81. Jan Plamper, *The History of Emotions: An Introduction*, Emotions in History series (Oxford, UK: Oxford University Press, 2015), 56.
82. 當然，為奴母親對待孩子的行為模式十分複雜，並非所有的母親都將持續為奴看作是一種可接受的生活形式。戴娜・貝里（Daina Ramey Berry）和卡莉・格羅（Kali Bicole Gross）在《美國黑人女性史》（*A Black Women's History of the United States*）中指出，殺嬰的作法是一種反抗。*A Black Women's History of the United States* (Boston: Beacon Press, 2020), 37, 53, 60, 61, 63. 孩子仍活在人世的母親也會以疏遠和暴力對待孩子。就像任何兩個人之間的關係，以及父母和孩子之間的所有關係一樣，為奴母親對孩子的反應並不是固

58. Quoted in White and White, "Slave Hair," 58, 68.
59. Egypt, *Unwritten History*, 1.
60. Camp, *Closer to Freedom*, 84. White and White, "Slave Hair," 46, 48. 馬克・奧斯蘭德對艾緒莉的布包提出了耐人尋味的詮釋，將其視為一種宗教儀式。他指出，非裔美國人相信頭髮具有精神力量而將其放入保護性的小包或魔法袋中，這是受到西非信仰習俗的影響。Auslander, "Rose's Gift," 4.
61. Ira Berlin, Steven F. Miller, and Leslie S. Rowland "Afro-American Families in the Transition from Slavery to Freedom," *Radical History Review* 42 (1988): 89–121, 105. 我很感謝艾芙琳・希金波坦（Evelyn Brooks Higginbotham）為我提供了這個例子。海倫・謝梅克（Helen Sheumaker）在她對死者頭髮的研究中發現，在南北戰爭前的時代，因奴隸交易而分離的黑人父母有時會要求奴隸主剪下孩子的頭髮證明孩子還活著。這樣的假說還需要進一步的研究加以證實，不過，黑人父母可能把剪下的頭髮作為一種生命的象徵而非死亡的象徵來珍藏。Helen Sheumaker, *Love Entwined: The Curious History of Hairwork in America* (Philadelphia: University of Pennsylvania Press, 2007), xiii, xii.
62. Phebe Brownrigg to Amy Nixon in Blassingame, *Slave Testimony*, 22.
63. Siri Hustvedt, "Notes Toward a Theory of Hair," *New Republic*, September 23, 2015, 2; also see her analysis of the Rapunzel story and "maternal love," 11–12.
64. Sheumaker, *Love Entwined*, x. Ellen Parker, "The Vogue of Hair Jewelry and Ornaments Made of Hair," opening lecture of the hair jewelry exhibit, Gibbes Gallery of Art, Charleston, S.C., 1945, Hinson Audio/Visual Collection: Hinson Clippings, Box 1, Arts and Crafts, Charleston Library Society.
65. Sheumaker, *Love Entwined*, ix.
66. Parker, "Vogue of Hair Jewelry," 1.
67. Sheumaker, *Love Entwined*, xiii, xii. 男性也從事這項工作，但人數較少。在查爾斯頓，早在一七八〇年代就有男子在當地報紙上刊登廣告，宣傳嵌髮製品業務。查爾斯頓的嵌髮製品貿易也持續到二十世紀初，比許多地方都要長。Parker, "Vogue of Hair Jewelry," 6.
68. Sonya Clark, *The Hair Craft Project*, exhibit catalog (Richmond, Va.: Sonya Clark, 2016).
69. Sonya Clark, email interview with Tiya Miles, October 21, 2018.
70. Potter, *A Hairdresser's Experience*, 27, 45.

*of Frederick Douglass* (1845; repr., Google Books version), 62, 65–66. 就像道格拉斯一樣，出生在肯塔基州的奴隸制中也策劃了幾次逃亡的亨利．畢柏（Henry Bibb）描述了在奴隸社群使用咒術的情況；他說他不相信咒術能保護他。Henry Bibb, *The Life and Adventures of Henry Bibb, an American Slave* (1850; repr., Madison: University of Wisconsin Press, 2001), 26–27. Raboteau, *Slave Religion*, 276–77. Fett, *Working Cures*, 102–3. Chireau, *Black Magic*, Kindle loc. 826, 107.

46. "Empowerment": Fett, *Working Cures*, 102.
47. James H. Sweet, *Domingo Álvares, African Healing, and the Intellectual History of the Atlantic Worl*d (Chapel Hill: University of North Carolina Press, 2011), 182. Chireau, *Black Magic*, Kindle loc. 807.
48. Patricia Samford, "The Archaeology of African-American Slavery and Material Culture," *William and Mary Quarterly*, 3rd ser., 53, no. 1 (1996): 87–114, 107.
49. Fett, *Working Cures*, 103.
50. Stephanie Camp, *Closer to Freedom: Enslaved Women and Everyday Resistance in the Plantation South* (Chapel Hill: University of North Carolina Press, 2004), 84. Shane White and Graham White, "Slave Hair and African American Culture in the Eighteenth and Nineteenth Centuries," *Journal of Southern History* 61, no. 1 (1995): 45–76, 49, 50, 56, 69, 71, 72, 73.
51. White and White, "Slave Hair," 73.
52. White and White, "Slave Hair," 60.
53. See, for instance, Noliwe M. Rooks, *Hair Raising: Beauty, Culture, and African American Women* (New Brunswick, N.J.: Rutgers University Press, 1996), 5, 8, 9.
54. Deborah Gray White, *Ar'n't I a Woman? Female Slaves in the Plantation South* (New York: W. W. Norton, 1985), 42, 38–40. Also see Edward E. Baptist, " 'Cuffy,' 'Fancy Maids,' and 'One-Eyed Men': Rape, Commodification, and the Domestic Slave Trade in the United States," *American Historical Review* 106, no. 5 (2001): 1619–50.
55. Jacobs, *Incidents*, 77.
56. Louisa Picquet, *The Octoroon: A Tale of Southern Life* (New York: published by the author, 1861), 17, electronic ed., Documenting the American South, University of North Carolina, Chapel Hill, docsouth.unc.edu/neh/picquet/picquet.html.
57. Egypt, *Unwritten History*, 67.

2017), 55–84.

41. 馬克・奧斯蘭德所做的這個耐人尋味的解釋（他承認這是仍未定案的想法），是出自於他對沿海地區黑人居民所做的七次訪談。他認為蘿絲屬於一個從北卡羅來納州南部延伸到佛羅里達州北部的黑人社群，由於與世隔絕，這個社群在奴隸制時期和之後的幾十年裡保留了源自非洲的文化習俗。Auslander, "Rose's Gift: Slavery, Kinship, and the Fabric of Memory," *Present Pasts* 8, no. 1 (2017): 4. 雖然這一地區的非裔美國人通常被統稱為古拉人（卡羅來納州）或吉克爾（卡羅來納州）或吉奇人（與喬治亞州有關），但這一群體在十九世紀的文化上並不像當代人所理解的那麼一致。關於古拉吉奇人（Gullah Geechee）如何形塑文化身分和標誌的近期研究，請見下列文章：Edda L. Fields-Black, "Lowcountry Creoles: Coastal Georgia and South Carolina Environments and the Making of the Gullah Geechee," in *Coastal Nature, Coastal Culture: Environmental Histories of the Georgia Coast*, ed. Paul S. Sutter and Paul M. Pressly (Athens: University of Georgia Press, 2018). 該文作者認為，「古拉吉奇」是一個二十世紀的說法，它只是東南沿海的黑人所經歷的殖民者與本族文化混合的一個例子與時刻而已。艾伯特・羅伯特（Albert Raboteau）寫道，頭髮、指甲和其他身體部位的碎片，都被認為在「攻擊性咒術」方面具有特殊的力量（pp. 129－31, 141）。Raboteau, *Slave Religion*, 34. 考古學家茉德・沃曼（Maude Wahlman）則認為，頭髮被視為符咒中的一個強大元素是因為「頭髮生長之處靠近頭腦，所以頭髮符咒肯定能影響頭腦」。Maude Southwell Wahlman, "African Charm Traditions Remembered in the Arts of the Americas," *African Impact on the Material Culture of the Americas: Conference Proceedings* (Winston-Salem, N.C.: Museum of Early Southern Decorative Arts, 1996), 6.
42. Yvonne P. Chireau, *Black Magic: Religion and the African American Conjuring Tradition* (Berkeley: University of California Press, 2003), Kindle loc. 826. Sharla M. Fett, *Working Cures: Healing, Health, and Power on Southern Plantations* (Chapel Hill: University of North Carolina Press, 2002), 102, 104, 105. Raboteau, *Slave Religion*, 276, 278.
43. Chireau, *Black Magic*, Kindle loc. 807, 817. Fett, *Working Cures*, 102–3. Raboteau, *Slave Religion*, 237–38.
44. Sterling Stuckey, *Slave Culture: Nationalist Theory and the Foundations of Black America* (New York: Oxford University Press, 1987), 33, 35, 54–55; Raboteau, *Slave Religion*, 29–30, 45–46, 74, 212, 243.
45. Blight, *Frederick Douglass*, 64. Frederick Douglass, *Narrative of the Life*

University of North Carolina Press, 2003), 54–55. Myers, *Forging Freedom*, 49.

34. Myers, *Forging Freedom*, 47, 61, 54–59.

35. Baptist, The Half, 168.

36. Spillers, "Mama's Baby," 74. 正如大衛・布萊特在分析費德克・道格拉斯對黑人靈歌的看法時寫道：「奴隸們總是在製造他們自己的基列香膏。」Blight, *Frederick Douglass: Prophet of Freedom* (New York: Simon and Schuster, 2018), 33. 莎迪亞・哈特曼指出黑人母親在照顧和供應孩子時所面臨的危險。Saidiya Hartman, "The Belly of the World: A Note on Black Women's Labors," *Souls* 18, no. 1 (2016): 166–73, 171.

37. Alice Walker, *In Search of Our Mothers' Gardens* (New York: Harcourt Brace Jovanovich, 1983). Blood-relations quote: Spillers, "Mama's Baby," 74.

38. Egypt, *Unwritten History*, 133.

39. Jane Clark, narrative recorded by Julia C. Ferris, read at the banquet of the Cayuga County Historical Society, February 22, 1897. 珍・克拉克在一八五七年逃跑，一八五九年到達紐約，並在一八九〇年代向茱莉亞・費里斯講述了她的故事。我很感謝蘿賓・伯恩斯坦，她發現了這段敘述，並將其轉錄下來，後來發表於《早期美國生活》期刊（*Common-Place: The Journal of Early American Life*）之前與我分享了一份副本。艾拉・柏林（Ira Berlin）描述了擁有財物的為奴之人在得知自己將被迫遷往西邊時，試圖出售物品或將物品送給親屬。Berlin, *Generations of Captivity: A History of African-American Slaves* (Cambridge, Mass.: Harvard University Press, 2003), 218. 奧黛維亞・巴特勒《播種者的寓言》中的主角蘿倫・奧拉米納在逃離遭到攻擊的小鎮時，也以兩個枕頭套打包物品帶走。Octavia E. Butler, *Parable of the Sower* (New York: Warner Books, 1993), 71.

40. 法律史學家蘿拉・愛德華（Laura F. Edwards）提出了關於服裝、身分和逃跑的這一觀點。她指出不同背景和階級的女性是如何擁有、出借和交易布製品作為儲備財物。Edwards, "Textiles: Popular Culture and the Law," *Buffalo Law Review* 64 (2016): 199, 196, 197. Also see Laura F. Edwards, "Sarah Allingham's Sheet and Other Lessons from Legal History," *Journal of the Early Republic* 38, no. 1 (Spring 2018): 121–47. For a discussion of wardrobe changes to mask or transmute gender in escapes, see C. Riley Snorton, *Black on Both Sides: A Racial History of Trans Identity* (Minneapolis: University of Minnesota Press,

*the Antebellum South* (1978; repr., New York: Oxford University Press, 2004), 310–11. Erskine Clarke, *Wrestlin' Jacob: A Portrait of Religion in Antebellum Georgia and the Carolina Low Country* (Tuscaloosa: University of Alabama Press, 2000), xxvii.

24. 「拯救她們的家人」：Verena Theile and Marie Drews, "Introduction: African American and Afro-Caribbean Women Writers: Writing, Remembering, and 'Being Human in the World,' " in *Reclaiming Home, Remembering Motherhood, Rewriting History: African American and Afro-Caribbean Women's Literature in the Twentieth Century*, ed. Verena Theile and Marie Drews (Newcastle upon Tyne: Cambridge Scholars, 2009), xviii.
25. Charles Whiteside in Blassingame, *Slave Testimony*, 597–98.
26. In a circumstance of dread and fear, Harriet Jacobs refers to her children as "ties" and "links" to life. Jacobs, *Incidents*, 58, 76.
27. For a history and analysis of reproductive slavery, see Jennifer L. Morgan, *Laboring Women: Reproduction and Gender in New World Slavery* (Philadelphia: University of Pennsylvania Press, 2004).
28. Amrita Chakrabarti Myers, *Forging Freedom: Black Women and the Pursuit of Liberty in Antebellum Charleston* (Chapel Hill: University of North Carolina Press, 2011), 51.
29. Agent John William De Forest quoted by Heather Andrea Williams, *Help Me to Find My People: The African American Search for Family Lost in Slavery* (Chapel Hill: University of North Carolina Press, 2012), 146.
30. Vilet Lester letter to Miss Patsey Patterson, August 29, 1857, Bullock County, Georgia, Joseph Allred Papers, Special Collections Library, Duke University, scriptorium.lib.duke.edu/lester/.
31. Vilet Lester letter to Miss Patsey Patterson, August 29, 1857. 歷史學家傑西卡・米沃（Jessica Milward）寫道：「為奴女性一直處在持續的哀悼狀態中。」這導致研究哀悼一題在黑人女性歷史的領域中相當重要，也影響重大。Jessica Milward, "Black Women's History and the Labor of Mourning," *Souls* 18, no. 1 (2016): 161–65, 162.
32. For a discussion of the use of feeling in Indigenous feminist historical interpretive practice, see Dian Million, "Felt Theory: An Indigenous Feminist Approach to Affect and History," *Wicazo Sa Review* 24, no. 2 (Fall 2009): 53–76.
33. Dylan C. Penningroth, *The Claims of Kinfolk: African American Property and Community in the Nineteenth-Century South* (Chapel Hill:

Irvin Painter, "Soul Murder and Slavery: Toward a Fully Loaded Cost Accounting," in *U.S. History as Women's History: New Feminist Essays*, ed. Linda K. Kerber, Alice Kessler-Harris, and Kathryn Kish Sklar (Chapel Hill: University of North Carolina Press, 1995), 139–40.

11. Hortense Spillers, "Mama's Baby, Papa's Maybe: An American Grammar Book," *Diacritics* 17, no. 2 (1987): 64–81, 74.
12. Harriet Ann Jacobs, *Incidents in the Life of a Slave Girl, Written by Herself* (1861; repr., Cambridge, Mass.: Harvard University Press, 1987), 139, 62, 77.
13. Daina Ramey Berry, *The Price for Their Pound of Flesh: The Value of the Enslaved, from Womb to Grave, in the Building of a Nation* (Boston: Beacon Press, 2017), 28, 30.
14. Toni Morrison, *Beloved* (New York: Plume, 1987), 272.
15. Moses Grandy, "Life of Moses Grandy," in *North Carolina Slave Narratives: The Lives of Moses Roper, Lunsford Lane, Moses Grandy, and Thomas H. Jones*, ed. William L. Andrews (Chapel Hill: University of North Carolina Press, 2003), 159. Also cited in Berry, *The Price*, 27–28.
16. Mary White Ovington in John W. Blassingame, ed., *Slave Testimony: Two Centuries of Letters, Speeches, Interviews, and Autobiographies* (Baton Rouge: Louisiana State University Press, 1977), 537.
17. Egypt, *Unwritten History*, 145. "Puss" was a nickname for this elder daughter bestowed by her mother, Fannie. Puss was also called Cornelia. Egypt, *Unwritten History*, 143.
18. 瑪格麗特・加納的自傳參見：Nikki M. Taylor, *Driven Toward Madness: The Fugitive Slave Margaret Garner and Tragedy on the Ohio* (Athens: Ohio University Press, 2016). Garner was the model for Toni Morrison's character Sethe in *Beloved*.
19. 她被賣掉的妹妹名叫艾倫（Ellen）。Egypt, *Unwritten History*, 53.
20. Lewis Hayden in Blassingame, *Slave Testimony*, 696. 作者說他的母親和他說這些話的時候，他才七歲或八歲。
21. Egypt, *Unwritten History*, 99–100.
22. Egypt, *Unwritten History*, 143.
23. 奈爾・派恩特談到了奴隸制度造成的心理傷害和為奴父母毆打孩子以使他們適應奴隸制的事。Painter, "Soul Murder and Slavery," 133, 141. For more on religion as support, consolation, and resistance, see Albert J. Raboteau, *Slave Religion: The "Invisible Institution" in*

員貝弗利・唐納（Beverly Donald）於二〇二〇年一月提供給研究人員傑西・布斯托斯－尼爾森的木蘭墓園名冊。文件指出羅伯・馬丁的死亡日期是一八五二年十二月十二日，六十二歲。他的妻子蜜貝里・馬丁被埋在他身邊，她的死亡日期是一八七七年二月二日，六十九歲。馬丁、艾肯、米恩斯和巴恩韋爾家族的其他成員都被葬在馬丁身旁。Robert Martin (1791–1852), Find a Grave memorial, findagrave.com/memorial/69820867/robert-martin.

2. Wilma King, *Stolen Childhood: Slave Youth in Nineteenth-Century America*, 2nd ed. (1995; repr., Bloomington: Indiana University Press, 2011), 59.
3. Return of Deaths within the City of Charleston, from the 12th to 18th December 1852, South Carolina Death Records, South Carolina Data Collections, Ancestry.com.
4. 愛德華・波爾（Edward Ball）詳述了這條他稱之為「奴隸的眼淚之路」的路途，主要借助與維吉尼亞州和田納西州奴隸販子的來往信件。他還描述了與奴隸販子的後裔以及曾經由他們雙手遭到買賣的人之間的互動。他多次提到了他們為為奴之人提供新衣服，作為銷售包裝的一部分。他還指出，布魯克斯兄弟（Brooks Brothers）會向承擔高級傭人職責的奴隸（例如馬車司機）提供正式服裝並因此聞名。Edward Ball, "Retracing Slavery's Trail of Tears," *Smithsonian Magazine*, November 2015.
5. Ophelia Settle Egypt et al., *Unwritten History of Slavery: Autobiographical Accounts of Negro Ex-Slaves* (Nashville, Tenn.: Fisk University, 1968), 41.
6. Edward E. Baptist, *The Half Has Never Been Told: Slavery and the Making of American Capitalism* (New York: Basic, 2014), xxi.
7. Quoted in Baptist, *The Half*, xxi.
8. Frances Ellen Watkins Harper, "The Slave Mother: A Tale of the Ohio," in *A Brighter Coming Day: A Frances Ellen Watkins Harper Reader,* ed. Frances Smith Foster (New York: Feminist Press, 1990), 84–86.
9. 「令人無能為力的不確定事態。」Drew Gilpin Faust, *This Republic of Suffering: Death and the American Civil War* (New York: Vintage, 2008), 131. 作者用這句話來描述南北戰爭以及人們對於死亡和變遷的共同經歷所導致的社會和文化動盪。我引用此言來指出，這就是為奴母親生存的狀態。
10. 奈爾・派恩特（Nell Painter）認為，黑人透過家庭支持和宗教信仰這兩種方式在奴隸制的心理和身體傷害中生存下來。Nell

爾森，是他發現了這篇ancestry.com的文章並發現這可能與我們的研究有關，同時也感謝維多莉亞．凱莉（Victoria Carey），她與布斯托斯－尼爾森先生分享了關於黑人馬丁家族的最新新聞。Martin, *Martin Family*, 1880. Jacobs, *Incidents*, 28.

50. Marise Bachand, "A Season in Town: Plantation Women and the Urban South, 1790–1877" (PhD diss., University of Western Ontario, 2011), 28. 南卡羅來納州艾肯市的貝斯特（Best）和海克斯（Hext）家族的女性所寫下的信件中，有許多關於這種定期往返查爾斯頓和鄉下莊園與農場的例子，原因有季節性旅行、購物和社交活動。Best and Hext Family Papers, Manuscripts Annex Box 1, South Caroliniana Library, University of South Carolina. Burke, *Pleasure and Pain*, 73. 雖然鄉間和城市區域在一個依賴馬匹運輸的社會裡距離相當遙遠，但兩地卻因資本、人與動物的流動而緊密相連。正如艾妲．費爾茲－布萊克（Edda Fields-Black）所指出的那樣，南卡羅來納州和喬治亞州沿海和內陸的為奴之人間形成了人際網絡。Edda L. Fields-Black, "Lowcountry Creoles: Coastal Georgia and South Carolina Environments and the Making of the Gullah Geechee," in *Coastal Nature, Coastal Culture: Environmental Histories of the Georgia Coast*, ed. Paul S. Sutter and Paul M. Pressly (Athens: University of Georgia Press, 2018), 141.
51. 此處我借用了華特．強森（Walter Johnson）提出的豐富的歷史（abundat histories）和象徵性真理（symbolic truths）的概念。他指出，真理是可識別之物，即便它們「超出了能被載入歷史紀錄的實際事件」。強森引用了他對神學家羅伯特．奧爾西（Robert Orsi）和艾咪．荷莉塢（Amy Hollywood）的詮釋，來說明他採取的這個觀點。Walter Johnson, "Haunted by Slavery," in *Goodness and the Literary Imagination*, ed. Davíd Carrasco, Stephanie Paulsell, and Mara Willard (Charlottesville: University Press of Virginia, 2019), 32, 34.
52. 這個引人深思的說法來自小說家蓋兒．瓊斯和她關於為奴女性的經典小說；我在本書中多次提及此作。Gayl Jones, *Corregidora* (Boston: Beacon Press, 1975), 10, 22, 41, 90.

## 第3章：收拾布包

1. Magnolia Cemetery, Lot 584 Old, Purchased 1854 -P/C F-23 March 31, 1955, by R. M. Means Trustee, Mrs. Milberry Serena Martin. 墓園管理

次人口普查之後出生的瑟琳娜・蜜貝里・馬丁，都被列為 一八五三年羅伯・馬丁財產出售和分割的受益人。James W. Gray to Mrs. M. S. Martin, Deeds Barnwell County Book HH, 1854, pp. 183–84. A sixth child, Charles Wentworth Martin, is listed in public genealogy sources: Robert Martin, www.findagrave.com/memorial/69820867/robert-martin.

47. 一八四〇年的人口普查裡，查爾斯頓市區的馬丁家宅邸列出了兩名年齡在二十四歲至三十五歲之間的為奴女性，與這位蘿絲的推測年齡和日期相符。蘿絲可能出生於一八一八年左右。
48. Deborah Gray White, *Ar'n't I a Woman? Female Slaves in the Plantation South* (New York: W. W. Norton, 1985), 97.
49. 奴隸婚姻：Kennedy, *Braided Relations*, 95–97. Mark Auslander was the first to suggest that Robert Martin may have fathered Rose's child; Auslander, "Slavery's Traces," 2016. 十多年前，Ancestry.com 上有位發文者表示他認為他有位為奴的先人，一位名叫凱蒂的女人，替羅伯・馬丁生了孩子。這位發文者指認的馬丁家族似乎不是我們關注的這位羅伯・馬丁，當時住在南卡羅來納州奴隸主有不只一位叫羅伯・馬丁。該發文寫道：「凱蒂是約翰・馬丁的奴隸。她應該是在一八〇三年至一八一〇年間出生的。她的名字有可能被寫成凱特（Catey）。她生了六個孩子（父親是羅伯・馬丁——奴隸主和約翰・馬丁的孫子）。她可能至少結過三次婚，並生了一個其他的孩子。丈夫——摩根・拉塔（Morgan Latta）？」然而，這指出了馬丁家族的白人男性有可能習於與為奴女性發生性關係，而我們關注的羅伯・馬丁有可能是這個馬丁大家族的其中一員。最近有篇報紙文章介紹了文中提到的非裔美國人馬丁家族的後代。這個家族的成員追溯血脈至一位名叫凱特的祖先（她是名為崔西的為奴女性的女兒）和約翰・馬丁，以及他們的後代，費爾菲德郡（Fairfield）的黑人社群領袖。與蘿絲有關的羅伯・馬丁便出生於費爾菲德郡，他很可能與上面提到的約翰・馬丁有親戚關係。Ancestry.com 上有份家譜指出，夏洛特街的羅伯・馬丁是上述約翰・馬丁的孫子的孫子，是約翰・馬丁和瑪格麗特・伊莉莎白・艾肯的兒子。馬丁家族的家譜則記載夏洛特街的羅伯・馬丁的父母是大衛・馬丁和瑪格麗特・艾肯。雖然家譜細節可能有所出入，但凱蒂・馬丁的事告訴我們，在南卡羅來納州的馬丁大家族中，至少有一個記錄在案的跨種族性關係的例子。Ava Pearson, Martin Family Tree Post, 9 May 2008, ancestry.com/family-tree/tree/116756017/story/20?pgn=32912&usePUBJs=true&_phsrc=aPm3. Caitlin Byrd, "Slave's Legacy an Influential Family," *Post and Courier*, May 10, 2020. 我很感謝系譜學家傑西・布斯托斯－尼實施的宵禁時間冬天是晚上九點，夏天是晚上十點。Frances Anne Kemble, *Journal of a Residence on a Georgian Plantation in 1838–1839* (1961; repr., Athens: University of Georgia Press, 1984), 38; McInnis, *Politics of Taste*, 84–85.

40. 羅伯・馬丁和蜜貝里・丹尼爾的婚禮由一位聖公會的戴維斯牧師證婚。*Camden Journal*, September 27, 1828. 蜜貝里・馬丁是一個聖公會慈善組織的成員。St. Philip's City Mission, St. Philip's Church Records, South Carolina Room, Charleston Public Library.

41. Clarke, *Wrestlin' Jacob*, 104–6, 145. Ethan J. Kytle and Blain Roberts, *Denmark Vesey's Garden: Slavery and Memory in the Cradle of the Confederacy* (New York: New Press, 2017), 26. Philip D. Morgan, *Slave Counterpoint: Black Culture in the Eighteenth-Century Chesapeake and Lowcountry* (Chapel Hill: University of North Carolina Press, 1998), 284. Cynthia M. Kennedy, *Braided Relations, Entwined Lives: The Women of Charleston's Urban Slave Society* (Bloomington: Indiana University Press, 2005), 79. Tristan Stubbs, *Masters of Violence: The Plantation Overseers of Eighteenth-Century Virginia, South Carolina, and Georgia* (Columbia: University of South Carolina Press, 2018), 4, 6, 8. 詹姆斯・奧克斯在對尤金・吉諾維（Eugene Genovese）的著作進行禮貌性的修訂時主張，隨著市場經濟和利潤誘因在十九世紀裡不斷擴張，父家長式的精神在南方奴隸主的心中退去了，取而代之的是對黑人次等地位的種族論證。Oakes, *The Ruling Race*, xii–xiii, 34. Also see Eugene D. Genovese, *Roll, Jordan, Roll: The World the Slaves Made* (New York: Vintage, 1972), 3–7.

42. Burke, *Pleasure and Pain*, 13. 來自新罕布夏的教師艾蜜莉・柏克並不是公開的廢奴主義者。雖然她在許多信件中都以不安的語氣提到當地人對待為奴之人的殘酷與暴力，但她很享受自己在喬治亞州海岸地帶旅居的那十年。Library of Georgia, Introduction, *Pleasure and Pain*, xi.

43. Drew Gilpin Faust, *Mothers of Invention: Women of the Slaveholding South in the American Civil War* (Chapel Hill: University of North Carolina Press, 1996), 6, 32, 59.

44. Burke, *Pleasure and Pain*, 14.

45. Jacobs, *Incidents*, 52.

46. U.S. Federal Census, 1840, Robert Martin, Charleston Neck, Charleston, S.C. 一八四〇年時馬丁家的孩子應該是亨莉葉塔・馬丁、艾倫・馬丁、威廉・馬丁，和小羅伯・馬丁。所有這些這些孩子，加上在這

33. Emily Burke, *Pleasure and Pain: Reminiscences of Georgia in the 1840s* (1850; repr., Savannah: Beehive Press, Library of Georgia, 1991), 9.
34. Jacobs, *Incidents*, 27.
35. 赫曼（Herman）指出，被放在白人的城市宅邸裡的奴隸是「道具」、「固定擺飾」和「有生命的家具」；Herman, *Town House*, 148–49. McInnis notes the social significance of the Martin double parlors; McInnis, *Politics of Taste*, 47.
36. Robert Martin, Property Appraisement, Charleston, SCDAH. Karen Hampton, "African American Women: Plantation Textile Production from 1750 to 1830," *Approaching Textiles, Varying Viewpoints: Proceedings of the Seventh Biennial Symposium of the Textile Society of America*, Santa Fe, N.M., 2000, Digital Commons, University of Nebraska–Lincoln, digitalcommons.unl .edu/tsaconf/770, 266. Madelyn Shaw, "Slave Cloth and Clothing Slaves: Craftsmanship, Commerce, and Industry," *Journal of Early Southern Decorative Arts* 41 (2012), mesdajournal.org/2012/ slave-cloth-clothing-slaves-craftsmanship-commerce-industry. 為奴女性很少有機會學習縫紉以外的專門技能。Jacqueline Jones, *Labor of Love, Labor of Sorrow: Black Women, Work, and the Family, From Slavery to the Present* (New York: Vintage, 1985), 18.
37. Gladys-Marie Fry, *Stitched from the Soul: Slave Quilts from the Antebellum* (Chapel Hill: University of North Carolina Press, 1990), 14-15. 此文作者指出，雖然在西非和中非的社會裡，織布主要是男性的工作，但在美國，熟練的紡線與織布技術則成了黑人女性的專長。不過，很少有黑人女性成為高級製衣師傅。An 1848 Charleston census of mantua-makers counted 38 white, 128 free Black, 4 enslaved; McInnis, *Politics of Style*, 362n8.
38. Quoted in McInnis, *Politics of Taste*, 28; Journal of G. F. Fox, Jr., November 5, 1834, Rubenstein Rare Book & Manuscript Library, Duke University, Durham, N.C.
39. Harlan Greene, Harry S. Hutchins, Jr., and Brian E. Hutchins, Sl*ave Badges and the Slave-Hire System in Charleston, South Carolina, 1783–1865* (Jefferson, N.C.: McFarland, 2004), 3, 4, 5, 6, 127, 128, 120–34; 1840–50 sales chart: 133–34, images A–H. 在相關法律被廢除之前的一七八〇年代裡，有色人種自由人也被要求付錢購買並佩戴識別章。他們後來成了一個得向市府繳交特殊稅額的類別（pp.23－24, 28）。此文作者還注意到，在這個年代裡，被固定要求佩戴這種章的對象除了他們之外只有狗而已（p. 64）。查爾斯頓針對為奴之人

*Historical*, 236. U.S. Federal Census, 1840, Ancestry.com. Charleston City Directory, 1852. 艾倫・馬丁嫁給約瑟夫・艾肯；亨莉葉塔嫁給愛德華・米恩斯；Barbara R. Langdon, *Barnwell County Marriages 1764–1859 Implied in Barnwell County South Carolina Deeds*, 12058, Reference Library, South Carolina Department of Archives and History, Henrietta Martin: Pinckney-Means Family Papers, Box 4, Correspondence, 1840s–1860s, Spe-cial Collections and South Carolina Historical Society, Addlestone Library.

26. Erskine Clarke, *Wrestlin' Jacob: A Portrait of Religion in Antebellum Georgia and the Carolina Low Country* (Tuscaloosa: University of Alabama Press, 2000), 90, 98.
27. McInnis, *Politics of Style*, 46, 49, 45. For a further description of Charleston's urban architectural styles, see Bernard L. Herman, *Town House: Architectural and Material Life in the Early American City* (Chapel Hill: University of North Carolina Press, published for the Omohundro Institute of Early American History and Culture, 2005), 65–70.
28. Martin, Robert House (SC-150), Historic American Building Survey South Carolina 10, Char, 141, Washington, D.C. McInnis, *Politics of Style*, 47. While the HABS describes the home as "Greek Revival," Maurie McInnis calls it a "suburban villa," referring to a rural-inflected twist on a traditional Charleston elite style that was often classical and Georgian. McInnis, *Politics of Taste*, 37, 46, 57–58.
29. Appraisement of the Personal Property in the City of Charleston of the Late Robert Martin, Inventories, Appraisements, & Sales, 1850–1853, vol. C, pp. 358–59, SCDAH. 1840 U.S. Federal Census, 1840.
30. Harriet Ann Jacobs, *Incidents in the Life of a Slave Girl, Written by Herself* (1861; repr., Cambridge, Mass.: Harvard University Press, 1987), 55.
31. Izard quoted in Maurie D. McInnis, *Politics of Taste*, 178. 玻璃碎片、暴戾之聲，以及用來控制的牆：McInnis, *Politics of Taste*, 180, 181. 本章開頭的氛圍和文字風格是受到一首為奴女性所做的民間歌曲所啟發，這首歌曲提到了查爾斯頓的封閉花園，還有每晚擊鼓實施的奴隸宵禁：「喔！親愛的！我不能出去。我不能出去，因為我在這女士的花園裡。鈴聲響完了，鼓聲響完了，我在女士的花園裡。」quoted in McInnis, *Politics of Taste*, 264.
32. HABS, Robert Martin House.

*White Women as Slave Owners in the American South* (New Haven: Yale University Press, 2019), Kindle loc. 885, 916. 羅伯・馬丁指定蜜貝里・馬丁為遺囑執行人的時候，美國其他地區的富裕丈夫已經越來越少將這個管理性的角色交由寡婦承擔了。越來越多已婚白人女性被定義為受撫養者（而非家中具生產力的成員），她們的影響力被限制在家中。Joan R. Gunderson, "Women and Inheritance in America: Virginia and New York City as a Case Study, 1700–1860," in *Inheritance and Wealth in America*, ed. Robert K. Miller, Jr. and Stephen J. McNamee (New York: Plenum, 1998), 103, 108.

22. 馬丁以妻子的名字將他的鄉間莊園命名為蜜貝里莊園（Milberry Place Plantation）。J.L.P. Powell to Robert Martin, Bill of Sale, Barnwell County Deeds, Deed Book BB, p. 136, SCDAH. U. M. Robert to Robert Martin, 2,400 A. Savannah River, Deed Book BB, p. 400. See various Robert Martin land purchases between 1843 and 1849, Barnwell County Deeds, Books BB, DD, SCDAH. 根據約瑟・麥登（Joseph P. Madden）的說法，艾文頓是一個獨特而富裕的社區，過去曾有自己的郵局。麥登提到的這個社群裡的重要人物也出現在當地的契據冊上，這些人都曾出售土地和奴隸給羅伯・馬丁，其中包括埃爾文將軍、羅伯特上尉和鮑威爾先生。Joseph P. Madden, *A History of Old Barnwell District, SC to 1860* (Blackville, S.C.: Historical Business Ventures, 2001), 75–77, South Caroliniana Library, University of South Carolina, Columbia. *Milberry S. Martin v. James B. Campbell*, Charleston District Court of Equity, Decree Books L 10092, 1858–1861, pp. 64–76. 能證明這對夫婦社會地位提升的進一步證據是，蜜貝里・馬丁在一八四九年成了著名的聖菲利普教堂城市宣教會（City Mission Society）的終身會員。St. Philip's City Mission, St. Philip's Church Records, South Carolina Room, Charleston Public Library.

23. James Oakes, T*he Ruling Race: A History of American Slaveholders* (New York: Vintage, 1982), 57. 我很感謝系譜學家傑西・布斯托斯－尼爾森找到這些教堂紀錄，也很感謝聖菲利普教堂的檔案管理員派翠莎・史密斯・摩爾（Patricia Smith Moore）協助他。

24. 詹姆斯・奧克斯（James Oakes）探討了莊園主留下的紀錄數量之多和其本質的問題。這些保存下來的紀錄通常是著名家族的文件。他也指出學者們傾向依賴這些狹隘的既定來源，此舉不利人們理解奴隸主的多樣面貌。Oakes, *Ruling Race*, xvi.

25. 羅伯・馬丁原本就與艾肯家族有親戚關係，他的母親瑪麗・艾肯來自某個艾肯家族的旁系分支。Martin, *Notices: Genealogical and*

Genealogical-Biographical Index, vol. 111, p. 158, Ancestry.com. Charleston City Directory, 1816, 1829, 1830, 1837, Addlestone Library. Note: the bound copy of the 1830 city directory differs from the digital copy posted at Ancestry.com; the records list Martin at two different locations: Kiddell's Wharf (bound) and Boyce's Wharf (digital). I expect that he operated out of both locations in this time period and may have reported differently from year to year. Maurie D. McInnis, *The Politics of Taste in Antebellum Charleston* (Chapel Hill: University of North Carolina Press, 2005), 49n23, 57.

19. An Inventory and Appraisement of the Goods and Chattels of William Daniel, March 1829, Kershaw County Probate Court Estate Papers Apartment 19, Package 625, William Daniel C9239, Charleston County Register of Deeds Office, Reproduced from Microfilm in South Carolina Department of Archives and History, Columbia, S.C. Will of William Daniel, August 25, 1828, Kershaw County Probate Court Estate Papers, William Daniel. For genealogical sources on Serena Daniel's family, see word document derived from the Martin Family Bible, taken from a narrative by Annie Elizabeth Miller dated 1934, posted by Lucy Gray, DANIEL-L@rootsweb.com, at rootsweb.com, January 22, 2003, rolodafile.com/williamodaniel/d3.htm#c905.
20. Martin R., Deed of Gift to Elizabeth Martin, Nov. 19, 1838, Bill of Sale Indexes, Book L, pp. 187–88, SCDAH. Martin, Robert, Miscellaneous Records, Bills of Sale, BS, 5A, pp. 280, 452; BS 5K, p. 455, SCDAH. Aiken: Martin, Robert, Miscellaneous Records, S213003, Book 5M, pp. 165, 194, SCDAH; Chalmers Gaston Davidson, *The Last Foray: The South Carolina Planters of 1860: A Sociological Study* (Columbia: University of South Carolina Press, 1971), 8, 171. Martin, Robert, Miscellaneous Records, S213003, Book 5I, p. 39; Book 5N, p. 270.
21. Robert Martin Will, Pinckney-Means Family Papers, 208.03, Folder E, Estate Records, 1795–1971, Will Book No. L 1851–1856, p. 126, Addlestone Library. McInnis, *Politics of Taste*, 338n18. 文中「今日」的通膨率是用通貨膨脹率計算器 westegg.com/inflation/infl.cgi 算出來的（也可由國會圖書館網站連至此處）。20,000 美元換算所得的確切數字是 486,244.51 美元。羅伯・馬丁遺囑中對於女兒的詳細規範就是史蒂芬妮・瓊斯－羅傑（Stephanie Jones-Rogers）所強調的「蓄奴者甚至在白人女性親屬婚後也試圖保護這些他們視為財產的女性」的例子。Stephanie E. Jones-Rogers, *They Were Her Property:*

奴伴侶莎莉・海明斯（Sally Hemings）和他倆所生的孩子從他的遺囑中排除，以避免這段傳聞進一步公開曝光。Annette Gordon Reed, *The Hemingses of Monticello: An American Family* (New York: W. W. Norton, 2008), 657–58. 最後，就柏諾家族的例子而言，他們家只有遺囑認證和交易紀錄被收入南卡羅來納州的檔案館裡，這意味著我們無法獲得更詳細、定期記錄的奴隸分配清單。

14. Wilson, Samuel, as Atty. for Judith H. Wilson of Bordeaux, France, to John E. Bonneau, Bill of Sale for 3 Mullatto [*sic*] Slaves, Miscellaneous Records, S213003, V. 50, p. 920, SCDAH. John E. Bonneau, Inventory and Appraisement of Goods, Chattel, and Personal Estate, Dec. 1849, Inventories, Appraisements, & Sales, 1850–1853, vol. C, pp. 15–18, SCDAH. Eliza E. Bonneau, Sale of John Bonneau Villa, Feb. 18, 1850, SCDAH. Sales of Negroes of the Estate of John Bonneau, Feb. 20, 1850, Inventories, Appraisements, & Sales, 1850–1853, vol. C, SCDAH. Martha Bonneau, Bond, Jan. 25, 1841, BK 5S, p. 105, SCDAH. John E. Bonneau, Bills of Sale, 5G pp. 212, 246, 318, SCDAH. Peter and Martha Bonneau to William Bonneau, S213050, Charleston District, vol. 60, p. 403, November 9, 1855, SCDAH.
15. Inventory of All Goods and Chattels and Personal Estate in the District of Barnwell of Robert Martin, Inventories, Appraisements, & Sales, 1850–1853, vol. C, pp. 366–67. Appraisement of the Personal Property in the City of Charleston of the Late Robert Martin, Inventories, Appraisements, & Sales, 1850–1853, vol. C, pp. 358–59.
16. 此處指的是我可以接觸到的紀錄——那些仍然存在並且由公共機構或私人所收藏、可供研究人員使用的資料。需要再次指出的是，該州的許多紀錄毀於偶然的火災以及南北戰爭期間薛曼軍隊的破壞。當然也總是有這樣的可能性：未來可能會發現如今由私人或收藏家持有的資料，或是埋藏在未知之處的資料。不過，我對現存資料的解讀與比我更早開始研究這個布包的學者之發現是一致的。馬克・奥斯蘭德在他所發表的關於艾緒莉的布包的研究中寫道：「我們幾乎可以肯定擁有蘿絲和艾緒莉的人是查爾斯頓富商莊園主羅伯・馬丁。」Auslander, “Rose’s Gift,” 2.
17. *Milberry S. Martin v. James B. Campbell*, Charleston District Court of Equity, Decree Books L 10092, 1858–1861, pp. 64–76.
18. Henry J. Martin, *Notices: Genealogical and Historical, of the Martin Family of New England* (Boston: Lee and Shepard, 1880), No. 34. David Martin, of Fairfield District, S.C., 236. Robert Martin, American

*The Price for Their Pound of Flesh: The Value of the Enslaved, from Womb to Grave, in the Building of a Nation* (Boston: Beacon Press, 2017), 80–81. McLaurin的研究是關於西莉婭的苦難的經典文本。二〇〇〇年代，有群學者聚集希望開始一項西莉婭計畫（Celia Project），對密蘇里州訴西莉婭法庭案件進行新的調查和解釋，該項目目前正在進行中，將彙整為一個網站和編輯過的文件集。西莉婭計畫的創始人之一，歷史學家暨律師瑪莎·瓊斯（Martha S. Jones），已開始呼籲密蘇里州立法機構赦免西莉婭。關於西莉婭計畫的資訊請見 sites.lsa.umich.edu/celiaproject/ 和 c-span.org/video/?321554-1/female-slaves-law。

10. 此處的說法借用自文森·布朗（Vincent Brown）。Vincent Brown, *The Reaper's Garden: Death and Power in the World of Atlantic Slavery* (Cambridge, Mass.: Harvard University Press, 2008).
11. 我使用了瑪莉莎·富恩特斯（Marisa Fuentes）的詮釋法，她是一位研究巴貝多奴隸制的歷史學家。第一批白人開拓者和奴隸主都是從這個島上移居過來的。富恩特斯指出檔案資料中對黑人女性的「扭曲」，並提出一種沿著偏見的紋理（bias grain）閱讀的策略，好像這些文件資料是紡織品一樣。Marisa Fuentes, *Dispossessed Lives: Enslaved Women, Violence, and the Archive* (Philadelphia: University of Pennsylvania Press, 2016), 1, 78. For a discussion of knowledge gleaned beyond the archives in slavery studies, see Christina Sharpe, *In the Wake: On Blackness and Being* (Durham, N.C.: Duke University Press, 2016), 12–13.
12. MES and KS, "Ashley's Sack" label and catalog, *Grandeur Preserved: Masterworks Presented by Historic Charleston Foundation*, loan exhibition for the 57th Annual Winter Antiques Show, January 21–30, 2011. MES and KS, "Ashley's Sack" label and catalog, hard copy text used for *Grandeur Preserved* altered with deletion note, Middleton Place archives, no date.
13. 我們無法確定為什麼有一位名叫艾緒莉的人從柏諾家族的財產紀錄中消失，卻有另一位叫蘿絲的人多年後出現在相關的財產紀錄中。因為第二份紀錄詳細列出了從柏諾處繼承了奴隸的柏諾家孩子的蓄奴狀況，所以確實可能有一個不屬於柏諾、而是在這些年來的某個時間點中進入柏諾孩子的財產清單中的女性被誤列了。此外，莊園紀錄不一定完整。可能有些奴隸確實存在，但卻沒有被記錄在每一條交易紀錄中。例如，在性方面行為不檢的情況下，奴隸主有時會私下釋放奴隸。例如，湯瑪斯·哲斐遜（Thomas Jefferson）將為與日名以及命名儀式的資訊請見下列著作：Peter H. Wood, *Black Majority: Negroes in Colonial South Carolina from 1670 Through the Stono Rebellion* (New York: W. W. Norton, 1974), 181; Ira Berlin, *Generations of Captivity: A History of African-American Slaves* (Cambridge, Mass.: Harvard University Press, 2003), 65; Sterling Stuckey, *Slave Culture: Nationalist Theory and the Foundations of Black America* (New York: Oxford University Press, 1987), 194–96. Middleton Family Papers, Middleton Place Foundation office, Charleston, S.C. Barbara Doyle, Mary Edna Sullivan, Tracey Todd, eds., *Beyond the Fields: Slavery at Middleton Place* (Charleston: Middleton Place Foundation, 2008). "Principal Middleton Family Properties," Eliza's House Exhibit, Middleton Place Plantation.

7. Middleton Family Papers, Middleton Place Foundation. *Beyond the Fields*, 44, 47, 55. Henry Middleton, Weehaw Plantation Journal, Addlestone Library. 我很感謝瑪莉・愛德娜・蘇麗文，她為我調出紀錄並分享了米朵頓基金會數十年來匯編的非裔美國人和奴隸制歷史資料。蘇麗文表示，因著該基金會的前主席查爾斯・杜爾（Charles Duell）在一九七〇年代開始竭力保護黑人歷史，並與非裔工作人員及志工瑪麗・薛普（Mary Sheppard）、安娜・派瑞（Anna Perry）、艾莉莎・李區（Eliza Leach）和瑪莎・德魏斯（Martha DeWeese）一起工作。米朵頓莊園在解釋莊園遺址時納入非裔美國人歷史的作法，似乎已領先當地和全國幾十年——雖然誠如策展人迅速指出的，這種作法並不容易，而是十分複雜。

8. 關於德雷頓大宅請見此網站：draytonhall.org/. Drayton Family Papers, Drayton Hall List for Negro Clothes and Blankets, 1860, Addlestone Library. 值得注意的是，在二〇二〇年時，德雷頓大宅的工作人員將為奴之人的名字和故事納入歷史遺跡的語音導覽敘事中。Emily Williams, "Untold Stories and Names Now Part of Historic House Tour at Drayton Hall," *Post and Courier*, December 28, 2020.

9. Brown, Barnett H., "Petition for Compensation for the Execution of his Slave, Rose," November 23, 1853, Petitions, Series S165015, SCDAH. Treasurer of the Upper Division, Journal 1849–57 S108091, pp. 153–54, May 1855, Rosanna, slave of B. H. Brown, SCDAH. Report of the Committee on Claims, General Assembly, Committee Reports S165005 1853 No. 89 (House), H-B Brown, SCDAH. Treasury Office, Columbia, April 1855, Melton A. McLaurin, *Celia: A Slave* (Athens: University of Georgia Press, 1991), ix, 18, 20, 21, 22, 27–31. Daina Ramey Berry,

Health': Class, Race, and the History of Land Reclamation, Drainage, and Topographic Alteration in Charleston, South Carolina, 1836–1940" (master's thesis, Graduate School of the College of Charleston and the Citadel, April 2010), 6, 9, 24.

5. 這些發現是出自對於聯邦、州（南卡羅來納州）、郡（整個州的所有郡）和市（查爾斯頓）的紀錄搜索。在查爾斯頓系譜學家和嫻熟的圖書館員傑西・布斯托斯－尼爾森（Jesse Bustos-Nelson）重要的協助下，我查找了數百份從十八世紀至十九世紀留存下來的、可公開查閱的奴隸主紀錄。我搜尋了南卡羅來納州檔案和歷史部（South Carolina Department of Archives and History，SCDAH）的線上數據庫，以及該部實體的財產轉讓手冊。我搜尋了由南卡羅來納州檔案和歷史部創建並存放在查爾斯頓公共圖書館的奴隸姓名數據庫、查爾斯頓公共圖書館的南卡羅來納室特別收藏，以及南卡羅來納州的莊園紀錄。我查找了南卡羅來納州歷史學會和愛德斯頓圖書館（Addlestone Library）的查爾斯頓學院特藏書。我搜索了米朵頓莊園已出版和未出版的紀錄；查爾斯頓紀錄辦公室／中間轉讓的紀錄；南卡羅來納公共事業振興署的奴隸敘事；該州的自由人局紀錄。整個過程裡我直接查找了 一百六十五至兩百份相關的奴隸主紀錄，且多次發現最著名的奴隸主家庭記下了重複的人名和人數，此處我盡力控制這種狀況。不可能進行全面性的搜索以尋找蘿絲——因為當時的記錄者對為奴之人缺乏真正的興趣；該時期的許多紀錄已被銷毀，特別是南北戰爭期間的紀錄；留下來的許多紀錄都由私人持有；有些紀錄可能散落在全國和歐洲各地，需要付出大量額外時間去尋找和取得——但我的搜索行動詳細而範圍廣泛。我在傑西・布斯托斯－尼爾森和南卡羅來納州的檔案保管員的協助下獨立進行這次搜索，但我確實得益於一事：我不是第一個試著找到蘿絲的學者。我的獨立發現與馬克・奧斯蘭德（Mark Auslander）在二〇一六年發表的結果互相吻合，這表明兩位研究者根據倖存至今的紀錄，找到了最有可能是蘿絲後裔的家族。"Tracing Ashley's Sack," *Cultural Environments* blog, January 7, 2016, culturalenvironments.blogspot.com/2016/ 01/; Auslander, "Slavery's Traces," Southern Spaces blog, November 2016, southernspaces.org/2016/slaverys-traces-search-ashleys-sack; and Auslander, "Rose's Gift: Slavery, Kinship, and the Fabric of Memory," *Present Pasts* 8, no. 1 (2017): 1, doi.org/10.5334/pp.78.
6. 我以作者的自由使用了「祖母」一詞；但沒有紀錄指出這個老婦人是否有孩子，無論是親生的還是收養的。更多關於非洲季節名的重要因素。他指出雖然許多（但並非大多數）為奴之人都來自產稻地區，但在非洲，水稻種植者多為女性而非莊園主喜歡的男性奴隸，而且非洲的水稻種植於乾燥的高地，使用的技術與南卡羅來納所需的技術不同。Philip D. Morgan, *Slave Counterpoint: Black Culture in the Eighteenth-Century Chesapeake and Lowcountry* (Chapel Hill: University of North Carolina Press, 1998), 66 (map), 182–83. 地理學家卡尼（Carney）則在她對於非洲和美國種稻文化的比較研究中主張，西非人當時的種稻環境和實作方法相當多種。她認為，南卡羅來納的濕地種稻技術確實帶有很明顯的非洲痕跡，即便技術上有所修正。她指出，女性在產米過程中的功用確實以「女性知識系統」的形式在南卡羅來納的奴隸制中繼續存在。Carney, *Black Rice*, 88, 92, 96, 104, 110, 117.

68. Amrita Chakrabarti Myers, *Forging Freedom: Black Women and the Pursuit of Liberty in Antebellum Charleston* (Chapel Hill: University of North Carolina Press, 2011), 28.
69. Dunn, *Sugar and Slaves*, 115.
70. Both McInnis and Myers emphasize the contrasts that marked the city's particular character; McInnis, *Politics of Taste*, 30. Myers, *Forging Freedom*, 26.
71. Brendan Clark, "Good Question: Who Coined Charleston as 'The Holy City,' " *Count on News* 2, WCBD-TV, Charleston, March 11, 2019. Interviewed for this piece is Grahame Long, curator of the Charleston Museum.

## 第 2 章：尋找蘿絲

1. Stephanie McCurry, *Masters of Small Worlds: Yeoman Households, Gender Relations, and the Political Culture of the Antebellum South Carolina Low Country* (New York: Oxford University Press, 1995), 37.
2. Alice Walker, Foreword, "Those Who Love Us Never Leave Us Alone with Our Grief," to *Barracoon: The Story of the Last "Black Cargo,"* by Zora Neale Hurston (New York: HarperCollins, 2018), ix.
3. Harriet Martineau, *Retrospect of Western Travel*, vol. 1 (1838; repr., Bedford, Mass.: Applewood), 227–28.
4. 隨著歲月過去，查爾斯頓半島有大約百分之五十五的面積由人為填平，以便蓋建築。Christina Shedlock, " 'Prejudicial to the Public

Indians," 345–57. 理查・鄧恩（Richard Dunn）說這種「高貴野蠻人」的浪漫化概念讓原住民奴隸比非洲奴隸更具「情感上的優勢」。Dunn, *Sugar and Slaves*, 73.

59. Wood, *Black Majority*, 39.
60. Almon Wheeler Lauber, *Indian Slavery in Colonial Times Within the Present Limits of the United States* (New York: Columbia University Press, 1913), 315. Lauber cites a 1740 statute as the decision treated in South Carolina courts as the outlawing of Native enslavement. Hudson, *Catawba Nation*, 42–43. Kennedy, *Braided Relations*, 19. Wood, *Black Majority*, 38–40.
61. 艾倫・蓋雷（Alan Gallay）認為，取得非洲奴隸之輕易是他們對英國殖民者更具吸引力的關鍵原因。奴隸對英國定居者更有吸引力。Alan Gallay, "Indian Slavery in Historical Context," in *Indian Slavery in Colonial America*, Alan Gallay, ed. (Lincoln: University of Nebraska Press, 2009), 20. 特別是在一七一五年的雅瑪西之戰（Yamassee War）後，當地原住民的力量變弱，這場衝突是雅瑪西人和其他志同道合的部族對抗查爾斯頓人和查爾斯頓人的原住民盟友，結局是以雅瑪西人戰敗，原住民的實力大受打擊。Wood, *Black Majority*, 80–81, 85. Merrell, *Indians' New World*, 101. Chaplin, *Anxious Pursuit*, 119. Lauber, *Indian Slavery*, 232. 西維安・迪烏夫（Sylviane Diouf）寫道，英國殖民者將原住民（特別是卡托巴人）視為獵捕逃亡黑人的有效手段，同時也把他們當作屏障來阻止逃亡黑人的社群擴張。Sylviane A. Diouf, *Slavery's Exiles: The Story of the American Maroons* (New York: New York University Press, 2014), 31–32.
62. Chaplin, *Anxious Pursuit*, 134, 228. Judith A. Carney, *Black Rice: The Origins of Rice Cultivation in the Americas* (Cambridge, Mass.: Harvard University Press, 2001), 85, 89.
63. Kennedy, *Braided Relations*, 19.
64. Chaplin, *Anxious Pursuit*, 8.
65. Quoted in Maurie D. McInnis, *The Politics of Taste in Antebellum Charleston* (Chapel Hill: University of North Carolina Press, 2005), 5.
66. "Distinctive crop": Chaplin, *Anxious Pursuit*, 227.
67. Judith A. Carney and Richard Nicholas Rosomoff, *In the Shadow of Slavery: Africa's Botanical Legacy in the Atlantic World* (Berkeley: University of California Press, 2009), 150–53. Wood, *Black Majority*, 59, 61, 119. Chaplin, *Anxious Pursuit*, 228. 菲利普・摩根（Philip Morgan）不認為水稻專業技術是評估和組織南卡羅來納非洲奴工

*Catawbas and Their Neighbors from European Contact Through the Era of Removal* (1989; repr., New York: W. W. Norton, 1991), 27, 45, 57, 93. Gallay, *Indian Slave Trade*, 10–17, 52. Ball, *Slaves*, 28–30. Lesser, "Lords Proprietors."

52. Gallay, *Indian Slave Trade*, 3, 5.
53. Hudson, *Catawba Nation*, 17, 22, 29, 30. Brown, *Catawba Indians*, 8–9. 文中第二十二頁指出，卡托巴部落的位置使他們能夠狩獵旅鴿作為食物與存糧，這令他們有更多時間進行冬季狩獵，有助於他們在貿易鏈中占有優勢。
54. Merrell, *Indians' New World*, 88. Hudson, *Catawba Nation*, 39, 43. Gallay, *Indian Slave Trade*, 43–44, 50, 94, on Westos, 53–61. Christina Snyder, *Slavery in Indian Country: The Changing Face of Captivity in Early America* (Cambridge, Mass.: Harvard University Press, 2010), 49, 76, 77. 歷史學家海莉・奈格林（Hayley Negrin）指出，這種個人攻擊包括對於村裡原住民女性的性攻擊。Hayley Negrin,"Possessing Native Women and Children: Slavery, Gender and English Colonialism in the Early American South, 1670–1717" (PhD diss., New York University, 2018), 90–91, on Westos 41–42. 關於攻擊原住民女性，參見：Merrell, *Indians' New World*, 100. Robbie Ethridge, "Introduction: Mapping the Mississippian Shatter Zone," in *Mapping the Mississippian Shatter Zone: The Colonial Indian Slave Trade and Regional Instability in the American South*, Robbie Ethridge and Sheri M. Shuck-Hall, eds. (Lincoln: University of Nebraska Press, 2009), 14–15. Fundamental Constitutions of Carolina, Avalon Project, number 112. Taylor, *American Colonies*, 226. Duell, *Middleton Place*, 11–12.
55. Hudson, *Catawba Nation*, 22. Gallay, *Indian Slave Trade*, 6.
56. Gallay, *Indian Slave Trade*, 49, on Kussoe Wars, 51–52. Negrin, "Possessing Native Women and Children," 76–88. 克莉絲蒂・史奈德（Christina Snyder）認為，東南部長期存在的俘虜原住民的作法提供了勞動力來支持英國莊園的發展。Snyder, *Slavery in Indian Country*, 75. Ethridge, "Introduction: Mapping the Mississippian Shatter Zone," 25
57. Wood, *Black Majority*, 38–40. Hudson, *Catawba Nation*, 39–40. Merrell, *Indians' New World*, 92–94. Gallay, *Indian Slave Trade*, 65, 299. Negrin, "Possessing Native Women and Children," 2, 5. Snyder, *Slavery in Indian Country*, 78.
58. Gallay, *Indian Slave Trade*, 47; also see "Afterword: Africans and

over limited land availability, natural disasters pushed Anglo-Barbadians to emigrate. Wood, *Black Majority*, 8–9.

41. Taylor, *American Colonies: The Settling of North America* (New York: Penguin Books, 2001), 224. Dunn, *Sugar and Slaves*, 111, 112.
42. Wood, *Black Majority*, 19, 20. Taylor, *American Colonies*, 224, 225. Daniel C. Littlefield, "Slavery," *South Carolina Encyclopedia*, October 2016, 2, scencyclopedia.org/sce/entries/slavery/. Carolina B. Whitley, *North Carolina Head Rights: A List of Names, 1663–1744* (Chapel Hill: University of North Carolina Press, 2001).
43. Taylor, *American Colonies*, 225. The Fundamental Constitutions of Carolina: March 1, 1669, Avalon Project, Yale Law School, avalon.law.yale.edu/17th_century/nc05.asp, number 110. Lesser, "Lords Proprietors."
44. Fuentes, *Dispossessed Lives*, 19.
45. Dunn, *Sugar and Slaves*, 144, 115. Taylor, *American Colonies*, 225. Charles Duell, *Middleton Place: A Phoenix Still Rising* (2016 revision; Charleston: Middleton Place Foundation, 2011), 11. 包括米朵頓家族在內，有群具影響力的巴貝多早期莊園主在查爾斯城（Charles Towne）北邊的鵝溪（Goose Creek）附近定居，因此被稱為「鵝溪人」。
46. Gregory O'Malley, *Final Passages: The Intercolonial Slave Trade of British America, 1619–1807* (Chapel Hill: University of North Carolina Press, 2014), 120.
47. Duell, *Middleton Place*, 12.
48. "Barbados style": Beckles, *First Black Slave Society*, 203. Dunn, *Sugar and Slaves*, 111.
49. Dunn, *Sugar and Slaves*, 17, 18.
50. Dunn, *Sugar and Slaves*, 73. Gallay, *Indian Slave Trade*, 300. Taylor, *American Colonies*, 231. Christine M. DeLucia, *Memory Lands: King Philip's War and the Place of Violence in the Northeast* (New Haven: Yale University Press, 2018), 289. O'Malley, *Final Passages*, 128. Wendy Warren, *New England Bound: Slavery and Colonization in Early America* (New York: Liveright, 2016), 6, 7, 34, 36.
51. Charles M. Hudson, *The Catawba Nation* (Athens: University of Georgia Press, 1970), 1–3, 6, 10. Douglas Summers Brown, *The Catawba Indians: The People of the River* (Columbia: University of South Carolina Press, 1966), 3. James Merrell, *The Indians' New World:*

兩代的時間，該地人口便以黑人為多數了，那大約是一七〇八年左右。Peter H. Wood, *Black Majority: Negroes in Colonial South Carolina from 1670 Through the Stono Rebellion* (New York: W. W. Norton, 1974), xiv, 143. 到了一七二〇年代，卡羅來納的財富已經累積了一定的程度，而且都集中在少數權貴階級手中；在紐約或費城，這個階級一直要到一七六〇年代或一七七〇年代才會出現；卡羅來納同時也是「最不平等的」殖民地。Stephanie McCurry, *Masters of Small Worlds: Yeoman Households, Gender Relations, and the Political Culture of the Antebellum South Carolina Low Country* (New York: Oxford University Press, 1995), 33.

33. Richard S. Dunn, *Sugar and Slaves: The Rise of the Planter Class in the English West Indies, 1624–1713* (1972; repr., Chapel Hill: University of North Carolina Press, 2000), 82, 84.
34. Dunn, *Sugar and Slaves*, 70.
35. Hilary Beckles, *The First Black Slave Society: Britain's "Barbarity Time" in Barbados, 1636–1876* (Jamaica: University of the West Indies Press, 2016), 160, 76.
36. Beckles, *First Black Slave Society*, 171.
37. Dunn, *Sugar and Slaves*, 71. Winthrop D. Jordan, *White over Black: American Attitudes Toward the Negro* (New York: W. W. Norton, 1968), 4–11, 89. Ibram X. Kendi, *Stamped from the Beginning: The Definitive History of Racist Ideas in America* (New York: Nation Books, 2016), 22–23, 36.
38. Alan Gallay, *The Indian Slave Trade: The Rise of the English Empire in the American South, 1670–1717* (New Haven: Yale University Press, 2002), 43. Cynthia M. Kennedy, *Braided Relations, Entwined Lives: The Women of Charleston's Urban Slave Society* (Bloomington: Indiana University Press, 2005), 18. Charles H. Lesser, "Lords Proprietors of South Carolina," *South Carolina Encyclopedia*, June 2016, scencyclopedia.org/sce/entries/lords-proprietors-of-carolina/.
39. Marisa Fuentes, *Dispossessed Lives: Enslaved Women, Violence, and the Archive* (Philadelphia: University of Pennsylvania Press, 2016), 16, 20, 35, 40–41, 102–3, 124–25.
40. "Desire to resemble": Joyce E. Chaplin, *An Anxious Pursuit: Agricultural Innovation and Modernity in the Lower South, 1730–1815* (Chapel Hill: University of North Carolina Press, 1993), 2, 4. Kennedy, *Braided Relations*, 18. Peter Wood points out that in addition to tensions

*Quilt and Other Pieces* (N.p.: Black Threads, 2009), 38–40. 此處描述了鮑爾斯這條策展人稱之為聖經故事被（Bible quilt）的被子被轉讓的過程，引用的是收藏者珍妮・史密斯（Jennie Smith）的描述。史密斯第一次看到鮑爾斯的聖經故事被是在一八八六年喬治亞州東北部博覽會上。後來，她為了買這條被子想辦法找到了鮑爾斯。Jennie Smith, handwritten essay, c. 1891, Textile Department, Smithsonian National Museum of American History, Washington, D.C., quoted in Hicks, *This I Accomplish*, 28. Hicks, *This I Accomplish*, 27. 史密斯這段關於購入被子的描述也被轉載於以下一文中。Gladys-Marie Fry, *Stitched from the Soul: Slave Quilts from the Antebellum South* (1990; repr., Chapel Hill: University of North Carolina Press, 2002), 86. 我很感謝布織品策展人珍妮弗・斯沃普（Jennifer Swope）在波士頓美術館花了兩個小時替我提供鮑爾斯圖案被的私人展覽，那真是引人入勝的兩個小時。

27. Laurel Thatcher Ulrich, "'A Quilt Unlike Any Other': Rediscovering the Work of Harriet Powers," in *Writing Women's History: A Tribute to Anne Firor Scott*, Elizabeth Anne Payne, ed. (Jackson: University Press of Mississippi, 2011), 86–90, 105. 我於下列出處首次讀到這篇文章未發表的版本。Harriet Powers object files, Museum of Fine Arts, Boston. Fry, *Stitched*, 84–91. Marie Jeanne Adams, "The Harriet Powers Pictorial Quilts," *Black Art* 3, no. 4 (1979): 12–28. 關於鮑爾斯的被子、布包和奴隸制度研究之關係的深入分析，請見以下著作。Tiya Miles, "Packed Sacks and Pieced Quilts: Sampling Slavery's Vast Materials," *Winterthur Portfolio* 54, no. 4 (Winter 2020).
28. Williams, *Help Me to Find My People*, 197.
29. 我借用並稍微調整了蘇・蒙克・基德（Sue Monk Kidd）的文字。她曾寫到一位製作故事被的為奴之人：少少（Handful）的母親貓媽（Mauma）：「她在布上訴說這些事。」Sue Monk Kidd, *The Invention of Wings* (New York: Penguin Books, 2014), 282.
30. Angelina E. Grimké, *Appeal to the Christian Women of the South*, 1836, in *The Public Years of Sarah and Angelina Grimké: Selected Writings 1835–1839*, ed. Larry Ceplair (New York: Columbia University Press, 1989), 53.
31. 這是記者暨奴隸主後代愛德華・鮑爾在《家裡的奴隸》（*Slaves in the Family*）一書中引用他的堂弟埃利亞・鮑爾的話。*Slaves in the Family* (New York: Ballantine Books, 1998), 47.
32. 與其他南方殖民地不同，歐洲人首度開拓卡羅來納殖民地後不到

19. 馬克・奧斯蘭德推測，茹思・米朵頓的丈夫亞瑟・米朵頓可能是曾於米朵頓莊園為奴之人的後代，可沿其父系血脈（Flander Middleton）追溯而得。奧斯蘭德在他的文章〈奴隸制的痕跡〉中的第十八條註解裡提出了這條系譜線索。
20. Miles, email exchange with Tracey Todd, Mary Edna Sullivan, and Jeff Neale, September 2018. Miles, interview with Mary Edna Sullivan, November 13, 2018, Middleton Place. *Grandeur Preserved* and catalog text draft for *Grandeur Preserved*, 2011, given to Tiya Miles by Mary Edna Sullivan, March 29, 2017.
21. 二〇〇九年五月二十九日， 非裔美國人歷史和文化博物館的人員造訪了查爾斯頓，為新的博物館尋找藏品。米朵頓莊園基金會的人員應史密森尼博物館的邀請參與了這次事件，並在瑪莉・愛德娜・蘇麗文的建議下帶來了艾緒莉的布包。這個布包的合法擁有者是非營利組織米朵頓莊園基金會。Miles, email exchange with Mary Edna Sullivan, November 22, 2020. Auslander, "Slavery's Traces." Miles, email exchange with Tracey Todd, Mary Edna Sullivan, and Jeff Neale, September 2018.
22. Miles, interview with Mary Edna Sullivan, November 13, 2018, Middleton Place.
23. 史蒂芬・貝瑞在我應喬治亞大學的邀請至該校歷史系演講後，透過電子郵件與我分享了這些想法。在那次演講中，我表示這個布包的特質類似當事人口述的奴隸敘事形式。史蒂芬・貝瑞的說明協助擴展了這個想法，他強調奴隸敘事鼓勵讀者認同敘事者的主觀經驗，並以此處引用的句子作結。Stephen Berry to Tiya Miles, email exchange, October 25, 2019.
24. 我從伊莉莎白・凱克利（Elizabeth Keckley）所提出的一個概念中借用了「清白純真」這句語言。Keckley, *Behind the Scenes, or Thirty Years a Slave and Four Years in the White House* (1868; repr., New York: Oxford University Press, 1988), xv. 瑪拉・米勒（Marla Miller）曾探討過在以前的年代裡，人們經常將女性縫紉和甜美、舒適聯想在一起。Miller, *Needle's Eye*, 3.
25. Daina Ramey Berry, *The Price for Their Pound of Flesh: The Value of the Enslaved, from Womb to Grave, in the Building of a Nation* (Boston: Beacon Press, 2017), 128.
26. 絎縫師和製被歷史研究者凱拉・希克斯（Kyra Hicks）發現了一段簡短的抄寫文字，在這段文字中，鮑爾斯描述了她所創造的四條獨特的被子。Kyra E. Hicks, *This I Accomplish: Harriet Powers' Bible*

news/2017/02/16/slavery-era-embroidery-excites-historians-invokes-heartbreak-its-time/96702424/. Sarah Taylor, " 'Ashley's Sack' Gathers National Attention," Central Washington University *Observer*, March 1, 2017, cwuobserver.com/9449/news/ashleys-sack-gathers-national-attention/. Dionne Gleaton, "Ashley's Sack: 'National Treasure' of Slavery Era Has Local Ties," Orangeburg, S.C., *Times and Democrat*, June 20, 2017, thetandd.com/lifestyles/ashleys-sack-national-treasure-of-slavery-era-has-local-ties/article_1f7689d3-275b-5f1c-9841-20d7a74e420f.html. Tammy Ayer, "A Stitch in Time: CWU Professor Tracks History of Embroidered Seed Sack to People Held in Slavery on South Carolina Plantation," *Yakima Herald*, November 22, 2017, www.yakimaherald.com/news/local/a-stitch-in-time-cwu-professor-tracks-history-of-embroidered/article_9f2d8aba-c298-11e6-8653-f7f4a912b32a.html.

關於這個布包的學術研究不多但都很有價值。賓州大學的歷史學家海瑟．威廉斯是第一個發表關於此物的論文的學者。她在她那本關於奴隸制時期黑人親族分離的書的末尾處特別提到艾緒莉的布包。非洲文化人類學家、前任中央華盛頓大學與密西根州立大學的博物館館長馬克．奧斯蘭德追溯布包上所留下的家族家譜，並採訪了該家族的後裔。他在二〇一六年至二〇一七年間密切研究了這個布包，擔任了史密森尼博物館的策展顧問，並在網路上慷慨分享他的早期發現。是奧斯蘭德讓這個布包引起了全國性的關注，他的工作對我的研究至關重要。Williams, *Help Me to Find My People*, 196–97. Auslander, "Tracing Ashley's Sack," "Slavery's Traces," and "Clifton Family and Ashley's Sack." 藝術史學家珍妮佛．凡洪（Jennifer Van Horn）在她那篇關於為奴之人和聖像破除藝術的精彩文章中，將布包視為「表達情感之物」的例子——這篇文章以南北戰爭時期的查爾斯頓作為主要的研究地點。Jennifer Van Horn, " 'The Dark Iconoclast': African Americans' Artistic Resistance in the Civil War South," *Art Bulletin* 99, no. 4 (2017): 133–67, 157–58.

18. Tiya Miles, tour and interview with Mary Elliott, NMAAHC, Washington, D.C., February 10, 2017. 也許值得留意的是，艾略特是保存布包和詮釋布包意義的人之中唯一的非裔美國人。Miles, email exchange with Tracey Todd, Mary Edna Sullivan, and Jeff Neale, September 2018. 雖然瑪莉．愛德娜．蘇麗文以高倍數顯微鏡仔細檢查了布包，但布包從未經過科學檢驗。這樣的檢驗可能可以驗證或駁斥裡頭曾經裝過的物品，並檢查布包組織中是否含有人類體液。

16. Miles, email exchange with Tracey Todd, Mary Edna Sullivan, and Jeff Neale, September 2018. Miles, interview with Mary Edna Sullivan, November 13, 2018, Middleton Place. The first detailed description of Ashley's sack was written for the show *Grandeur Preserved: Masterworks Presented by Historic Charleston Foundation*, loan exhibition for the 57th Annual Winter Antiques Show, January 21–30, 2011. Catalog text draft for *Grandeur Preserved*, 2011, given to Tiya Miles by Mary Edna Sullivan, March 29, 2017.
17. Goggins, "Looking for Pearls." This early trajectory of the sack's movements derives from Mark Auslander's work. Mark Auslander, "Tracing Ashley's Sack," *Cultural Environments* blog, January 7, 2016, culturalenvironments.blogspot.com/2016/01/; "Clifton Family and Ashley's Sack," December 30, 2016, culturalenvironments.blogspot.com/2016/. Mark Auslander, "Slavery's Traces: In Search of Ashley's Sack," *Southern Spaces* blog, November 29, 2016, southernspaces.org/2016/slaverys-traces-search-ashleys-sack. For more early media coverage of the sack, see the following stories: Leslie Cantu, " 'Filled with My Love': Slave Artifact to Be Displayed in New Smithsonian Museum," *Summerville Journal Scene*, December 29, 2015, www.postandcourier.com/journal-scene/news/filled-with-my-love-slave-artifact-to-be-displayed-in-new-smithsonian-museum/article_f2a0eb0b-2a8a-5a62-a9a9-78f626e0f6ba.html. Vera Bergengruen, "This Scrap of Cloth Is One of the Saddest Artifacts at New DC Museum," McClatchy.com, September 23, 2016, www.mcclatchydc.com/news/nation-world/national/article103443792.html. Heath Ellison, "The Mystery Behind an Intriguing Lowcountry Slave Object, 'Ashley's Sack,' May Have Been Solved," *Charleston Observer*, December 12, 2016, charlestoncitypaper.com/TheBattery/archives/2016/12/12/the-mystery-behind-an-intriguing-lowcountry-slave-object-ashleys-sack-may-have-been-solved. Bo Peterson, "Mystery Remains in Haunting Slave Sack," *Post and Courier*, January 7, 2017, postandcourier.com/news/mystery-remains-in-haunting-slave-sack/article_932f3362-d431-11e6-a96c-cbe5336e7237.html. Erin Blakemore, "Show and Tell: A Sack Filled with an Enslaved Mother's Love, *Mental Floss*, January 27, 2017, mentalfloss.com/article/91583/show-tell-sack-filled-enslaved-mothers-love. Melanie Eversley, "Slavery-Era Embroidery Excites Historians, Evokes Heartbreak of Its Time," *USA Today*, February 16, 2017, usatoday.com/story/

想像一下日記作者在日記裡回憶她的一天，或者受訪者在採訪中回答關於過往的問題。Smail, *On Deep History and the Human Brain* (Berkeley: University of California Press, 2008), 56.

8. "Archivally unknown": Julia Laite, "The Emmet's Inch: Small History in a Digital Age," *Journal of Social History* (2020): 1–27, 17. "Second death": Farge, *Allure*, 121.
9. Heather Andrea Williams, *Help Me to Find My People: The African American Search for Family Lost in Slavery* (Chapel Hill: University of North Carolina Press, 2012), 2.
10. Paul Gardullo, NMAAHC, email exchange with Tiya Miles, February 19, 2018.
11. 在這個廣受歡迎的美國公視（PBS）週一晚間節目中，民眾會帶來私人珍藏的寶貝和非凡特殊的發現，交由節目中的專家評估。Barry Garron, " 'Antiques Roadshow' Tweaks Formula to Keep Viewers Watching," *Current*, December 5, 2018.
12. Ben Goggins, "Looking for Pearls: Ashley's Sack, Davenport Dolls Give Insight into Lives of Slaves," *Savannah Now*, January 28, 2016, savannahnow.com/article/20160128/LIFESTYLE/301289786. Mark Auslander, "Tracing Ashley's Sack," Cultural Environments blog, January 2016. The staff at the Middleton Place Foundation have conveyed to me that the donor wishes to remain anonymous. Tiya Miles, email exchange with Tracey Todd, Mary Edna Sullivan, and Jeff Neale, September 2018. Adam Parker, "Slave Child Torn from Mom Filled Sack with Love," *Spartanburg Herald-Journal*, April 16, 2007, C1, C3.
13. Miles, email exchange with Tracey Todd, Mary Edna Sullivan, and Jeff Neale, September 2018.
14. Laurel Thatcher Ulrich, Ivan Gaskell, Sara J. Schechner, and Sarah Anne Carter, eds., *Tangible Things: Making History Through Objects* (New York: Oxford University Press, 2015), 2. 珍貴的布織品被扔進破布箱裡而後又被發現的事件，這並不是第一起。一九七七年，兩位博物館館長在翻揀存放在倫敦大學學院裡的「成堆骯髒的陪葬物品」時，發現了當時已知最古老的一件衣服。他們確認了這是一件埃及亞麻布衣，可追溯至西元前三千年。Elizabeth Barber, *Women's Work: The First 20,000 Years; Women, Cloth, and Society in Early Times* (New York: W. W. Norton, 1994), 136.
15. Tiya Miles, email exchange with Mary Edna Sullivan, November 22, 2019.

Philadelphia.

2. 雖然學者已重建了這個大規模運動的人口、社會、經濟、政治和文化層面，但他們並未探討我們該如何看待事物的移動遷徙。伊莎貝爾．威克森（Isabel Wilkerson）在〈他們遺留之物〉一章中的評論談到自然事物（樹木——包括胡桃——和花園及鳥鳴）、文化習俗（烹飪、語言、音樂）、儀式（社群聚會）和親族，但並未直接討論實質物品。Isabel Wilkerson, *The Warmth of Other Suns* (New York: Vintage, 2010), 9–10, 538; "Things" quote, 238–41. Tera W. Hunter, *To 'Joy My Freedom: Southern Black Women's Lives and Labors After the Civil War* (Cambridge, Mass.: Harvard University Press, 1997), 232, 217.
3. "Assert identities": Laurel Thatcher Ulrich, *The Age of Homespun: Objects and Stories in the Creation of an American Myth* (New York: Alfred A. Knopf, 2001), 133, 138. For more on how women passed down clothing as assets, see Martha R. Miller, *The Needle's Eye: Women and Work in the Age of Revolution* (Amherst: University of Massachusetts Press, 2006), 28.
4. Arlette Farge, *The Allure of the Archives* (1989; repr., New Haven: Yale University Press, 2013), 97.
5. 歷史詮釋總是在改變。此言指的是當下，因為關於蘿絲、艾緒莉、茹思和布包還是有可能出現新的發現。我們還不曾對布包做 DNA 和聚合物檢測（此處的「聚合物」指的是天然聚合物，如絲綢、羊毛和木材，而不是我們更熟悉的人工塑料聚合物），這樣的檢測可能會讓我們對布包裡頭曾裝過的東西和這個家族的血脈有更多的理解。
6. 布包的敘事仰賴童年記憶和跨代記憶，這點相當類似聯邦作家計畫對於曾為奴之人的採訪（公共事業振興署的奴隸敘事計畫），該項目在奴隸制度廢除幾十年後邀請人們分享關於奴隸制的回憶。許多受訪者在為奴時仍是孩子，這使他們的記憶具有特殊的、通常是金色的光芒。許多人分享了發生在他們父母和祖父母身上、他們不可能直接觀察到的事情。歷史學家會使用這些資料，但往往是成批使用（例如，比較一個州或一個地區的所有敘事，而不是僅採用其中的單一敘事），且承認這些敘事的侷限。
7. David W. Blight, *Frederick Douglass: Prophet of Freedom* (New York: Simon and Schuster, 2018), 24. 記憶是善變的，且以個人興趣和心理需求等具偏見的篩網篩過。但書面文件也有缺陷，這就是為什麼研究人員會盡可能多多收集與其主題相關的紀錄以進行比較。正如丹尼爾．史美爾（Daniel Lord Smail）所指出的：歷史資料中的文件本身往往是那些時代裡創造出這些文件之人的回憶。舉例而言，前的黑人女性視為目擊者，也視她們為知識分子。正如艾莎・布朗（Elsa Barkley Brown）所說的：「非裔美國女性確實創造出她們自己的生活，塑造出她們自己的意義，並且是她們自身經驗的權威之聲。」Brown, "African-American Women's Quilting," 927. 此外，關於這種強調黑人女性作為往日之知識分子的研究方法，我也參考了以下一文：Mia E. Bay, Farah J. Griffin, Martha S. Jones, and Barbara D. Savage, *Toward an Intellectual History of Black Women* (Chapel Hill: University of North Carolina Press, 2015).

22. 達琳・海因（Darlene Clark Hine）在一篇名為 "Rape and the Inner Lives of Black Women: Thoughts on the Culture of Dissemblance" 的文章中（此文後來發展成一本書）提出了相當經典的見解，即黑人女性普遍習於保護自己的內在世界。Darlene Clark Hine, *Hine Sight: Black Women and the Re-Construction of American History* (Bloomington: Indiana University Press, 1994), 37–48. 其他的書面資料有助我們建構出布包的歷史，即便薛曼將軍在一八六五年火燒南卡羅來納首府哥倫比亞時燒毀了許多檔案紀錄，南卡權貴莊園主的帳簿、日記、貨物清冊和食譜仍成堆放在南方的檔案資料管理室。人類學家馬克・奧斯蘭德是研究這個布包與這個家族的先驅，他的調查一絲不苟。我獨立進行了自己的研究，雇用查爾斯頓的傑西・布斯托斯－尼爾森（Jesse Bustos-Nelson）和非裔美國人歷史和文化博物館的漢娜・斯克魯格（Hannah Scruggs）兩位系譜學家。在她們兩位的協助下，我的調查結果與奧斯蘭德初期系譜調查的論點和立場相符。請見以下文章：Auslander, "Tracing Ashley's Sack," *Cultural Environments* blog, January 2016; his "Slavery's Traces: In Search of Ashley's Sack," *Southern Spaces* blog, November 29, 2016, southernspaces.org/2016/slaverys-traces-search-ashleys-sack; and his "Clifton Family and Ashley's Sack," *Cultural Environments* blog, December 30, 2016, culturalenvironments.blogspot.com/2016/.
23. 文學學者梅根・史威尼（Megan Sweeney）在二〇一七年至二〇一八年間就這兩本以織品為重點的書與我進行了一系列對話，並提出了這個回應。

### 第 1 章：茹思的紀錄

1. Arthur Middleton and Ruth Jones, Application of Marriage 387059, June 25, 1918, Commonwealth of Pennsylvania, Marriage License Bureau,

18. 情感史（The history of emotion）是歷史研究的一個領域，在過去十年中受到越來越多的關注。這個領域與心理學研究相互依存，探討過去的人類情感，以及這些情感是否跨歷史或跨文化（具有普遍性），或是只出現在某些文化時間點和時代（依情況而定），最有可能的是上述兩者皆然。此領域的學者使用了一系列的資料，包括書面、視覺和感官資料（例如氣味）。Jan Plamper, *The History of Emotions: An Introduction*, Emotions in History series (Oxford, UK: Oxford University Press, 2015), 5, 293–95. 海瑟・威廉斯是第一位發表艾緒莉的布包相關論文的學者，也是少數將奴隸制度中的情感作為情感史來探討的歷史學家之一。Heather Andrea Williams, *Help Me to Find My People: The African American Search for Family Lost in Slavery* (Chapel Hill: University of North Carolina Press, 2012). 大衛・布萊特在廢奴運動家費德克・道格拉斯的傳記中也細細探討了情感和心理層面。*Frederick Douglass: Prophet of Freedom* (New York: Simon and Schuster, 2018). 瑪莎・霍德斯在她寫美國人如何回應林肯之死的歷史著作中也十分關注情感和文化層面。Martha Hodes, *Mourning Lincoln* (New Haven: Yale University Press, 2016).
19. Ursula K. Le Guin, *Dancing at the Edge of the World: Thoughts on Words, Women, Places* (New York: Grove, 1989), 169. Le Guin writes: "A novel is a medicine bundle, holding things in a particular, powerful relation to one another and to us."
20. Harriet Jacobs, *Incidents in the Life of a Slave Girl* (1861; repr., Cambridge, Mass.: Harvard University Press, 1987). Elizabeth Keckley, *Behind the Scenes, or Thirty Years a Slave and Four Years in the White House* (1868; repr., New York: Oxford University Press, 1988). Louisa Picquet, *The Octoroon: A Tale of Southern Life* (New York: published by the author, 1861), 12, electronic ed., Documenting the American South, University of North Carolina, Chapel Hill, docsouth.unc.edu/neh/picquet/picquet.html. Eliza Pot-ter, *A Hairdresser's Experience in High Life* (1859; repr., New York: Oxford University Press, 1991), 18, 27. Mamie Garvin Fields with Karen Fields, *Lemon Swamp and Other Places: A Carolina Memoir* (New York: Free Press, 1983). Melnea Cass, transcript, Black Women's Oral History Project, OH-31; T-32, Schlesinger Library, Harvard Radcliffe Institute. 我很感謝辛辛那提的黑人女性史學者莎蘿妮・格林（Sharony Green），是她建議我研究布包時可以參考皮克和波特的敘事。
21. 我的方法是黑人女性史研究領域中的共同方法，不僅將一百五十年

*Lives: Enslaved Women, Violence, and the Archive* (Philadelphia: University of Pennsylvania Press, 2016), 1, 4–7, 78.

13. Saidiya Hartman, "Venus in Two Acts," *Small Axe* 26 (June 2008): 1–14, 4, 12, 14. 哈特曼所說的「反對式歷史」指的是反對過往非人化或使人消失的歷史敘事之歷史。我所謂的「跨時空」指的是一種跨越不同時代的詮釋立場，反對過去非人道的或不透明的歷史敘述，尋求理解並呈現奴隸制影響深長的意義。也請參考哈特曼對「奴隸制時間」的定義：「過往與今日之關聯、失落的地平線、奴隸制今日的遺緒、贖身之舉本身的矛盾……還有無可彌補。」"The Time of Slavery," *The South Atlantic Quarterly* 101, no. 4 (Fall 2002): 757–77, 759. 歷史學家拉奇莎．西蒙斯（LaKisha Simmons）提出了另一種很有意思的說法，描述黑人女性心中的時間是如何擁有另一種形式，她稱之為「黑人的時間感」。西蒙斯在她對黑人母親失去嬰兒的研究表示，黑人女性根據她們對自我和家庭的理解，將「時間、空間和世代的概念」全部疊合在一起。西蒙斯提出了這樣的定義：黑人女性心中的關係是持續與死者和過往對話的關係。LaKisha Michelle Simmons, "Black Feminist Theories of Motherhood and Generation: Histories of Black Infant and Child Loss in the United States," *Signs: Journal of Women in Culture and Society* 46, no. 2 (2021): 311–35, 318, 319.
14. Michel-Rolph Trouillot, *Silencing the Past: Power and the Production of History* (1995; repr., Boston: Beacon Press, 2015), 29.
15. Jeff Neale, "Ashley's Sack: A Humble Object of Revelation," Davenport House Museum, Savannah, Ga., December 2016.
16. 人類的情感和欲望在表達方式、強度和文化容許程度上確實隨著時間的推移而有所變化，但其中也有許多是不同時代、環境和地位的人們所共有的。關於物品研究（the study of objects）對於社會和心理啟示之複雜分析請見以下文章。Jennifer Van Horn, *The Power of Objects in Eighteenth-Century British America* (Chapel Hill: University of North Carolina Press, published for the Omohundro Institute of Early American History and Culture, 2017). Also see the equally compelling Bernard L. Herman, *Town House: Architecture and Material Life in the Early American City, 1780–1830* (Chapel Hill: University of North Carolina Press, published for the Omohundro Institute of Early American History and Culture, 2005).
17. Timothy J. LeCain, *The Matter of History: How Things Create the Past* (New York: Cambridge University Press, 2017), 21.

Thatcher Ulrich, Ivan Gaskell, Sara J. Schechner, and Sarah Anne Carter, eds., *Tangible Things: Making History Through Objects* (New York: Oxford University Press, 2015), 2. Robin Bernstein, *Racial Innocence: Performing American Childhood from Slavery to Civil Rights* (New York: New York University Press, 2011), 72, 73. Jane Bennett, *Vibrant Matter: A Political Ecology of Things* (Durham, N.C.: Duke University Press, 2010), 2. Also see Jane Bennett, "The Force of Things: Steps Toward an Ecology of Matter," *Political Theory* 32, no. 3 (June 2004): 347–72. Kim TallBear, "Beyond the Life/Not Life Binary: A Feminist-Indigenous Reading of Cryopreservation, Interspecies Thinking, and the New Materialisms," in *Cryopolitics: Frozen Life in a Melting World*, ed. Joanna Radin and Emma Kowal (Cambridge, Mass.: MIT Press, 2017), 191, 195, 199.

5. 關於人們對於女性縫紉工藝（特別是殖民時期的縫紉工藝）之紀念如何將那段歷史浪漫化並掩蓋了種族和階級差異一題，請見下列著作的精闢分析。Martha R. Miller, *The Needle's Eye: Women and Work in the Age of Revolution* (Amherst: University of Massachusetts Press, 2006), 3, 93–94, 216–22.
6. Elizabeth Wayland Barber, *Women's Work: The First 20,000 Years; Women, Cloth, and Society in Early Times* (New York: W. W. Norton, 1994), 149, 229, 230, 153, 154.
7. Barber, *Women's Work*, 299, 23.
8. Elsa Barkley Brown, "African-American Women's Quilting: A Framework for Conceptualizing and Teaching African-American Women's History," *Signs* 14, no. 4 (1989): 929.
9. 關於愛滋被（AIDS Quilt）作為歷史字料的討論請見下列著作。Julia Bryan-Wilson, *Fray: Art and Textile Politics* (Chicago: University of Chicago Press, 2017), 226.
10. Walter Johnson, *Soul by Soul: Life Inside the Antebellum Slave Market* (Cambridge, Mass.: Harvard University Press, 1999), 11.
11. 正如考古學家珍・史貝特（Jane Spector）所指出的那樣，這樣的物品歷史需要在建構出一條敘事的同時也提出其他故事線的可能性。Jane D. Spector, *What This Awl Means: Feminist Archaeology at a Wahpeton Dakota Village* (St. Paul: Minnesota Historical Society Press, 1993), 18.
12. 「bias」或「bias grain」直譯為偏見的斜紋，此術語指的是一塊織物的水平和垂直紋路上出現的斜切線條。Marisa Fuentes, *Dispossessed*

2. 牛的故事是我根據外婆多次重述的記憶整理而成的。我外婆把這個故事講了又講，其中一次是在一九九三年六月我進入研究所開始攻讀女性研究的那個夏天，那時我把故事寫了下來。我們待在她的門廊上，此處一直都是她講故事的舞台。我問她是否願意聊聊她的人生故事。她從她出生的一九一四年開始說起，描述了五歲時搬到新家的情況，各別描述了她的父母，講了他們在農場的生活，以及他們被趕走的故事，描述了與她的第一任丈夫的相遇以及他們早期的共同生活，也講了一九四一年搬到辛辛那提的故事，還有他們在都市裡的貧困生活和她在三十六或三十七歲時因家暴而離開了第一任丈夫。她花最多時間詳述強調的兩個事件或人生階段是：在密西西比被驅逐的事件和在俄亥俄的都市生活中遭遇的經濟和社會困難。
3. Laurel Thatcher Ulrich, *The Age of Homespun: Objects and Stories in the Creation of an American Myth* (New York: Alfred A. Knopf, 2001), 149, 418.
4. 為了方便讀者閱讀和保持寫作流暢，我大致上會交替使用「事物」（thing）和「物品」（object）這兩個詞，雖然有個被稱為物品理論（thing theory）和新唯物論研究的學術領域對於此二詞的定義做出了區分。我遵循歷史學家羅蕾．烏爾里希、伊凡．加斯克（Ivan Gaskell）以及他們的合著者博物館研究學者暨從業者莎拉．薛克納（Sara J. Schechner）和莎拉．卡特（Sarah Anne Carter）的作法，更廣泛的使用「事物」和「物品」這兩個詞，彼此替換。然而，正如性別研究和文化研究學者蘿賓．伯恩斯坦（Robin Bernstein）所說的，物品和事物之間的區別在於，事物有能力主動在人類的意識中脫穎而出，超越我們身旁的許多物品。伯恩斯坦也以極具說服力的方式將事物的特殊之處定義為它能夠「呼喚」人們，或迫使人們採取行動。文學評論家比爾．布朗（Bill Brown）可能是這個子領域中第一個指出此區別的人，他說事物擁有物品所缺乏的自信和「非特定性」，並解釋道，人們不能像把頭探進窗戶那樣直截了當的看透某項事物。Bill Brown, "Thing Theory," *Critical Inquiry* 28, no. 1 (Autumn 2001): 1–22, 3, 4. 哲學家珍．班奈特（Jane Bennett）則進一步推展了這份差異，她指出事物擁有與人類經驗相關的奇異生命力，也指出「當主體經驗到物品客體的不可思議之處時」，該物品就會變成一種事物。科學史學家和原住民研究學者金．陶貝爾（Kim TallBear）則提出她稱為「原住民形上學」的學說——這種理論的世界觀傾向強調人類與地方的關係、理解所有事物（有生命的和無生命的）的相互關聯、並將一切事物視為潛在的「有生命力的物質」——此學說比事物理論出現的時間還要早很多。Laurel

# 註釋

## 序章：緊急避難包

1. 我對愛的思考受到強納森・華頓（Jonathan L. Walton）《愛的透鏡》的影響。在寫序章時，我想到了「愛之術」（love-craft）這個概念——為了應付緊急狀況而創造並運用的情感，是一種與治國之術（statecraft）相對立的概念，也許是種與巫術（witchcraft）相似的概念，因巫術是透過信仰、素材和口語來施展法術的。*A Lens of Love: Reading the Bible in Its World for Our World* (Louisville, Ky: Westminster John Knox Press, 2018), 38, 42.
2. 這就是哲學家喬納森・李爾（Jonathan Lear）在寫到美國軍隊和殖民主義暴力對克羅族傳統文化的破壞時所提及的希望。李爾說，這需要「卓越的想像力」和一份意願去實現「超越目前能力所能理解的未來的善」。小說家朱諾・迪亞斯（Junot Díaz）在寫到二〇一六年唐納・川普贏得美國總統大選一事時，也重新使用了李爾的概念。「激進的希望是對抗絕望的最佳武器，即便絕望在此事看似合理。這份希望使你在世界末日裡有可能生存下去。」Jonathan Lear, *Radical Hope: Ethics in the Face of Cultural Devastation* (Cambridge, Mass.: Harvard University Press, 2006), 117, 103. Junot Díaz, "Aftermath: Sixteen Writers on Trump's America," *New Yorker*, November 21, 2016.

## 導論：以愛為己任

1. Zora Neale Hurston, *Their Eyes Were Watching God* (1937; repr., New York: HarperCollins Perennial Classics, 1998), 14. 賀絲頓筆下原句是祖母對珍妮（Janie）說的話：「就像你看到的這樣，現在的女黑人就像是全世界的騾子一樣。我祈禱事情對你而言會有所不同。」Abraham Lincoln, First Inaugural Address, March 4, 1861, Avalon Project, Yale Law School; avalon.law.yale.edu/19th_century/lincoln1.asp.

國家圖書館出版品預行編目（CIP）資料

她所承載的一切：艾緒莉的布包及其所見證的奴隸時代／緹雅・邁爾斯（Tiya Miles）著；張葳譯.
--初版. --新北市：臺灣商務印書館股份有限公司, 2023.04
432面；14.8×21公分（歷史・世界史）
譯自：All that she carried : the journey of Ashley's sack, a black family keepsake

ISBN 978-957-05-3488-7（平裝）

1.CST: 艾緒莉　2.CST: 奴隸社會　3.CST: 奴隸制度　4.CST: 婦女
5.CST: 傳記　6.CST: 美國

546.2952　112003155

歷史・世界史

# 她所承載的一切

## 艾緒莉的布包及其所見證的奴隸時代

*All That She Carried: The Journey of Ashley's Sack, a Black Family Keepsake*

作　　者—緹雅・邁爾斯（Tiya Miles）
譯　　者—張　葳
發 行 人—王春申
選書顧問—陳建守
總 編 輯—張曉蕊
責任編輯—陳怡潔
封面設計—張　巖
內頁排版—黃淑華
版　　權—翁靜如

營 業 部—劉艾琳、張家舜、謝宜華、王建棠
出版發行—臺灣商務印書館股份有限公司
231023 新北市新店區民權路 108-3 號 5 樓（同門市地址）
電話：（02）8667-3712　傳真：（02）8667-3709
讀者服務專線：0800-056193
郵撥：0000165-1
E-mail：ecptw@cptw.com.tw
網路書店網址：www.cptw.com.tw
Facebook：facebook.com.tw/ecptw



局版北市業字第 993 號
初版一刷：2023 年 04 月
印刷廠：沈氏藝術印刷股份有限公司
定價：新台幣 570 元
如有破損或裝訂錯誤，請寄回本公司更換

法律顧問—何一芃律師事務所